图案：吕尧

梁慧星学术文集

第五卷

民事解答录

梁慧星 著

北京大学出版社
PEKING UNIVERSITY PRESS

梁慧星

1944年1月生，四川省青神县汉阳镇人。中国著名民法学家，中国社会科学院学部委员、教授、博士生导师。第四、五、六届国务院学位委员会委员，十届政协全国委员会委员，十一届全国人大代表（主席团成员）、十一届全国人大法律委员会委员。曾任山东大学法学院院长，最高人民法院、最高人民检察院专家咨询委员，公安部监督员，现任北京仲裁委员会主任，北京理工大学珠海学院特聘教授、民商法律学院名誉院长。1986年国家人事部批准为"有突出贡献中青年专家"。1992年享受国务院颁发的政府特殊津贴。

序

我于1978年考取中国社会科学院研究生院硕士研究生攻读民法，1981年毕业后留法学研究所从事民法研究，至2019年5月退休。四十余年间，我致力于民法理论和立法研究，曾参与国家立法，从事编辑、教学、培训等工作。经北京大学出版社蒋浩先生建议，收集所撰写的民法理论研究、立法建议、法典论争、问题解答、判解评论及翻译介绍等文字，汇编成集，名曰"学术文集"，再按主题分为六卷，第一卷"民法典编纂、民法原理与法学方法"、第二卷"民法总论"、第三卷"物权法"、第四卷"合同法与侵权责任法"、第五卷"民事解答录"、第六卷"译介、判解、回忆及其他"，每一卷开篇均有对该卷内容的说明。

本文集仅收录单篇文章，包括已在平面媒体和网络媒体发表的、曾编入文集（如《民法学说判例与立法研究》《为中国民法典而斗争》《为了中国民法》等）出版的，以及未曾发表过的文章。本文集未收录专题著作，如《民法总论》《民法解释学》《裁判的方法》《法学学位论文写作方法》《民法总则讲义》《合同通则讲义》等。

需说明一点，本文集虽以学术文集为名，但其中许多文章并非严格意义上的学术研究论文，如实务问题解答、民法基本知识讲解，以及立法建议和提案等。写于改革开放初期的一些学术研究论文，也未必符合今天的学术规范，且因时过境迁，今天看来未必有多大学术价值，请读者谅解。

希望本文集的出版可以为读者提供方便。

上海财经大学民法教授李宇，负责文章的收集及各卷的结构编排，为文集的顺利出版付出了辛苦,在此表示感谢。

北京大学出版社领导和编辑同志为本文集的编辑出版付出辛劳,谨致感谢!

梁慧星

于昆明岭东紫郡之退庐

2022 年 4 月 28 日

本 卷 说 明

本卷汇集本人在甘孜藏族自治州中级人民法院、阿坝藏族羌族自治州中级人民法院、成都市中级人民法院、四川省高级人民法院、眉山市青神县人民法院、眉山市仁寿县人民法院、威海市环翠区人民法院、东莞市第三人民法院与法官互动的记录,在四川大学法学院、北京理工大学法学院及一个民法师资研讨班与民法师生互动的记录,以及与一位民事审判庭庭长讨论法律问题的短信记录,还有三个讲座稿。

本卷中部分文章根据现场录音整理,文献无法一一核实,恳请读者谅解。

目 录

前 言	1
一、民事审判实务座谈会记录(一)	3
合伙协议无效后的财产返还	3
口头合同	5
无权处分	7
无权处分(权利人追认)	17
合同相对性	18
善意取得	19
被扶养人生活费的赔偿	21
离婚协议中债务的担保	24
表见代理	25
低价中标与合同效力	29
安全保障义务	30
民事责任优先	33
财产损害赔偿	34
无效合同与诉讼时效	37
乌木所有权归属	38
合同效力与诚信原则	40
离婚财产分割	41
二、民事审判实务座谈会记录(二)	43
机动车交通事故责任	43

发回重审 …………………………………………………… 45
　　"诉讼爆炸"的应对 ………………………………………… 46
　　连带责任人的内部分担 …………………………………… 50
　　医疗纠纷中的诉讼时效 …………………………………… 53
　　安全保障义务 ……………………………………………… 58
　　债权人代位权 ……………………………………………… 60
　　侵权损害的确定 …………………………………………… 62
　　借款事实的认定 …………………………………………… 66
　　建设工程价格计算 ………………………………………… 67
　　中标通知书与合同所定金额不一致时的处理 …………… 67

三、民事审判实务座谈会记录(三) …………………………… 69
　　不动产物权登记生效制度的实践困惑 …………………… 69
　　物权善意取得制度与《婚姻法》相关规定的冲突 ……… 79
　　共享空间的物权划分及法律规制问题 …………………… 85
　　司法拍卖中优先购买权人的权利行使 …………………… 88
　　死亡赔偿金的请求权主体在司法实践中的确定 ………… 90
　　未履行安全保障义务的责任与违约责任的认定 ………… 93
　　难以确定侵权责任大小时的具体操作问题 ……………… 95
　　生命健康损害赔偿在破产程序中的顺位问题 …………… 96
　　机动车商业价值贬损赔偿的司法认定问题 ……………… 97
　　个人与企业之间在劳务关系中的责任承担 ……………… 101

四、买卖合同司法解释座谈会记录 …………………………… 103
　　预约和本约的区分 ………………………………………… 103
　　预约的违约责任 …………………………………………… 107
　　"一物二卖"与合同效力 ………………………………… 107
　　承租人优先购买权 ………………………………………… 108
　　擅自处分共有物与善意取得 ……………………………… 109
　　标的物权属不清与合同效力 ……………………………… 111
　　将来财产买卖的效力 ……………………………………… 112

"一房数卖"时如何实际履行 ………………………………… 113
机动车多重买卖与权利冲突 ………………………………… 113
"解除"的意思表示解释 …………………………………… 117
双方都违约或都未违约时的合同解除 ……………………… 117
调减违约金的证明责任 …………………………………… 118
合同解除与违约责任 ……………………………………… 118
对合同解除提出异议的方式 ……………………………… 119
合同解除后另案诉请赔偿的处理 ………………………… 121
"解除"行为不适用异议期 ………………………………… 121
土地使用权转让合同参照适用买卖合同规定 …………… 122
股权多重转让与合同解除 ………………………………… 122
"一物二卖"与合同效力 …………………………………… 124
擅自处分共有物与无权处分 ……………………………… 124
合同解除涉及第三人利益时的处理 ……………………… 125
违约损失过高时的调整 …………………………………… 125
违约但未造成损失的处理 ………………………………… 128
擅自处分共有物与无权处分 ……………………………… 128
强制履行的限制 …………………………………………… 130
占有改定与多重买卖 ……………………………………… 131
约定解除权的行使 ………………………………………… 132

五、民事审判实务中的若干问题(一) …………………… 134
违章搭建时物业公司的诉权 ……………………………… 134
购房合同中出现建筑面积差异的处理 …………………… 134
被告死亡时的审判程序处理和遗产分配 ………………… 135
民事诉讼法上经常居住地的确定 ………………………… 137
买卖合同中产品质量鉴定申请的处理 …………………… 138
商事案件中涉及案外人时的程序处理 …………………… 139
违约争议中的证明问题 …………………………………… 140
个人合伙的清算 …………………………………………… 142

  承包合同与租赁合同的区分 …………………………… 143
  所有权保留案件的判决 ……………………………………… 145
  娱乐场所的安全保障义务 ………………………………… 147

六、民事审判实务中的若干问题(二) ………………………… 155
  校园侵权责任承担 …………………………………………… 155
  本车人员是否属于交强险赔偿范围 …………………… 159
  使用人责任的适用范围与责任划分 …………………… 160
  未成年人致人损害的侵权案件 …………………………… 165
  机动车交通事故责任划分 ………………………………… 167
  民事赔偿与交通事故责任认定书的关系 …………… 168
  医疗损害责任中诊疗义务的判断 ……………………… 169
  侵权之债是否属于个人债务 ……………………………… 175

七、民事审判实务中的若干问题(三) ………………………… 176
  债权人撤销权 ………………………………………………… 176
  合同无效后的返还 …………………………………………… 180
  未办理抵押登记时抵押人的责任 ……………………… 182
  主张偿还借款案件中的举证责任分配 ……………… 183
  将来拆迁安置补偿房源转让协议的性质 …………… 186
  不动产登记的权利推定效力 ……………………………… 189
  福利分房的腾退问题 ……………………………………… 193
  刑事附带民事诉讼中的残疾赔偿金、死亡赔偿金 … 194
  物业服务费的缴纳 …………………………………………… 196
  受雇人同时起诉雇用人和侵权人情形的被告确定 … 198
  使用人责任的适用范围 …………………………………… 199
  预购商品房的预告抵押登记 ……………………………… 202
  加速到期条款和约定解除权条款的适用限制 …… 204
  开发商的阶段性担保 ……………………………………… 206
  房地产抵押典当 ……………………………………………… 206
  金融债权转让的效力和权利变动 ……………………… 208

违约金过高时能否主动调整 ······ 212
　　买卖标的物质量异议期间 ······ 213
　　债权人代位权的适用对象 ······ 216
　　宅基地使用权及房屋所有权的归属 ······ 217
　　可预见性规则 ······ 218
　　表见代理构成 ······ 221
　　无权处分 ······ 223
　　房地关系 ······ 225

八、审理合同纠纷案件的若干问题 ······ 228
　　第三人自愿承诺替债务人还债 ······ 228
　　关于合同解除 ······ 230
　　《合同法》第51条无权处分合同规则 ······ 235
　　伪装行为与隐藏行为 ······ 240

九、民法立法和理论的若干问题 ······ 243

十、民事立法、理论、实务若干问题 ······ 273
　　雇主的追偿权 ······ 273
　　医疗损害纠纷的侵权法调整与合同法调整 ······ 279
　　招投标保证金收回权可否质押 ······ 281
　　惩罚性赔偿中"价款"基准的理解 ······ 285
　　宅基地、承包地、人身损害赔偿金案财产的继承 ······ 288
　　不良资产转让合同的效力 ······ 290
　　环境侵权问题 ······ 294
　　不当得利案件中的数人受偿 ······ 296
　　农村土地所有权人的界定 ······ 298
　　乌木所有权的归属 ······ 300

十一、民法理论与实务的若干问题 ······ 302
　　公共利益与商业利益 ······ 302
　　对物权的保护 ······ 304
　　请求权基础 ······ 306

请求权竞合 ············· 308
　　企业间的借贷 ············ 309
　　国家利益 ··············· 313
　　第三人执行异议 ··········· 315
　　物权行为理论 ············ 323
　　乘人之危与显失公平 ········ 329
　　刑法犯罪客体与民事权利客体 ··· 331
　　监护人擅自处分被监护人财产行为的效力 ··· 335
　　无行为能力人的离婚 ········ 338
　　买卖合同中代办托运情况下的所有权转移 ··· 339
　　保证方式与保证形式 ········ 340

十二、法律通信：回答法官的问题 ····· 345
　　仓单是物权凭证还是债权凭证？ ·· 345
　　流质（押）约款与抵债协议 ····· 350
　　夫妻离婚协议中的共同赠与约定 ·· 353
　　利益第三人合同与附保护第三人利益合同 ··· 353
　　关于合同解除 ············ 355
　　关于强制执行公证债权文书的效力范围 ··· 356
　　《公司法》第16条是效力性强制规定吗？ ··· 356
　　关于未经批准转让划拨土地上房屋 ··· 356
　　返还租赁物请求权是否适用诉讼时效 ··· 357
　　如何看待最高人民法院《关于人民法院民事执行中查封、
　　　扣押、冻结财产的规定》第17条 ··· 357
　　关于承租人停产停业损失的计算 ·· 358
　　关于抵押登记的留用 ········ 358
　　关于验资的规定 ··········· 360
　　未生效合同可否解除 ········ 361
　　以股权转让规避关于土地使用权转让的法律 ··· 361
　　赠与房屋未过户可否撤销 ····· 361

《合同法》第 52 条第(3)项与第(4)项的适用关系 ············ 362
十三、民事裁判若干问题 ······································ 363

索　引 ·· 371

前　言

从1995年开始,我常到各地法院讲课,通常按照自己预先确定的题目准备了详细的讲稿,并安排一段时间回答现场提问。后来我对这种单向度的讲课方式感觉不满意,并产生与法官直接对话的愿望。

我希望通过现场的互动问答,讨论对现行法律条文的理解和在裁判中如何适用这些条文,并了解法官如何裁判现行法无明文规定的案件和疑难案件,现行法创制时的政策判断和目的是否获得法官的认同并在案件裁判中得以贯彻,从裁判实务的角度看现行法存在什么问题,从民法理论和裁判方法的角度看现今裁判实务存在什么不足。近年在一些法学院做讲座也采取同样的方式。

民法学属于实践科学,不仅追求真,而且追求善、追求美、追求正义。民法学是实践社会正义的艺术。立法者依据科学理论创制法律条文,只是完成了三分之一的工作,剩下的工作有赖于法官去完成,有赖于法官将"纸上的法律"变成现实生活中真正发挥作用的"活法"。哲人有言,法官的人格和理性,是社会正义的最终保障。所谓法官的理性,当然包括正确解释适用法律的方法和经验。

我从事民法学研究已三十多年。我自己的知识结构中,有相当一部分知识不是来自书本,而是来自实践,是在与法官的交流中获得的实践知识。这些知识,增进了我对民法学的认知。

本卷汇集的是我近年在甘孜藏族自治州中级人民法院、阿坝藏族羌族自治州中级人民法院、成都市中级人民法院、四川省高级人民法院、眉山市青神县人民法院、眉山市仁寿县人民法院、威海市环翠区人民法院、东莞市第三人民法院与法官互动的记录,在四川大学法学院、北京理工大学法学院及一个民法师资研讨班与民法师生互动的记录,以及我与一位民事审判庭庭长讨论法律问题的短信记录,还有我的三个讲座稿。

一、民事审判实务座谈会记录（一）[*]

合伙协议无效后的财产返还

问题 1：合伙协议无效后，涉及返还财产的问题。如何保护与合伙企业交易的无过错相对人的利益？返还出资财产的主体为一方当事人，但取得合伙期间的财产方是合伙企业，要求合伙协议另一方返还财产是否欠妥？

梁慧星：两人以上订立合伙协议，在合伙协议基础上设立了合伙企业，后来发现合伙协议无效，应如何处理出资财产返还，及如何清偿合伙企业债务。回答这一问题须根据《合同法》和《合伙企业法》。合伙协议，即合伙合同，《合同法》未设具体规定，但现行《合伙企业法》对以合伙合同关系为基础的合伙企业有具体规定。因此，按照《合同法》第123、124 条的规定，关于合伙企业的设立、解散等问题，应当适用《合伙企业法》的规定，关于合伙合同的无效，应当适用《合同法》总则的规定。

如果没有设立合伙企业，仅仅订立一个合伙合同（协议），该合伙合同无效，应适用《合同法》第 58 条关于返还财产及损失分担的规定。现在的问题是，在合伙协议基础上设立了合伙企业，这种情形下，合伙协议的无效必然导致合伙企业的解散，关于该合伙协议无效的后果，包括债务清偿和出资返还，就应当适用《合伙企业法》的有关规定。

---

[*] 2012 年 10 月 16 日于甘孜藏族自治州中级人民法院。

合伙协议无效,属于《合伙企业法》(2006 年)第 85 条第(7)项规定的合伙企业解散的原因,因此合伙协议一旦无效,必须按照《合伙企业法》的规定,对合伙企业进行清算。

提问中"如何保护与合伙企业交易的无过错相对人的利益",实际是问如何清偿合伙企业的债务问题。结合《合伙企业法》第 89 条规定,清算人以合伙企业财产清偿的顺序:第一,支付清算费用;第二,支付拖欠职工工资和劳动保险费、法定补偿金;第三,清偿合伙企业拖欠的税款;第四,偿还合伙企业债务;第五,返还合伙人出资。如何保护合伙企业交易对方当事人?简单地回答,就是严格按照《合伙企业法》第 89 条规定的顺序,先偿还欠交易对方当事人的债务;在未偿还欠交易对方当事人的债务的情形下,不得返还合伙人的出资财产。

关于返还出资财产的主体问题。因合伙协议无效导致合伙企业解散,按照《合伙企业法》第 89 条规定,合伙企业财产在清偿合伙企业债务之后,返还合伙人的出资,即由清算人从合伙企业剩余财产中,返还合伙人出资。谁是清算人?结合《合伙企业法》第 86 条规定,合伙企业解散,清算人由全体合伙人担任;未能由全体合伙人担任清算人的,经全体合伙人过半数同意,可以自合伙企业解散事由出现后 15 日内指定一名或者数名合伙人,或者委托第三人,担任清算人。15 日内未确定清算人的,合伙人或者其他利害关系人可以申请人民法院指定清算人。按照这一规定,全体合伙人担任清算人的情形,清算人等于全体合伙人;由全体合伙人指定或者人民法院指定清算人的情形,清算人是全体合伙人的代理人。在合伙企业解散的情形,某一合伙人请求返还出资财产,应以该合伙企业或者清算人为被告,以合伙协议另一方为被告不妥。

这里要补充说明一点,在合伙企业正常经营的情况下,某一合伙人要求返还出资财产,称为"退伙",应当适用《合伙企业法》关于"退伙"的规定。《合伙企业法》第 51 条规定,合伙人退伙的,其他合伙人应当与该退伙人按照退伙时的合伙企业的财产状况进行结算,退还退伙人的财产份额。退伙时有未了结的合伙企业事务的,待了结后进行结算。

按照这一规定,合伙企业正常经营情况下,某一合伙人"退伙"(要求返还出资财产),应当以其他合伙人为被告。

最后谈合伙企业债务承担问题。结合《合伙企业法》第38、39条规定,合伙企业对其债务,应先以其全部财产进行清偿。合伙企业财产不足清偿到期债务的,各合伙人应当承担无限连带清偿责任。《最高人民法院公报》2011年第7期刊登的一个案件,对这一条作了解释,即江苏省高级人民法院终审的南通市双盈贸易有限公司与镇江市丹徒区联达机械厂、魏恒聂等6人买卖合同纠纷案。值得注意的是,该案裁判摘要指出,合伙企业对外债务承担,分为两个层次:第一个层次,是由合伙企业承担债务清偿责任,即由合伙企业作为债务人来清偿债务;如果合伙企业财产不够清偿其债务,才发生第二个层次,即由全体合伙人对不足部分承担连带责任。

口 头 合 同

问题2:如果合同采用口头形式,没有签订书面合同怎么办?

梁慧星:这是合同的形式问题。《合同法》第10条规定,"当事人订立合同,有书面形式、口头形式和其他形式。法律、行政法规规定采用书面形式的,应当采用书面形式。当事人约定采用书面形式的,应当采用书面形式"。可见,《合同法》关于合同形式,以不要式为原则,以要式为例外。《合同法》原则上不要求必须采用书面形式,以口头形式订立的合同同样有效;但如法律和行政法规规定某类合同必须采用书面形式,或者当事人约定必须采用书面形式的,则应当采用书面形式。

如果法律法规未规定采用书面形式,当事人也没有约定采用书面形式,则可以采用口头形式订立合同。这样的口头合同应当有效。实际生活中采用口头形式订立的合同是大量的,绝大多数口头合同能够履行,并未发生纠纷。少数口头合同发生纠纷,起诉到人民法院,这就产生一个问题,即法庭如何判断原被告之间是否存在合同及合同的内容。

例如,原告起诉说某年某月某日被告向他借了1万元,要求法庭判决被告偿还借款。法庭首先要判断原被告之间是否有口头借款合同，如果确有口头借款合同，还要判断借款合同的内容，即借款金额是不是1万元。法庭判断口头合同是否存在及合同内容，当然要靠证据，要求原告提供人证或者书证。如果借款是从银行汇付的，原告应当提供银行汇款的凭条作为书证。另一个证据就是被告在答辩和庭审中的"自认"，即被告承认向原告借款1万元的陈述。被告的"自认"可以作为法庭认定事实的依据。如果原告提不出任何证据（人证、书证）且被告坚持否认合同的存在，法庭没有办法认定口头合同的存在，就只能以原告起诉的证据不足为由，判决驳回原告的起诉。

要补充一点，虽然《合同法》第10条规定订立合同以不要式为原则，以要式为例外，但实际上法律法规要求必须采用书面形式的合同种类并不少。例如，《合同法》第215条规定租赁期限6个月以上的租赁合同应当采用书面形式；第238条规定融资租赁合同应当采用书面形式；第270条规定建设工程合同应当采用书面形式；第330条规定技术开发合同应当采用书面形式；第342条规定技术转让合同应当采用书面形式。再如，《物权法》第138条规定建设用地使用权出让合同应当采用书面形式；第141条规定建设用地使用权转让、互换、出资、赠与、抵押合同应当采用书面形式；第185条规定抵押合同应当采用书面形式；第210条规定质押合同应当采用书面形式。

请特别注意，《合伙企业法》第4条规定，合伙协议依法由全体合伙人协商一致、以书面形式订立。由此可见，设立合伙企业的合伙协议（合同）必须采用书面形式。

法律法规规定应当采用书面形式的合同，而当事人未采用书面形式的，其法律效果如何？这样的合同，除法律有特别规定外，应属于《合同法》第52条第（5）项"违反法律、行政法规的强制性规定"的合同，法庭应依据《合同法》第52条判决确认合同无效。所谓法律有特别规定，首先是《合同法》第36条规定，法律、行政法规规定应当采用书面形式订立合同，当事人未采用书面形式但一方已经履行主要义务的，该合同成立（并有效）；其次是《合同法》第215条规定，对于未采用书面形式订立的租赁期限6个月以上的租赁合同,"视为不定期租赁"。

当事人约定应当采用书面形式的合同,却未采用书面形式订立,其法律效果如何?《合同法》第36条规定"一方已经履行主要义务,对方接受的",该合同成立(并有效)。如果主要义务未履行,而双方当事人对于合同的成立无争议,则按照民法原理,应当解释为双方同意废除此前关于书面形式要件的约定,因而认定合同成立(并有效)。如果双方当事人对于合同是否成立发生争议,即一方坚持关于应当采用书面形式要件的约定,则应认定合同不成立。

无 权 处 分

问题3:最高人民法院《关于审理买卖合同纠纷案件适用法律问题的解释》第3条,与《合同法》第51条的关系如何?

梁慧星:让我们先看法律条文。《合同法》第51条规定,"无处分权的人处分他人财产,经权利人追认或者无处分权的人订立合同后取得处分权的,该合同有效"。理解本条的一个"关键"是"处分他人财产"这个短语。你既然不是财产的所有权人,也没有得到所有权人授予的处分权,那你就不能处分该项属于他人的财产。无处分权的人处分他人财产,不是恶意,就是误认。误认即误将他人财产认作自己的财产。因此,《合同法》第51条的适用范围非常明确,就是没有处分权的人恶意或者误认而处分他人财产,这样的合同当然是社会不允许的,应当被认定为无效,除非得到权利人的追认或者处分人事后得到了处分权。

但一段时间以来,一些法院未能正确理解《合同法》第51条的适用范围,误用第51条裁判处分权受限制的所有权人处分自己财产的案型及共有人处分共有财产的案型。例如,夫妻一方出卖共有房屋,丈夫把共有房屋卖了,妻子起诉到法院,有的法院就按《合同法》第51条判决出卖房屋的合同无效。实际上这样的案件,不属于第51条的适用范围,第51条规定的是处分他人财产,而本案是共有人处分共有财产,不是处分他人财产。再如,抵押人出卖抵押财产,许多法院都根据《合同法》第51条判决买卖合同无效。实际上抵押人出卖抵押财产,不是处分他人财产,而是所有权人处分自己的财产,只不过其处分权受到限制而已,不应该适用第51条的规定。再有,国家机关及国家全资的事业单位,未经上级同意,出卖自己支配的动产和不动产,有的法院适用《合同法》第51条认定合同无效。这就是说,自《合同法》实施以来,一些法院任意扩大了《合同法》第51条的适用范围,错误适用《合同法》第51条裁判本不属于第51条适用范围的案件。因此,最高人民法院制定买卖合同司法解释的目的之一,是要纠正这种错误适用第51条的实践,这就是最高人民法院《关于审理买卖合同纠纷案件适用法律问题的解释》第3条。

最高人民法院《关于审理买卖合同纠纷案件适用法律问题的解释》第3条规定:"当事人一方以出卖人在缔约时对标的物没有所有权或者处分权为由主张合同无效的,人民法院不予支持。出卖人因未取得所有权或者处分权致使标的物所有权不能转移,买受人要求出卖人承担违约责任或者要求解除合同并主张损害赔偿的,人民法院应予支持。"

该条创设了这样一个解释规则,当事人一方以合同订立之时对方没有所有权或处分权为由,要求认定合同无效的,人民法院不予支持。这样的买卖合同,最后不能履行,买受人不能得到标的物所有权,该怎么办呢?买受人可以选择解除合同并要求损害赔偿,或者选择追究出卖人的违约责任。

请特别注意,本条的适用范围,主要是这样几类案件:(1)国家机关和事业单位没得到批准处分它支配的动产和不动产的案型;(2)抵押人未征得抵押权人同意转让抵押财产的案型;(3)保留所有权买卖的买受人在付清价款之前转卖标的物的案型;(4)融资租赁承租人付清租金前转卖租赁设备的案型;(5)将来财产买卖的案型。这些买卖合同,均属于处分权暂时受到限制的所有人(权利人)"处分自己的财产",而不是因恶意或者误认处分他人的财产。过去的一段时间,曾经被好多法院误认为无权处分合同依据《合同法》第51条应认定合同无效。现在依据该解释第3条,应当认定这些合同都有效。该条可以称为买卖合同特别效力解释规则。那么它与《合同法》第51条无权处分合同规则,二者是什么关系呢?只要将两个规则进行比较就清楚了。《合同法》第51条适用于恶意或者误认处分他人财产的案型。恶意或误认出卖他人财产,而且是他人的有形财产,就是我们说的动产和不动产。《最高人民法院公报》2012年第5期刊登了一个案例,其裁判摘要指出,股权转让不适用《合同法》第51条无权处分合同规则,进一步明确了《合同法》第51条的适用范围是恶意或者误认出卖他人有形财产(动产、不动产)的合同。无形财产转让合同,如股权转让、知识产权转让、债权转让,不适用《合同法》第51条。

最高人民法院《关于审理买卖合同纠纷案件适用法律问题的解释》第3条的适用范围是,处分权暂时受限制的所有权人(权利人)处分自己财产的案型。这些买卖合同,当事人以合同订立时出卖人没有所有权或者处分权为由,要求认定买卖合同无效的,人民法院不予支持,亦即认定合同有效。如果最终合同不能履行、不能实现合同目的,由买受人选择追究出卖人的违约责任,或者选择解除合同并要求损害赔偿。

这里补充一下,其适用范围包括"将来财产买卖"。什么是将来财产买卖?例如买汽车,到4S店去买汽车,特别是买高档车,与到旧车市场购买二手汽车是不同的。到旧车市场购买二手车,是看上哪辆车买哪辆车,合同标的物是特定的某一辆二手车。到4S店买车与此不同,我们是根据4S店提供的产品目录订立合同,合同约定所要买汽车的规格、型号、颜色、价位等。签订合同当时我们并未看见这辆汽车,这辆汽车不在签约现场,还在生产厂家的生产线上,还没有生产出来。出卖人与买受人签订买卖合同的时候,出卖人还没有购进这辆汽车,当然还没有取得这辆汽车的所有权或处分权,而是在订立出卖这辆汽车的合同之后,出卖人再去与生产商订立购买这辆汽车的合同。换言之,出卖人是先卖出(这辆汽车),后买进(这辆汽车)。这种先卖出的合同,就叫将来财产买卖合同。

在过去计划经济时代没有这种买卖合同。过去的教科书讲到一种关系叫"经销",我们经常讨论"经销"与"代理"的区别,所谓"代理",是代理人出卖被代理人的商品,代理人从被代理人处收取佣金,被代理人是出卖人,商品卖不掉或者卖亏了由被代理人承担,代理人只收取佣金,不承担任何责任。而"经销"就不一样,经销商是从供应商那里买进商品,再出卖给买受人,一个是买进商品的合同,一个是卖出商品的合同,当然是低价买进、高价卖出,赚取两个合同之间的差价,卖不掉或者卖亏了由经销商自己承担。代理和经销的区别在于,代理是一个买卖合同,经销是两个买卖合同。

我们过去所理解的"经销",是经销商先买进货物,再卖出这个货物。而现在的市场经济条件下的经销商,如 4S 店,都是先卖出、后买进。因此,这个先卖出商品的合同签订时,标的物还不在经销商手里,出卖人还不是标的物的所有权人,过去一段时间法院审理这类案件,就适用《合同法》第 51 条认定合同无效。因为出卖人签订买卖合同时,没有所出卖货物的所有权或者处分权,因此认定合同无效。这样处理是因为我们不了解现在的市场经济,现代市场经济条件下,将来财产买卖是最常见、最重要的一种商事交易,当然是合法的。因此最高人民法院制定《关于审理买卖合同纠纷案件适用法律问题的解释》第 3 条以适用于将来财产买卖合同,当事人以合同订立之时出卖人没有所有权或者处分权主张合同无效的,人民法院不予支持。也即肯定将来财产买卖合同有效,如果最后不能实现所有权的转移,由买受人选择解除合同并要求损害赔偿,或者追究出卖人的违约责任。

最后补充一下,在《关于审理买卖合同纠纷案件适用法律问题的解释》制定时,本来计划创设两个规则,一个是《合同法》第 132 条的反面规则(7 月稿第 4 条),适用于前面谈到的前四种案型,包括国家机关事业单位未经批准出卖自己支配的财产、抵押人出卖抵押物、融资租赁合同承租人出卖租赁设备、保留所有权买卖的买受人转让标的物;另一个就是将来财产买卖合同效力规则(7 月稿第 5 条)。后来注意到两个规则内容相同,在征求学者意见之后,将两个规则合并为一个规则,即该解释第3条。

问题4: 关于无权处分的问题,有人认为,它的无效是指处分行为无效,而买卖行为作为一种负担行为是有效的。

梁慧星: 在我们的民法学者当中,有的人总是说《合同法》第51条不对,他们说第51条应该区分"处分行为"(物权行为)与"负担行为"(债权行为),在权利人不予追认、处分人事后未得到处分权的情形,仅仅是"处分行为"无效,而买卖合同(负担行为)的效力不受影响。处分行为无效、买卖合同有效,这是德国民法的立法思路。而绝大多数国家的民法,都不采取这样的思路。《合同法》在制定时,先由六位学者和两位法官设计立法方案,然后由十二个单位的学者按照立法方案分头起草,最后由三位学者统稿完成正式草案。特别要指出这样一个历史事实:当年参与设计《合同法立法方案》的六位学者、两位法官,参与起草具体条文的十二个单位的民法学者,以及草案的三位统稿人,都不赞成德国民法区分负担行为(物权行为)与处分行为(债权行为)的理论。正是这个历史事实决定了我们的《合同法》虽然采用了大陆法系的德国民法的概念体系,却没有采用德国民法区分处分行为(物权行为)与负担行为(债权行为)的理论和立法思路。因此,我们的《合同法》第51条规定,无权处分他人财产的合同,如果权利人追认或者事后处分人得到处分权,那么(买卖)合同有效;如果权利人不追认、处分人也没有得到处分权,那么(买卖)合同无效。

按照德国民法,称为"无权处分行为"(不是无权处分合同),如果权利人不追认、处分人事后也没有得到处分权,只是"处分行为"无效,买卖合同仍然有效。为什么?因为他们采纳严格区分处分行为(物权行为)与负担行为(债权行为)的理论,认为合同只是使当事人负担债务(交付标的物并移转标的物所有权的债务),并不直接发生物权变动(所有权移转);而物权变动(所有权移转)是处分行为的效果。出卖人在买卖合同之外,还需订立独立于买卖合同的物权合同(处分行为),然后根据物权合同,发生标的物所有权转移,使买受人得到标的物所有权。依据这套理论,无权处分行为,只是处分行为(物权合同)无效,买卖合同(负担行为、债权行为)的效力不受影响。当然,最终不能发生物权变动的效果,买受人仍然不能获得标的物所有权。

　　合同法起草人认为,这套理论和立法思路不符合中国国情,不符合中国人民的社会生活经验。按照德国的这套理论,把一个买卖(交易)区分为两个法律关系(债权债务关系、物权关系)和三个法律行为(一个买卖合同、两个物权合同)。在中国,你去商店购物,例如买一个茶杯,交钱付款就把茶杯拿回家,就是一个法律行为(买卖合同)。同样买一个茶杯,按德国的法律,要三个法律行为:双方当事人讨价还价达成合意成立买卖合同,这是第一个法律行为。产生商场交付茶杯的债务、买受人付款的债务,及商场收取价款的债权、买受人得到茶杯的债权,这叫负担行为(债权行为)。但是,仅靠买卖合同买受人还不能得到这个茶杯的所有权,他要得到这个茶杯的所有权,还需要与商场订立第二个法律行为(物权合同),约定双方一致同意移转这个茶杯的所有权与买受人,根据这第二个法律行为(物权合同)买受人才能得到这个茶杯的所有权。此外,关于那笔价款(例如 5 元人民币)所有权的转移,还要订立第三个法律行为(物权合同),约定双方一致同意,移转这个茶杯的价款(5 元人民币)的所有权与出卖人商场。你看,像买一个茶杯这样简单的交易,被设计为三个法律行为,一个买卖合同外加两个物权合同,是何等复杂、何等烦琐。

　　实际上,德国的不动产买卖,是由律师替当事人拟定书面合同,买卖合同中除了房价、交房、付款这些买卖合同的内容之外,一定要再加上一句话:双方一致同意移转某套房屋的所有权与买受人某某某。合同中如果没有这一句话,在公证时公证员仍然要添上这一句话。这一句话,就是所谓独立于买卖合同之外的物权行为(物权合同)。如果是普通动产买卖,不要求公证,也不要求书面合同,不可能写上双方一致同意移转标的物所有权那样的语句。法官将按照所谓默示条款理论解释为:该项动产买卖,当然包含一个双方一致同意移转所有权的默示条款,即默示的物权合同。可见,这是一种极端的、绝对化的逻辑设计。

所以,合同法的起草人决定不采用这套理论,而是采用与绝大多数国家相同的思路和方案,在买卖合同一章,规定买卖合同直接发生物权变动(《合同法》第130、133条),并在《合同法》第51条规定无权处分合同(有效或者无效)。

请特别注意,不要看到《合同法》第51条用了"处分"这个词,就说我们的民法、合同法接受了德国民法区分"处分行为""负担行为"那样的理论。《合同法》第51条中所谓"处分",是所有权定义当中的"处分"权能,而不是所谓"处分行为"。我国《民法通则》第71条规定所有权定义:"财产所有权是指所有人依法对自己的财产享有占有、使用、收益和处分的权利。"《合同法》第51条中所谓"处分",就是所有权权能中的"处分"。这个处分包括法律处分和事实处分,把财产卖掉或者赠与他人,这是法律处分;把食物吃掉,是事实处分。《合同法》第51条所谓处分,是指所有权处分权能中的法律处分。绝不可误认为《合同法》第51条用了"处分"这个词,就等于接受了德国民法所谓物权行为(处分行为)独立性那一套理论。

要证明中国民法没有采用德国民法的那套理论,其有力证据,首先是《合同法》关于合同定义的条文。如果接受了这套理论,买卖合同定义应当这样规定:买卖合同,是使出卖人负担向买受人交货并移转所有权的债务、买受人负担向出卖人支付价款的债务的协议。而我们的《合同法》第130条规定的买卖合同定义是:"买卖合同是出卖人转移标的物的所有权于买受人,买受人支付价款的合同。"一方移转标的物所有权于对方,对方支付价款,这就非常清楚、直截了当地把买卖合同看成金钱与所有权的交换,而不仅仅是看成产生交货付款的债权债务的协议。《合同法》第133条更进一步明确规定,除法律另有规定或者当事人另有约定外,买卖合同的履行,直接发生标的物所有权转移。此外,更为有力的证据在物权法,我们的《物权法立法方案》明确规定不采纳物权行为(处分行为)独立性理论。《物权法》规定"原因行为与物权变动的区分原则"(第14、15条),其所谓"原因行为"是指买卖合同、抵押合同、质押合同等债权合同,所谓"物权变动"是指产权过户、抵押权设立、质权设立等不动产物权设立、变更、转让和消灭的事实。按照《物权法》关于不动产登记制度的规定(第10、11、12条)和有关行政规章的规定,当事人仅凭生效的房屋买卖合同、土地使用权转让合同、抵押权设立合同以及相关不动产权属证书、当事人身份证件,即可向不动产登记机构办理产权过户登记和抵押权设立登记,于是发生产权过户和抵押权设立的物权变动结果,自始至终没有给个别学者所谓"物权行为"(处分行为)的存在留下任何解释余地。

最后补充一点,当年《合同法草案》专家讨论会上,关于《合同法》第51条无权处分合同规则,究竟是规定"处分(行为)无效"还是规定"合同无效",曾经举过一个设例。假设一个外国人把我们的天安门城楼出卖给另一个外国人,按照不动产所在地管辖原则,由北京市高级人民法院审理此案,能否设想北京市高级人民法院当庭宣布判决:根据中国《合同法》某某条,本案买卖合同有效。显而易见,这是参与合同法起草、修改的学者、法官所不能接受的。至此《合同法》第51条条文得以确定,直至《合同法》在九届全国人大二次会议获得通过,未再发生争论、未再作任何改动。

中国《合同法》的制定,尽管参考了很多发达国家和地区的立法经验,但并非盲目照搬,而是结合中国国情,有所选择、有所取舍、有所创造。中国的《合同法》,包括第51条,被公认为当今世界上最先进的合同法之一,绝非过誉之辞。

问题5:《合同法》第51条规定,如果转让人没有取得处分权,或者权利人没有追认,则受让人不能主张善意取得,最多只能主张缔约过失责任的损害赔偿。但是,衡量二者求偿大小,缔约过失责任所获得的赔偿肯定远低于善意取得之利益。这样,受让人的利益得不到保障,请问有无解决之道?

梁慧星:我认为提问的同志对《合同法》第51条的理解不准确。按照《合同法》第51条的规定,如果权利人不追认,事后处分人也没有得到处分权,该无权处分合同无效,合同无效以后,买受人的保护问题该怎么办呢?买受人的保护问题,规定在《物权法》第106条善意取得制度。我们有些法院裁判无权处分合同案件,只判决合同有效、无效,至于判决合同无效之后是否发生善意取得,买受人能不能得到标的物所有权,就不管了。这样处理,我认为是不妥当的。因为我们的法律是互相联系的,如合同纠纷案件往往要涉及《物权法》,《物权法》中又可能涉及《侵权责任法》,债务纠纷案件不仅适用《合同法》,还可能适用《继承法》甚至《婚姻法》,更不用说经常会适用到《民法通则》。审理合同纠纷案件,好多情形要适用《物权法》。例如,按照《合同法》第51条判决无权处分合同无效,这个时候,法庭还应该考虑有没有适用《物权法》第106条善意取得制度的可能性?而在诉讼中,买受人往往会主张善意取得,法庭就应当审查本案是否符合善意取得的要件。

《物权法》第106条规定,无处分权人将不动产或者动产转让给受让人,即无权处分他人财产的合同,"受让人受让该不动产或者动产时是善意的","受让人取得该不动产或者动产的所有权"。这就是善意取得制度,属于《合同法》第58条关于合同无效法律后果规定的特别法。《合同法》第58条是关于合同无效法律后果的一般规则,《物权法》第106条是关于(无权处分)合同无效法律后果的特别规则。法庭审理合同案件,如果属于因违法导致合同无效,法庭在依据《合同法》第52条关于违法无效的规定判决合同无效的同时,还应当(依职权)适用第58条处理合同无效的后果,处理恢复原状(相互返还)及损失分担问题。有的法官不是这样,他们只是判决合同无效,至于如何恢复原状就不管了,认为合同无效后当事人要求恢复原状须另行提起请求返还财产之诉。这样的认识和做法当然是错误的,属于死抠条文,没有正确理解法律内部的逻辑关系。

刚才谈到《合同法》第58条是合同无效法律后果的一般规则,《物权法》第106条是合同无效法律后果的特别规则。但须特别注意,《物权法》第106条规定的此项特别规则的适用范围,仅限于无权处分合同被确认无效的案型。此外的合同无效案型,例如,根据《合同法》第52条确认合同无效及无行为能力人订立的合同因法定代理人未追认而无效(《合同法》第47条),均不发生善意取得问题,绝无适用《物权法》第

106条的可能。

　　法庭审理无权处分他人财产合同案件,在依据《合同法》第51条判决确认合同无效情形下,买受人有权根据《物权法》第106条主张善意取得。主张善意取得,属于无权处分合同无效情形法律赋予买受人的权利,当然他也有权放弃此项权利。因此,如果买受人主张善意取得,法庭即应适用《物权法》第106条,审查是否符合善意取得的要件,如经审查认定符合规定的要件,即应依据《物权法》第106条判决买受人善意取得标的物所有权;经审查认定不符合善意取得的要件,则应依据《物权法》第106条判决驳回买受人关于善意取得的主张,并且直接适用《合同法》第58条判决恢复原状(相互返还财产)及损失分担。如买受人未主张善意取得,法庭应当认为买受人放弃权利,而直接适用《合同法》第58条处理合同无效的后果,既不能依职权适用《物权法》第106条,也不能就买受人是否主张善意取得进行释明。当然,如果权利人予以追认或者处分人事后获得了处分权,法庭依据《合同法》第51条判决确认合同有效,本案就与《物权法》没有关系了,买受人可以直接根据有效合同的履行(动产须交付、不动产须办理过户登记)得到所有权。

　　我们的法庭依据《合同法》第51条认定合同无效,再依据《物权法》第106条判决善意的买受人得到所有权,得到所有权的时间就是判决生效的时间。至于怎么判断善意,应区分动产和不动产,不动产在善意取得制度中所说的善意,是指买受人"信赖不动产登记"。例如李四买房子,他看到登记簿上记载张三是所有权人,而实际上张三不是所有权人,但李四不知道张三实际上不是所有权人,他信赖登记簿的记载而与张三订立买卖合同购买了这套房子,这个买受人李四就是善意。登记簿的记载与实际产权状况不一致的情形有的是,例如有的人委托朋友买房子,受委托人就干脆登记在自己名下,这样登记簿上的权利人和实际的权利人就不一致。在这种情况下,张三只是这套房子的名义所有人而不是真正所有人,张三出卖房子的时候,买受人相信了产权证和产权登记簿的记载,而从张三手里购买了这套房子,因为《物权法》规定不动产登记簿是物权归属的根据(第16条),不动产权属证书是权利人享有不动产物权的证明(第17条),因此信赖不动产登记和产权证的买受人属于善意。这个买卖合同属于无权处分合同,按照《合同法》第51条,权利人没有追认,处分人事后也没有得到处分权,法庭依据《合同法》第51条认定买卖合同无效,但是买受人是善意,法庭又依据《物权法》第106条,判决买受人得到房屋所有权。

标的物是动产情形的"善意",是指买受人信赖动产的占有。例如张三的手机借给李四,李四将手机卖给王五。王五看见李四占有手机,就相信李四是手机的所有权人,于是同李四订立买卖合同购买了这部手机。按照《物权法》第23条规定,动产物权的设立和转让,自交付时发生效力。所谓"交付",是指移转动产的占有,因此动产的"占有"具有权利推定的效力。买受人看见李四占有这部手机,于是相信李四是这部手机的所有权人,是出于对占有的信赖,因此属于善意。此外,在判断动产买受人是否善意时,不能仅凭占有,还要考虑交易价格和交易场所。例如,有人在街头巷尾以很低的价格向行人兜售手机,你应当怀疑他是偷的或者捡的,你不能买,你要贪便宜买了,就不构成善意。

无权处分(权利人追认)

问题6:《合同法》第51条规定,无权处分合同经权利人追认的,合同有效。但根据债的相对性原理,在权利人追认的情形下,该权利人将处于什么样的法律地位?

梁慧星:《合同法》第51条规定,无处分权的人出卖他人财产,权利人追认或者处分人事后得到处分权的,该合同有效。如果权利人不追认,处分人事后也没有得到处分权,则该无权处分合同无效。现在提的问题是,在权利人追认的情形下,该权利人处于什么样的法律地位?问题提得非常好。按照《合同法》第51条规定,如果权利人追认,这个买卖合同就有效,因为权利人的追认,使原来的无权处分合同,变成了有权处分合同。买卖合同有效的结果,如果标的物是动产,则标的物一交付,所有权就移转,即发生买受人取得标的物所有权的效果;如果标的物是不动产，则根据有效的买卖合同，就可以向登记机构办理产权过户，将该不动产所有权移转给买受人。在买受人获得标的物所有权的同时，对无权处分合同进行追认的原权利人，其权利就消灭了。

  回到我们的问题，追认后的权利人将处于什么样的法律地位呢？应当肯定，在这个买卖合同关系中，他没有法律地位，他不是买卖合同的当事人（出卖人），也不是买卖合同的第三人。只是因为他的追认，而使该买卖合同从无权处分合同变成有权处分合同，从无效合同变成了有效合同。该合同履行的结果，买受人得到标的物所有权，他对标的物的权利消灭了。追认后的权利人，因权利消灭遭受的损害，应当由处分人予以赔偿，但这属于另一个法律关系。他可以向法院起诉这个处分人，要求该处分人赔偿他的损失，这是另一个案件。

  最后概括一下，法庭于案件审理中，发现当事人之间的买卖合同属于无权处分合同时，是否需要将权利人纳入诉讼？如果该权利人进行了追认，法庭是否需要一并处理他对于处分人的损害赔偿请求？我的意见是，不需要将该权利人纳入诉讼，法庭只是要求无权处分人提供权利人予以追认的证据。如果处分人提供了权利人予以追认的证据，法庭即据以认定权利人已经予以追认的事实，进而判决本案买卖合同有效；如果处分人不能提供权利人予以追认的证据，也不能提供处分人事后已经取得处分权的证据，则法庭判决该买卖合同无效。在整个案件的审理中，权利人既不是当事人，也不是第三人，仅可能是证人。权利人因追认而丧失权利，所遭受损失，应当另案起诉要求无权处分人赔偿。

合同相对性

  问题 7：在合同当中，第三人介入合同关系并决定合同成立与否，是否打破了合同相对性法则？

  梁慧星：法庭在审理合同案件中，查明出卖人既不是标的物所有权人，也没有得到所有权人授予的处分权，即认定属于《合同法》第 51 条规定的无权处分他人财产的合同，这时法庭并不主动寻找真正的权利人,更不去问他是否予以追认。前面已经谈到,他与本案没有关系,不是买卖合同的当事人,不是本案诉讼当事人。法庭只审查这个买卖合同有效或者无效。审理中查明出卖人既不是所有权人,也没有处分权,法庭就认定买卖合同无效;如果当事人主张买卖合同有效,出卖人主张合同有效,或者买受人主张合同有效,法庭就责令他出示证明合同有效的证据。按照《合同法》第51条,这样的证据,或者是权利人表示追认的证据(书证或者人证),或者是处分人事后已经取得处分权的证据(书证或者人证)。如果主张合同有效的当事人举出了这样的证据,法庭就根据《合同法》第51条判决本案买卖合同有效,如果举不出这样的证据,法庭就判决本案买卖合同无效。法庭不必去寻找权利人,因为他不在本案法律关系中,权利人的追认只不过是法庭据以认定事实的证据罢了,不发生第三人介入本案合同关系的问题。法庭审理的就是一个买卖合同纠纷案件,权利人既不是当事人,也不是第三人,如果权利人追认,其追认是法庭据以认定合同有效的证据。这样理解,符合立法本意。

请同志们特别注意,根据《合同法》创设第51条无权处分合同规则的立法目的和第51条的文义,应当是肯定将权利人予以追认这一事实或处分人事后取得处分权这一事实,作为决定无权处分合同有效的证据。绝不是将权利人视为无权处分合同的第三人,更不是赋予权利人所谓"追认权"。并且,权利人予以追认,属于所有权权能中的"处分权能"之行使,无须法律特别授权,与《合同法》特别赋予法定代理人"追认权"(第47条)和被代理人"追认权"(第48条),是截然不同的。

善 意 取 得

问题8:按照《物权法》第108条规定,善意受让人取得动产后,该动产上的原有权利消灭,怎么理解?

梁慧星:刚才我们说登记簿上张三是所有权人,而实际上张三不是所有权人。因此按《合同法》第51条规定,认定买卖合同无效,但同时又依据《物权法》第106条判决买受人取得房屋所有权。善意取得的条件是:(1)受让人在受让该不动产时是善意的。怎么判断呢？他不知道真正的所有权人是李四,相信了不动产登记簿、产权证,因为不动产登记簿和产权证是证明不动产物权归属的证据,因此受让人属于善意。(2)受让人是有偿取得,不是赠与取得。条文上说"以合理的价格转让",我们应当理解为"有偿转让",千万不要死抠条文去审查转让价格是否合理。(3)受让的不动产"已经登记",受让人相信张三是所有权人,与之订立了买卖合同,交房付款之后又到不动产登记机构办理了产权过户登记。具备这三项条件,因此法庭依据《物权法》第106条判决受让人取得该套房屋所有权。该套房屋真正的所有权人,因此丧失权利,他所受损失,只能另案起诉无权处分人张三,要求无权处分人张三予以赔偿。

无权处分他人不动产的合同,法庭认定合同无效,同时又依据《物权法》第106条判决受让人善意取得所有权,导致真正所有权人的房屋所有权消灭。由于不动产物权实行登记生效主义,受让人因信赖不动产登记簿而成立善意,且已办理过户登记,所有权已经登记在自己名下,法庭判决其善意取得标的物所有权,相当于确认此前的所有权过户登记和原权利人的所有权消灭的结果,物权之得失十分简单明确,故无须另行规定。

但在动产发生善意取得情形,因动产物权变动不采登记生效主义,既有交付生效,亦有登记生效,甚至还可以约定,致权利的得失要复杂一些,因此有必要专设条文予以规定。《物权法》第108条规定,"善意受让人取得动产后,该动产上的原有权利消灭,但善意受让人在受让时知道或者应当知道该权利的除外"。如前所述,动产受让人之所谓善意,是相信出卖人对该动产的占有。例如购买二手车,出卖人持有有关的单据、证件,受让人相信他是所有权人,构成善意。汽车、船舶的买卖要成立善意,要比普通动产复杂一些,因为有登记制度、管理制度。无权处分人出卖他人汽车的时候,如果买受人属于善意,并且已经交付,因此依据善意取得制度认定受让人取得该二手汽车的所有权,原车主的所有权消灭,原车主遭受的损失只能找出卖人赔偿。但是,假如该汽车是采用按揭贷款方式购买的,车主尚未付清银行贷款本息,则该汽车所有权上还存在银行的担保权(抵押权)。这种情形,如果善意受让人在受让该汽车时知道或者应当知道汽车上存在银行的担保权,则该担保权不消灭;反之,如果善意受让人在受让该汽车时不知道或者不应当知道该担保权的存在,则该担保权与原车主的所有权一并消灭。再如,无权处分他人动产(生产设备)的合同,该动产属于原权利人设定的财团抵押(《物权法》第180条第2款)或者特别动产集合抵押(《物权法》第181条)的抵押物,则该动产上存在贷款银行的担保权(抵押权),如果善意受让人于受让时知道或者应当知道该动产上存在银行的担保权,则该担保权不消灭;反之,受让时不知道或者不应当知道的,则该担保权与原权利人的所有权一并消灭。

被扶养人生活费的赔偿

问题9:《侵权责任法》第16条规定,人身损害赔偿项目当中没有被扶养人生活费,但最高人民法院《关于适用〈中华人民共和国侵权责任法〉若干问题的通知》第4条规定,受害人如有被扶养人的,应当依照最高人民法院《关于审理人身损害赔偿适用法律若干问题的解释》第28条的规定,将被扶养人生活费计入残疾赔偿金或者死亡赔偿金,那么实际上是否仍然要支持被扶养人的生活费?

梁慧星:在回答《侵权责任法》第16条规定的人身损害赔偿项目当中为什么没有被扶养人生活费的问题之前,要特别说明。《侵权责任法》制定的时候,认真总结了自《民法通则》实施以来人民法院的裁判经验,认真参考了最高人民法院有关审理侵权纠纷案件的司法解释,如关于审理名誉权案件的两个解释、《关于精神损害赔偿的解释》(2001年)、《关于人身损害赔偿的解释》(2003年)。所以,民庭的法官同志如果仔细看,即可发现《侵权责任法》好多条文都来源于司法解释文件,都是采纳我们法院的经验。但是要特别注意,《侵权责任法》在把人民法院的经验上升为法律条文时,不是原样照搬,总是有所斟酌、有所改变,而且有的改变还很大。《侵权责任法》第16条关于人身伤害的赔偿项目的规定,其立法基础是最高人民法院《关于人身损害赔偿的解释》的第17条,但删掉了两个赔偿项目:一个是营养费;另一个是被扶养人生活费。

先说营养费,《侵权责任法》第16条没有规定营养费,但它有一个"为康复支出的合理费用",这个为康复支出的合理费用就包括了营养费。所以说,虽然《侵权责任法》第16条没有规定营养费,但并不表示《侵权责任法》不承认营养费。为什么当初没有把营养费单独写出来呢?因为考虑到一个问题,不是所有的人身损害案件都需要判一笔营养费。如果某个案件中需要判一笔营养费,就可以将这笔营养费计入康复支出的合理费用。所以,条文没有规定营养费,法庭仍然可以判营养费,只是作为康复支出的合理费用的一种。

现在谈《侵权责任法》为什么不规定被扶养人生活费,为什么否定了被扶养人生活费?这涉及对《侵权责任法》第16条规定的残疾赔偿金和死亡赔偿金的理解。残疾赔偿金和死亡赔偿金来源于最高人民法院2001年的解释文件和2003年的解释文件。首先一个问题是,死亡损害金和残疾赔偿金是什么性质?2001年《关于确定民事侵权精神损害赔偿若干问题的解释》对残疾赔偿金和死亡赔偿金作了定性,其第9条规定,精神损害赔偿包括:第一,造成残疾的为残疾赔偿金;第二,造成死亡的为死亡赔偿金;第三,造成其他损害的为精神抚慰金。这里要特别说明,关于人身损害赔偿的解释文件,与关于精神损害赔偿的解释文件,实际是最高人民法院民一庭同时起草,并且在同一个专家会议上讨论修改的,这一历史事实表明,两个司法解释文件中的死亡赔偿金和残疾赔偿金的定性是一致的。同一批专家在同一个会议上同时讨论两个解释文件,绝不可能对两个文件中的同一概念作不同的定性。按照预定计划,这两个解释文件应同时发布,但因人身损害赔偿的解释文件在审委会讨论中决定暂时放一放,于是造成关于精神损害赔偿的解释文件先出台(2001年),我们大家看到其中第9条将死亡赔偿金和残疾赔偿金定性为精神损害赔偿。紧接着2003年《关于人身损害赔偿的解释》文件出台,同样有死亡赔偿金和残疾赔偿金概念,但是我们看到,后一解释文件对死亡赔偿金和残疾赔偿金规定了计算标准,规定了计算方法。规定计算标准,当然有方便操作的优点,但却产生了另一个问题:按照民法理论,人的精神没有市场价格,人格、精神、痛苦、恐惧都是无形的,是不可计量的,是没有市场价格的,因此没有计算标准。发达国家和地区的精神损害赔偿(抚慰金、慰谢金)是没有计算标准的,是授权审理案件的法官结合个案自由裁量。既然2003年的解释文件为死亡赔偿金和残疾赔偿金规定了计算标准,那么死亡赔偿金和残疾赔偿金还是精神损害赔偿吗?

请同志们注意,在一些国家和地区,法庭审理人身伤害案件,除了由法庭自由裁量判决一笔数额较小的精神损害赔偿(抚慰金、慰谢金)外,还有一个更为重要且通常金额较大的赔偿项目,叫逸失利益赔偿。法庭判决逸失利益赔偿有明确的计算标准,即依据死亡之时的年龄、工资收入水平、可能生存多少年、多少年退休等计算出一个总金额,再减去税费和生活费用,就作为逸失利益判给死者遗属。残疾情形也是同样的算法,依据受伤致残的年龄、受伤前的工资收入水平、残疾程度等。特别要注意,我们2003年的《关于人身损害赔偿的解释》所规定的残疾赔偿金和死亡赔偿金的计算标准,正好是逸失利益的计算标准。

指出这一点有什么重大意义吗?有重大意义。这就是我们的《侵权责任法》规定的死亡赔偿金或者残疾赔偿金兼有精神损害赔偿和逸失利益赔偿的性质和功能。我们的法院审理人身损害赔偿案件,法庭只判决死亡赔偿金或者残疾赔偿金一个赔偿项目,而发达国家和地区的法院要判决两个赔偿项目。你看,我们的《侵权责任法》只有死亡(残疾)赔偿金,没有逸失利益赔偿,我们的法院判决死亡(残疾)赔偿金一个赔偿项目,就相当于发达国家和地区的法院判决两个赔偿项目,我们的《侵权责任法》把他们的逸失利益赔偿和精神损害赔偿两个赔偿项目合为一个赔偿项目了,因而使法庭操作简便了。

现在回答问题,《侵权责任法》为什么不规定支付被扶养人生活费?因为《侵权责任法》规定的死亡(残疾)赔偿金,虽说是精神损害赔偿,却采用了发达国家和地区计算逸失利益赔偿的方法,把人家的两个赔偿项目合二为一了,既然受害人因死亡或者残疾所逸失(失去)的利益都赔偿了,且这样一笔赔偿金,绝不仅仅是对死者遗属或者残疾者本人进行抚慰,当然可以用来赡养其年迈的父母、抚养未成年的子女,因此没有必要再判被扶养人生活费。正是基于这一理由,《侵权责任法》第16条删去被扶养人生活费这一赔偿项目。

现在的问题是,最高人民法院关于执行《侵权责任法》的通知说,可以将被扶养人生活费计入死亡(残疾)赔偿金,这就造成了混淆。并且,通知这样说不符合立法本意。因为,是在法律委员会最后对法律案审议定稿的会议上,决定删除被扶养人生活费的,而这次法律委员会会议没有邀请最高人民法院的代表出席,致最高人民法院未能正确理解删除被扶养人生活费的立法政策目的,造成最高人民法院的通知与立法不一致。最高人民法院通知的该项内容,属于司法解释性质,司法解释与立法不一致的,应当以立法为准。因此,人民法院裁判侵权责任案件,凡是判了死亡赔偿金或者残疾赔偿金的,都不能再判被扶养人生活费。

离婚协议中债务的担保

问题10:离婚协议中约定,男方给付女方10万元的子女抚养费,因男方无力支付,由男方的父亲担保,该担保是否有效?

梁慧星:我认为该担保当然有效。离婚协议是什么性质?离婚协议是居于平等地位的双方当事人协商达成的合意,属于双方法律行为。因为我国《合同法》第2条第2款规定《合同法》不能适用于结婚、离婚等身份关系,故离婚协议不叫合同。离婚协议与合同,其相同点在于,都是双方法律行为;其不同之处在于,离婚协议属于身份关系上的法律行为,合同是财产关系上的法律行为。不管怎么说,离婚协议约定男方支付10万元子女抚养费,即依据离婚协议这一依法成立生效的法律行为,男方对女方承担的金钱债务,与依据合同发生的金钱债务没有本质区别。既然是金钱债务,男方不能履行,由男方的父亲予以担保,也与合同发生的债务的担保没有区别。这个父亲为儿子的10万元抚养费债务提供担保,该项担保同样是法律行为,按照《民法通则》第55条关于法律行为生效的规定,只要意思表示真实,不违反法律强制性规定(迄今没有禁止父亲为儿子的抚养费债务提供担保的法律规定),不违反社会公德(父亲提供担保使儿子履行了抚养子女的法定义务当然不违反社会公德),法庭即应依据《民法通则》第55条认定该项担保有效。

表 见 代 理

问题11:我们在审判实践中对表见代理制度的认识比较模糊,请梁教授讲一下。

梁慧星:表见代理制度规定在《合同法》第49条,该条规定:"行为人没有代理权、超越代理权或者代理权终止后以被代理人名义订立合同,相对人有理由相信行为人有代理权的,该代理行为有效。"按照本条规定,虽然行为人没有代理权,但是如果"相对人有理由相信行为人有代理权",即应发生有权代理的效果,使这个合同有效。

明明是无权代理,为什么要发生有权代理的效果,使这个合同有效呢?这里着重考虑的是相对人是否值得保护。如果严格按照《合同法》第48条关于无权代理的规定去处理,有的时候相对方就会遭受损害。在《合同法》制定之前,按照当时的《经济合同法》由工商行政管理机关管理经济合同。有的工商行政管理机关就规定,企业在签订经济合同的时候应当要求代理人出示授权委托书,审查他是否有代理权,是否超越了代理权。这样的要求是否能够彻底贯彻?不能够。即使你这样要求,有的时候签订合同的代理人是对方的供销科长,历来有合作关系,从来都是他来签订合同,你仍然让他出示授权委托书,就不合情理。即使你让他出示授权委托书,难说他已经离开了那个单位,那个授权委托书没有交回去,那个工作证没有交回去,这时你照样还会上当。

这就提出一个问题,要保护善意的相对人。如果相对人得不到保护,代理制度就不容易推行。因此,《合同法》第49条规定要保护有正当理由相信行为人有代理权的相对人,保护了这样的相对人就是保护了交易的安全,也就是保护了代理制度。如果代理制度不能够推行,试想一下,现在的企业签订很多的合同,法定代表人只有一个,不可能要他去签订所有的合同,大量的合同是由企业的代理人去签订的。所以保护代理制度关系到经济生活的正常运行。根据表见代理制度,本来是无权代理,却要按照有权代理处理,使合同有效,同志们可能会说,被代理人岂不是被冤枉了?

表见代理这个制度不是无缘无故地让被代理人承担责任,而是有严格的构成要件的。所谓表见代理,是说外表上看起来和有权代理完全一样,因此相对方上当是可以理解的,应该优先保护相对方。表见代理的成立要件当中有非常重要的一点是,被代理人与行为人之间存在某种关系,由于存在这种关系,在外表上表现出来就使其他人相信行为人有代理权。这种关系可能是各种各样的。

举例来说,一个需方从来是由它的供销科长到供方去签订合同,但是后来这个供销科长已经调离了需方单位,却仍然以原单位的名义到供方去签订合同,这种情况下,原来的这个供销科长一直代理需方到供方去签订合同的这个关系,就会使供方上当,供方会相信他有代理权,这里适用表见代理是因为存在这种关系。如果没有这种关系存在,不构成有代理权的假象,就不构成表见代理。举例来说,一个骗子为了签假合同、骗定金,就私刻了一个章,刻章的时候灵机一动,就刻了什么什么单位,刻了这个章就去欺骗,去订合同,去收预付货款。结果巧了,在这个地方或者在邻近的地方有一个单位刚好叫这个名字,能不能让这个单位来承担责任呢?我们只要一审查,发现这个单位和这个骗子之间不存在任何关系,是这个骗子私刻公章的时候捏造了一个名字,刚好碰巧了,这就不构成表见代理。

刚才已经讲到了一个供销科长的例子,在北京发生过这样的真实案件。需方订立合同以前是由它的供销科长到供方去签订合同,合同签订以后定期结算,某一天供方的会计到需方去结算的时候,需方的负责人提出有好些合同不是我们单位的,供方的那个会计说,怎么不是你们单位的？不是某某科长签字的吗？结果需方说这个科长在这之前已经离职，已经调离了我们这个单位，你看合同书上只有他的签名，也没有盖我们单位的公章。这个供方当然不干了，就起诉到法院。法院在审理中查明两个事实：第一，以前是这个供销科长作为需方代理人到供方去签订合同；第二，过去也有些合同只是他签字就算数，也没有盖需方单位公章，需方单位也承认，也照样结算。这两项事实就足以说明，这个需方（被代理人）与这个行为人（供销科长）之间有这样的关系，供方相信他有代理权是有正当理由的，于是法庭适用表见代理制度，判决需方承担责任。

条文上说的"有理由"，应该理解为"有正当的理由"。法庭怎样判断是否有正当的理由？按照民法原理，应当采用客观的判断方法。所谓客观的判断方法，即不能以本案原告自己的判断作为标准，而应当以一般人的判断作为标准。只是本案原告个人相信行为人有代理权还不算，假设换成任何一个智力正常的人（一般人）处在本案同样的情况下也会相信行为人有代理权，我们就认定本案原告相信行为人有代理权属于"有正当的理由"。如果只是本案原告相信，换了任何别的人都不会相信，我们就认定本案原告相信行为人有代理权没有正当的理由。没有正当理由相信行为人有代理权，这是你自己的问题，不应该按表见代理来解决，而应该适用《公司法》第48条关于无权代理的追认制度去解决。

这里介绍《最高人民法院公报》刊登的一个案例，即兴业银行广州分行与深圳市机场股份有限公司借款合同纠纷案。裁判摘要提到，表见代理是指行为人没有代理权、超越代理权或者代理权终止后仍以被代理人名义订立合同，而善意相对人客观上有充分理由相信行为人具有代理权的，该代理行为有效，被代理人应按照合同约定承担其与相对人之间的民事责任。但如果合同系以合法形式掩盖非法目的，则合同依法应为无效合同，在此情况下不应适用合同法关于表见代理的规定。①

这一案例具有下面两点重要意义：其一，法庭判断相对人是否"有理由相信"，须采用客观判断方法。所谓"客观上有充分理由相信行为人有代理权"，即我在前面讲的，仅原告个人相信还不算，须是一般人在本案同样情况下也会相信。其二，无效合同不适用表见代理。如果合同系以合法形式掩盖非法目的，则合同依法应为无效合同，在此情况下不应适用合同法关于表见代理的规定。

表见代理是我们不得已时适用的一个制度，还有别的制度。例如，挂靠关系就不一定适用表见代理制度。如农村的一个建筑队，它没有相关资质，不能自己订立合同，就挂靠在一个建筑公司，由这个公司与发包人签订合同。实际是该建筑队履行建筑施工合同，这个公司可能任命该建筑队队长为项目经理。其实该公司就是提点管理费。这类案件，法庭在审理中就应着重考虑，应该保护哪一方？如果当工程完工或者建设到一定程度，发包人不支付工程款，这种情形法庭就应当保护实际完成建筑施工任务的建筑队的利益。因为发包人不是与建筑队签订的合同，建筑队就不是合同当事人，建筑队向法院起诉，发包人就以我不是与你建筑队签订的合同为由，主张当事人不适格。法院也会产生疑问，实际施工人起诉发包人这类案件，原告不是合同当事人，法院应不应该受理呢？要死抠法律条文，原告既然不是合同当事人，却依据合同起诉发包人，法院当然可不予受理，根据就是合同的相对性原则。但是，要真的不予受理或者受理后驳回起诉，法院岂不是帮助发包人赖账，使实际完成施工任务的建筑队遭受损害？为了弥补这个漏洞，最高人民法院有一个批复，实际完成施工任务的建筑队有权起诉发包人，请求发包人支付工程款、材料费。依据这个批复，实际完成施工的建筑队有诉权，有权依据建筑施工合同起诉发包人，虽然它不是合同签订方，但法院应该受理案件。保护了实际完成施工任务的建筑队的权益，也

---

① 参见兴业银行广州分行与深圳市机场股份有限公司借款合同纠纷案，载《最高人民法院公报》(2009年卷)，第410—417页。

就保护了农民工的权益。于是又产生另一个问题,在实际施工人起诉发包人要求支付工程款的案件中,发包人是否可以建筑质量不合格为由,提起反诉,反诉该建筑队?

最高人民法院的批复只是说实际施工人有权起诉发包人,并没有说发包人有权起诉实际施工人。批复赋予实际施工人诉权,是要实现特殊政策目的,即保护实际完成施工任务的农村建筑队的合法权益,保护广大农民工的合法权益,解决一段时间以来广泛存在的拖欠农民工工资的严重社会问题。可见,这是针对特殊社会问题的特殊手段,并不是要否定合同相对性原则。按照合同相对性原则,建筑质量不合格,应当起诉合同对方当事人(建筑公司),而不能起诉(反诉)实际施工的建筑队。因此,在实际施工人起诉发包人的案件中,如果发包人提出反诉,法庭应当予以驳回,依据是合同的相对性原则,建筑施工质量有问题只能起诉合同对方当事人(建筑公司)。当然,如果真的存在施工质量问题,建筑公司承担责任后,还可以追究实际施工的挂靠建筑队的责任,自不待言。

请注意,如果这个建筑队或者队长的名字出现在合同上,法庭可以直接适用《合同法》第65条。该条规定,当事人约定由第三人向债权人履行债务的,第三人不履行债务或者履行债务不符合约定,债务人应当向债权人承担违约责任。因此,开发商以施工质量不合格,对建筑队提起本诉或者反诉,法庭可以依据该条规定,驳回其起诉或者反诉。还有,发包人也不能因为签订合同后,承包商又让第三方来施工,而主张合同无效。主张合同无效的目的,是要回避按合同约定价款履行,合同被确认无效后按评估价履行,对发包方有利。发包方主张合同无效,可能是订立合同时约定价款高。一定要看到主张无效一方的真实目的。

低价中标与合同效力

问题12:还有一种情况就是,现在低价中标情况较为严重,低价也就是不合理价格。这时是承包方希望合同无效?

梁慧星:开发商在招标的时候,价格不能很低,特别是要求以招标方式订立的合同,这些合同要求到主管部门备案,主管机关审查时,也要考虑定的价格太低对施工方不利,所以说可能出现合同上定价较高,因此发包商要主张合同无效。其目的是合同无效后,通过评估价来结算对他有利,我们一般认为这种目的是不正当的。也有相反的,由于市场竞争激烈,有的承包商就用低价来揽活儿,等施工完成后,再想办法认定合同无效,然后通过高于合同价的评估价来结算,特别是现在还有带资承包等。

对于以上情况,我们不仅看其目的适当不适当,还要看当初约定价格是否真的过低,导致显失公平。有的合同按约定价根本无法完成施工,但法庭不一定都要认定合同无效。请特别注意《合同法》第54条规定第(2)项,"在订立合同时显失公平的","当事人一方有权请求人民法院或者仲裁机构变更"合同。法庭可以依据这一规定,变更订立合同时约定的价格,实际是采用评估价格代替原来的过低的约定价。总的原则是要考虑当事人正当利益的保护,要看其目的正当与不正当。像低价承包这种情形,订立合同时约定的价格明显过低,如果严格执行约定价格将导致显失公平,法庭就应当按照当事人一方的请求,根据《合同法》第54条规定,干预当事人之间的利益关系,通过变更合同价格,实现双方当事人之间利益关系的平衡。应当看到,低价承包虽有一定的违法性,但要考虑当时建筑承包的特殊环境,如果严格执行约定的低价,难以弥补承包人的消耗,甚至影响到发放工人工资,必然使承包人一方遭受重大损失,同时使发包人一方获得不当利益,导致双方利益关系严重失衡,法庭一定要行使公平裁量权,依法变更约定的低价,保护承包人一方的正当利益(其中包含劳动者、农民工的正当利益)。

安全保障义务

问题13:如何正确理解《侵权责任法》第37条第2款所指的"管理人或者组织者"?补充责任是否扩至国家责任,能否允许受害人请求政府承担责任?

梁慧星:《侵权责任法》第37条第2款规定违反安全保障义务的

责任,这一条来源于最高人民法院《关于人身损害赔偿的解释》(2003年),该解释第 6 条创设了这个规则,也称为安全保证义务,参考了德国裁判实践中的经验。在《侵权责任法》制定中,认为司法解释创设的这一规则是合理的、成功的,将其作为法律条文规定下来,就是现在的第 37 条。请注意,《侵权责任法》第 37 条,与该解释第 6 条有一定的差别,特别是明确规定了本条适用范围,即安全保障义务人的范围。《关于人身损害赔偿的解释》第 6 条规定的是"从事住宿、餐饮、娱乐等经营活动或者其他社会活动的自然人、法人、其他组织";《侵权责任法》第 37 条的规定是"宾馆、商场、银行、车站、娱乐场所等公共场所的管理人或者群众性活动的组织者"。两相对照即可发现,《关于人身损害赔偿的解释》第 6 条的适用范围很宽泛、不确定,而《侵权责任法》第 37 条的适用范围是严格限定的。这一点有极重大的实践意义,表明《侵权责任法》第 37 条是一个严格限定适用范围的裁判规则,虽然参考了德国的经验,但又与德国的经验完全不同。

  德国裁判实践创设的安全保障义务(或称交易安全义务)是一个宽泛的理论,是一个分析框架,没有明确限定的适用范围。因为,《德国民法典》制定于 100 多年前,其侵权法很简单,仅有 32 个条文,实行过失责任的一元归责。他们虽有无过错责任,但规定在特别法中,并且仅限于高度危险责任,其适用范围很窄。特别是第二次世界大战以后,随着科技发展,经济起飞,社会生活中出现了很多新的侵权案件类型,法院裁判这样的案件,按照侵权法,应当适用过错责任原则,受害人不能证明加害人有故意过失,就得不到赔偿,而真要这样判决,受害人得不到赔偿,加害人不承担责任,又于情理不合。实则这些侵权案件是 100 多年前所没有的,100 多年前的侵权法不能解决 100 多年后发生的新型案件。于是他们的法官在裁判新型侵权案件时,为了规避侵权法上的过失责任原则,就发明了一个理论,叫安全保障义务理论。根据这个理论,违反安全保障义务就应当承担责任,不考虑责任人是否有过失,实际上就是无过错责任。德国的裁判实践中,用安全保障义务理论裁判的案件非常多,凡是法官认为不应当适用过失责任原则的案件,就按照安全保障义务理论去处理。可见,德国的安全保证义务是一个宽泛的理论,没有明确的适用范围,其弹性非常大,完全由法官掌握。

我国《侵权责任法》第 37 条规定就不一样,其适用范围是明确限定的,限于"宾馆、商场、银行、车站、娱乐场所等公共场所的管理人或者群众性活动的组织者"。我要告诉大家,第 37 条中的"公共场所"这个概念不准确。本条所谓"公共场所",应当解释为向社会公众提供服务的经营场所,如宾馆、商场、银行、饭店、车站以及娱乐场所,并不是真正的公共场所。真正的公共场所,是指公有公用的场所,如广场、街道、公路、公园、图书馆、博物馆。本条的适用范围不是真正的公共场所,而是向公众提供经营性服务的场所。所以对"公共场所"一词不能死抠。还有就是"群众性活动的组织者",所谓"群众性活动"没有进一步限定是营利性的或者公益性的,应当解释为,无论营利性或者公益性群众性活动,其组织者均负有安全保证义务。因为《侵权责任法》第 37 条严格限定了适用范围,就变成了一个具体的无过错侵权责任。《侵权责任法》第 37 条安全保证义务不是一个弹性很大的框子,而是一个有明确的适用范围、构成要件和法律效果的裁判规则,不是一个理论,不是什么都可以往里装的框子。正是因为这一点,决定了《侵权责任法》第 37 条不能通过解释扩大其适用范围。

同志们会说,条文中不是有一个"等"字吗?请注意,条文中这个"等"字也是限定的,一定要是向社会公众提供服务的经营场所。例如,条文中没有提到"医院",现在发生医院产房刚出生的婴儿被盗的案件,就可以解释条文中的"等"字包括"医院",而依据《侵权责任法》第 37 条判决该医院承担责任。因为现在的医院属于向公众提供服务的经营场所。但是,条文中的这个"等"字,不包括街道、道路、广场、河道、海滩等真正意义的公共场所。发生在街道上的伤害案件,例如,游行时砸汽车,应当由加害人承担责任,有人认为可以扩张适用《侵权责任法》第 37 条,让地方政府来承担赔偿责任,这是绝对不行的。因为《侵权责任法》第 37 条的适用范围是严格限定的,限于向公众提供服务的经营场所,街道、道路不在其适用范围之内。

顺便指出,在《侵权责任法》制定的时候,第37条条文中还有"公园",后来在法律委员会最后审议定稿的会议上决定删去了。删去"公园"的理由就是,公园不属于经营场所,公园的管理人只应承担过错责任,而不应当像宾馆、商场、娱乐场所的管理人那样承担无过错责任。再说公园的类型很多,如国家地质公园、森林公园、世界遗产公园,方圆几十、几百公里,如果有人失踪、摔死,都让管理人(实际是国库)去赔,也不合理。所以我们一定要理解,《侵权责任法》第37条的适用范围是严格限定的,不能扩张适用。补充一点,不适用《侵权责任法》第37条,并不等于不追究侵权责任,在真正的公共场所发生案件,《侵权责任法》往往有专门的条文,如果没有专门条文,则应当适用《侵权责任法》第6条第1款过错责任原则。

民事责任优先

问题14:《侵权责任法》第4条规定,侵权行为人应当承担行政、刑事、民事责任时,侵权责任优先。如果行政机关已经先执行行政责任,把侵权人的财产没收了或作为罚款罚走了,怎么办?在被侵权人起诉的民事案件中,如何处理行政机关的诉讼主体地位?

梁慧星:《侵权责任法》第4条第2款这个规定的意思是:法庭在审理某个侵权案件的时候,发现被告人不仅应当承担侵权责任,还被行政机关追究行政责任(罚款),甚至还被刑庭判处刑事责任(罚金、没收财产),但被告人的责任财产,应当优先执行法庭作出的侵权责任判决、向原告(受害人)支付损害赔偿金。其前提条件是,本院对被告人的财产采取了保全措施,其不动产已被查封、动产已被扣押、账户已被冻结,且被告人应当承担的行政责任、刑事责任均还未执行。质言之,被告的责任财产处在本院控制之下。因此,行政机关执行行政处罚(罚款)、刑庭执行刑事责任(罚金、没收财产),均有待于本院解除保全措施。而按照《侵权责任法》第4条第2款的规定,本院只在优先执行本院作出的侵权责任判决(从保全财产中向原告支付损害赔偿金)之后,才对被告余下的财产解除保全措施,让行政机关去执行罚款、别的法院去执行罚金、没收财产。

如果本院没有对被告的财产采取保全措施,则被告的财产不在本院控制之下,本院凭什么去阻止行政机关对被告执行罚款、别的法院对被告执行罚金、没收财产?如果在本院受理侵权案件之前或者本院作出侵权责任判决之前,行政机关已经对被告执行了行政处罚(罚款)、别的法院已经对被告执行了刑事惩罚(罚金、没收财产),本院凭什么、怎么可能从该行政机关、该法院追回被执行的财产?须知本院因原告起诉而对本案当事人双方行使管辖权,对原被告之间的侵权纠纷案件行使裁判权,本院根本无权管辖、裁判已经对本案被告执行行政罚款或者刑事处罚的行政机关或者法院(法院依其性质是不受裁判的)。行政机关对本案被告执行罚款,别的法院对本案被告执行罚金或者没收财产,属于依法行使职权,是合法行为,并且被执行的罚款、罚金或者没收的财产已经上交国库,是绝对要不回来的。

最后概括一下,《侵权责任法》第 4 条第 2 款规定侵权责任优先的原则,其前提条件是:被告的责任财产处在本院控制之下,且被告人应当承担的行政责任、刑事责任都还没有执行。在本案判决之前,被告已经被行政机关或者别的法院执行罚款、罚金或者没收的财产,已经不再属于本案被告的财产,本院根本没有权利去追索,也是绝对追不回来的。即使被告应当承担的行政责任、刑事责任还没有执行,如果本院没有对被告的责任财产采取查封、扣押、冻结等保全措施,本院也无权阻止行政机关或者别的法院对被告执行罚款、罚金或者没收财产。在本案判决之前,已经被执行行政责任、刑事责任把侵权人的财产罚走了或者没收了,被罚没的财产已经进了国库,不再属于被告人所有,对此,本院将毫无办法。审理被侵权人起诉侵权人的民事案件的法庭,绝对不可能也不应该将对侵权人执行罚款的行政机关纳入诉讼。

财产损害赔偿

问题 15:侵害财产的侵权人所造成的损害,远远超过其预期,承担全部赔偿责任显失公平时,如何确定赔偿责任?

梁慧星：在回答问题之前，先介绍一下《侵权责任法》关于财产损失如何计算的规则，该规则规定在《侵权责任法》第19条，第19条规定，"侵害他人财产的，财产损失按照损失发生时的市场价格或者其他方式计算"。当时制定第19条的想法是，受损害的财产如果有市场价格，按照损失当时的市场价格计算；如果没有市场价格，则用别的办法计算。《侵权责任法》颁布之后，才注意到市场价格是波动的，例如损毁房屋，发生损害时的房价低，法庭判决时房价已经很高了，如果仍然按照损失发生时的房价赔偿，受害人将根本买不到同样的房子。法律条文上说，应该按损失发生时的市场价来判，但这样判既不公正，也违背损害赔偿制度的目的。损害赔偿制度的目的是要使受害人遭受的损害得到填补，恢复到未发生损害之前的状况。在房屋毁损的情形下，意思就是受害人拿到这笔赔偿金能够买到同样的、至少是差不多的房子。毁损汽车的案件恰好相反，损失发生时该汽车的市场价格是20万元，等到法庭判决时同样型号的新车的市价已经降到15万元，被告说我赔偿一辆新车的价格行不行？难道法庭非按照损失发生时的价格判赔20万元？由此可见，《侵权责任法》第19条把计算标准规定得太具体反而不好。你看发达国家和地区的法律并未规定财产损害的具体计算方法，不规定具体计算方法反而有好处，给法官留下一个弹性的自由裁量空间，易于作出公正合理的判决。因此，对于《侵权责任法》第19条规定不能死抠条文，认为有市场价就非按照市场价计算不可。《侵权责任法》第19条应当解释为，规定了两种计算财产损失的方法，供法庭选择使用。如果按照当时的市场价计算比较公正合理，法庭就选择按损失当时的市场价计算财产损失；如果按损失当时的市场价计算不公正、不合理，法庭就应选择按别的方法计算财产损失。这样通过解释来弥补、化解立法中的缺陷。条文所谓"其他方式计算"，首先是法庭促成双方当事人协商确定一个损失金额，如果协商不成，则由法庭根据公平原则和社会生活经验，结合本案具体情况，确定一个自己认为比较公正、合理的金额。

现在回过头来看提出的问题是，加害人以为所损害的是一件不值钱的东西，后来发现或者受害人主张的是一件很贵重、很值钱的古董，法庭应当如何判决才能做到公正、合理？你要按照它的价值，或按专家评估价判决，加害人赔不起，就算赔得起也不见得公正。这里就需要法庭来协调当事人之间的利益关系，需要法庭进行自由裁量、公平裁量。请同志们注意，法庭进行自由裁量、公平裁量，总要有法律规则作为依据。在审理合同纠纷案件中，法庭据以进行自由裁量、公平裁量的法律依据是《合同法》第119条减损规则和第113条第1款末句不可预见规则，在审理侵权纠纷案件中，法庭据以进行自由裁量、公平裁量的法律条文只有一个过失相抵规则。

法庭审理侵权纠纷案件，借以协调当事人双方利益关系的法律手段，主要是过失相抵规则。《民法通则》规定在第131条，《侵权责任法》规定在第26条。同志们一定要注意，过失相抵规则，实质上是立法者给予法庭的授权，授权法庭干预当事人之间的利益关系，根据社会生活经验进行裁量，最终判决一个对当事人双方都比较合理公平的赔偿金额，实现当事人之间利益关系的平衡。因为按照市场价或者评估价计算出来的赔偿金额过高，如果判决被告全部赔偿有失公平，因此才有必要适用过失相抵规则，也才有必要审查和认定受害人对损害的发生有过错。一定不能死抠条文。如果计算出来的赔偿金额，按照社会生活经验认为是比较公平合理的，就不再审查受害人有无过错。

原告的一个贵重花瓶被加害人打碎了，加害人可能想不到这个花瓶有多珍贵，原告说这个花瓶是祖传宝贝，请专家评估价值几十万元。显而易见，法庭要判加害人赔偿几十万元肯定不公平，更不要说加害人根本赔不起。法庭应当怎么公正判决？完全按照原告的要求判决肯定不行，完全按照加害人认为的只值两三千元也不行。衡量判决公正不公正的标准，首先不在判决的金额上，而是在我们的立场上，在法官有没有偏向哪一方。赔偿金额多一点少一点不是衡量判决是否公正的标准。只要法官没有偏向，根据社会生活经验，结合具体案情，确定一个自认为比较公正、合理的赔偿金额，是完全可以的。法律上的依据就是过失相抵规则。

《侵权责任法》第 26 条规定,"被侵权人对损害的发生也有过错的,可以减轻侵权人的责任"。既然按照原告的主张是如此贵重的宝贝花瓶,那为什么不小心谨慎地妥善收藏保管？为什么不采取特别保护措施？即使摆放在客厅里,至少也要放在玻璃柜子里,不能让人随便拿、随便摸。不采取任何安全措施、随便摆放,以致被人损坏,这就足以表明被侵权人对损害的发生也有过错。再说,既然是祖传的物品,当然没有市场价格,所谓专家鉴定、评估的价值也不等于市场价格,市场价格是要在市场上购买人可以接受的价格。因此涉案损坏的花瓶属于没有市场价格的财产,应当采用其他方法来确定损失金额。如果原被告双方协商不成,则由法庭确定一个损失金额,再考虑被侵权人对损害的发生过错程度。

无效合同与诉讼时效

问题 16：关于无效合同的诉讼时效问题。

梁慧星：严格讲,无效合同没有诉讼时效,确认合同无效、主张认定合同无效,因为我们理论上说无效就是当然无效、永远无效,无须认定,因此不发生诉讼时效问题。这是民法理论上讲的。但在实务当中就产生一个问题,10 年、8 年后还来起诉要求认定合同无效行不行？不行。因此对当事人请求确认合同无效的权利,不能不设限制。这里介绍我主持起草的《中国民法典草案建议稿》的有关条文,供同志们参考。

"第九百零三条 ［除斥期间与诉讼时效］

请求确认合同无效的权利,自合同履行之日起两年内未行使的,该权利消灭。

合同无效或者被撤销的,返还财产、赔偿损失请求权的诉讼时效期间自合同被确认无效或者被撤销之日起开始计算。"

起草理由如下：鉴于现行《合同法》对确认合同无效的权利有无期间限制欠缺明文规定,致裁判实务中屡生争议,《中国民法典草案建议稿》特设本条第 1 款,明确确认合同无效的权利适用 2 年除斥期间。此

2年除斥期间,自合同履行(完毕)之日起算。除斥期间,依其性质为固定期间,不发生中断、中止与延长问题。自合同履行(完毕)之日起2年除斥期间经过的,确认合同无效的权利消灭。至于合同被确认无效或者被撤销后的返还请求权、赔偿损失请求权,应当适用诉讼时效,自不待言。但现行《合同法》未规定该返还请求权、赔偿损失请求权诉讼时效期间的起算时点。故设本条第2款,参考最高人民法院司法解释,明确规定此项返还财产、赔偿损失请求权诉讼时效期间,自合同被确认无效或者被撤销之日起算。所谓合同被确认无效或者被撤销之日,是指确认合同无效、撤销合同的法院判决确定之日或者仲裁机构裁决生效之日。

乌木所有权归属

问题17:2月20日四川某地河道发现一段乌木,后来乌木被判归国家所有,您认为该乌木是天然孳息,孳息相对的原物主是谁?该乌木可不可以认定为无主物?

梁慧星:这就是说,我们的法律总是不完善,社会在不断发展变化,不断产生新的情况、新的问题和新案型,立法的时候不可能都预见到、都设立规定。但法院遇到这样的新型案件怎么办呢?我们总要想办法解决,我们的法官、合议庭在想办法裁判这样的新型案件时,一定不能就事论事,一定要考虑是否公正和社会效果好不好。如像这个乌木案件,如果法庭不考虑社会效果、社会影响,判决一公布,导致许多人什么事都不干了,纷纷开着挖掘机到各处大小河流的河道、河床挖乌木,这怎么得了?所以法庭裁判这样的案件,不得不考虑社会效果。发现乌木的人不就是付出了一点劳动吗?付出了劳动,应当获得相应的报酬,这是不言自明的,但付多少报酬,没有既定标准,弹性也很大。而裁判这个案件,最关键的问题,是从我们的现行法律中找不到具体的规定。没有具体法律规定,又不能不裁判案件,于是要靠法律解释方法。

案件发生后,新闻媒体上广泛报道,有各种各样的意见。我们四川盆地估计在地球上有生命之前发生过由陆地变成海洋,后来又由海洋变成陆地的巨变,原先陆地上的大树后来沉入海底最终变成乌木,如果不是在海底而是埋在地层中将变成煤炭,不可能变成乌木。当这个海洋后来又变成陆地(四川盆地)的时候,这些乌木都压在地层深处,绝不是在地表。你参观成都的金沙遗址就可以看到,地底下有好多乌木。因为河水长年冲刷,才使得河床底下的乌木有可能露出来,被人发现。1986年《民法通则》制定的时候没有有关乌木的规定,2007年《物权法》制定也没有有关乌木的规定,因为当时的社会还没有注意到乌木,起草人和立法机关还不知道四川的河道、河床下面有如此珍贵的乌木。这就造成乌木在现行法上没有规定、身份不明的难题。

我们说乌木不属于矿藏,因为地下的哪些东西是矿藏,法律是有明文规定的,《矿产资源法》开列了详细的矿藏名称列表(清单),而这个列表(清单)上找不到"等"字。因此,你不可能通过解释这个"等"字,把乌木作为矿藏对待。乌木也不是"埋藏物",因为所谓"埋藏物"一定是有主物,因某种不得已的原因,主人将其埋藏于地下。而乌木是地面树木因地壳运动在地层深处变化而成之物,绝非人工埋入地下之物,因此不能说乌木是埋藏物。基于同样的理由,乌木也不是文物。

能不能说乌木是无主物?须知我们的法律迄今没有规定无主物制度。我们采用法律解释方法,是要通过对现行法律明文规定的制度的解释,以解决法律上没有规定的乌木的法律地位问题。不可能通过解释现行法律所没有的制度,达到我们的目的。退一步说,即使现行法规定了无主物制度,也不能将乌木解释为无主物。因为无主物的规则是,谁发现(占有)无主物就归谁所有。就像山上的野兔,人人都可以去抓,谁抓住归谁。如果将乌木解释为无主物,必然导致发生许许多多人开着挖掘机到各条大小河流河道挖掘乌木的严重后果。因此,我建议采用类推适用的方法,类推适用《物权法》第116条关于天然孳息的法律规则,将乌木解释为天然孳息。

按照民法原理,物(有形财产)分为原物与孳息。原物所产生的收益,称为"孳息"。"孳息",分为"天然孳息"与"法定孳息"。天然孳息,是指原物依自然而产生的出产物、收获物,如田地上长出的树木、禾苗,所收获的果实、谷物,动物所产蛋、奶、幼崽。法定孳息,是指原物依法律关系产生的收益,如将金钱借给他人收取利息、将房屋出租收取租金等。法律上区分原物与孳息的意义,在于决定所产生利益的归属。

如前所述,乌木不是矿藏,不是埋藏物,不是文物,也不是无主物。发现一段乌木,与耕地捡到一块石头类似,与田里长出一棵树苗类似。因此,我们说乌木类似于天然孳息。既然乌木与天然孳息类似,而现行法关于天然孳息的归属有明文规定,关于乌木的归属没有规定,法庭即可采用类推适用(类推解释)方法,适用现行法关于天然孳息的规定,以决定乌木的归属。《物权法》第116条规定,"天然孳息,由所有权人取得;既有所有权人又有用益物权人的,由用益物权人取得"。从现在掌握的案件事实看,乌木是在河道(河床)发现的,则乌木是天然孳息,该河道(河床)是产生天然孳息的原物,按照《物权法》第116条第1款第1句的规定,乌木的所有权应当归属于河道(河床)的所有权人。

决定原物河道(河床)的所有权人的法律依据,是《物权法》第46条和《宪法》第9条的规定:水流属于国家所有。"水流"是指河水流经的河道(包括河床、沙滩、河岸、河堤),不是指河道中的流水。当然,如果乌木真的是在发现人的承包地里找到的(这种可能性极其微小),则按照《物权法》第116条第1款第2句,应当归承包人(用益物权人)所有。补充一点,当法庭判决乌木归国家所有时,应当肯定发现人有权从国家得到一笔奖励金。

合同效力与诚信原则

问题18:一个案件,如果判定合同有效,那么就会使不诚信的一方得到不当的利益,该怎么办?

梁慧星:关于合同有效与无效的判定,《合同法》有基本规则。同志们一定要注意,法庭不是无所作为的,法庭对于任何合同、任何合同条款和任何约定,都有审查其是否合法、是否公正的职权。而且合法性审查与公正性审查是同一问题的两面,是一致的,符合公正才谈得上合法,合法的也必定公正。法庭进行合法性审查和公正性审查的法律依据,是《合同法》关于合同自由原则(第4条)、平等原则(第3条)、公平原则(第5条)、诚信原则(第6条)和合法性原则(第7条)等基本原则的规定。法庭通过审查最终确认符合上述基本原则的合同有效。我们的法庭绝对不能放弃对合同的合法性审查和公正性审查,绝不能让不诚信的当事人得到不当的利益,不能使诚实守信的当事人遭受损失,不能让滥用合同自由、玩弄法律的当事人的目的得逞,不能让弱势群体、经济实力弱小的当事人遭受损失而得不到救济。所以,我们的法官,切记不能死抠条文、死抠词句、死抠程序和所谓举证责任规则,一定要进行合法性、公正性审查,要考虑你的裁判方案能不能在当事人间实现公平正义,要考虑所产生的社会效果的好坏。

提问中说,如果判定合同有效,那么就会使不诚信的一方得到不当的利益,说明审理案件的法官进行了公正性审查,注意到合同内容对诚实守信的一方不公正。既然如此,法庭就应当确认合同无效(或者合同条款无效)。当然要依据《合同法》的规定。建议法庭考虑下面的法律条文:如果属于采用格式条款订立的合同,可以考虑依据《合同法》第40条关于"提供格式条款一方免除其责任、加重对方责任、排除对方主要权利的"合同条款无效的规定,确认本案合同中显失公平的条款无效;如果不属于格式合同,则法庭可以直接依据《合同法》关于诚实信用原则的规定(第6条),认定这个合同无效;此外,法庭还可以按照对方当事人的请求,适用《合同法》第54条第(2)项关于"在订立合同时显失公平的"规定,撤销本案合同中显失公平的内容,或者变更该内容。最后,如果该合同订立时是公平的,是因为此后经济环境发生异常变动导致对一方显失公平,则可以依据最高人民法院《关于适用〈中华人民共和国合同法〉若干问题的解释(二)》第26条情事变更原则,变更合同内容或者解除合同。

离婚财产分割

问题19:小两口在别人的宅基地上建房,建房后离婚,房产如何分割?

梁慧星：如果是婚后修建的房屋，则按照《婚姻法》的规定属于夫妻共有财产，离婚进行分割就行了。如果不能实物分割，只好采取折价的办法，判决实际获得房屋一方向对方支付房屋价款的一半。如果宅基地使用权人主张权利，法庭也应兼顾，认可宅基地使用权人的利益。如果获得房屋的一方（或者双方）与宅基地使用权人同属一个村（农村集体经济组织）比较好办，让得到房屋一方（或者双方）支付一笔宅基地的对价，取得该宅基地使用权（原宅基地使用权人放弃宅基地使用权）。如果得到房屋的一方（或者双方）是城镇户口，就要复杂一些，因为现行法律规定宅基地不能买卖。但也不是没法解决。我们可以判决（或者通过调解），让得到房屋的一方（或者双方）向宅基地使用权人支付一笔租金，而长期使用该宅基地就行了。总之，我们可以灵活运用法律和法律方法，在裁判中做到公平、公正和兼顾社会效果。

二、民事审判实务座谈会记录（二）*

机动车交通事故责任

问题 1：在肇事者醉驾和无证驾驶情形下，保险公司是否应当在交强险范围内赔付？

梁慧星：肯定要在交强险范围内赔付。因为设立交强险的立法目的，是使交通事故的受害人能够获得充分赔偿，而不考虑驾驶人方面的问题。只要属于交通事故造成的损害，就属于交强险的赔付范围，立法目的就是使受害人能够得到赔付。无证驾驶、醉驾造成交通事故致人损害，当然应由保险公司在交强险责任限额范围内予以赔付。但在保险公司对受害人赔付之后，有权对造成交通事故的无照驾驶、醉酒驾驶的责任人追偿。

最高人民法院《关于审理道路交通事故损害赔偿案件适用法律若干问题的解释》（法释〔2012〕19 号）对此已有明确解释，其第 18 条规定："有下列情形之一导致第三人人身损害，当事人请求保险公司在交强险责任限额范围内予以赔偿，人民法院应予支持：（一）驾驶人未取得驾驶资格或者未取得相应驾驶资格的；（二）醉酒、服用国家管制的精神药品或者麻醉药品后驾驶机动车发生交通事故的；（三）驾驶人故意制造交通事故的。保险公司在赔偿范围内向侵权人主张追偿权的，人民法院应予支持。追偿权的诉讼时效期间自保险公司实际赔偿之日

---

* 2012 年 10 月 19 日于阿坝藏族羌族自治州中级人民法院。

起计算。"

顺便谈谈交通事故受害人对于保险公司的"直接请求权",根据此项"直接请求权",受害人可以起诉保险公司,直接请求保险公司支付赔偿金,当然也可以同时起诉加害人和保险公司。但按照过去的民法原理,保险是保险,侵权是侵权,是不同的法律关系。改革开放初期,法院审理交通事故损害赔偿案件,并不将保险公司列为被告,法庭只是审理交通事故损害赔偿的侵权责任案件。须待法院作出被告(机动车所有人)承担损害赔偿责任的判决之后,保险公司才按照法院判决向受害人支付保险金。受害人不能直接起诉保险公司,不能将保险公司列为共同被告,因为保险公司不是加害人,与受害人之间没有法律关系。保险公司是根据保险合同承担保险金赔付的责任,保险合同的当事人是保险公司和被告。为了保护受害人,后来的立法不再拘泥于原来的理论,认可了受害人的直接请求权,受害人可以直接请求保险公司支付保险金,可以保险公司作为共同被告。保险虽然是投保人和保险公司之间的合同关系,但交通事故的受害人是此类保险的受益人,我们的法律规定受害人可以直接请求保险公司赔偿保险金,认可受害人的直接请求权,在侵权责任案件的审理中一并解决加害人的侵权责任和保险公司的保险金赔付问题,简化了程序,方便了受害人,且与第三者责任保险之目的并不违背。《机动车交通事故责任强制保险条例》第31条明确规定:"保险公司可以向被保险人赔偿保险金,也可以直接向受害人赔偿保险金。"其法理依据,即是受害人的直接请求权。

因为立法承认了第三者责任保险受害人对保险公司的直接请求权,所以人民法院审理交通事故损害赔偿案件,可以将保险公司列为共同被告。但裁判实践中关于将保险公司列为共同被告的具体处理方法,又因该第三者责任保险之属于强制保险或者商业保险而有区别。如果属于强制保险(交强险),无须当事人请求,人民法院可依职权将承保交强险的保险公司列为共同被告;如果属于第三者责任商业保险,人民法院须依据当事人(受害人或者被保险人)的请求,才能将该商业保险的保险公司列为共同被告。

请特别注意最高人民法院《交通事故损害赔偿的司法解释》第25条规定:"人民法院审理道路交通事故损害赔偿案件,应当将承保交强险的保险公司列为共同被告。""当事人请求将承保商业三者险的保险公司列为共同被告的,人民法院应予准许。"依据该司法解释,如果属于强制保险(交强险),因当事人未请求而人民法院未(依职权)将保险公司列为共同被告,或者属于商业保险,因当事人未请求而人民法院(依职权)将保险公司列为共同被告,均应被视为"程序错误"。

发 回 重 审

问题 2:2012 年《民事诉讼法》第 170 条第 2 款规定"原审人民法院对发回重审的案件作出判决后,当事人提起上诉的,第二审人民法院不得再次发回重审"。那么以后在发回重审后,一审法院仍然没有完善程序上的问题,比方说没有追加必须追加的当事人,又上诉后,二审法院不能再次发回重审,该如何处理?

梁慧星:这是《民事诉讼法》新增加的规定,即限制发回重审,仅能发回重审一次。二审人民法院"裁定撤销原判决,发回原审人民法院重审"的案件,原审人民法院依法另行组庭重新审理作出判决之后,当事人仍然不服提起上诉的,第二审人民法院经审查认为原判决错误(基本事实不清或者严重违反程序)的,不得再次发回重审。"不得再次发回重审",其意思非常明确,即由第二审人民法院自己查清案件事实或者自己完善程序(如增列当事人)后,予以改判。

提问的法官之所以产生疑问,可能是因为《民事诉讼法》第 170 条第 1 款第(3)项和第(4)项条文表述有所不同。第(3)项在"裁定撤销原审判决,发回原审人民法院重审"之后,有"或者查清事实后改判"语句;而第(4)项仅规定"裁定撤销原判决,发回原审人民法院重审",后面没有"或者改判"语句。如何理解此不同规定?应当肯定,立法者的意思是,对于"原判决认定基本事实不清"的上诉案件,二审人民法院在裁定撤销原判决之后,有两种处理方法,即既可以"发回原审人民法院重审",也可以不发回重审而由第二审人民法院自己查清案件事实后直接改判。而对于"原判决遗漏当事人或者违法缺席判决的严重违反法定程序"的上诉案件,二审人民法院只有一种处理方法,即"裁定撤销原判决,发回原审人民法院重审"。

请特别注意,《民事诉讼法》第170条第1款第(3)项、第(4)项规定二审人民法院审理上诉案件的不同处理方法,仅仅适用于"第一次上诉的"二审案件。对于"第二次上诉的"二审案件(第一次上诉被裁定撤销原判发回重审判决之后再次上诉的二审案件),为了贯彻限制发回重审的立法政策,不再区分属于案件事实不清或者属于程序错误,本条特设第2款规定,一律"不得再次发回重审",必须由二审人民法院自己查清案件事实或者完善法定程序(如增列当事人)后予以改判。

修改前的《民事诉讼法》对于发回重审未设限制,导致一些案件多次发回重审,以致若干年、十多年均难以了结,既对当事人不利,也浪费审判资源,社会反响非常强烈。因此,这次《民事诉讼法》修改,断然采取限制发回重审的措施,无论什么原因被发回重审,一律只能发回重审一次。发回重审判决后再次上诉的二审案件,二审人民法院如果认为有错,无论是属于事实认定错误还是法定程序错误,一律不得再发回重审,必须直接改判。

"诉讼爆炸"的应对

问题3:当前我国正处于社会转型期,而"诉讼爆炸"时代又来临,民事法官的压力与日俱增,我们的上层和法学界是否注意到,民事法官又该如何应对?

梁慧星:这是一个比较宏大的问题。我想在我们这里(阿坝州)应该没有"诉讼爆炸"的问题吧? 在我国东部、东南沿海经济发达地区,确实存在"诉讼爆炸"的问题,一个中级人民法院甚至基层人民法院,一年要审理上万件案件,一个法官要审理几百件案件。法院和法官的负担非常重,如提问的法官所说,尤其民事法官面临巨大的压力。国家上层是否注意到这个问题不好说,应该说学术界已经注意到这个问题,我自己也关注这个问题,注意了解各地人民法院面对"诉讼爆炸"问题采取了什么办法,有些什么样的对策。

东南沿海地区有的中级人民法院采取从内地案件较少的中级人民法院借法官的办法,一次借一二十位法官,一借一两年,借法官的中级人民法院解决了人手不够的问题,被借法官也得到锻炼和提高。而比较普遍的做法是给法官配助手,沿海地区的中级人民法院、基层人民法院普遍采取这个办法,招用法学院本科毕业生、硕士担任助手,不占法官编制,相当于"合同制"法官助理。一位法官配一两个甚至三四个能干的助理,这样就提高了效率。

我们四川省的法院推行的"大调解",也是针对同样的问题,针对人民法院面对积案如山、新案如潮的严峻形势采取的对策。发挥多种纠纷解决手段的作用,凡是适于人民调解的案件尽量用人民调解方式解决。我看到一些中级人民法院接待大厅就设有人民调解办公室,里面值班的是当地最有经验和威信的人民调解员。一些因地方政府行政权力的行使引发的案件,采用诉讼方式解决有难度,尽量由地方政府设置的行政调解机构去解决。这样使相当一部分案件分流出去了,剩下的案件进入法院裁判程序,其中适于调解、当事人愿意调解的案件,法庭再调解一部分,不适于调解、当事人不愿意调解的案件,严格按照程序法和实体法裁判。

这里特别要指出,有些类型的案件适于调解,并且应当先行调解,例如离婚案件、扶养(赡养、抚养)案件、继承案件、相邻关系纠纷(包括住宅小区内物业费纠纷)等。但有很多类型的案件不适于调解。还有,必须坚持自愿调解的原则,凡是当事人一方或者双方不愿意调解的案件,就不能调解。不可夸大调解的作用,误认为调解能够解决一切案件,甚至把调解当成目的。如果真的什么样的案件都可以调解,调解能够解决一切案件,也就否定了人民法院和法官存在的必要性。人民法院一定要理性看待、正确处理调解与裁判的关系。能调则调,当判则判。

我特别不赞成规定调解结案的数量比例,似乎调解结案比例越大,法官的水平就越高,甚至提倡所谓"零判决",这是片面的、错误的。到沿海经济发达地区的法院去看一看,一个法官一年要办理好几百个案件,根本不可能反反复复地去说服当事人接受调解,只能按照程序询问当事人是否愿意调解,只要一方当事人明确表示不愿意,即依法审理作出判决。没有法庭判决,单靠调解是解决不了问题的。

东部一些发达地区的基层法院推行的"速裁"制度,可以说是简易裁判的简易裁判。一个法官带好几个助手,好几个案件同时进行(开庭),负责的法官和每个助手合作完成案件,一个法官一年要完成好几百件案件,诉讼文书都简化,变成填表式的。类似于修改后的《民事诉讼法》规定的小额诉讼程序。

特别要注意,《民事诉讼法》的新修改已经针对所谓"诉讼爆炸"社会问题采取了立法对策。这就是2012年《民事诉讼法》关于简易程序和小额诉讼程序的规定。《民事诉讼法》第157条第1款规定,基层人民法院和派出法庭对于"事实清楚、权利义务关系明确、争议不大的简单的民事案件",适用简易程序。第2款规定,对于其他民事案件,当事人双方还可以约定适用简易程序。这就扩大了简易程序的适用范围。第158条和第159条进一步规定,适用简易程序的案件,可以口头起诉,可以当即审理,可以用简便方式传唤、送达和审理,第180条规定适用简易程序由审判员一人独任审理,并且不受第136条、第138条、第141条规定程序的限制。第162条增加关于小额诉讼程序的规定。相信简易程序和小额诉讼程序的推行,会提高审判的质量和效率。

此外,我建议针对某些类型案件,在审判庭内部再分"专业合议庭",相对固定几位法官专门办理某一类型案件。例如,专门审理交通事故损害赔偿案件、专门办理医疗损害责任案件,凡是该类型案件,都由这几个法官审理。要求他们着重研究、总结该类型案件审理的规律和经验。不用说,他们还可审理别的案件。当然,最重要的是提高法官队伍的法律素质,培养、训练、造就一支高素质、高水准的法官队伍。

这里要谈到正确对待裁判文书说理的问题。一段时间以来,学术界和法院内部都特别强调裁判文书要充分说理。其结果是,判决书越写越长,似乎说理越充分越好,判决书越长越好。甚至在判决书中讲道理还嫌不够,还要在判决书后面再附上一段话,称为"法官寄语"。我认为,这样做实际背离了裁判的本质。裁判的本质不在于说理是否充分,而在于判决公正。一个公正判决,即使说理不充分,甚至没有说理,仍然是合格的判决。反之,无论说理如何充分,而判决不公正,仍然是错判。须知我们有很多法官,品行端正、廉洁、正直,却不善于表达,文字能力不高,写判决书不善于说理。只要判决公正,他们仍然是合格的、优秀的法官。不可否认,有个别的法官,品德和廉洁上存在瑕疵,却特别善于言辞表达,特别擅长讲道理,判决书写得很漂亮,道理讲得头头是道,但判决不公正。片面强调说理,以判决书写得好不好,说理是否充分,作为评价法官、考核法官的标准,极容易忽视判决公正这个标准,并且往往贬低那些不善于写文章、不善于说理却很公正的法官。

我至今仍然认为,考核、评价法官,考核、评价判决书的唯一标准是公正,而不是所谓说理。说理是在判决公正的前提下附带的要求。并且,只能要求"适当"说理,而不能要求"充分"说理。很多案件,无须说理,欠债还钱、杀人偿命(这是习惯说法,并不是都偿命),有什么道理可讲?制定法律时已经规定清楚了,道理已经讲清楚了,法官只要正确认定事实,正确适用法律就可以了,无须再讲什么道理。法官需要说理的,是特殊案件、复杂案件,这样的案件数量不会很多。审理这样的案件就需要适当说理,认定事实的时候,需要讲清楚采用了哪些证据及采用这些证据的理由,没有采用哪些证据及不采用的理由。适用法律的时候,如果法律规定不明确,含义不清,要通过解释予以明确,如果采用了扩张解释或者限制解释方法,采用了类推方法等,就要特别予以说明。这样的案件也只要求适当说理,说理不够,只要判决公正,仍然是合格的判决。

一定不能把法官混同于思想工作者、理论工作者,把裁判案件混同于做思想工作,把判决书的制作混同于写法律论文。其实,法官的职责就是查清事实、分清是非,判决大体公正,没有偏袒,至于当事人服不服,不影响对判决的评价,不影响对法官的评价。当事人不服可以上诉。诉讼法规定上诉和再审,就明示不要求判决一定要充分说理。裁判的科学性,首先要求认清法院是做什么的,法官是做什么的,法官的职责是什么,法官的任务是什么。这就是,查清事实、分清是非、公正判决。片面强调说理,背离了裁判本质,是不恰当的、不科学的。最后还要注意,法官自己对判决书说理要有所克制,点到为止,不要长篇大论,不要炫耀自己的才华。一定要注意"言多必失"这个社会生活经验。本来判决是公正的,就因为判决书写得太长、道理讲得太多,难免出错,难免有不当词句,被当事人抓住不放,到处上访,纠缠不休。这样的教训是有的。

连带责任人的内部分担

问题4:两个以上的责任人承担连带责任后,连带责任人之间是否可以就责任划分再单独提起诉讼?

梁慧星:该问讲的是共同侵权行为人的连带责任的承担问题。我先介绍共同侵权行为,规定在《侵权责任法》第8条、第11条。共同侵权行为的规定在原来的《民法通则》中只有一个条文,即第130条,该条规定共同侵权行为人承担连带责任,但没有规定构成共同侵权的条件。按照过去的教科书,共同侵权行为,行为人之间要有"意思联络"。行为人之间没有"意思联络",就不构成共同侵权,就不能判决连带责任。所谓"意思联络",是指行为人之间有共谋、有串通、有商量。有意思联络,构成共同侵权,判连带责任;没有意思联络,不构成共同侵权,只能判按份责任。这是早期的侵权理论,不符合现代社会的要求。

例如,陕西一辆载重卡车,开到我们这里(马尔康)与本地一辆车碰撞,导致路边的行人受伤害,无论车主或者驾驶人都互不认识,不可能有所谓意思联络,如果不认定为共同侵权,就不能判连带责任,只能判按份责任,受害人就面临不能得到充分赔偿的问题。很可能一个车主有钱,一个车主没钱,有钱的能够承担责任份额,没钱的不能承担责任份额,其结果当然是对受害人不利。为了保护受害人,使受害人能够获得充分赔偿,就需要放宽共同侵权的构成要件,不能死抠"意思联络"。最高人民法院2003年《关于人身损害赔偿的解释》,参考发达国家和地区的裁判经验,把共同侵权区分为两类:一类是共同故意和共同过失的共同侵权,称为主观共同侵权,亦即有意思联络的共同侵权;另一类是没有共同故意和过失,分别实施的侵权行为直接结合造成同一损害的共同侵权,称为客观共同侵权,即没有意思联络的共同侵权。

《侵权责任法》肯定了最高人民法院将共同侵权区分为两类的解释立场,肯定了我们自己的裁判实践经验,共同故意和共同过失的共同侵权规定在《侵权责任法》第8条,没有共同故意和共同过失的共同侵权规定在第11条。第8条用"共同实施"一语,表明行为人之间有意思联络,即最高人民法院所说"有共同故意或者共同过失"。第11条规定两人以上"分别实施",表明行为人之间没有意思联络、没有共同故意或者共同过失,条文没有用"直接结合",因为究竟是"直接结合"还是"间接结合"难以判断。于是,第11条用"分别实施""造成同一损害""每一个加害行为都足以造成全部损害",作为认定客观共同侵权的三项条件。

《侵权责任法》第11条客观共同侵权,"分别实施""造成同一损害"这两个条件好判断,第三个条件"每一个行为都足以造成全部损害"如何判断、如何掌握?什么叫"每个人的侵权行为都足以造成全部损害"?《中华人民共和国侵权责任法释义》[①]一书特别谈到要采取"排除法",在查明造成同一损害的两个行为之后,假定"排除"其中的一个行为,再看是否仍然可能发生本案的损害?仍然可能发生损害的,就是每一个行为都足以造成全部损害,就应当适用第11条关于客观共同侵权的规定,判连带责任;排除其中一个行为后,就不可能发生损害的,表明不是每一个行为都足以造成全部损害,就不能适用第11条关于客观共同侵权的规定,不能判连带责任,而应当适用第12条关于"原因竞合"的规定,判决按份责任。

简单概括一下,《侵权责任法》除第8条、第11条规定共同侵权

---

① 参见王利明主编:《中华人民共和国侵权责任法释义》,中国法制出版社2010年版。

外,第 9 条规定教唆和帮助也是共同侵权,第 10 条规定共同危险行为属于准共同侵权,都是连带责任。第 12 条原因竞合是按份责任。现在回到关于连带责任者之间的责任承担问题。

所谓连带责任,也属于连带债务,本应适用《民法通则》第 87 条关于连带债务的规则。《民法通则》第 87 条规定,负有连带债务的每个债务人,都负有清偿全部债务的义务,履行了义务的人,有权要求其他连带债务人偿付其应当承担的债务份额。考虑到《民法通则》第 87 条的规定太简单,因此《侵权责任法》特设第 13 条、第 14 条规定连带责任人如何承担责任的规则。

《侵权责任法》第 13 条规定:"法律规定承担连带责任的,被侵权人有权请求部分或者全部连带责任人承担责任。"请特别要注意理解该条规定,切忌死抠文字,应当理解为"经法院审理查明",属于法律规定承担连带责任的,被侵权人有权请求部分或者全部连带责任人承担责任。不是受害人"自己认为"。

属于共同侵权行为的案件,假设被侵权人仅起诉某一位共同侵权人,而法庭认为其他侵权责任人不到庭参与诉讼,可能难以查清案情,这种情形,法庭应当予以释明,告知原告追加其他侵权人为共同被告,否则可能难以查清案件事实。经法庭释明,原告通常会同意增列其他侵权人为共同被告。假设经法庭释明,原告仍不同意追加,法庭可分别情况处理:其一,虽未增列被告,仍然能够查清案情,应认为原告放弃对其他共同侵权人的请求,即免除其他共同侵权人应负担的责任份额,法庭仅判决被告承担自己应负担的责任份额;其二,如因原告不同意追加,最终难以查清案情(如被告是否加害人、是否存在因果关系等),则应认定原告诉讼请求不成立,判决驳回其请求。

《侵权责任法》第 14 条规定共同侵权人各自承担责任份额的确定。但应注意,即使被侵权人将全部侵权人起诉至法院,法庭审理后认为构成共同侵权行为,共同侵权人应承担连带责任,法庭也仅判决全体共同侵权人承担连带责任,而无须在判决书中确定连带责任人各自应负担的责任份额。因为确定共同侵权人之间的责任份额,非本案诉讼标的。

一般情形下，应在其中一人承担全部赔偿责任后，依据《侵权责任法》第14条第2款的规定向其他共同侵权人行使追偿权，另案向法院提起追偿权行使之诉时，法庭才必须确定共同侵权人（连带责任人）各自的责任份额。例外情形，如前所述，受害人起诉个别共同侵权人，经法庭释明后仍拒绝增列其他共同侵权人为被告时，视为放弃对其他共同侵权人的请求权，如果能够查清案情，则法庭在查清案情之后，须先确定共同侵权人之间的责任份额，据以判决被告仅承担自己的责任份额。

总之，对这个问题的回答是肯定的。两个共同侵权人作为本案共同被告，法庭只判决两个被告承担连带责任。在原告让其中一个被告承担全部责任之后，承担全部责任的责任人当然有权依据《侵权责任法》第14条第2款的规定，另案对其他责任人行使追偿权。但这不是侵权责任之诉，而是一个连带责任的诉讼，法庭应按照《侵权责任法》第14条第1款规定的原则确定责任份额。

医疗纠纷中的诉讼时效

问题5：医疗纠纷的诉讼时效如何起算？一新生儿出生时无异常，至一岁时发现异常，后被诊断为脑瘫，但家属未怀疑医院有过错。10岁时，听说有脑瘫患儿状告医院胜诉，即将医院诉至法院。经鉴定医院有告知不足的过错。有观点认为此时距婴儿出生已10年，是否尚在诉讼时效内？

梁慧星：回答本问题之前先介绍一下《侵权责任法》关于医疗损害责任的规定。在2002年之前，医疗损害案件，是作为一般的过错侵权责任，适用的是《民法通则》第106条第2款关于过错侵权责任的规定。2002年国务院颁布了《医疗事故处理条例》，把医疗损害责任规定到行政法规上。民法上的医疗侵权责任本属于过错责任，有过错承担责任，没有过错不承担责任。但《医疗事故处理条例》规定，构成医疗事故才承担责任，不构成医疗事故不承担责任。并且，是否构成医疗事故,不是由法官说了算,而是由设置在医学会下的医疗事故鉴定委员会进行鉴定。即使经过鉴定构成医疗事故,《医疗事故处理条例》规定的赔偿标准也比民事责任的赔偿标准低。于是,实践中就出现了很多问题,因为医疗事故的构成条件高于民事责任的构成条件,因此要鉴定构成医疗事故很难,加上医疗事故鉴定委员会设在医学会之下,患者和社会公众对其所作鉴定的公信力难免有疑问。据媒体报道,一些造成严重损害的案件被鉴定为不构成医疗事故,致受害人得不到赔偿,即使经鉴定构成医疗事故,按照《医疗事故处理条例》规定的标准计算出来的损害赔偿金数额也相对较低。这样就进一步造成医患关系紧张。

《侵权责任法》制定的时候,为了缓和医患关系,规定了第七章"医疗损害责任"。立法机关有意采用"医疗损害责任"概念,取代"医疗事故责任"概念,这是为了废止《医疗事故处理条例》和医疗事故鉴定制度。《侵权责任法》第 54 条明确规定医疗损害为过错责任,有过错承担责任,没有过错不承担责任。但考虑到医患关系的特殊性,受害的患者难以举证证明医务人员有过错,因此不能采用《侵权责任法》第 6 条第 1 款由受害人承担举证责任的办法,也不能沿用民事证据规则中关于医疗侵权案件实行过错推定的办法,理由是医疗和医学存在很多未知领域、疾病能否治好不完全取决于医疗行为,许多情形下医生、医院也难以证明自己没有过错。有鉴于此,《侵权责任法》在判断过错上,既没有采取由受害人举证的过错判断方法,也没有采取过错推定、由医生和医疗机构反证的过错判断方法,而是采取了新的过错判断方法,即"过错客观化"。

所谓"过错客观化",即法律明确规定一些客观的判断标准,由审理案件的法官将案件事实与法律规定的判断标准相对照,据以认定是否存在过错。

第一个判断标准,是《侵权责任法》第 55 条规定的说明义务和"取得其书面同意"的义务。没有说明或者没有取得患者或者其近亲属的书面同意,就是有过错。

第二个判断标准,是《侵权责任法》第 57 条规定的"与当时的医疗水平相应的诊疗义务"标准,医务人员在诊疗活动中未尽到与当时的医疗水平相应的诊疗义务,就是有过错。

有的法官会问"当时的医疗水平"怎么确定?"当时的医疗水平"要分情况,例如,注射青霉素前要做皮试,用过敏药物要询问过敏史,这些都是"与当时的医疗水平相应的诊疗义务",法官可以根据社会生活经验、一般医学知识认知。对于一些复杂的案件,法庭可以咨询权威医学专家,在本案特定情形下,"与当时的医疗水平相应的诊疗义务"是什么?这不是"过错鉴定",而是请求权威医学专家告诉我们,在本案特定情形下,按照"当时的医疗水平"医生应当履行什么样的诊疗义务,然后由法庭结合案情认定被告是否有过错。

例如有一个案件,一个人遭遇车祸,造成脾脏破裂,医生决定立即施行手术。当患者被推到手术室门口时,出现意外情况,前一个手术的病人没有下手术台,该脾脏破裂的患者就被停放在手术室门外的走道上。半小时之后发现患者因出血过多死亡。审理本案的法官就很难知道"与当时的医疗水平相应的诊疗义务"是什么,这种情形患者不能上手术台,被告医院应当采取什么措施?我们可以咨询权威的胸外科专家,胸外科专家会告诉我们,按照"当时的医疗水平",可以就在走道上,采用激光手术刀止住患者腹腔内的出血。止住了出血患者就没有生命危险了。于是,我们就认定被告将患者停放在走道上,没有履行"与当时的医疗水平相应的诊疗义务"(止血),显然具有过错。

第三个判断标准,规定在《侵权责任法》第58条:"患者有损害,因下列情形之一的,推定医疗机构有过错:(一)违反法律、行政法规、规章以及其他有关诊疗规范的规定;(二)隐匿或者拒绝提供与纠纷有关的病历资料;(三)伪造、篡改或者销毁病历资料。"请同志们特别注意两点:其一,条文中的"因"字不妥,应当理解为"有",本条立法者的意思是,只要"有"本条规定的三种情形之一,而不能死抠,要求"因"下列情形之一造成患者受损害。换言之,不考虑"下列情形之一"与患者所受损害之间是否有因果关系。其二,条文中的"推定医疗机构有过错",应当理解为"认定"医疗机构有过错。一定不要死抠文字,条文上说的"推定"医疗机构有过错,这里的"推定"是不允许被告以反证予以推翻的"推定"。《侵权责任法》上的"推定"有两种:一种是允许被告以反证加以推翻的"推定",如《侵权责任法》第6条第2款的规定,这是通常的"推定";第二种是不允许被告以反证加以推翻的"推定",实质上是"直接认定",相当于"视为",《侵权责任法》第58条就是不允许推翻的推定。此前的民法教科书只讲允许以反证推翻的推定,没有讲不允许以反证推翻的推定,使一些同志误认为推定都是可以以反证推翻的。法律委员会审议时主任委员胡康生明确指出,本条"推定"一语的意思是"直接认定",凡有本条规定的三种情况之一的,法庭就应当直接认定被告有过错。

请注意《侵权责任法》第60条关于法定免责事由的规定,实际上也相当于一个判断标准,并且在适用顺序上,如果存在第60条规定的情形,应当优先适用第60条。《侵权责任法》第60条规定:"患者有损害,因下列情形之一的,医疗机构不承担赔偿责任:(一)患者或者其近亲属不配合医疗机构进行符合诊疗规范的诊疗;(二)医务人员在抢救生命垂危的患者等紧急情况下已经尽到合理诊疗义务;(三)限于当时的医疗水平难以诊疗。前款第一项情形中,医疗机构及其医务人员也有过错的,应当承担相应的赔偿责任。"请特别注意,条文中的"因"字很重要,不能解释为"有",立法者的意思是,要求下列情形之一与患者所受损害之间存在因果关系,确"因"下列情形之一造成患者受损害,医疗机构才能免责。换言之,虽"有"下列情形之一,但与患者所受损害之间不存在因果关系,患者的损害是由别的原因造成的,医疗机构仍不能免责。

前面已经谈到,《侵权责任法》废止了医疗事故鉴定制度。被告医疗机构是否有过错,由法庭对照法律规定的标准认定,不搞所谓的过错鉴定。但因果关系可否鉴定?起草法律的时候曾经规定举证责任倒置,让医疗机构举证证明自己的行为与患者损害之间没有因果关系,后经再三斟酌删掉了。理由是,不仅患者难以证明自己所受损害与诊疗行为之间存在因果关系,许多情形医务人员也很难证明诊疗行为与患者所受损害之间没有因果关系。按照《侵权责任法》立法目的,既要充分保护患者的合法权益,也要充分保护医院和医护人员的合法权益,并且还要有利于医学和医疗事业的发展。《侵权责任法》把因果关系推定删掉了,法庭审理医疗损害责任案件,关于是否存在因果关系,不要求原告(患者)承担举证责任,也不要求被告(医疗机构)承担举证(反证)责任,而是由法庭根据查明的具体案情作出判断,遇到一些特殊案件,法庭难以判断的,可以委托有经验的医学专家、临床专家或者法医学专家进行因果关系鉴定。

现在回答提出的问题,孩子1岁时发现异常,被诊断为脑瘫,开始家属未怀疑医院,至孩子10岁时即将医院诉至法院,已经查明医院有过错,问诉讼时效是否经过?这里先不谈诉讼时效的起算,单说本案原告,因为被告医院告知错误,致生下一个脑瘫孩子,一家人的幸福就毁了。仅仅因为过了10年才起诉,法院就不予保护,致被告不承担任何责任,受害人得不到任何赔偿,这样的判决肯定不公平、不正义。我认为法院肯定要受理并且给予保护。类似的案件国内外都有,母亲以自己的名义起诉,称为"错误怀孕",以孩子的名义起诉,称为"错误出生",都要判决被告医院承担侵权责任,因为只有这样判决才合乎正义。

这样判决在诉讼时效制度上并没有障碍。《民法通则》第137条规定"诉讼时效期间从知道或者应当知道权利被侵害时起计算"。这是计算诉讼时效的基本原则。其中所谓"知道或者应当知道权利被侵害时",不仅指知道"损害"的存在,还应当知道加害人,即"谁造成损害"。结合本案具体案情,原告发现孩子异常、被确诊为脑瘫,还不知道是医院的过错造成的损害,因此还不构成"知道权利被侵害",因此诉讼时效期间尚未开始计算,待10年之后听说脑瘫孩子告医院获得胜诉,怀疑医院过错导致生下脑瘫孩子,方才构成"知道权利被侵害",应从此时开始计算诉讼时效期间。

简而言之,侵权案件诉讼时效的起算时点,是受害人(原告)知道受害并且知道造成自己受害的加害人(被告)之时。结合本案,受害人于孩子10岁时才知道了加害人,应当从这个时候开始计算诉讼时效。因此,应当肯定本案并未超过诉讼时效。

安全保障义务

问题6:在第三方介入侵权造成损失时,旅馆、酒店等经营场所应否负赔偿责任?如应负责,则该民事责任的性质和范围如何确定?其承担责任后,是否还可以向实施加害行为的第三人追偿?

梁慧星:本题讲的是《侵权责任法》第37条,这是一个很重要的条文,也是最高人民法院2003年《关于人身损害赔偿的解释》创设的一项新制度,理论上称为安全保障义务。这个制度来源于地方法院的裁判。在2003年之前,有的地方法院裁判宾馆、商场、游泳池发生的人身伤害案件,创设了此项裁判规则,叫安全保障义务。按照此项裁判规则,向公众提供服务的经营性场所的经营者、管理者,负有保障进入该经营场所的公众的人身安全和财产安全的义务。最高人民法院《关于审理人身损害赔偿案件适用法律若干问题的解释》第6条规定,"从事住宿、餐饮、娱乐等经营活动或者其他社会活动的自然人、法人、其他组织,未尽合理限度范围内的安全保障义务致使他人遭受人身损害,赔偿权利人请求其承担相应赔偿责任的,人民法院应予支持"。将安全保障义务规定为司法解释规则。《侵权责任法》制定时,总结人民法院裁判实践经验,将此条司法解释规定在第37条,使之上升为法律规则,并且明确规定了安全保障义务人的范围为"宾馆、商场、银行、车站、娱乐场所等公共场所的管理人或者群众性活动的组织者"。

这个制度主要是参考德国民法所谓"安全保障义务理论"。但应当注意,在德国民法中,所谓安全保障义务是一个抽象的理论,没有明确的适用范围,可以用来裁判各种各样的案件,凡是法律没有明确规定、法官认为不应当适用过错责任原则的案件,都可以依据所谓安全保障义务理论,判决被告承担无过错责任。但我们借鉴过来之后,规定为一个无过错责任的类型,明确限定其适用范围,限于向公众提供服务的经营场所的管理人和群众性活动的组织者。《侵权责任法》第37条规定的安全保证义务,是有明确适用范围、构成要件和法律效果的法律规则、裁判规则,不能通过解释任意扩大其适用范围,而德国民法所谓安全保证义务理论,是一个没有明确适用范围的宽泛理论,相当于一个"筐子",什么样的案件都可以往里装。

补充一点,条文中的"公共场所"四字不准确,本条适用范围不是本来意义上的公共场所(公园、广场、博物馆、图书馆、街道、道路、河道、海滩),而是向公众提供服务的经营性场所。有的同志注意到,条文上有个"等"字,但应当注意,必须是条文未列举到的"向公众提供服务的经营场所",才能够通过解释这个"等"字适用本条,例如,医院、澡堂、游泳池、邮局营业厅、保险公司和证券公司营业厅等。真正的公共场所,如公共道路、广场、桥梁、河道、公园发生的损害,不能适用本条。

简而言之,《侵权责任法》第37条安全保证义务是从国外借鉴来的,但我们把它规定为一种具体的无过错侵权责任类型,严格限定其适用范围,不能任意扩张适用。还有一点,请同志们特别注意,条文说"未尽到安全保障义务"就承担责任,我们能否将"未尽到安全保障义务"视同一般构成要件,要求原告举证证明或者允许被告提出反证?"未尽到安全保证义务"一语,不是一般的构成要件,法庭既不要求原告举证证明被告未尽到安全保证义务,也不允许被告反证自己已经尽到安全保证义务。立法者的意思是,只要在你管理的经营场所内、你组织的群众性活动中发生了损害,你就应当作为安全保证义务人承担无过错责任,绝不允许纠缠是否尽到安全保证义务。"未尽到安全保障义务"不是一般的构成要件,采用的是日常生活经验法则,尽到了安全保障义务就不会发生本案发生的损害,发生损害就证明没有尽到安全保证义务。相当于英美法上的"事实自证"或者称为"事实本身说明问题"规则。

《侵权责任法》第37条第2款规定,第三人造成损害的,应该由第三人承担责任,如果该第三人逃逸或者没有偿付能力,则"管理人或者组织者未尽到安全保障义务的,承担相应的补充责任"。按照第2款规定,在经营场所内、群众性活动中发生了损害,即使该损害是由第三人造成的,也要由管理人或者组织者承担相应的补充责任。

"补充责任"的意思是:假设抓住了造成损害的第三人,该第三人有偿付能力,法庭就判该第三人承担赔偿责任,经营场所的管理者或者群众性活动的组织者不承担责任,当然也不考虑其是否尽到安全保障义务;如果该第三人没有抓到,或者抓到了却没有偿付能力,承担不了责任,法庭就应判决管理者或者组织者承担赔偿责任,意思是造成损害的第三人承担不了的责任,由他来补充。但应注意,立法者在补充责任前面加了一个限制,规定为"相应的补充责任"。

规定安全保证义务人承担"相应的补充责任",立法者的意思是,不能判决管理者或者组织者全部补充,不能凡是第三人应当承担的赔偿责任都全部由安全保证义务人承担。至于补充到什么程度?是补充30%、40%、50%,或者是补充60%、70%、80%,或者补充90%,立法者没有明确,而是授权法庭进行自由裁量,结合具体案情,决定一个法庭认为比较适当的赔偿比例。

最后概括一下对本问题的回答,在当事人进入旅馆、酒店等经营场所造成(旅客、顾客)人身伤害或者财产损失的情形,按照《侵权责任法》第37条第2款的规定,旅馆、酒店等经营场所的管理人应当承担"相应的补充责任"。其承担责任后,当然可以向实施加害行为的第三人追偿。

债权人代位权

问题7:河下游一路桥公司在河边修公路(已向保险公司投保),河上游一电站修建时对河道做了修改,洪水季节,导致下游路桥公司受损60万元。路桥公司向法院起诉保险公司及电站,法院审理中,三方达成协议,保险公司承担20万元,电站承担40万元,保险公司在调解协议中未明确主张代位权。结案后,保险公司另行向电站主张代位权,根据《保险法》规定,要求电站应当赔偿其代赔的20万元,是否应得到支持?

梁慧星:路桥公司起诉保险公司是根据保险合同,起诉电站是根据《侵权责任法》,请求权基础是不同的,属于两个不同案件。为了方便案件解决和保护受害人,法院一并审理。但两个被告不是共同侵权人,不承担连带责任。审理中,原告和两个被告达成调解协议结案。按照该调解协议,保险公司赔偿原告(被保险人)20万元,侵权人电站赔偿原告(受害人)40万元。

按照《保险法》第60条的规定,"因第三者对保险标的的损害而造成保险事故的,保险人自向被保险人赔偿保险金之日起,在赔偿金额范围内代位行使被保险人对第三者请求赔偿的权利"。假设本案的情况是,保险公司主动依据保险合同或者执行法院判决向被保险人路桥公司赔偿了保险金,然后向法院起诉侵权人电站,代位行使被保险人路桥公司对侵权人电站的请求权,法庭当然要支持保险公司的追偿权。但是,现在的情况有所不同,保险公司并不是依据保险合同向被保险人赔偿保险金,而是履行保险公司、侵权人、被保险人三方在法庭主持之下达成的调解协议约定的赔偿义务。保险公司在履行调解协议约定的赔偿义务之后,再根据《保险法》的规定向侵权人行使追偿权,法庭是否应予支持?关键在于如何理解调解协议。

所谓调解协议,是在法庭或者人民调解员主持之下,双方(或多方)当事人平等协商达成的协议,称为和解合同。因《合同法》分则未设具体规定,属于无名合同。按照《合同法》第124条的规定,和解合同应当适用《合同法》总则的规定,并可参照《合同法》分则或者其他法律最相类似的规定。本案调解协议,是在法庭主持之下原被告三方达成的和解合同,区别于当事人自己达成的和解合同。《民事诉讼法》第97条规定,调解达成协议,应当制作调解书,调解书经双方当事人签收后,即具有法律效力。但法庭主持达成的调解协议,与当事人自己达成的和解协议,没有本质区别,都属于和解合同,即消灭此前当事人之间存在的债权债务合同。因此,调解协议一旦生效,保险公司与路桥公司之间的保险合同关系、路桥公司与电站之间的侵权责任关系同时归于消灭,而由调解协议上约定的债权债务关系(保险公司赔偿路桥公司20万元、电站赔偿路桥公司40万元)取而代之。

因此,保险公司向路桥公司赔偿20万元的根据不是保险合同而是调解协议,保险公司依据保险合同享有的代位权,已经在调解协议生效之时与保险合同一并消灭。提问中说道,保险公司在达成调解协议时没有主张追偿权,因为,假如保险公司要坚持行使追偿权,就不可能达成调解协议。应当肯定,保险公司履行调解协议上的赔偿义务之后,另行起诉行使所谓追偿权,没有法律根据,法院应当裁定驳回起诉,或者判决驳回其请求。

现在回过头来,谈谈本案的受理。路桥公司起诉保险公司,依据的是《保险法》,属于(保险)合同纠纷案件。路桥公司起诉电站,依据的是《侵权责任法》,属于侵权责任案件。法院为了方便当事人,同时受理,一并进行调解,有其理由。经法庭主持调解,达成调解协议,一并解决两个案件,如提问所述,并没有什么不妥。但是,如经法庭调解不能达成调解协议(例如保险公司坚持代位追偿),法庭将如何判决?

法庭的选择是,或者依据《侵权责任法》支持受害人的请求,判决被告电站向受害人路桥公司支付 60 万元赔偿金,或者依据《保险法》支持被保险人的请求,判决被告保险公司向被保险人路桥公司赔偿保险金。无论如何,不能判决被告电站向原告支付 40 万元赔偿金、被告保险公司向原告支付 20 万元保险金。理由很简单,这是两个不同性质的案件,侵权人电站和保险公司不构成连带责任关系,不构成共同被告,不能作为一个案件审理和判决。

我的建议是,对于原告同时起诉保险公司和侵权人的案件,应当予以释明,告知原告是两个不同案件,要求原告选择先诉保险公司或者先诉侵权人。按照社会生活经验,原告在了解法律规定、理解分开起诉不会损及自己的合法权益之后,将会作出先诉保险公司或者先诉侵权人的选择。假如原告仍然拒绝选择、坚持将保险公司和侵权人作为共同被告起诉的,则应裁定驳回起诉。

侵权损害的确定

问题 8:侵权事实存在,但造成的损失大小无法或难以确定的,是否应驳回原告诉请?

梁慧星:按照侵权法的原理,有加害行为,有损害后果,加害行为和损害后果间有因果关系,三个条件具备构成侵权责任。按照过去的理论,应当由原告向法庭证明损害后果的存在及其数额,原告不能证明的,法庭应当判决其败诉。但这种僵化的、死扣概念的理论已经过时。现代民法和民事裁判理论承认社会生活的复杂性,以实现实质正义,即以恢复当事人之间利益关系的大体平衡为目标,遇被告加害行为造成原告损害而损害结果难以计算的情形,不允许法庭驳回原告请求。理由是,已经符合侵权责任构成要件,仅仅因为损害结果难以计算就予以驳回,对原告不公,且背离裁判的目的。《侵权责任法》为贯彻保护民事主体合法权益之立法目的,针对各种不同损害情形,明确规定了计算损害(损失)的计算方法(标准)。换言之,遇原告难以计算损害(损失)数额情形,法庭应当根据法律规定的计算方法(标准)计算损害数额,进而确定损害赔偿金额。下面介绍《侵权责任法》规定的各种计算方法(标准)。

《侵权责任法》第16条规定人身损害的赔偿项目。《侵权责任法》第16条关于人身伤害的赔偿项目的规定,其立法基础是最高人民法院《关于审理人身损害赔偿案件适用法律若干问题的解释》(2003年)的第17条,但删掉了两个赔偿项目:一个是营养费,另一个是被扶养人生活费。

先说营养费。《侵权责任法》第16条没有规定营养费,但它有一个"为治疗和康复支出的合理费用",这个为康复支出的合理费用就包括了营养费。如果某个案件中需要判一笔营养费,就可以将这笔营养费计入康复支出的合理费用。所以,条文没有规定营养费,法庭仍然可以判营养费,只是作为康复支出的合理费用的一种。

再谈《侵权责任法》为什么不规定被扶养人生活费?这涉及对《侵权责任法》第16条规定的残疾赔偿金和死亡赔偿金的理解。最高人民法院2001年关于《确定民事侵权精神损害赔偿责任若干问题的解释》,对残疾赔偿金和死亡赔偿金作了定性,即残疾赔偿金和死亡赔偿金,性质上属于精神损害赔偿。其第9条规定,精神损害赔偿包括:第一,造成残疾的为残疾赔偿金,第二,造成死亡的为死亡赔偿金,第三,造成其他损害的为精神抚慰金。紧接着2003年《关于审理人身损害赔偿案件适用法律若干问题的解释》,对死亡赔偿金和残疾赔偿金规定了计算标准。规定计算标准,当然有方便操作的优点,但却产生了另一个问题。按照民法理论,人的精神没有市场价格,人格、精神、痛苦、恐惧都是无形的,是不可计量的,是没有市场价格的,应当由法官结合个案自由裁量。既然2003年的司法解释为死亡赔偿金和残疾赔偿金规定了计算标准,那么死亡赔偿金和残疾赔偿金还是精神损害赔偿吗?

请同志们注意,在发达国家和地区,法庭审理人身伤害案件,除了由法庭自由裁量判决一笔数额较小的精神损害赔偿(抚慰金、慰谢金)外,还有一个更为重要且通常金额较大的赔偿项目,叫逸失利益赔偿。法庭判决逸失利益赔偿有明确的计算标准,即依据死亡之时的年龄、工资收入水平、可能生存多少年、多少年退休等计算出一个总金额,再减去税费和生活费用,就作为逸失利益判给死者遗属。残疾情形也是同样的算法,依据受伤致残的年龄、受伤前的工资收入水平、残疾程度等。特别要注意,2003年《关于审理人身损害赔偿案件适用法律若干问题的解释》所规定的残疾赔偿金和死亡赔偿金的计算标准,正好是发达国家和地区的逸失利益计算标准。

司法解释为残疾赔偿金和死亡赔偿金规定计算标准,这一点有特别重大的意义。这就是,我们的《侵权责任法》规定的死亡赔偿金或者残疾赔偿金,兼有精神损害赔偿和逸失利益赔偿的性质和功能。我们的法院审理人身损害赔偿案件,法庭只判决死亡赔偿金或者残疾赔偿金一个赔偿项目,就相当于发达国家和地区的法院判决两个赔偿项目,我们的《侵权责任法》把他们的逸失利益赔偿和精神损害赔偿两个赔偿项目合为一个赔偿项目了。因而使法庭操作简便了。

《侵权责任法》为什么不规定被扶养人生活费?因为《侵权责任法》规定的死亡(残疾)赔偿金,虽说是精神损害赔偿,却采用了发达国家和地区计算逸失利益赔偿的方法,把人家的两个赔偿项目合二为一了,既然受害人因死亡或者残疾所逸失(失去)的利益都赔偿了,且这样一笔赔偿金,绝不仅仅是对死者遗属或者残疾者本人进行抚慰,当然可以用来赡养其年迈的父母、抚养未成年的子女,因此没有必要再判被扶养人生活费。正是基于这一理由,《侵权责任法》第16条删去被扶养人生活费这一赔偿项目。

现在的问题是,最高人民法院关于执行《侵权责任法》的通知说,可以将被扶养人生活费计入死亡(残疾)赔偿金,这就造成了混淆。并且不符合立法本意。最高人民法院通知的该项内容,属于司法解释性质,司法解释与立法不一致的,应当以立法为准。因此,人民法院裁判侵权责任案件,凡是判了死亡赔偿金或者残疾赔偿金的,都不能再判被扶养人生活费。

请注意,《侵权责任法》第17条特别规定,同一侵权行为造成多人死亡的案件,如矿难、空难、火车事故、汽车事故等,法庭可以确定相同数额的死亡赔偿金。这样规定体现了公平原则,也方便法庭计算,回避了逐一计算的困难。

《侵权责任法》第20条规定,侵害他人人身权益造成财产损失的案件,如受害人的损失难以计算,可以按照侵权人获得的利益赔偿,亦即以侵权人获得利益作为受害人的损失。侵害他人人身权益造成财产损失,受害人往往难以证明财产损失的数额。若干年前某地方人民法院审理的商业广告擅自采用某著名田径运动员肖像的案件,并没有因为原告不能证明财产损失数额就驳回其请求,而是采用了将被告所获得利益作为受害人遭受的财产损失的办法,判决被告支付80万元赔偿金。《侵权责任法》第20条将此项实践做法上升为法律条文,具有重大意义。

《侵权责任法》第19条规定,侵害他人财产权益的案件,计算财产损失的方法,可以按照损失发生时的市场价格计算,也可以采用其他方式计算。此所谓其他方式,包括由当事人双方协商确定一个损失金额,或者委托有资质的机构鉴定或者评估,协商不成且不适于委托鉴定或者评估的,应由法庭确定一个自己认为比较公平合理的金额。

有的特殊财产不好计算损失,例如古董,我们不能因为难以计算就驳回诉讼请求。但如果认可原告宣称的价值也可能不公正,法庭应当确定一个公平合理的赔偿金额,让受害人和加害人的利害关系达到一个比较合理的平衡。请注意《侵权责任法》第 26 条过失相抵规则,"被侵权人对损害的发生也有过错的,可以减轻侵权人的责任",该条来源于《民法通则》第 131 条,人民法院在审理侵权责任案件中,常用这个条文以实现当事人之间的公平。如果"受害人对损害的发生也有过错",法庭可以减少侵权人的责任。

损失难以计算时,原告会说难以计算吗?原告方不会说难以计算,会要求一个"天价";被告方会说难以计算吗?被告方会说没有损害。过失相抵规则,本意就是给法院一个平衡当事人利益关系的法律手段。既然是损失数额难以计算,当然就不能按照原告要求的金额,也不能让被告逃脱责任,显然太高的赔偿金额当然不能支持,法庭可以根据社会生活经验或者委托评估确定一个损失金额,如果仍然太高、不公平,则依据过失相抵规则予以减轻,最终判决一个法庭认为比较公平合理的赔偿金额。

借款事实的认定

问题 9:董事长在任职期间,为本公司垫资几十万元,财务人员向其出具了收条或借条,未盖公章也未在财务账面上反映,也无其他人员证实。现董事长以个人名义起诉公司要求还款,审理中也不同意审计。该案是否应支持其诉求?是否适用善意相对人原则?

梁慧星:这是一个事实认定的问题。按照财会制度和社会生活经验,一个董事长把几十万元借给公司,不应该仅仅是财务出一个不盖公章的借条或者收据,一定要由会计做账,在公司账簿上反映出来,并且有从银行汇入公司账户的凭证。法庭应当要求原告提供足以证明借款关系存在的证据,如提问所说,原告拒绝提供证据,甚至不同意对公司资产进行审计的,应当认为不能证明借款事实的存在,应当判决驳回其请求,并且不发生所谓善意相对人问题。

民法上所谓"善意相对人"制度,其前提条件是有真实的合同关系存在,因为合同一方当事人存在可能导致合同无效的瑕疵(如越权代理、越权代表、无处分权),而相对人不知此瑕疵的存在,称为善意相对人。法律为保护善意相对人(保护善意相对人亦即保护交易安全)而使合同关系有效(《合同法》第 49 条越权代理、第 50 条越权代表),或者在合同无效情形保护善意相对人已经取得的权利(《物权法》第 106 条善意取得)。本案的问题是,原告未提供足以证明存在真实的(借款)合同关系的证据,与民法所谓善意相对人制度无关。

建设工程价格计算

问题 10:原被告未签订书面合同,原告承建被告承揽的公路建设工程中的挡阻墙,双方对工程量都确认,但对合同价格不能协商达成一致,是否应该按照工程的定额进行造价计算?原告起诉应参照被告与业主方的合同价格计算,如果按照工程的定额计算,超出部分是否不予计算?

梁慧星:既然双方对这个工程分包的事实、完成工程的数量都没有异议,争点仅仅在于价款约定不明,经协商不能达成一致意见,当然可以按照总承包合同规定的定额计算造价。提问说原告起诉应"参照被告与业主方的合同价格计算",现在的问题是,评估机构按照工程定额计算,两种方法计算的金额可能不一致,应该以哪一种方法计算的为准?按照总承包合同确定的承包价格来计算的金额和按照评估机构评估的金额有差距,法庭认为哪一个金额比较公平合理,就有权决定采用哪一个金额。如果法庭难以判断哪一个金额更公平合理,双方也协商不成,可以把两个金额相加除以二,得出折中的金额。

这里要说明,判决公正不公正,并不体现在金额的多少上,而是体现在法庭有没有偏袒哪一方。达到原被告双方利益关系大体协调,判决就是公正的。还有一点,人民法院审理这类案件,要尽量避免采用两种计算标准,采用两种计算标准肯定会出现不一致,会增加法院的负担。

中标通知书与合同所定金额不一致时的处理

问题 11:原告招标,被告的投标价是 600 万元,原告分别发出 600

万元和 400 万元的中标通知书,双方按照 400 万元的合同金额签订合同,合同文件中工程承建项目是招标文件中工程项目的一部分,该建设工程合同是否有效?

梁慧星:我认为合同肯定有效。通过招标方式签订建设工程合同,招标方与中标方按照中标通知书,签订正式的建设工程合同。而中标通知书本身只是双方订立正式合同的依据。从招投标实践来看,招标方与中标方在签订正式的合同时,往往还会通过协商变更、修改中标通知书中的某些内容(如工程项目、造价、总价),因此正式签订的合同与中标通知书不一致的,应当以双方正式签订的合同为准。本案中,中标以后,投标人与发包方平等协商签订了建设工程合同,合同是真实意思表示,符合有关法律规定,当然是有效的。

发生争议的原因是有两个中标通知书,一个 600 万元中标,一个 400 万元中标。虽然如此,但双方是按照 400 万元中标来签订建设工程合同的。正式签订的承包合同并没有违反法律强制性规定,当然是有效的。虽然曾经有过另一个 600 万元中标的通知,但当事人没有按照 600 万元中标的通知签订合同,而是根据 400 万元中标的通知签订合同,600 万元中标的通知被废弃了。须知双方履行合同的依据是建设工程合同而不是招标通知,招标通知只是签订合同的参考,即使只有一个金额、一个通知,当事人在签订正式合同时仍然可以对中标金额进行协商变更。何况提问中特别说道,最后正式签订的"合同文件中工程承建项目是招标文件中工程项目的一部分",这就说明双方当事人按照 400 万元金额签订合同,是完全合理的。绝不能仅仅因为有过两个中标通知,有过两个中标金额,而否定双方正式签订并履行的建设工程合同的效力。

三、民事审判实务座谈会记录（三）*

不动产物权登记生效制度的实践困惑

问题1：关于不动产物权登记生效制度的实践困惑。房屋买卖合同有效且价款已全部支付，买受人也实际占有该房屋，但未办理产权过户登记手续，此时买受人对该房屋是否享有物权？其是否可以对抗法院的强制执行？

梁慧星：本题涉及不动产办产权登记之前是什么权利状态，在这种权利状态下能不能强制执行。从《物权法》关于物权变动的规定来说，我国实行登记生效主义。按照《物权法》第14条的规定，不动产物权的变动，自记载于不动产登记簿之时发生效力；第15条规定，未办理登记的，不影响买卖合同的效力。本题中，房屋买卖合同有效且价款已全部支付，买受人也已经实际占有该房屋，但未办理产权过户登记手续，如果仅从《物权法》第14条的规定看，因为没有办理产权过户登记手续，其物权变动未生效，应当肯定买受人还没有取得房屋的所有权。但请同志们特别注意，这种情况下，虽然买受人不享有所有权，但是买受人享有"占有"，他是该房屋的合法占有人。

什么叫"占有"？对于财产的事实支配状态叫"占有"。"占有"在各主要国家及地区民法规定中稍有区别。例如，日本民法规定为"占有权"，是物权的一种；我国《物权法》规定为"占有"，是一种事实支配

---

* 2012年10月22日于成都市中级人民法院。

状态。"占有"虽然不是一种物权,但是"占有"规定在《物权法》上,属于《物权法》规定的一种财产利益。对应于《侵权责任法》第 2 条的规定,"占有"属于受《侵权责任法》保护的一种民事利益。《侵权责任法》第 2 条规定,《侵权责任法》的保护客体是"民事权益",包括民事权利和未被规定为权利的民事利益。民事利益,包括人身利益和财产利益。

依据有效的房屋买卖合同交房、付款之后,如果办理了产权过户登记手续,买受人就取得房屋所有权,该房屋所有权当然受法律保护;没有办理产权过户登记手续,买受人因出卖人交房而取得对该房屋的"占有",即对该房屋的实际支配状态就属于受法律保护的一种合法财产利益。从侵权法来说,买受人虽然没有办理产权过户登记手续、没有取得房屋所有权,但已经取得对房屋的合法占有,同样受法律保护,任何人侵害其合法占有均将承担侵权责任。

民法所谓"占有"概念,是指对财产的实际支配状态。如果是一个小的物品,"占有"就是指身体控制,占有手机就是把手机握在手中或者放在口袋里,占有一辆汽车就是拥有车钥匙。"占有"分为有权占有与无权占有,有权占有一定是合法的(如承租人、借用人的占有),无权占有往往是违法的(如盗窃者占有盗窃物),也有不违法的无权占有(拾得人占有遗失物)。本题中买受人基于有效的买卖合同和出卖人的交付行为,而占有自己所购买的房屋,属于"有权占有",是受法律保护的一种合法财产利益。但本题问的是,这种"占有"是否可以对抗法院的强制执行?

在回答此问题之前,需要弄清楚法院强制执行是什么性质?执行的对象是什么?法院强制执行,所执行的是生效判决所确认的债权人对被执行人(债务人)的债权,执行的对象是被执行人(债务人)自己的财产,即被执行人享有所有权的财产。如果某项财产(动产、不动产)不在被执行人自己的占有之下,而在第三人的占有之下,则法院强制执行的是被执行人对于该第三人占有之下的财产的返还请求权。如果被执行人对于该项财产享有返还请求权,该项财产(即使处于第三人占有之下)仍属于法院强制执行的对象,则占有该项财产的第三人不能对抗法院强制执行;反之,如果被执行人对于该项财产不享有返还请求权,则该项处于第三人占有之下的财产不属于法院强制执行的对象,第三人可以对抗法院的强制执行。质言之,对于某项处于第三人占有之下的财产,判断法院可否强制执行的标准是,被执行人对于该项财产是否享有返还请求权。

如一家企业通过融资租赁购买设备,按照《合同法》的规定,该项设备的所有权归租赁公司,该企业仅享有使用权。如果该企业不能履行债务,则该企业的债权人不能申请法院强制执行该项设备,因为被执行人企业不享有该项设备的所有权。而租赁公司可以行使返还请求权取回该项设备。因此,如果该租赁公司不能履行债务,则其债权人可以申请法院强制执行该项设备,强制执行的依据是被执行人租赁公司对于该项设备享有返还请求权。

归结起来,法院强制执行处于被执行人之外的第三人占有之下的财产,所执行的是被执行人对于该项财产的返还请求权。如果被执行人对于该项财产享有返还请求权,法院就可以强制执行,占有该项财产的第三人就不能对抗法院的强制执行;如果被执行人不享有返还请求权,法院就不能强制执行,因为没有执行依据,占有该财产的第三人当然可以对抗法院的强制执行。

最高人民法院《关于人民法院民事执行中查封、扣押、冻结财产的规定》(法释〔2004〕15号)第17条规定,"被执行人将其所有的需要办理过户登记的财产出卖给第三人","第三人已经支付全部价款并实际占有,但未办理过户登记手续的,如果第三人对此没有过错,人民法院不得查封、扣押、冻结"。为什么人民法院不得查封、扣押、冻结?因为被执行人对于该项财产没有返还请求权。

现在回答问题,房屋买受人依据有效的买卖合同履行了付款义务,基于出卖人的交付行为而实际控制了房屋,因为没有办理产权过户登记手续而尚未取得该房屋的所有权,但是买受人已经取得对于该房屋的合法有权占有。如前所述,人民法院可否对买受人没有办理产权过户登记的该房屋强制执行,判断标准是出卖人(被执行人)对于该房屋有没有返还请求权。

《物权法》第 34 条规定:"无权占有不动产或者动产的,权利人可以请求返还原物。"本条规定,对于无权占有的不动产或者动产,权利人有返还请求权。对本条作反面解释,如果属于合法有权占有,则原权利人(出卖人)没有返还请求权。本题中,买受人的占有属于合法有权占有,仅仅因为没有办产权过户登记手续,所有权尚未过户到买受人名下,这种情形,虽然在不动产登记簿上出卖人还是所有权人,但仅仅是名义上的所有权人,而不是真正的所有权人,他对于该房屋已经不再享有包括返还请求权在内的任何权利,相反还负有向买受人移转所有权的义务。因此,当该出卖人成为被执行人时,人民法院不能强制执行其已经交付给买受人并且收取了房款的房屋,理由是他对于该房屋没有返还请求权。

买受人依据对于自己所购买的房屋的合法有权占有,足以对抗法院的强制执行。人民法院应当驳回强制执行申请,因为被执行人对于该房屋不享有返还请求权。

提问:这个问题大量存在于民事审判中,案件执行中,灾区法院经常遇到这种情况,房屋买受人几年前入住,但是没有拿到产权证,现在房屋毁损了,他没有办法证明自己是实际权利人,政府基于灾毁房屋的救助利益该给谁?不明确。

梁慧星:这是另外的问题,下面再说。先对本题补充一下,为什么没有返还请求权,就不能强制执行?因为出卖人的全部利益都已经实现了,他基于买卖合同把房屋卖了,收取了房款,其财产价值已经完全实现。所有权虽然没有过户给买受人,但这种情形出卖人的所有权仅仅是名义上的,不是真正的所有权,名义所有权人没有实际的利益。这是法律采取登记生效主义立法模式的必然结果。名义所有权人,对于该房屋已经不享有占有、使用、收益和处分的权能,不享有返还请求权,其所有权名义仅仅是一个"空壳"。再说,法院对该房屋不能强制执行,对于申请执行人(出卖人的债权人)也没有任何损害,该房屋的全部财产价值已经包含在被执行人的财产之中了。

现在谈这个法官提到灾区的问题。房屋买受人几年前入住,但是没有拿到产权证,现在房屋毁损了,他没有办法证明自己是实际权利人。但是,他在地震发生之前已经入住该房屋,已经取得对该房屋的合法有权占有,地震毁损的是房屋,受损害的是占有人,而不是出卖人(因未办理产权过户登记手续仅是名义所有权人),出卖人因收取房款和交付房屋对于该毁损房屋已经没有任何利益。因此,人民政府应当补助的是毁损房屋的占有人。因为没有办理产权过户登记手续,他是不是所有权人难以证明,但他对毁损房屋的占有是事实状态,这是容易查明的。虽然他没有办法证明自己是所有权人,但仍然应当获得政府基于灾毁房屋的救助利益。

提问:抵押人出卖抵押物实践中出现两个问题:一是抵押人出卖抵押物有效,这是一个判决,要求抵押人履行。二是抵押权人主张实现抵押债权。抵押权的判决与买卖合同的判决,这两个判决怎么执行、平衡?买受人支付了对价,占有了房屋,抵押权人的抵押权是否就没有了?这两个判决怎么执行?

梁慧星:现在按照最高人民法院《关于审理买卖合同纠纷案件适用法律问题的解释》(法释〔2012〕8号)第3条的规定,抵押人未经抵押权人同意出卖抵押物的,人民法院不能认定该买卖合同无效。这是就买卖合同的双方当事人而言的。无论出卖人(抵押人)或者买受人,以买卖合同订立之时出卖人的处分权受到限制(未经抵押权人同意)为由,请求法院确认买卖合同无效的,人民法院不予支持,亦即该买卖合同有效。

假设双方当事人在订立买卖合同的过程中,抵押权人发现了,抵押权人有权阻止该买卖合同的订立。这种情形,按照《物权法》第191条第1款的规定,抵押人可以采用"将转让所得的价款向抵押权人提前清偿债务或者提存"的办法,以换取抵押权人的同意;或者在未经抵押权人同意的情形,买受人可以采用"代为清偿债务消灭抵押权"的办法,亦即买受人向抵押权人支付买卖合同价款,而使该买卖合同有效。

在买卖合同已经订立之后,抵押权人有权向法院起诉,请求法院确认该买卖合同无效,更为重要的是,抵押权人在向法院起诉时应当采取财产保全措施,阻止该房屋的交付。如果买卖合同已经成立,出卖人已经交房,买受人取得占有,甚至已经办理了产权过户登记手续(出卖人提供了虚假证据),买受人已经取得房屋所有权,人民法院就应当裁定驳回抵押权人的起诉,或者判决驳回抵押权人的请求。

现在回答法官的问题。关键是看法庭审理的是什么案件?如果属于抵押人出卖抵押物合同的当事人,起诉请求确认买卖合同无效的案件,法庭应当适用《关于审理买卖合同纠纷案件适用法律问题的解释》第3条,判决驳回原告请求,亦即认可买卖合同有效。如果属于抵押权人起诉请求确认买卖合同无效的案件,如尚未办理产权过户登记手续,法庭应当适用《物权法》第191条的规定,判决以"将转让所得的价款向抵押权人提前清偿债务或者提存"为条件认定买卖合同有效,已经不能"将转让所得的价款向抵押权人提前清偿债务或者提存"的,则判决支持原告请求,认定买卖合同无效,在这种情形下,抵押权人可以进一步申请执行抵押权;已经办理了产权过户登记手续的,则应当裁定驳回抵押权人的起诉或者判决驳回其请求。

按照法律的逻辑,两种不同性质的案件不可能由同一个法院(法庭)同时审理、同时判决。假设同一法院,同时或者先后受理前述两种不同性质的案件,因为两个案件的诉讼标的指向同一个买卖合同,也应当先审理抵押权人请求确认买卖合同无效的案件,适用《物权法》第191条的规定,无论判决认定买卖合同有效或者无效,此项判决均将作为后面审理合同当事人请求确认买卖合同无效案件的证据。鉴于法院判决的绝对证据效力(既判力),审理后一案件(合同当事人请求确认买卖合同无效)的法庭,必须尊重前一案件(抵押权人请求确认买卖合同无效)的判决。前一案件判决确认合同有效的,法庭必须认定合同有效、驳回当事人的请求;前一案件判决确认合同无效的,法庭必须认定合同无效、支持当事人的请求。无论判决合同有效或者无效,其判决依据都是前一案件生效判决的既判力,而不是《关于审理买卖合同纠纷案件适用法律问题的解释》第3条。

归结一下,按照法律的逻辑,不应当出现这样的问题:同一法院面临一个判决确认买卖合同有效,另一个判决确认买卖合同无效(并执行抵押权)的尴尬局面。当然,可能出现这样的情形,当事人起诉要求确认买卖合同无效,法庭适用最高人民法院《关于审理买卖合同纠纷案件适用法律问题的解释》第3条判决认定买卖合同有效,但因为抵押权的存在难以办理产权过户登记手续。这种情形,买受人将另案起诉,依据前述司法解释第3条第2款的规定,追究出卖人(抵押人)的违约责任(或者解除合同、要求损害赔偿)。

虽然在当事人起诉的案件中,法庭判决认定买卖合同有效,但因为抵押权的存在使当事人难以办理产权过户登记手续,因此抵押权人既可依据《物权法》第191条的规定接受以价款提前清偿债务或提存的办法而使抵押权消灭(涤除),或者依据《物权法》第195条第2款的规定和《民事诉讼法》(2012年修正)第196条的规定申请人民法院执行抵押权。如果属于后者,即抵押权人申请执行抵押权,则法院审查认为符合《民事诉讼法》(2012年修正)第196条的规定,并且查明抵押财产仍然在抵押人占有之下的,应裁定拍卖或者变卖抵押财产,清偿抵押权人的债权。认定买卖合同有效的判决,与法院执行抵押权,并不冲突。因为买卖合同有效,并不等于合同必定履行、买受人必定得到所有权。法院执行抵押权的条件,不是买卖合同无效,而是抵押权存在并且抵押财产归属于抵押人。

现在存在争议的是,抵押人未经抵押权人同意出卖抵押物,买卖合同依据前述司法解释被认定有效,买受人支付了房款且已经占有房屋,因为抵押权的存在而未办理产权过户登记手续,抵押人(出卖人)仍然是该房屋的名义所有人,这种情形,抵押权人申请拍卖该房屋,人民法院是否准予拍卖?

前面已经谈到,人民法院对于被执行人之外的第三人占有之下的财产,强制执行的依据是被执行人的返还请求权,被执行人对于该项财产有返还请求权的,应当强制执行,没有返还请求权的,不予强制执行。

基于同一理由，抵押人出卖抵押房屋，买受人依据买卖合同和出卖人（抵押人）的交房，已经取得对该房屋的合法有权占有，出卖人（抵押人）对于该房屋没有返还请求权，法院不得对该房屋强制执行（强制拍卖），应当驳回抵押权人执行抵押权的申请。

提问：执行中发现几起案件，甲法院处理案件时认定买卖合同有效，判决内容为被告方交付房屋，协助办理过户手续。执行中发现房屋已经预登记在另一个抵押权之下，抵押权人的抵押被法院确认有效，真正承担义务的出卖人又不在了。

梁慧星：关键在于本院是审理买卖合同的法院，已经判决认定买卖合同有效，并且依据《合同法》第110条的规定责令出卖人交房、办理产权过户登记手续。此生效判决的执行力，不受别的法院认定抵押有效判决的影响。本院认定买卖合同有效、责令交房过户的判决已经履行了，别的法院认定抵押有效的判决就落空了。本院生效判决执行中，发现执行标的物（房屋）上有抵押权预告登记，该预告登记不可能对抗生效判决的执行力。

请注意《物权法》第20条关于预告登记的规定，其中一项是"预告登记后，未经预告登记的权利人同意，处分该不动产的，不发生物权效力"。请同志们注意，条文中的"处分"是指不动产所有权人的"处分"，即民事法律行为（出卖不动产的买卖合同），不包括公权力的行使行为（人民法院生效判决的执行）。换言之，预告登记具有对抗与登记权利相反的民事法律行为的效力，不具有对抗公权力的行使行为，包括人民法院生效判决的执行的效力。还要注意，《物权法》第20条第2款规定，预告登记仅有3个月的有效期，期满不办理正式的抵押权登记，该预告登记失效。

提问：往往确认抵押有效的判决在先，执行时当事人到另外一个法院起诉，法院按照一般规则确认合同有效，两份判决都有效，是否要撤销其中一份判决？

梁慧星：我认为无须撤销。在先的判决只是确认抵押有效并执行抵押权，并没有说买卖合同无效。抵押权的执行，与抵押人出卖抵押财产的合同是否有效没有直接关系。即使买卖合同有效,只要该抵押财产没有发生所有权转移并且仍然处于抵押人占有之下,法院就应当执行抵押权,拍卖该抵押财产。法院执行抵押权、拍卖抵押财产,并不影响关于转卖抵押财产的买卖合同的效力,只是影响其履行,使该买卖合同成为履行不能,其结果是由出卖人(抵押人)承担违约责任(或者解除合同的损害赔偿责任)。如前所述,如果价金没有交付,出卖人可以把价金交付抵押权人以消灭(涤除)抵押权,如果价金已经交付,则无可奈何,买受人只能向出卖人(抵押人)要求赔偿。买受人订立买卖合同时应该查一查标的物上是否存在抵押权,他不去查就盲目相信出卖人,并在交付房屋之前就支付全款,最后遭受损失,是自己的问题。法院不能包打天下。

提问:一个判决判处抵押有效;另外一个判决判处买卖关系有效,判决主文要求,开发商要在一定时间内把房屋协助过户到买受人名下。现在责令过户到买受人名下这个判决不能执行,因为有抵押权存在,但是要执行抵押权也执行不了,因为房子已经在买受人占有之下,两个案件案由不一样,但是指向同一个房屋。

梁慧星:法院作出认定买卖合同有效并责令办理产权过户登记手续的判决,判决生效申请执行,如果房子已经交付给买受人,买受人取得了合法有权占有,因未办理产权过户登记手续,抵押人只是名义所有权人,不是真正的所有权人,该房屋已经不属于抵押人所有,应当认定其上的抵押权已经不能执行。如前所述,法院执行处于第三人占有之下的财产的依据,是被执行人对于该项财产的返还请求权。现在被执行人(抵押人)对于该项财产没有返还请求权,因此法院不能执行该项财产,抵押权已经落空。这是我们的法律没有采取抵押权附着于标的物永不消灭的制度的必然结果。

如果抵押权人向法院申请执行抵押权,基于上述理由,法院应当依据《民事诉讼法》(2012年修正)第197条后段的规定和最高人民法院《关于人民法院民事执行中查封、扣押、冻结财产的规定》(2008年)第17条后段的规定,驳回抵押权人的执行申请。在法院裁定驳回抵押权人的执行申请之后,如果买受人向法院申请执行认定买卖合同有效并责令办理产权过户登记手续的判决,则法院应当执行该判决,责令出卖人于指定期限内协助买受人办理产权过户登记手续,或者裁定买受人根据生效判决办理产权过户登记手续。因为法院此前裁定驳回执行抵押权的申请已经否定了该抵押权的执行力,不具有执行力的该项抵押权已经不能成为办理产权过户登记手续的障碍。

提问:实践中,一种是开发商先把房子卖给个人,再背着个人把房子抵押出去;另一种是先设定抵押,然后出卖房屋。

梁慧星:如果是开发商把商品房预售了之后,又以已经预售的房屋设定抵押,人民法院应当认定这种抵押合同无效。认定无效的根据是《合同法》第 52 条第(2)项"恶意串通"损害第三人利益。银行接受抵押贷款之前,必定要调查抵押物的权利状况,其接受已经预售的商品房抵押贷款,肯定是恶意。这种情形,要保护商品房买受人的合法利益。

另一种案型,开发商将房屋向银行抵押贷款,设定了抵押权,然后未经抵押权人同意出售抵押房屋。从买受人方面说,前面已经谈到,买受人付清房款并且取得对该房屋合法有权占有的,要保护买受人的利益,抵押权已陷于"落空",不能执行这样的抵押权。从抵押权人(银行)方面说,银行有各种手段可以保护自己的利益,一种是按照《物权法》第 191 条规定要求提前清偿债务或者将房款提存,另一种是在接受抵押贷款时就约定开发商必须将销售房屋的全部收入存入在本行开设的账户(这叫指定账户,属于非典型担保)。

现在归纳一下:因为《物权法》采取登记生效要件主义,标的物实际交付买受人与最终完成登记、买受人取得物权之间,必然存在时间差,所以必然产生对在这段时间差内对支付了全款并已占有标的物的买受人的保护问题。一种极端的观点是,以产权过户登记时点为标准,凡未办理产权过户登记手续的,即使买受人已经支付全款并占有标的物,也一概不予保护。这种观点将法律问题简单化、绝对化,视买受人的合法有权占有事实状态为"权利真空",违背民法公平原则、诚信原则,助长出卖人(开发商)的不诚信、欺诈行为,严重损害消费者利益,不利于市场法律秩序的建立,为现今我国民法理论和实践所不采。现今我国民法理论和实践所采取的立场是,以买受人是否基于有效买卖合同付清全款并占有标的物为判断标准,亦即最高人民法院《关于人民法院民事执行中查封、扣押、冻结财产的规定》(2008年)中第17条所谓"已经支付全部价款并实际占有"标的物且"没有过错"标准。符合此项判断标准的,即应保护买受人对于标的物的合法有权占有,此合法有权占有足以对抗法院强制执行,包括出卖人的债权人(抵押权人)申请强制执行(强制拍卖)。

物权善意取得制度与《婚姻法》相关规定的冲突

问题2:关于物权善意取得制度与《婚姻法》相关规定的冲突。根据《婚姻法》的规定,婚后购买的房屋即使只登记在夫或妻一方名下,一般也属于夫妻共同财产;而根据《物权法》的规定,买受人在尽到合理的注意义务且善意的情况下可以取得该房屋的所有权,此时如果该房屋的共有权人以无权处分为由主张房屋买卖合同无效,法院应该如何处理?

梁慧星:本题和《物权法》《合同法》《婚姻法》有关。问题说,"根据《婚姻法》的规定,婚后购买的房屋即使只登记在夫或妻一方名下,一般也属于夫妻共同财产",是指《婚姻法》第17条关于家庭财产制度的规定,即夫妻在婚姻关系存续期间所取得的财产,原则上属于夫妻共有,除非当事人有相反的约定。现实中会出现登记和实际状况不一致的情况,例如,房屋所有权登记在夫或妻一方名下,但实际是夫妻共有财产。问题说"根据《物权法》的规定",是指《物权法》第106条关于善意取得制度的规定。需要说明的是,登记在夫或妻一方名下的共有财产,其买受人属于善意的,可以取得所有权,但法律根据并不是《物权法》第106条规定的善意取得制度。

夫妻共有财产登记在一方名下,登记簿上记载的所有人只是丈夫或者妻子一人,似乎是个人所有,实际是夫妻共有财产。登记簿上记载的所有权人处分共有财产,没有告诉其他共有人,当事人(其他共有人)主张买卖合同无效,法院应当支持还是不支持?这样的合同属不属于《合同法》第 51 条规定的无权处分合同?此前的裁判实务没有注意到这两种案型的区别,许多法院适用《合同法》第 51 条无权处分合同规则裁判共有人一方处分共有财产的案件,造成法律制度在适用中的混淆。请同志们特别注意,共有人处分共有财产的案件,与《合同法》第 51 条无权处分合同规则无关。

《合同法》第 51 条的适用范围,是没有处分权的人"处分他人财产"的合同,即出卖他人之物的合同。共有人一方出卖共有财产,不是"处分他人财产",而是"处分自己的(共有)财产",不属于《合同法》第 51 条无权处分合同规则的适用范围。此前的裁判实践中,对于处分共有财产的案件,错误地适用了《合同法》第 51 条。不仅如此,一段时间以来的裁判实践,对处分权受到限制的所有人处分自己财产的案件也错误地适用了《合同法》第 51 条。这样的实践违反社会生活经验,损害正常市场交易秩序,因此最高人民法院创设了新的解释规则,即最高人民法院《关于审理买卖合同纠纷案件适用法律问题的解释》第 3 条。其第 1 款规定"当事人一方以出卖人在缔约时对标的物没有所有权或者处分权为由主张合同无效的,人民法院不予支持",亦即,处分权受到限制,不影响买卖合同的效力。买卖合同有效,如果最后履行不了,买受人得不到所有权的怎么办呢?第 2 款规定,买受人可以追究出卖人的违约责任,或者行使法定解除权并要求损害赔偿。最高人民法院《关于审理买卖合同纠纷案件适用法律问题的解释》第 3 条创设买卖合同特别效力解释规则,具有十分重大的实际意义,纠正了过去针对处分权受到限制的所有权人处分自己财产的案件适用《合同法》第 51 条的错误实践。

现在回到本题,共有人没有得到其他共有人同意处分共有财产的合同,过去被误认为是无权处分合同,被依据《合同法》第 51 条认定为无效。我们已经注意到,《合同法》第 51 条的适用范围不包括处分共有财产的案型,虽然最高人民法院没有创立解释规则,但是我们还是可以从对现行法的分析得到裁判依据。现实生活中的共有财产可以区分为两种类型:(1)以合伙关系为基础的共有财产;(2)以家庭关系为基础的共有财产,主要是以夫妻关系为基础的共有财产。下面先谈以合伙关系为基础的共有财产。

以合伙关系为基础的共有,可再分为两种情况:一种是在合伙合同关系基础上建立了合伙企业(组织)的共有。按照《合伙企业法》第 26 条的规定,合伙人可以推举合伙企业事务执行人,作为合伙企业的代表人,对外代表合伙企业实施法律行为。此合伙企业事务执行人,亦即《民法通则》第 34 条规定的"负责人"。因此合伙企业事务执行人处分合伙企业财产,当然属于有权处分。但合伙协议甚至《合伙企业法》对合伙企业事务执行人的代表权限会有所限制,例如,处分不动产须经全体合伙人同意。如果合伙企业事务执行人处分不动产未征得其他合伙人同意,即构成超越代表权限,应当适用《合同法》第 50 条关于越权代表行为的规定。

《合同法》第 50 条规定:"法人或者其他组织的法定代表人、负责人超越权限订立的合同,除相对人知道或者应当知道其超越权限的以外,该代表行为有效。"可见,共有人处分共有财产的案件,如果属于合伙企业的负责人(合伙企业事务执行人)未得到其他合伙人同意处分共有财产,依据《合同法》第 50 条的规定,原则上有效,例外无效。这个例外无效,就是相对人知道或应当知道处分人超越权限。在这种情形下,其他合伙人向人民法院起诉要求确认买卖合同无效,法庭不仅应要求其举证证明处分人(负责人)超越权限,而且还应要求其举证证明相对人(买受人)"知道或者应当知道"处分人超越权限;不能举证证明相对人知道或者应当知道处分人超越权限的,则应认定买卖合同有效。

另一种以合伙关系为基础的共有,是没有建立合伙企业的以普通合伙合同关系为基础的共有。例如,二人合伙做小买卖,赚钱按照出资分配,没有建立合伙企业(组织)。再如,合伙建房,一方出地一方出钱,订个合伙协议,约定建成的房屋如何分配,并未成立合伙企业。这些合伙,相对于成立合伙企业的合伙,可以称为普通合伙。

普通合伙,因为没有推举合伙事务执行人(负责人),按照合伙合同的原理,视为合伙人相互授予代理权,各合伙人均有权执行合伙事务。按照《合伙企业法》第26条的规定,如果合伙企业未推举合伙企业事务执行人,则各"合伙人对执行合伙事务享有同等的权利"。因此,各合伙人处分共有财产,都属于有权处分。但是,合伙协议对合伙财产的处分可能设有限制,如处分共有不动产要经全体合伙人同意,其中一合伙人擅自处分共有房屋,就构成越权代理。这种情形,应当适用《合同法》第49条关于表见代理的规定。

《合同法》第49条规定,行为人超越代理权订立的合同,"相对人有理由相信行为人有代理权的,该代理行为有效"。反之,相对人"没有理由相信"行为人有代理权的,该代理行为无效。所谓"没有理由相信",应当是相对人"知道合伙协议对合伙人处分共有财产设有限制(需全体合伙人同意)并且知道处分财产的合伙人未得到其他合伙人同意"。应当由谁来证明相对人"没有理由相信"?应当要求主张买卖合同无效的合伙人承担证明责任。

现在回到本题,分析以夫妻关系为基础的共有财产的处分。实际生活中,夫妻关系存续期间购买房产,当然可以把夫妻双方登记为共有人,房产证上记载为共同所有,并载明夫或妻的所有权份额(各一半)。但多数情形是,房屋产权登记在夫或妻一人名下,名义上是夫或妻个人的所有权,而实际上是夫妻共有财产。据调查统计,房屋产权登记在男方名下的家庭占50%,登记在女方名下的家庭占9%,登记为夫妻双方共有的家庭占36%。这就造成产权证(登记簿)的记载与实际情形不一致。夫妻关系存续期间取得的财产属于夫妻共有财产,是《婚姻法》第17条明确规定的(婚后所得共同制),无论产权证或者登记簿记载的所有权人是夫或妻一方,都不能改变《婚姻法》的规定,都属于夫妻共有财产。

为防止夫妻一方背着另一方处分财产,现在房产登记部门采取的办法是,凡个人出卖房屋的,需要证明是单身,如果不能证明是单身,则要求出卖人夫妻双方同时到场办理产权过户登记手续。但因为社会生活的复杂性,夫妻一方背着他方处分共有房产的情形仍时有发生。例如，搞个假离婚证欺骗登记机关。因此就有夫妻关系另一方起诉到人民法院，要求确认他方处分共有财产的合同无效。

这里特别要指出，这类案件并不都是夫妻一方背着他方处分共有财产，常有这样的情况，夫妻一方处分共有财产，其实是对方同意的、双方共同决定的，因为后来房价涨了，出卖人认为吃亏了，想要反悔，就由他方出面向法院起诉，以出卖人事前未征得其同意为由，要求法院认定房屋买卖合同无效。法院如果予以支持，判决宣告买卖合同无效，正好中了当事人的奸计，使不诚信的人得利，使诚实守信的相对人受害。

此前，各地人民法院裁判以出卖人未征得夫妻关系中他方同意为由要求宣告合同无效的案件，往往适用《合同法》第 51 条，前面已经谈到这样做是错误的，因为夫妻一方处分共有财产，不属于《合同法》第 51 条的适用范围。现在的问题是，人民法院应当依据什么法律规则裁判这类案件？

请同志们特别注意《婚姻法》第 17 条第 2 款。《婚姻法》第 17 条第 2 款明文规定："夫妻对共同所有的财产，有平等的处理权。"条文所说的"处理权"，当然应理解为"处分权"。亦即，夫妻双方对于共有财产，享有平等的处分权。换言之，对于夫妻共有财产，丈夫可以处分，妻子也可以处分，双方的处分权是平等的。

顺便谈一下，《婚姻法》为什么不规定夫妻双方"共同行使"处分权？因为这样规定违背社会生活经验。中华民族的传统，不是丈夫当家就是妻子当家，无论买进或者卖出，通常都是一人出面，其实事前夫妻双方已经商量好了，即使事前未商量属于一方随机决定，也是为夫妻双方的利益。据调查统计，夫妻双方协商处理家庭财产的家庭占 97％。要求法律行为必须双方共同实施，或者出示另一方的授权书，一不合人情事理，二不利于市场交易。因此，《婚姻法》明文规定夫妻有平等的处分权。

既然如此，人民法院审理夫妻一方要求宣告他方处分共有财产的合同无效的案件，就不能仅仅因为出卖人未征得夫妻关系的他方同意，就判决宣告买卖合同无效。因为出卖人有处分权，且是否征得当事人同意难以证明,即使未征得当事人同意也未必不符合夫妻双方共同利益,如支持当事人请求认定合同无效,将损害相对人的合法利益,损及市场交易安全。

是不是凡夫妻一方处分共有财产的合同,就绝对不能认定无效呢?当然不是。法庭认定合同无效必须有法定事由,这就是处分人"具有损害夫妻关系他方的恶意",主要是为了离婚时侵占共有财产。可将人民法院审理夫妻一方处分共有财产案件的裁判规则概括如下:当事人或第三人以处分人未征得夫妻关系他方同意为由要求宣告合同无效的,人民法院不予支持;但处分人具有损害夫妻关系他方恶意的除外。换言之,夫妻一方处分共有财产的买卖合同,原则上有效,例外无效。这个例外,就是处分人"具有损害夫妻关系他方的恶意",亦即为了离婚时独占、侵占本属于夫妻共有的财产。

关键看处分人有没有损害夫妻关系另一方的恶意。如果不具有这样的恶意,夫妻感情不错,一家子和和美美地过日子,实质是因为后来房价上涨,双方或一方认为卖亏了,于是以出卖人未征得他方同意为由要求法院宣告买卖合同无效,则人民法院应不予支持,应断然驳回原告的请求。如果查明的事实是,处分共有财产的一方具有损害他方的恶意,即为了离婚时独占共有财产,就应当支持夫妻关系另一方的请求,认定买卖合同无效。这种情形,法院认定买卖合同无效的法律依据是《合同法》第 52 条。

《合同法》第 52 条规定了合同无效的五项法定事由,法庭可以考虑其中第(2)项"恶意串通,损害国家、集体或者第三人利益"和第(4)项"损害社会公共利益"。法庭如果查明处分人有损害夫妻关系他方的恶意,即离婚时独占共有财产,而相对人对此明知的,即应依据《合同法》第 52 条第(2)项关于双方恶意串通的规定,判决宣告买卖合同无效。如果查明丈夫有损害妻子利益的恶意,即离婚时独占共有财产,而相对人并不知情(或难以认定相对人是否知道),则应依据《合同法》第 52 条第(4)项关于损害社会公共利益的规定,判决宣告买卖合同无效。因为《婚姻法》关于夫妻共有财产的规定,保护夫妻双方合法权益、保护妻子和子女合法权益、维护亲情有序和谐的婚姻家庭关系等这些规定，属于社会公共利益，夫妻一方意图侵占夫妻共有财产，当然构成对社会公共利益的侵害，构成认定合同无效的法定事由。

这里作一点补充，即使处分人具有损害夫妻关系他方的恶意，而相对人（买受人）并不知情，虽然符合《合同法》第52条第（4）项法定事由"损害社会公共利益"，但是如果买卖合同已经履行完毕，即已经交房付款并且办理了产权过户登记手续，买受人已经合法取得该房屋的所有权，则法庭不宜依据《合同法》第52条宣告合同无效，而应依据最高人民法院《关于适用〈中华人民共和国婚姻法〉若干问题的解释（三）》（法释〔2011〕18号）第11条第1款规定："一方未经另一方同意出售夫妻共同共有的房屋，第三人善意购买、支付合理对价并办理产权登记手续，另一方主张追回该房屋的，人民法院不予支持。"这是审理这类案件规则的"例外之例外"，认定合同有效。

为什么要有这个"例外之例外"，理由如下：（1）《婚姻法》对此有专门规定。《婚姻法》第47条规定，"离婚时，一方隐藏、转移、变卖、毁损夫妻共同财产，或伪造债务企图侵占另一方财产的，分割夫妻共同财产时，对隐藏、转移、变卖、毁损夫妻共同财产或伪造债务的一方，可以少分或不分。离婚后，另一方发现有上述行为的，可以向人民法院提起诉讼，请求再次分割夫妻共同财产"。可以在离婚时或者离婚后通过适用《婚姻法》上述规定制裁出卖人。法庭认定买卖合同有效，不会导致对夫妻关系另一方的实质不公正。（2）因为买受人是无辜的，且已依法办理产权过户登记手续得到所有权，所以他的所有权受不动产登记公信力和物权对抗力的保护。要剥夺买受人已经合法取得的所有权，不仅侵害买受人的合法权益，且损害市场交易安全，损害整个法律秩序。（3）即使判决合同无效，也难以恢复原状，判决难以执行，必然使人民法院自己陷入困境：判决执行不了，原告到处上访；要真的执行了，则买受人到处上访。

共享空间的物权划分及法律规制问题

问题3：关于共享空间的物权划分及法律规制问题。某居民楼一、二楼住户共享露台,一楼的住户在露台上搭建房屋,该房屋的屋顶正好与二楼住户窗台下檐齐平,其限制了二楼住户的视野空间,并且该搭建房屋屋顶为小偷进入二楼住户家中行窃提供了客观条件。一楼的住户搭建房屋的行为是否构成侵权?对此类共享空间的物权划分及法律规制,在司法实践中需要注意哪些问题?

梁慧星:《物权法》第83条规定:"业主应当遵守法律、法规以及管理规约。业主大会和业主委员会,对任意弃置垃圾、排放污染物或者噪声、违反规定饲养动物、违章搭建、侵占通道、拒付物业费等损害他人合法权益的行为,有权依照法律、法规以及管理规约,要求行为人停止侵害、消除危险、排除妨害、赔偿损失。业主对侵害自己合法权益的行为,可以依法向人民法院提起诉讼。"

本题属于条文中的"违章搭建",业主委员会可以依据《物权法》第83条排除妨害,强令拆除。但是,通常业主委员会也不敢自己去拆除,按照立法者的意思,《物权法》第83条是赋予业主委员会诉权,业主委员会有权向人民法院起诉,请求人民法院判决责令行为人消除危险、排除妨害。同时,根据该条最后一句规定,受妨害的二楼业主可以向人民法院提起诉讼,请求排除妨害、消除危险,如果造成损害的,可以请求赔偿损失。

提问:这个问题来自一个实际的案例,小区有露台,区别于阳台,为半开放的,露台的空间从住来说是楼下这家人的空间,露台的上方有一个窗口,是楼上那家人的窗口,这就产生了一个共享的问题。

梁慧星:我觉得不是"共享"问题,就是"违章搭建",违反城市管理法,违反《物权法》关于建筑物区分所有权制度的规定,以及关于相邻关系的规定。如果确有必要在露台上搭建,应该经主管机关批准,取得搭建的许可,且不能损害上层住户的合法权益。没有批准擅自搭建,并且妨害二楼住户的合法权益,当然属于违章搭建。我们不要往"共享"方面想,不要使问题复杂化,现行法禁止"违章搭建",有具体法律规定,方便操作。

提问:有一个实际案例涉及违章搭建的,存在一个民事权益和行政执法的冲突,行政机关下了责令限期拆除的通知,因为阻力大,就执行不了。业主委员会认为搭建建筑影响采光、相邻关系等提起诉讼,但是行政机关已经作了拆除的处理决定,有基层法院认为行政机关已经发了拆除通知,法院应当不予受理。

梁慧星:行政机关已经认定为"违章搭建",民事诉讼就不再审查,直接采纳行政机关的认定,按照《物权法》第 83 条规定判决责令限期拆除。法院判决的依据就是《物权法》第 83 条。

提问:当事人是按照相邻关系的侵权起诉的。

梁慧星:《物权法》第 83 条与总则部分第 35 条关于排除妨害、消除危险的规定,两个条文相互之间构成特别规则与一般规则的关系。按照特别法优先适用的原则,应当优先适用第 83 条的规定。如果《物权法》第 83 条解决不了,则应当适用《物权法》第 35 条。当然,还可以适用《侵权责任法》第 21 条关于停止侵害、排除妨碍、消除危险的规定。《物权法》上述条文与《侵权责任法》第 21 条的规定,构成责任竞合关系,当事人有权选择适用。但考虑到适用《侵权责任法》第 21 条构成要件复杂一些,还是选择适用《物权法》较好。

提问:有基层法院认为,行政机关已经作出拆除决定了,法院是否还要去判决?

梁慧星:关键在于行政处罚决定执行不了,当事人另行向人民法院提起民事诉讼。当事人有这个诉权和实体权。不能因为行政处罚决定在先,法院就不予受理。行政处罚与法院审判不是同一层次的制度,不构成所谓"一事不再理"。即使行政处罚决定执行了,当事人起诉,人民法院照样要受理、要审判,行政处罚决定执行不了,更不可能妨碍人民法院的受理。因为有行政处罚决定在先,已经认定属于违章搭建,法庭直接将该行政处罚决定作为认定事实的证据采用,只要判决排除妨害就行了。不然的话,法庭还需要认定是否构成违章搭建。顺便指出,行政处罚决定之所以不能执行,是因为行政机关没有强制执行权,不能去拆除别人的房屋。

提问:存不存在竞合的问题?行政机关已经处理了,法院还要处理？

梁慧星：不存在竞合，我们不要认为是竞合。就像交管部门作出的交通事故肇事认定书，为我们提供事实认定的证据。交管部门对于交通事故责任可以调解，交管部门的调解不影响人民法院受理案件。交管部门对于交通肇事行为可以进行行政处罚，其行政处罚也不影响人民法院受理案件。

请同志们注意，任何法律概念都有其特定含义和法律语境，不能随意套用。法律上所谓"竞合"，是指"请求权竞合"（责任竞合），如《合同法》第122条规定侵权责任与违约责任的竞合。前面谈及，侵权责任还可能与物权请求权（《物权法》第34条、第35条、第36条）竞合，与相邻关系上的请求权（《物权法》第91条）竞合，与建筑物区分所有权制度上的请求权（《物权法》第83条）竞合。

提问：行政机关的处理结论就是要求限期拆除，是一个行政处罚决定，但是没有执行。

梁慧星：因为行政机关没有强制执行权。按照法理，它可以向人民法院申请强制执行。

提问：行政机关拆违章建筑的问题，地方法院没有放开，一般都是行政机关自己拆除。

梁慧星：这是法院强制执行与行政机关权力的协调问题。按照强制执行法，这些都可以由人民法院强制执行。现在最高人民法院的态度是，由人民法院审查行政决定是否合法有效，然后作出准予强制执行的裁定，实际的拆除仍然由行政机关实施。

司法拍卖中优先购买权人的权利行使

问题4：关于司法拍卖中优先购买权人的权利行使。对司法拍卖中的优先购买权人，在出现本次拍卖最高应价时，法院及拍卖师是否应当询问优先购买权人的应买意向？优先购买权人有意应买时是否应当主动作出应买的意思表示？

提问：在司法拍卖程序中，出现经过认定的优先购买权人，法院通知他参加拍卖,他也同意参加拍卖程序,拍卖过程中出现多次价格节节攀升,在出现最高应价的时候,拍卖师反复询问,没有人应价。拍卖开始的时候,拍卖师告诉在场的人,拍卖会有优先购买权人在场,拍卖权人也在场,整个拍卖过程时,优先购买权人没有表态。

这是优先购买权人在什么时候表态的问题,正常时候,委托拍卖的时候,出现三次最高应价的时候就会落锤,在这个案件出现最高应价,说到第三次的时候,是否需要征求优先购买权人意见?拍卖法上说出现最高应价的时候,应该征求优先购买权人的意见。如果优先购买权人表示购买,继续竞价,本案中出现最高应价三次的时候,拍卖师的锤子直接落下,这时就要解决优先购买权人如何行使权利。

梁慧星:先谈谈优先购买权的性质。此前最高人民法院关于民法通则的解释,将承租人优先购买权解释为物权性权利,具有对抗第三人的效力。按照解释,承租人行使优先购买权,人民法院要宣告出租人与第三人之间的买卖合同无效。但《物权法》制定时,考虑到历史条件的改变,不承认物权性的优先购买权。因此,最高人民法院《关于审理城镇房屋租赁合同纠纷案件具体应用法律若干问题的解释》(法释〔2009〕11号)第21条规定,"出租人出卖租赁房屋未在合理期限内通知承租人","承租人请求出租人承担赔偿责任的,人民法院应予支持。但请求确认出租人与第三人签订的房屋买卖合同无效的,人民法院不予支持"。该解释改变了立场,将承租人优先购买权解释为债权(相对权),只在当事人之间有效,不具有对抗第三人的效力。因此,承租人优先购买权现在属于相对权,属于合同上的权利。问题是,这样的优先购买权人,在法院的民事执行拍卖中应当如何行使权利?

最高人民法院《关于人民法院民事执行中拍卖、变卖财产的规定》(法释〔2004〕16号)第14条规定,人民法院应当"在拍卖五日前"以书面或者其他能够确认收悉的适当方式,通知优先购买权人于拍卖日到场。优先购买权人经通知未到场的,"视为放弃优先购买权"。第16条规定,"拍卖过程中,有最高应价时,优先购买权人可以表示以该最高价买受,如无更高应价,则拍归优先购买权人;如有更高应价,而优先购买权人不作表示的,则拍归该应价最高的竞买人"。可见,法院委托拍卖时,参加竞买的优先购买权人仍须服从"价高者得"的拍卖规则,不享有优于其他竞买人的特权。如果法院未按照该解释第14条的规定通知优先购买权人到场参加竞拍,是法院的错;如果法院通知了优先购买权人,优先购买权人进入了拍卖现场而没有竞拍成功,是他自己的问题。

请特别注意,上述司法解释第16条规定,"拍卖过程中,有最高应价时,优先购买权人可以表示以该最高价买受,如无更高应价,则拍归优先购买权人;如有更高应价,而优先购买权人不作表示的,则拍归该应价最高的竞买人"。这段解释并没有要求拍卖师在"三次询问"有无更高应价之外,"特别询问"优先购买权人是否以此最高价买受,只是说,优先购买权人"可以表示以该最高价买受",并且,即使优先购买权人作出表示,还要看别的竞买人是否有更高应价,只在没有更高应价的情形,才拍归该优先购买权人。

我认为,应当肯定,拍卖师没有特别询问优先购买权人的义务,参加竞拍的优先购买权人,应当按照拍卖程序规则,主动应价竞拍。如提问所说,到了一个最高应价,拍卖师已经询问三次而优先购买权人不作表示,因无更高应价,拍卖师落锤"拍定",并不存在任何瑕疵。最高应价是要约,拍卖师拍定是承诺,合同于此时成立。法院没有否定合同成立的理由。

死亡赔偿金的请求权主体在司法实践中的确定

问题5:关于死亡赔偿金的请求权主体在司法实践中的确定。《侵权责任法》第18条规定,被侵权人死亡的,其"近亲属"有权请求侵权人承担侵权责任;而《继承法》第14条又规定,继承人以外的对被继承人扶养较多的人,可以分配给他们适当的遗产。在此情况下,与被侵权人死亡前长期共同生活的非近亲属是否可以成为死亡赔偿金请求权主体?

梁慧星:《侵权责任法》第18条仅解决谁有诉权的问题,受害人死亡,主体消灭,谁来行使侵权责任请求权,不解决死亡赔偿金归谁及如何分配的问题。遗产分配问题在继承案件中解决。《侵权责任法》第18条确定请求权主体,亦即谁有诉权、谁可以向法院提起诉讼的问题,规定死者的近亲属有诉权,有主体资格。所得到的死亡赔偿金,属于死者留下的遗产,应当按照继承法的规定分配,而遗产分配纠纷属于另外的案件。遗产分配由继承人协商处理,协商不成的,任一继承人均可向人民法院起诉,请求法庭按照继承法的规定判决分配。

提问:没有近亲属的,非近亲属有没有诉权?

梁慧星:按照《侵权责任法》第18条第1款的规定,其近亲属有诉权。但第2款补充规定,为死者支付医疗费、丧葬费等合理费用的人有权请求侵权人赔偿其支付的费用。可见,在受害人死亡情形下,其近亲属有请求侵权人承担侵权责任(包括死亡赔偿金)的诉权;支付死者医疗费、丧葬费等合理费用的人,有请求赔偿该合理费用的诉权。按照民法原理,法律关于请求权主体亦即诉权主体的规定,应当是强行法,因此,应当肯定非近亲属没有诉权。

提问:《侵权责任法》第18条指的近亲属能不能比照《继承法》上的法定近亲属的范围来确定?《继承法》上法定近亲属范围很窄。本问案件中出现的是死者的侄子。

梁慧星:《侵权责任法》上的近亲属,在最高人民法院《关于审理名誉权案件若干问题的解答》(法发〔1993〕15号)中已经确定了范围。近亲属包括:配偶、父母、子女、兄弟姐妹、祖父母、外祖父母、孙子女、外孙子女。

提问:关于死亡赔偿金请求权能否继承的问题,有个案例:有一个老人,有几个子女,其中一个子女没有结婚,因交通事故死亡。第一顺序继承人只有他父亲,他父亲悲痛过度10天之后死亡,死前没有提起诉讼,父亲享有的死亡赔偿金请求权能否被继承?他的兄弟姐妹能否要求导致该子女死亡的交通肇事者赔偿。

梁慧星:《侵权责任法》上的近亲属包括兄弟姐妹,其兄弟姐妹当然有诉权。

提问：这是两个问题，一是死亡赔偿金的请求权主体范围问题，因为父母、配偶、子女是第一顺序的继承人，现在只有他父亲有请求权，然后他父亲死亡了。二是能否继承。

梁慧星：先要解决的是诉讼主体的问题。《侵权责任法》规定死者近亲属有请求权，近亲属的范围是五代内直系血亲。

提问：他有父亲存在的情况下，兄弟姐妹是没有权利的。

梁慧星：你说的是《继承法》规定的继承顺位问题。我们不讲《继承法》，因为法院审理的不是继承纠纷案件、遗产分配纠纷案件，法院审理的是侵权损害赔偿纠纷案件，因受害人死亡，必须解决请求权主体、谁有权起诉的问题，只能适用《侵权责任法》的规定，近亲属有诉权。不考虑《继承法》关于继承人顺位的规定。

提问：侵权责任损害赔偿请求权主体的范围是哪些？

梁慧星：侵权损害致人死亡情形，需要解决谁来代替死者行使侵权责任损害赔偿请求权问题，《侵权责任法》第18条的规定就解决这个问题。受害人死亡，其近亲属有诉权，可以向法院起诉追究加害人的侵权损害赔偿责任，这就实现了侵权法上的正义，实现了侵权法的目的和功能。至于法院判决加害人赔偿的这笔赔偿金应当如何分配，分配给谁，是另外一个问题。怎么能混为一谈？

提问：现在享有这个权利的人死了。只要父亲在，他的兄弟姐妹就没有权利主张，按照《侵权责任法》主张赔偿首先是第一顺序的人才有权利。

梁慧星：本案是一个侵权责任纠纷案件。侵权法明确规定有权起诉的人不限于父亲，还有别的近亲属，侵权责任损害赔偿请求权的行使不存在第一顺序、第二顺序的问题。《继承法》关于继承人第一顺序、第二顺序的规定，与本案无关。只要有近亲属起诉，法庭判决加害人承担损害赔偿责任，本案就结束了，本案法庭的审判权不管损害赔偿金的分配问题。一个近亲属起诉就判给这个近亲属，两个近亲属起诉就判给两个近亲属，并且不解决赔偿金在两个近亲属之间如何分配的问题。判决执行以后，起诉的近亲属，还有没有起诉的近亲属，按照现行《继承法》的规定,都属于死者的继承人,他们协议分配这笔钱,是他们的问题,与本庭无关,不属于本庭审判权的范围。他们协商不成,难道不会请求人民调解委员会调解,不会向人民法院起诉？这是另外的案件,应由受理遗产分配纠纷案件的法院、法庭按照《继承法》的规定处理。

未履行安全保障义务的责任与违约责任的认定

问题6：关于未履行安全保障义务的责任与违约责任的认定。在停车场明示"免费不保管"的情况下,车辆丢失后,经营者应当承担未履行安全保障义务的责任还是承担违反合同约定的责任？

梁慧星：《侵权责任法》第37条规定的安全保障义务制度,来自德国裁判实务创设的安全保障义务理论,但我们把它改造了。《侵权责任法》第37条安全保障义务是一项具体裁判规则,条文严格限定了适用范围,限于商场、宾馆等公共场所的管理人和群众性活动的组织者。它有严格的适用范围,不能任意扩张适用。凡是条文规定适用范围之外的损害不适用本条。条文中的"等"字,是指与商场、宾馆这类向公众提供经营性服务场所性质相同的场所,现在想到的可以纳入"等"字的,就是医院、保险公司营业厅、证券公司营业厅等。

车辆在停车场丢失,停车场无论是承担违约责任,还是承担侵权责任,都与《侵权责任法》第37条安全保障义务无关,停车场承担的义务,是一般的义务,不能混同于《侵权责任法》第37条的安全保障义务。如果丢失车辆的车主追究停车场的侵权责任,应当适用《侵权责任法》第6条第1款规定的过错责任原则,有过错承担责任,没有过错不承担责任。如果追究停车场的违约责任,应当适用《合同法》关于保管合同的规则,并且停车场可以主张合同上的免责条款,当然法庭应当依据《合同法》第53条的规定审查该免责条款是否公平、有效。

请注意,关于车辆丢失,可参考《人民司法》2011年第12期刊登的案例。该案例的裁判要旨指出,停车费用没有明确约定是保管费还是场地使用费的,应按照车主是否将车辆实际交由停车场控制来区分是保管关系还是场地使用关系。车辆交付给停车场实际控制的,为保管关系;车辆未交付给停车场实际控制的,为场地使用关系。

判断标准是,是否移转车辆的实际控制,如果移转了车辆的实际控制,就是保管合同;没有移转车辆的实际控制,就是一个场地使用合同。在成立保管合同的情况下,车辆丢失毁损就按照《合同法》第十九章中保管合同的规定承担责任,不发生适用安全保障义务的问题。按照《合同法》第 122 条关于责任竞合的规定,车主可以选择追究侵权责任。追究停车场的侵权责任,应适用《侵权责任法》第 6 条第 1 款的过错责任原则。

应当肯定,《侵权责任法》第 37 条不解决停车场丢失车辆的问题。《侵权责任法》第 37 条限定了适用范围,并且它的重点是人身伤害。很多法官认为本条很方便,想扩大它的适用范围,这不符合立法本意,本条适用范围是限定了的,限于向公众提供服务的经营性场所。条文中的"公共场所",不是真正的公共场所,是向公众提供服务的经营性场所。还有一个限制,还要看管理人实际上能不能够控制,如果超出实际上可能控制的范围,也不能适用本条。

例如,客人在宾馆旁边的湖水中溺亡的案件,不是死在宾馆的房间里面、大堂里面,而是死在宾馆旁边的湖里面,并且是深夜,法院认为超出宾馆管理人可能控制的范围,因此不适用《侵权责任法》第 37 条,而是适用《侵权责任法》第 6 条关于过错责任的规定。宾馆的大门晚上不关门,没有人看门,客人深夜出去也不知道,因此认定宾馆有过错,又考虑到受害人是成年人,对于损害的发生也有过错,再适用《侵权责任法》第 26 条关于过失相抵的规定,实际是按照双方的过错判决分担责任。

请同志们注意,任何法律概念都有其特定含义和适用对象。保管合同上保管人承担的义务,叫保管义务;场地使用合同,《合同法》没有规定,属于无名合同,场地所有人、管理人对于使用人停放的车辆,按照《合同法》第 60 条第 2 款的规定,负有照看(保护)义务,属于附随义务性质。旅客运送合同、货物运输合同的承运人,对于旅客人身或者托运货物,按照《合同法》第 60 条第 2 款负有保护义务。这些合同法上的义务,以及侵权法上的义务(职责),如监护人的监护职责(《侵权责任法》第 32 条),教育机构的教育、管理职责(《侵权责任法》第 38 条、第 39 条)等,虽然也有保护人身、财产安全的意义,但不得称为安全保障义务。安全保障义务概念,只能用于《侵权责任法》第 37 条限定的适用对象和范围,不能随意套用。

难以确定侵权责任大小时的具体操作问题

问题 7:关于难以确定侵权责任大小时的具体操作问题。《侵权责任法》第 14 条规定,"难以确定责任大小的,平均承担赔偿责任"。此种平均承担赔偿责任的认定究竟应该在侵权之诉的本诉中认定还是另行起诉认定?

梁慧星:《侵权责任法》关于连带责任的规定,限于共同侵权行为,即第 8 条主观共同侵权、第 11 条客观共同侵权,然后是准共同侵权行为规定在第 10 条,以及教唆和帮助规定在第 9 条。第 9 条第 1 款规定教唆帮助成年人的承担连带责任,第 2 款教唆、帮助未成年人的责任方式究竟是连带责任或者按份责任?法律条文没有明确,而是授权审理案件的法官决定:审理法官如果注意到教唆人、帮助人有赔偿能力,就判教唆人承担全部责任、帮助人承担主要责任;如果注意到教唆人、帮助人可能没有赔偿能力,就判教唆人、帮助人与未成年人(其监护人)承担连带责任。第 9 条第 2 款是灵活的,包括一个授权。按照《侵权责任法》第 8 条、第 10 条、第 11 条以及第 9 条的规定,认定为连带责任的,连带责任怎么承担?规定在《侵权责任法》第 13 条、第 14 条。

按照《侵权责任法》第 13 条的规定,经法庭审理认为,属于法律规定应该承担连带责任的,法庭应当判决共同被告承担连带责任。判决中不区分各个被告的责任份额,因为连带责任人之间应分担的责任份额的确定,不在本诉的诉讼标的范围内。法庭只是判决共同被告承担连带责任。按照《侵权责任法》第 13 条的规定,受害人(原告)有权要求连带责任人中的一人承担全部赔偿金。承担了超出自己应当承担份额责任的连带责任人,可以依据《侵权责任法》第 14 条的规定,起诉其他连带责任人,这叫追偿权行使之诉,是区别于本诉(共同侵权责任之诉)的另外一个诉讼。

法庭审理追偿权行使之诉,当然需要确定连带责任人之间的责任份额,怎么确定？考虑各人过错或者原因力比例确定责任大小(比例),难以确定责任大小(比例)的,平均承担赔偿责任。换言之,能够判断各自的过错或者原因力比例的,按照过错或者原因力比例确定各自应当承担的赔偿责任；难以判断各自过错或者原因力比例的,平均分担赔偿责任。

实践中的问题是,受害人向法院提起侵权责任之诉,本属于共同侵权案件或者准共同侵权案件,却只告加害人中的一人,而经法院审理查明,属于共同侵权,按照侵权法规定应当由共同侵权人承担连带责任的,应当如何处理？

按照审判实践经验,法庭应当予以释明,告知原告增列其他共同侵权人为共同被告。法庭不宜依职权增列共同被告,因为告谁、不告谁,属于原告的处分权。经法庭告知,如果原告坚持不增列其他共同侵权人为共同被告,法庭应视为原告放弃对其他共同侵权人的请求权。这种情形,法庭不能判被告承担全部责任,因为原告已经放弃对另外的共同侵权人的请求权,法庭需要确定共同侵权人各自的责任份额,只判决被告承担他应负担的赔偿责任份额。

补充一点,受害人经法庭告知后仍坚持不同意追加共同被告的案件,法庭只判决被起诉的被告承担其在连带责任中所应分担的责任份额,这有一个前提条件,即能够查清案件事实。如果因为原告不同意追加别的侵权人为共同被告,致案件事实难以查清(如被告是否为加害人、是否存在因果关系等)的,则应认定原告诉讼请求不成立,驳回其诉讼请求。

生命健康损害赔偿在破产程序中的顺位问题

问题8:关于生命健康损害赔偿在破产程序中的顺位问题。发生诸如"三鹿奶粉事件"等大规模侵权事件后,如果相关企业进入破产程序,此时因生命健康权遭受侵害的损害赔偿在破产程序中是否应该优先支付?

梁慧星:这个问题,我平时没有注意,按照我对法律精神的理解,在破产程序中,生命健康损害赔偿请求权在顺位上应该优先。现在法律不明确,应该由最高人民法院通过司法解释来明确,赋予人身损害赔偿请求权以优先顺位。如果最高人民法院没有解释,建议成都市中级人民法院作一个内部规定。中级人民法院审理这样的案件,对债权中的人身损害赔偿请求权赋予优先顺位,这符合宪法、侵权法的精神。

提问:这个涉及执行中分配的顺位问题,侵权案件和普通案件的顺位。

梁慧星:这个问题涉及三种情况:一是普通债务纠纷案件,谁起诉就判给谁;二是清产还债案件,法庭发布公告,让债权人加入,申报债权,可能发生有的债权属于人身损害赔偿债权的问题;三是破产案件。在清产还债程序和破产程序中,人身损害赔偿的债权,不应该等同于普通债权。但侵权责任的损害赔偿债权,不限于人身损害赔偿债权,应不应该优先于其他债权,例如银行的债权?侵权责任发生的债权,即使不是人身损害赔偿,也还是有其特殊性。建议中级人民法院研究一下,作出内部的规定。

机动车商业价值贬损赔偿的司法认定问题

问题9:关于机动车商业价值贬损赔偿的司法认定问题。机动车交通事故中的事故车在经过修复之后,如果该修复车辆有市场交换价值的降低,是否可以请求责任人给予商业价值贬损赔偿?法院应该如何处理这样的诉请?

梁慧星:《侵权责任法》第19条规定财产损失的计算方法,如果有市场价格的,按照损失发生时的市场价格计算,没有市场价格的,按照其他方式计算。后来发现,可能损失发生时的市场价格与我们判决时的市场价格差别很大,因此不能死抠第19条。例如,不动产和汽车的损害,正好相反。不动产如房屋的市场价格不断上涨,汽车的市场价格不断下跌。《侵权责任法》第 19 条规定不当，因为违背了损害赔偿制度的目的。损害赔偿制度的目的，是使受害人恢复到没有发生损害之时的利益状况，赔偿财产损失就是使他能够买到同样的房子、同样的汽车。没有预料到市场经济条件下财产的市场价格的剧烈波动。房屋毁损时的市场价格是 5000 元/平方米，判决时涨到 10000 元/平方米，你按照毁损时的市场价格计算，受害人就买不到同样的房屋，损害赔偿制度的目的无法实现。汽车毁损时的总价是 20 万元，到案件判决时同型号新车已经降到 15 万元，判赔 20 万元行不行？解决的办法就是，通过解释把《侵权责任法》第 19 条的规定解释为供法院选择适用的两种计算方法，采用哪一种计算方法属于法庭的自由裁量权，法庭认为采用哪种方法可以达成公正判决，就采用哪种方法。法庭认为按照损失发生时的市场价格计算不能达成公正判决，就采用另外的方法。例如，双方协商确定、委托评估，或者法庭直接根据社会经验确定赔偿金额，都是可以的。

提问：对于机动车商业价值贬损该不该赔偿，实践中两种观点：一种认为这种损失是一种间接损失，不赔偿；另一种认为受到损害后机动车性能发生了变化，主张赔偿。

梁慧星：损害赔偿金的计算，违约责任的计算标准规定在《合同法》第 113 条，实际损失加可得利益损失；侵权责任损害赔偿金的计算方法，人身损害赔偿的赔偿项目规定在《侵权责任法》第 16 条，各赔偿项目的具体计算方法适用最高人民法院《关于审理人身损害赔偿案件适用法律若干问题的解释》（法释〔2003〕20 号）的规定。财产损失如何计算规定在《侵权责任法》第 19 条，侵害人身权益造成财产损失的计算规定在《侵权责任法》第 20 条。

提问：车辆贬值损失是否赔偿，在司法实践中有很多问题。今年全省召开民事审判工作会，省高级人民法院的分管领导代表法院作了一个讲话，讲话里面说原则上不支持。最高人民法院关于车辆贬值损失的问题，在一个司法解释上表明有明确规定的才支持。各个地方法院的态度不太一样，有的地方支持，有的地方不支持。不支持的理由是可能造成一些不公。现在成都市两级人民法院的司法态度是,原则上不予支持,例外情况,车辆价值非常高,对车辆有关键性损害,如发动机全毁,可以支持。

梁慧星:这些考虑未必符合立法的要求。我们现在的《侵权责任法》对人身损害赔偿的计算方法规定在第 16 条,关于残疾赔偿金、死亡赔偿金的计算标准,最高人民法院有司法解释。财产损失的计算规定在《侵权责任法》第 19 条。侵害人身权益导致的财产损失规定在《侵权责任法》第 20 条。现在我们讨论这个问题不要纠缠过去的观点。

汽车的毁损属于财产损失,应当适用《侵权责任法》第 19 条的规定。如果汽车全毁的案件,应当按照损失发生时的价格计算,如果按照损失发生时的价格计算不公正,可以参考判决时新车的市场价格,或者按照评估损失计算。如果不是全损,损失发生时该车的价值,与维修之后现在的评估价值之间的差额,就是实际损失。应该赔偿实际损失,不能只赔偿维修费。事故发生时值 20 万元,事故发生后经过修理值 15 万元,实际损失 5 万元,就判赔 5 万元加维修费。当然,损失轻微的情形,就只判赔维修费。

前面提到所谓"间接损失",相对于"直接损失",是改革开放初期讨论违约责任如何赔偿时的概念,当时就有这样的主张和实际做法,违约责任只赔"直接损失",不赔"间接损失"。《合同法》制定时,考虑到中国社会已经转轨到市场经济,应当采用反映市场经济规律的法律概念,抛弃计划经济时期的陈旧概念,因此《合同法》第 113 条规定违约责任损害赔偿计算方法时,没有采用所谓"直接损失""间接损失"概念,而是规定赔偿实际损失,包括可得利益损失。可得利益,就是如果按照合同履行即可获得的利益(如利润)。并且,可得利益损失也是实际损失。

侵权责任中的损失赔偿,与违约责任的损失赔偿,差别在于违约责任赔偿可得利益损失,侵权责任不赔偿可得利益损失。顺便指出,合同法上违约责任之外的赔偿,如解除合同的损失赔偿,也是不赔偿可得利益损失。请同志们注意,应当严格采用现行法律上的概念,不要再使用已经被现行法抛弃的陈旧概念。讨论汽车毁损案件中的损失计算,事故发生之前汽车的价值与事故发生后该事故车现在的价值的差额,就是实际损失。不要再纠缠所谓价值贬损该不该赔的问题。

倒是会遇到另外一个问题:如果造成的损失金额过大,应不应该判被告全额赔偿。例如,一辆出租车和一辆豪车相撞,出租车不过几万元钱,对方的车值几百万元,假设出租车一方负全责,判他赔对方一百多万元、几百万元行不行?审理案件的法庭要考虑原被告双方当事人利害关系的平衡问题,法庭有协调双方利害关系的职责。我们的合同法、侵权法都有这样的制度,供法庭据以协调双方的利害关系,使被告不致承担过重的责任,谋求双方利害关系的大体平衡。

在审理违约责任案件中,法庭据以协调双方利害关系的法律规则,是《合同法》第 119 条规定的减损规则和第 113 条第 1 款末句规定的不可预见规则。审理侵权责任案件中,供法庭最后权衡双方利害关系的法律规则,是过失相抵规则,以前规定在《民法通则》第 131 条,现在的《侵权责任法》规定在第 26 条。法庭审理侵权责任案件,计算出来的损失金额过大,法庭觉得都让被告赔偿,一是被告赔不起,二是即使赔得起也不公正,就要适用《侵权责任法》第 26 条过失相抵规则,减少被告的赔偿责任,将赔偿金减少到法庭认为比较公平合理的金额。适用过失相抵规则,当然要认定受害人对于损害的发生有过错,至于怎么认定他有过错,靠法官的智慧。交管部门作出的责任认定(相当于过失认定)只供法庭参考。

你开豪车就要比开普通汽车更加仔细小心,你没有及时采取措施避免损害的发生,这就是过错。你家祖传几代的古董花瓶,没有采取特别措施保护,随便摆放在客厅,以致被客人损坏,这就是过错。首先是损失金额太大,都让加害人赔不公正,要减轻被告的责任,而要减轻被告的责任,唯有过失相抵,因此需要认定被害人有过错。如果计算出来的损失金额不大,就没有必要适用过失相抵规则,也就没有必要考虑受害人有没有过错。至于怎么认定原告有过错,要靠法官的智慧。裁判的目的是,作出一个法庭认为比较公正合理的判决,法律规则是供法庭达成目的的手段。

个人与企业之间在劳务关系中的责任承担

问题10：关于个人与企业之间在劳务关系中的责任承担。《侵权责任法》第35条规定，"个人之间"形成劳务关系的，提供劳务一方因劳务受到损害时，根据双方各自的过错承担相应的责任。但"个人与企业（如个体工商户）之间"形成劳务关系的，提供劳务一方因劳务受到损害时，双方的责任应该如何分配？

梁慧星：《侵权责任法》第34条、第35条规定使用人责任。这个规则有很大的创造性。过去最高人民法院《关于审理人身损害赔偿案件适用法律若干问题的解释》（2003年）叫雇用人责任，本法改称使用人责任。使用人责任规则，在德国、日本民法及我国台湾地区"民法"是推定过错责任，条文说被使用人造成他人损害的，由使用人承担责任，但使用人能够证明对被使用人的选任、监督没有过错的，不承担责任。这是过错推定责任。我们最高人民法院的司法解释，用了雇用人责任的名称，规定被使用人有故意、重大过失的，与雇主承担连带责任，雇主承担连带责任后可以追偿。《侵权责任法》制定时对这个制度作了彻底改造。

首先是将名称改为使用人责任，再分个人使用和单位使用。《侵权责任法》第34条规定单位的使用，第35条规定个人使用，并且把归责原则规定为无过错责任原则，凡被使用人执行职务造成他人损害的，都由使用人承担责任。这是参考了英美法的替代责任。留下了一个问题：即使用人承担了无过错责任后，能否对有故意或者重大过失的被使用人行使追偿权？

立法的时候经再三斟酌，对此没有明确。考虑的是，绝大多数被使用人都是低工资、低报酬，使用人行使追偿权，可能影响被使用人一家的生活。是不是绝对不能行使追偿权，如果属于高工资、高报酬的，如银行、证券公司、保险公司、国企高管等，这些案件中单位承担了责任后，对于肇事的使用人行使追偿权是可以的。法律为什么不明确规定？

因为难以确定。银行工作人员中也有低收入的人，普通企业也有高管工资很高的。立法把这个问题授权法院决定，如证券公司工作人员利用股民的钱搞"老鼠仓"，证券公司承担责任后行使追偿权的，就应当允许。行使追偿权，追偿权有没有限制，立法上也没有考虑。发达国家和地区的裁判实践中，追偿权只能追偿 1/4，即使他是故意的。

《侵权责任法》第 35 条最后一句规定是错误的。被使用人在执行职务中自身受到损害，根本就不是侵权责任问题，而是《合同法》《劳动法》《社会保险法》的问题。《侵权责任法》第 35 条末句规定，被使用人在执行职务中自身受到损害的，"根据双方各自的过错承担相应的责任"，是完全错误的。例如，个体餐馆的师傅切菜的时候不小心切掉半截手指头，当然不是雇主的行为造成损害，雇主完全没有过错，难道真的按照本条末句的规定让师傅自己承担责任？这样做不仅不公正，也违反《劳动法》《社会保险法》的规定，甚至违反《宪法》的规定。现行《劳动法》(1994 年) 第 73 条规定，劳动者在劳动中"负伤""因工伤残"，应"依法享受社会保险待遇"。我建议把《劳动法》和《社会保险法》关于工伤保险的规定，解释为《侵权责任法》第 5 条所说的其他法律另有规定，按照特别法优先适用原则，直接适用《劳动法》《社会保障法》的有关规定，而不适用《侵权责任法》第 35 条最后一句的规定。

四、买卖合同司法解释座谈会记录[*]

预约和本约的区分

问题1：实践中如何从形式和实质上区分预约合同和本约合同？

梁慧星：预约合同属于合同法上的无名合同。预约是与本约相对应的概念。预约亦称预备合同，本约即正式合同。预约合同，是双方当事人约定在一定期限内订立正式合同的合同。在民法发展史上，之所以在买卖合同本约之外需要订立买卖预约，是因为早期的买卖合同属于要物合同、实践合同，须以标的物的交付作为合同成立条件。假设当事人双方约定将来某个时间交货、付款，这样的约定不具有法律拘束力，因此发明了买卖预约，即在将来某个时间订立买卖合同的合同。买卖合同本约发生交货、付款的义务，预约合同发生订立买卖合同的义务，不直接发生交货付款的义务。

但随着社会的发展和法律的进步，合同自由的观念逐渐得到承认，买卖合同由要物合同逐渐向诺成合同过渡，至合同自由原则确立之后，买卖合同成为典型的诺成合同，因当事人双方一方愿买、一方愿卖的合意而成立。不能即时交货付款，也可以直接订立买卖合同本约。完全没有必要像早期那样，先订立买卖预约，然后再根据预约订立买卖合同本约。因为买卖合同是诺成合同，不能即时交货、付款的，可以在合同中约定将来付款、交货的期限或条件，而无须先订立买卖预约。这就是

---

[*] 2012年10月25日于四川省高级人民法院。

多数发达国家民法典未规定预约合同的理由。

我国《民法通则》和《合同法》也没有规定预约合同。法律上没有规定预约合同，并不等于社会生活中没有预约合同，更不等于法律不承认预约合同的效力。随着我国社会经济的发展，预约合同有增多的趋势，尤其是在房屋买卖中，先订立买卖预约合同，然后在约定的期限内订立买卖合同本约，这样的情形并不少见。当事人订立的预约合同，因现行《合同法》未设具体规则，属于无名合同，即《合同法》第124条所谓"本法分则或者其他法律没有明文规定的合同"，应当适用《合同法》总则的规定。

现在的问题是，在裁判实践中如何从形式和实质上来区分预约合同和本约合同？前面谈到，预约合同是订立本约合同的合同，在裁判实践中判断本案合同究竟是预约还是本约，不能仅看形式、名称，还要看当事人意思表示的内容。预约合同中往往约定了本约合同的买卖标的、价款等条件，如房屋买卖预约，已经约定了买哪个单元、哪套房子，约定了总价或者计价标准，如每平方米几千元。究竟是买卖合同预约，还是买卖合同本约，关键的区别标准是：交货付款的义务是否直接发生？如果直接发生交货付款义务，是买卖合同本约；不直接发生，需要一个中间环节（另外订立一个合同），依据另外订立的合同发生交货付款义务，就是预约。这就是区分标准。

另外一个问题是，所谓法律行为附条件和附期限。买卖合同和买卖预约，都可以附条件或者附期限。如何判断本案合同，究竟是附条件的买卖合同或者附期限的买卖合同，抑或是附条件的买卖预约或者附期限的买卖预约？换言之，在合同附条件或者附期限的情形，如何判断究竟是买卖预约，还是买卖合同本约？

区别的关键在于看所附条件、期限条款中的"标志性的文句"："订立合同"或者"合同生效"。如果所附条件、附期限条款中有"订立（正式）合同"文句，就是预约合同；有"合同生效"文句，就是买卖合同本约。如合同约定，某某条件成就或者某个期限到来，"订立正式合同"，毫无疑问是预约合同；如合同约定，某某条件成就或者某个期限到来，

"合同生效",毫无疑问是买卖合同本约。关键看所附条件或者所附期限条款中的标志性文句,有"订立合同",是买卖合同预约;有"合同生效",是买卖合同本约。

顺便谈到一个问题,发达国家和地区民法规定的预约,有双方预约、单方预约之分。我国《关于审理买卖合同纠纷案件适用法律问题的解释》第2条所规定的是双方预约。双方预约,双方当事人都有要求对方订立买卖合同本约的权利。单方预约,仅一方当事人有要求对方订立买卖合同本约的权利。法国、日本民法规定的是单方预约。《瑞士债务法》规定的是双方预约。我国司法解释采用"预约合同"概念,当然是双方预约,双方当事人均享有要求对方订立买卖合同本约的权利,也都负有按照对方要求订立买卖合同本约的义务,因此属于双务合同。按照预约要求对方订立合同的权利,叫作预约权。这个权利在日本叫作预约完成权。

下面介绍预约合同的效力。按照买卖合同司法解释,我国预约合同的效力,分为以下几个层次。

第一个层次的效力是,双方当事人都享有要求对方订立买卖合同本约的权利(预约权),双方当事人都负有按照对方的要求订立买卖合同本约的义务。

第二个层次的效力是,我国预约合同当事人享有的预约权,性质上属于债权,属于相对权,仅在预约合同双方当事人之间有效,没有对抗第三人的效力。假设一方把预约合同约定的房屋卖给了第三人,预约合同的另一方不能请求人民法院宣告对方与第三人之间的房屋买卖合同无效。这一点和日本不一样,日本民法规定的买卖单方预约,仅一方享有权利,称为"预约完成权",可以进行假(预)登记,经过登记后,就具有物权的效力,可以对抗第三人。我国台湾地区裁判实务认可的预约权,也仅仅是债权。

第三个层次的效力是,一方不按照预约合同的要求订立本约合同,即构成根本违约,同时成立法定解除权和违约责任。对方当事人有选择权,或者根据《合同法》第107条关于违约责任的规定,追究违约责任,或者按照第 94 条关于法定解除权的规定,解除预约合同并要求赔偿损失。

特别要注意,鉴于预约合同的性质,不是直接发生交货付款义务,只是发生订立合同的义务,因此违反预约合同仅仅是赔偿信赖利益损失。信赖利益损失又叫机会损失,如预约合同约定房价每平方米 3000 元,因对方违反预约合同,现在再与其他人签订买卖合同,房价已经涨到每平方米 5000 元,这个差额每平方米 2000 元,就是机会损失、信赖损失。无论追究违约责任或者解除合同要求损害赔偿,均只赔偿机会损失,不包括可得利益。还要注意,如果预约合同有定金交付,则应依据《合同法》第 115 条执行定金罚则,交付定金一方违约则丧失定金,收受定金一方违约则应双倍返还定金。

第四个层次的效力是,一方违反预约合同,他方可否请求人民法院强制违约方订立本约合同?即可否适用《合同法》第 110 条规定的强制实际履行?答案是:不可以。不是我说不可以,而是最高人民法院司法解释说不可以。因为《关于审理买卖合同纠纷案件适用法律问题的解释》第 2 条明文规定,对方只能选择行使法定解除权,或者选择追究违约责任。

违反预约合同,对方不能要求强制实际履行,理由何在?因为强制违约方订立买卖合同,违反合同自由原则,《合同法》第 4 条明文规定:当事人依法享有自愿订立合同的权利,任何单位和个人不得非法干预。这就是合同自由,订立合同、不订立合同,取决于当事人自愿。违反预约合同的事实,已经表明违约方不愿意订立合同,任何单位和个人包括人民法院,也不能强制他订立合同。假如人民法院真要强制违约当事人订立合同,将不仅限制、剥夺其决定是否订立合同的意思自由,而且要限制、剥夺其人身自由。总不能使用暴力强制违约方在合同书上签字、捺手印吧。这样做,不仅违反了《合同法》,也违反了《宪法》。因此,预约合同的性质决定了不能强制实际履行预约合同。如果对方要求强制违约方订立合同,法庭应当予以释明,告知不符合强制实际履行条件,强制订立合同属于《合同法》第 110 条第(1)项所谓"法律上或者事实上不能履行"。

预约的违约责任

问题2：当事人预约某个时间签订本约,届期本约没有谈成,是否违约,是否要承担相应的违约责任？对预约的理解有两种：一种是预定时间正式谈签约；另一种是预定时间必定签约,哪种理解更符合立法本意？

梁慧星：预定时间"签订"合同,是预约；预定时间正式"谈"签约,不是预约,属于实务中的"虚盘"。"虚盘",即附有条件的承诺,不构成承诺。请注意《合同法》关于订立合同的要约、承诺规则。要约是一方希望和对方订立合同的意思表示（第14条）。承诺是受要约人同意要约的意思表示（第21条）。所谓"同意要约",就是同意按照要约人在要约中提出的全部条件订立合同,愿意受合同的约束,不附任何条件。因此承诺生效,合同成立（第25条）。

商事实务中的"虚盘",是附有条件的承诺,不构成《合同法》上的承诺,不能成立合同。"虚盘"即附条件的承诺,应视为"新要约"。问题中所谓"预定时间正式谈签约",只是说什么时间谈谈,能不能谈成并不确定,根本不存在任何承诺,当然不是预约、不是合同。

第二种理解是正确的,即双方约定某个时间签约即签订正式合同,这才是预约。当事人有受合同约束的意思表示。如何判断当事人是否有愿受约束的意思？有两种表征：一是交付定金,凡交付了定金,都有愿受合同约束的意思；二是当事人之间有关于违约金的约定。如果当事人有这两种形式的表示之一,就是预约,否则就是"虚盘",不构成预约。

"一物二卖"与合同效力

问题3：案涉房屋所有权归属于甲,甲因借款纠纷,与乙签订合同,由乙为其偿还债务,房屋由乙使用,乙清偿完债务后,房屋过户至乙名下。乙占有房屋后,为甲偿还了部分债务,剩余债务一直未偿还。甲即与丙另行签订了房屋买卖合同,丙支付了合同对价并完成房屋过户。现乙起诉要求确认甲与丙恶意串通,两人签订的房屋买卖合同无效,法院如何认定?

梁慧星:甲与乙、甲和丙之间订立的都是房屋买卖合同,但甲和乙之间的房屋买卖合同未交付,没有办理过户登记。根据《物权法》第14条的规定,不动产物权变动自登记于不动产登记簿之时生效,所以,甲和乙之间的合同因未办理过户登记,房屋所有权依然属于甲。甲和丙订立房屋买卖合同,并办理了产权过户登记,丙取得了房屋所有权,按照物权的对抗性,第三人不能向丙主张房屋所有权。这个案例就是"一房二卖",两个买卖合同都有效,原则是先办理房屋产权过户登记的买受人已取得房屋所有权,因此应受法律保护。甲和乙之间的合同虽然有效但是已经无法履行,出卖人甲已经没有房屋所有权,不可能履行交房并移转房屋所有权的义务。乙遭受的损失可以通过追究甲的违约责任来救济。

承租人优先购买权

问题 4:承租人享有优先购买权,按照《合同法》相关规定,优先购买权需同时满足同等条件、合理期限两个要件。如甲先把房屋租赁给乙,并在签订租赁合同数月之后向乙发出通知,说要出售房屋,要求其答复,乙未答复。2年后,甲在未通知乙的情况下,将房屋出售给丙并过户。现对乙的优先购买权如何认定?对"合理期限"应如何理解?

梁慧星:最高人民法院在解释《民法通则》时创设承租人优先购买权,并赋予承租人优先购买权以对抗第三人的效力,即承租人优先购买权在一定程度上具有物权的效力。最高人民法院《关于贯彻执行〈中华人民共和国民法通则〉若干问题的意见(试行)》第 118 条规定:"出租人出卖出租房屋,应提前三个月通知承租人,承租人在同等条件下,享有优先购买权;出租人未按此规定出卖房屋的,承租人可以请求人民法院宣告该房屋买卖无效。"这样解释的合理性在于,当时由计划经济向市场经济转轨刚刚开始,住房短缺的严重社会问题没有解决,最高人民法院通过该司法解释创设具有物权效力的优先购买权,是对承租人的特殊保护。

现在计划经济向市场经济转轨已经完成,公房制度已经废止,实行住宅商品化和国有土地有偿使用制度,住房短缺的社会问题已经解决。现在只要有钱就可以买到商品房(政府限购是另外的问题),钱不够可以向银行按揭贷款,城镇低收入者买不起房的由政府提供保障性住房、廉租房,当年创设承租人优先购买权的历史条件和法律背景已经发生根本改变。正是基于这一理由,2007年的《物权法》不承认优先购买权。

现在《物权法》已经生效,由于《物权法》不承认物权性的优先购买权,前述司法解释当然被废止。《合同法》第230条规定的房屋承租人优先购买权,就只能是一种法定债权,不具有对抗租赁房屋买受人的效力。我们看到,2009年最高人民法院《关于审理城镇房屋租赁合同纠纷案件具体应用法律若干问题的解释》明确改变了对承租人优先购买权的解释立场,将承租人优先购买权解释为一种法定债权,规定承租人请求追究出租人违约责任的,人民法院可以支持,但承租人请求确认出租人与第三人签订的买卖合同无效的,人民法院不予支持。

请特别注意,因为历史条件和法律背景的改变,承租人优先购买权的性质和效力已经发生根本性改变,最高人民法院用新的解释废止了旧的解释,按照最高人民法院新的解释,《合同法》规定的承租人优先购买权性质上属于一种法定债权,属于相对权,只对出租人有效,不具有对抗第三人的效力。如有承租人要求法院判决出租人与第三人之间的房屋买卖合同无效,法庭可以进行释明,承租人优先购买权不具有对抗第三人的效力,提示其可以变更诉讼请求,可以请求违约责任的损害赔偿。如果承租人不变更诉讼请求,则应判决予以驳回。

擅自处分共有物与善意取得

问题5:《买卖合同司法解释》第3条关于无权处分与合同效力的规定,是否可以适用于部分共有人擅自处分共有物的合同?

梁慧星：《买卖合同司法解释》第3条的规定是该解释创设的新规则，其创造性超过了预约合同规则，具有非常重大的实践意义和理论意义。其适用范围是：(1)抵押人出卖抵押物案型。(2)国家机关和事业单位未经国务院等主管部门的批准出卖国家交给他们直接支配使用的动产和不动产案型。(3)融资租赁合同的承租人在付清租金之前转卖租赁设备案型。在融资租赁中，表面上看设备所有权属于租赁公司，但租赁公司并不是真正的所有权人。是企业自己购买设备，企业才是实际上的所有权人，仅仅因为租赁公司替企业垫付设备价款，这个设备的所有权被让渡给租赁公司，作为归还垫款的担保。实际上，租赁公司只是担保权人，不是所有权人，既不能占有，也不能使用、收益。从实质上看，承租人是真正的所有权人。从形式上看，承租人好像是无权处分他人财产，而实质上是处分自己的财产，只不过处分权受到限制罢了，与抵押人出卖抵押物类似。(4)保留所有权买卖的买受人在付清全部价款前转卖商品案型。从实质上看，买受人是所有人，出卖人只是担保权人，其保留所有权只起担保作用。与抵押人出卖抵押物类似。这几类案件的实质是，所有人出卖自己的财产，而不是处分他人财产，出卖人是所有人或者实质上的所有人，只是基于某种原因处分权受到限制，因此不在《合同法》第51条的适用范围之内。(5)将来财产买卖。卖出时出卖人并不享有标的物所有权，是签订买卖合同之后再去购买已经被出卖的商品，这叫将来财产买卖。在市场经济不发达的时代，经销商通常是先买进后卖出，赚取二者之间的差价。当今高度发达的市场经济条件下，是先卖出后买进。如到"4S店"购买进口汽车，订立购车的合同时，所买卖的那辆汽车并不在店里，往往还在外国的生产线上，甚至根本没有生产。"4S店"订立买卖合同卖出汽车之后，再去同进口商或者外国的出口商订立买卖合同，购买已经售出的那辆汽车。这是典型的先卖出后买进。这是现代化市场经济中最常见的商事买卖合同，最大的优点是使经销商可以追求所谓"零库存"，甚至"零成本"。在《合同法》制定时，中国刚开始向市场经济转轨，《合同法》起草人无法预见到将来财产买卖合同，所以《合同法》上没有此规定，致使将来财产买卖合同被误认为无权处分他人财产合同。

最高人民法院制定《买卖合同司法解释》第 3 条的目的之一,就是要纠正此前的裁判实践对上述五种案型适用《合同法》第 51 条的错误。

现在回到提问的问题,讨论关于共有物的处分问题。共有人处分共有物未征得其他共有人同意的案件,既不属于《合同法》第 51 条无权处分合同规则的适用范围,也不属于《关于审理买卖合同纠纷案件适用法律问题的解释》第 3 条的适用范围。关于裁判共有人未征得别的共有人同意处分财产案件的规则,我在成都市中级人民法院座谈会上回答问题时已经讲到,这里省略。

标的物权属不清与合同效力

问题 6:甲与某村小组签订一份"林木转让合同",约定甲可砍伐属于该村小组集体所有的一片林木,双方当事人对合同内容及效力均无异议,但该村小组部分村民认为村小组转让的林木中部分属于其私人所有,合同侵犯其合法利益,应当无效。因有权机关未对该村小组的集体林木与私人林木进行确权,难以查明合同所涉林木的所有权归属,法院以村小组未提供证据证明合同所涉林木全部属于该村小组所有为由,认定合同无效,是否正确?

梁慧星:买卖合同签订后发现标的物权属不清,难以查明属于哪个人的林木,这涉及林木所有权的归属。我认为法院认定合同无效尚需斟酌。不宜以不能举证证明林木权属就认定合同无效,因为这种情形不属于《合同法》第 51 条规定的处分他人之物,处分的是自己之物。也不符合《合同法》第 52 条规定的认定合同无效的"法定事由"。法庭不能依据《合同法》第 51 条认定合同无效,也不能依据《合同法》第 52 条认定合同无效。问题的关键是合同不能履行,因标的物权属不清,要履行合同砍伐这些树木,很可能侵犯他人合法权益,构成违法行为。不能履行的原因在出卖人方面,由于出卖人的原因导致合同不能履行,应该追究其不能履行的违约责任。如果是甲起诉要求强制履行或者要求确认合同无效,法庭可以释明,告知其变更诉讼请求。

将来财产买卖的效力

问题7:某银行对外出售一幢房产,委托某拍卖公司对外公开拍卖,某甲通过公开竞买的方式竞买成功,分别与拍卖公司签订成交确认书,与银行签订了房屋买卖协议。某甲因履行支付房款义务资金不够,于是与某乙签订一份协议,约定:某乙出资100万元,其中40万元属借给某甲,60万元属分得某甲所购银行房产中的6间门面的购房款。而后,银行根据与某甲签订的房屋买卖协议将房屋产权证和土地使用权证全部过户给甲。某乙向法院起诉,请求确认某甲竞买的房产属合伙购买。问:(1)银行的房产属公开拍卖,竞买人某甲对所购房产是否具有排他性,合伙购买是否不成立?(2)某甲与某乙签订的协议关于某乙出资60万元分得6间门面,是否属房屋所有权再转移?协议签订时,某甲并未取得房屋所有权,此时的房屋所有权再转移是否有效?

梁慧星:房屋产权过户到甲方名下完全合法,甲是房屋所有权人,甲在办理登记过户取得房屋所有权之前,与乙签订买卖房屋合同,将自己购买的尚未过户的部分房屋转让给乙,当然是有效的。现实生活中,常有这样的情形,张三与开发商订立商品房预售合同,在开发商交房之前就把购买的房屋转卖给李四,张三与李四之间的房屋买卖合同当然是有效的,只是要等待开发商交房后张三才能向李四履行交房义务。法院不能以出卖人签订合同时未取得房屋所有权就认定合同无效,裁判依据是《关于审理买卖合同纠纷案件适用法律问题的解释》第3条第1款的规定:"当事人一方以出卖人在缔约时对标的物没有所有权或者处分权为由主张合同无效的,人民法院不予支持。"当然也不能认定该房屋属于甲和乙合伙购买,因为拍卖成交与出卖人银行订立的买卖合同的买受人只是甲。如前所述,实际是甲与出卖人银行订立购买该栋房屋的买卖合同,乙与甲订立购买甲将来取得的该栋房屋的部分门面房(商铺)的买卖合同。后一合同属于将来财产买卖合同。

"一房数卖"时如何实际履行

问题 8：出卖人就商品房以外的其他房屋订立多份买卖合同，在买卖合同均有效的情况下，买受人均要求实际履行合同的，如何处理？

梁慧星：《关于审理买卖合同纠纷案件适用法律问题的解释》(5月稿)对此有明确规定，不知道为什么后来把这条规定删掉了。我在这里提个处理思路。

第一项规则是，合同均未履行和办理过户登记的，先交付房屋的买卖合同的买受人，要求办理房屋过户登记的，人民法院应予支持。理由是，基于有效买卖合同，出卖方交付了房屋，买受人已经取得对房屋的合法有权占有，此合法有权占有当然受法律保护。法律根据是《物权法》第十九章关于占有的规定。此项规则的实质是，依法保护合法有权占有。

第二项规则是，如果均未交付，先付款的买受人请求交房并办理过户登记的，人民法院应予支持。此与《关于审理买卖合同纠纷案件适用法律问题的解释》第9条第(2)项关于动产多重买卖的规则相同。这样处理，虽无法律上的明文规定，但其法理依据是，买受人已经付清了对价，他对于标的物的法律地位，当然优先于没有支付对价的买受人。

第三项规则是，如果几个买卖合同的买受人均未接受交付，且均未付款，合同成立在先的买受人请求出卖人交房并办理过户登记的，人民法院应予支持。法律根据是《合同法》第110条关于强制实际履行的规定。因为合同成立(通常情形合同自成立时生效)在先，当事人根据《合同法》第110条请求人民法院强制出卖人实际履行合同义务的权利发生在先。与《关于审理买卖合同纠纷案件适用法律问题的解释》第9条第(3)项关于多重买卖的规则相同。

机动车多重买卖与权利冲突

问题 9：《关于审理买卖合同纠纷案件适用法律问题的解释》第10

条关于机动车多重买卖合同效力的规定(交付优先于登记),是否与《物权法》第 24 条"未经登记,不得对抗善意第三人"的规定相冲突?甲将机动车出卖给乙并办理了转移登记,但未及时交付(或者乙买车后又借给甲使用),甲在此期间又出卖给丙且交付给丙,丙非善意相对人,法院依照"交付优先于登记",保护丙的权利是否有违诚实信用原则和公平原则?

梁慧星:《关于审理买卖合同纠纷案件适用法律问题的解释》第 10 条规定了机动车等特殊动产多重买卖优先保护顺序的解释规则。第(1)项规则是,先受领交付的买受人优先,其法律根据是《物权法》第 23 条,买受人因受领交付已经取得机动车所有权;第(2)项规则是,均未受领交付情形,先办理所有权过户登记的买受人优先,其法律根据是《物权法》第 24 条的反对解释,办理所有权登记的可以对抗善意第三人;第(3)项规则是,均未交付、均未办理过户登记情形,合同成立在先的买受人优先,法律根据是《合同法》第 110 条;第(4)项规则是,交付给买受人之一后,又登记过户给别的买受人的情形,受领交付的买受人优先。现在的问题是,质疑第(4)项规则,是否与《物权法》第 24 条关于登记对抗原则相冲突?

请特别注意第(4)项规则的适用条件是:"出卖人将标的物交付给买受人之一,又为其他买受人办理所有权移转登记。"例如,张三把汽车出卖给李四并交付,按照《物权法》第 23 条的规定,交付发生所有权变更,买受人李四依法得到了汽车的所有权,同时出卖人张三已经丧失了所有权。已经不享有汽车所有权的张三,再签订第二个合同,将自己没有所有权的汽车出卖给王五,构成《合同法》第 51 条规定的无权处分他人财产的合同,权利人李四当然不可能予以追认,因此第二个买卖合同无效。这种情形,买受人王五不构成善意,因为是买卖"二手车",按照社会生活经验,一定要先看汽车,看上哪辆车买哪辆车,而不是仅凭出卖人有车证就购买。按照《物权法》第 106 条善意取得的规定,购买动产情形的"善意"是"信赖占有"。买受人王五签订合同时出卖人并未占有那辆汽车,当然谈不到"信赖占有"。因此,买受人王五不可能依据善意取得制度取得汽车所有权,当然应当保护因受领交付已经取得汽车所有权的买受人李四。可见,此项解释规则的法律根据,是《物权法》第 23 条、《合同法》第 51 条,再加上《物权法》第 106 条。应当肯定,《关于审理买卖合同纠纷案件适用法律问题的解释》第 10 条第(4)项规则,是正确的。

现在来看问题中的设例:甲将机动车出卖给乙并办理了转移登记,但未及时交付(或者乙买车后又借给甲使用),甲在此期间又出卖给丙且交付给丙,丙非善意相对人。甲将汽车卖给买受人乙,并且办理了过户登记,按照《物权法》第 24 条的规定,买受人乙对汽车的所有权已经具有对抗善意第三人的效力。此后,(可能是甲未交付汽车或者交付后又向乙借用该汽车)甲又将该辆汽车出卖给买受人丙,并且交付给丙。这种情形,买受人丙能否取得汽车的所有权呢?

毫无疑问,无论买受人丙是否构成善意,都不能取得该汽车的所有权。法院应当保护第一个合同的买受人乙,依据是《物权法》第 24 条登记对抗原则。同时,丙对汽车的占有属于无权占有。乙向法院起诉要求法院判决从丙处取回涉案汽车,法院应当根据《物权法》第 34 条关于无权占有的规定,支持乙的取回权。这个例子,不符合《关于审理买卖合同纠纷案件适用法律问题的解释》第 10 条第(4)项解释规则的适用条件。这种情形,法院不能保护取得占有的丙。

再回过头来谈《关于审理买卖合同纠纷案件适用法律问题的解释》第 10 条第(4)项规则,实际上我们刚才讨论了两个不同的设例,我举的例子是张三先出卖给李四并交付汽车给李四,然后再出卖给王五并办理过户登记;提问法官举的例子是甲先出卖给乙并办理过户登记给乙,然后再出卖给丙并交付给丙。交付和登记过户,二者明显有先后。先交付的例子,适用《关于审理买卖合同纠纷案件适用法律问题的解释》第 10 条第(4)项规则,优先保护受领交付的李四,法律上的根据是《物权法》第 23 条、《合同法》第 51 条和《物权法》第 106 条;先登记的例子,不能适用《关于审理买卖合同纠纷案件适用法律问题的解释》第 10 条第(4)项规则,而应直接根据《物权法》第 24 条关于登记对抗原则的规定,保护先办理登记过户取得汽车所有权的乙。

剩下一个问题是,如果出卖人交付汽车给一个买受人 A,登记过户给另一个买受人 B,交付与办理登记之间,难以判断谁先谁后,这种情形应当优先保护哪一方呢？回答这个问题,须弄清楚《物权法》第 23 条与第 24 条之间的逻辑关系。

按照《物权法》的逻辑关系,汽车买卖依第 23 条的规定,因标的物交付而发生所有权变动的效力,即买受人取得汽车所有权。反向解释本条,汽车买卖,不交付标的物,不发生所有权变动的效力,即买受人不能取得汽车所有权。然后,第 24 条规定,在依据第 23 条规定因标的物交付发生所有权变动效力,即买受人取得汽车所有权之后,还须办理过户登记。未经登记,买受人的汽车所有权,不得对抗善意第三人；办理了过户登记,买受人的汽车所有权可以对抗善意第三人。可见,汽车买卖,使买受人取得汽车所有权的法律事实,是"交付"(移转占有于买受人),而不是"登记"。"登记"只是赋予买受人已经取得的所有权对抗善意第三人的效力。换言之,仅有"登记"而无"交付",买受人不可能取得汽车所有权。

在弄清楚上述逻辑关系之后,再来审视《关于审理买卖合同纠纷案件适用法律问题的解释》第 10 条第(4)项解释规则,出卖人将汽车交付给买受人 A,又将汽车过户登记给另一买受人 B,人民法院优先保护已受领交付的买受人 A,理由是买受人 A 依据《物权法》第 23 条规定已经取得汽车所有权,而另一买受人 B 虽然办理了过户登记却并未取得汽车所有权。

提问中把《关于审理买卖合同纠纷案件适用法律问题的解释》第 10 条第(4)项解释规则概括为"交付优先于登记",如果局限于"交付与登记难分先后"的范围内,是可以的。但不能认为与《物权法》登记对抗原则有什么冲突。如前所述,因为"登记"只是赋予已经因交付而取得的汽车所有权对抗善意第三人的效力,没有"交付"仅有"登记"并不能取得汽车所有权。"交付优先于登记",其实质是优先保护已经依法取得汽车所有权的买受人,与登记对抗原则并不冲突。

同时,在"交付与登记难分先后"的情形,优先保护受领交付的买受人,还有方便执行的优点:受领交付方拿着法院的判决书到登记机构办理更正登记就行了。假使法院保护登记一方,受领交付一方会自愿将汽车交给登记一方吗?且不说他是汽车所有权人,至少他是合法有权占有,法院能够强行把汽车拿走吗?法院将被纠缠于没完没了的"涉法上访"。这种情形,法庭适用《关于审理买卖合同纠纷案件适用法律问题的解释》第10条第(4)项规则保护受领交付一方,实际是"顺水推舟",既不违背法理,也避免了不必要的纠缠。

"解除"的意思表示解释

问题10:买卖合同买受人请求出卖人退还合同的全部价款,而不请求解除合同或者终止合同。法院应如何处理?

梁慧星:买受人请求退回全部价款就是"解除合同"。我们到商场要求退款时也不会说"解除合同",我们说"退货",实质是"解除合同"。商场也不能因为我们只说"退货",就把货收下而"不退钱"。"解除合同"是法律概念,实际生活中的用语就是"退货"。法律不可能严格采用社会生活中的用语,不能完全做到"通俗化",法律上不能叫"退货",因为还有"退款",也不便采用"退货退款",因为还有不能退货时的损害赔偿。对法律概念,一定不能死抠。

双方都违约或都未违约时的合同解除

问题11:《合同法》第94条规定了解除合同的条件之一是一方违约致使不能实现合同目的,但实践中往往双方都有违约行为,或者双方都无违约行为但合同目的不能实现,此时如何依据法律规定解除合同?

梁慧星:如果双方都有违约行为致合同目的不能实现,就适用《合同法》第94条第(4)项,因违约导致不能实现合同目的,不管是一方违约还是双方违约,只要是不能实现合同目的,都可以适用《合同法》第94条第(4)项。如果说双方都没有违约,而不能实现合同目的,就属于《合同法》第94条第(1)项不可抗力,所谓不可抗力就是与双方当事人无关的原因。所谓"不能实现合同目的",国外法律上叫"合同落空"或者"合同受挫",是解除合同的法定事由。无论什么原因导致不能实现合同目的,都应该解除合同,《合同法》第 94 条对导致合同目的的落空的原因作了区分,是因为在违约行为导致合同落空情形下,将发生法定解除权与违约责任的竞合。

调减违约金的证明责任

问题 12:违约一方当事人请求调减约定违约金的,应由哪一方承担实际损失的证明责任? 如果由守约方承担,其证明标准是否应当低于合同未约定违约金,守约方请求赔偿损失的情形?

梁慧星:违约方要求调整违约金,当然应该由违约方举证。《合同法》第 114 条第 2 款规定,违约金与造成的损失相比过高的,违约方有权要求调整违约金。要求调整违约金,是法律赋予违约方的权利,此项权利的发生条件是违约金过分高于违约造成的损失,违约方行使此项权利,当然要证明有此项权利。《合同法司法解释(二)》规定,要求调整违约金必须以反诉或者抗辩的方式行使。被告不能光说要求调整违约金,还应就违约金过分高于损失举证。法庭如何判断究竟是不是过高,要看原告方面是否反驳及如何反驳。被告要求调整违约金,需要就造成的损失举证,原告反驳说并不过高,也须要求原告举证,法庭根据双方举出的证据,判断究竟是否过高。

合同解除与违约责任

问题 13:甲乙双方签订买卖合同,因为甲方知晓的第三方原因,导致乙方不能如期交货,并最终导致合同目的的不能实现。请问,作为违约的乙方,可否在承担违约赔偿的基础上行使解除权? 如乙方不享有解除权,甲方坚持要求履行合同,并要求乙方按日承担"罚款"(合同约定,如乙方逾期交货,则应每日承担合同标的 5‰ 的"罚款"),但是事实上乙方不可能履行了,该情况甲方也知晓。请问这种情况下,乙方的权利如何得到保护?

梁慧星：第一个问题，解除权的行使不以承担违约责任为前提。承担违约责任，是以合同有效为前提。一方违约致合同目的落空，相对方按照《合同法》的规定，他可以依据《合同法》第107条追究违约方的违约责任，也可以依据《合同法》第94条第(4)项的规定行使法定解除权。而根据《合同法》第94条第(4)项，合同目的不能实现，双方都享有解除权，作为违约方的乙方也有权解除合同。乙方只要按照《合同法》第96条规定的行使解除权方式，向对方发出解除通知，通知到达对方时合同解除。如果甲方有异议，即不同意解除，甲方可以向法院起诉。

第二个问题，合同目的不能实现，双方均享有解除权，乙方如果未行使解除权，甲方坚持要求履行合同怎么办？如果甲方向法院起诉，根据《合同法》第110条关于实际履行的规定，要求法院判决强制乙方履行合同，法院应进行释明，提示双方当事人，合同义务属于《合同法》第110条第(1)项"事实上不能履行"，不符合强制实际履行条件，并告知甲方可以变更诉讼请求。假如甲方坚持要求履行合同，则应驳回其请求。

实际情况往往是，在法庭释明之后，即使甲方不变更诉讼请求，乙方也肯定会主张解除合同。通常的结果是，法院判决解除合同并按照《合同法》第97条解决恢复原状和赔偿损失问题。因为乙方违约造成合同落空，乙方肯定要赔偿甲方所受损失。但因合同解除，原合同关于逾期罚款的约定已失效，且解除合同的赔偿损失只是赔偿机会损失，不应该再按照原合同的约定计算罚款，法庭可以根据案件事实决定一个对双方都比较公正的损失赔偿金额。

对合同解除提出异议的方式

问题14：相对人对合同应否解除提出异议的，是否必须以单独的诉讼或仲裁方式提出？案例：具有合同解除权的一方向相对方发出合同解除的通知后，又在3个月内向法院提起诉讼，而相对方既未向法院单独起诉或提起仲裁，也没有在3个月异议期内在本案中提起反诉或答辩,而是在本案庭审过程中抗辩合同不应解除,但此时已超过了3个月的异议期间。本案能否认定相对方在本案诉讼中的抗辩,视为《合同法司法解释(二)》所规定的相对方以"诉讼"提出了异议?

梁慧星:根据《合同法》第96条规定,相对人对于应否解除有异议的,应当采取向人民法院起诉(或申请仲裁)的方式。此项诉讼可以称为合同解除异议之诉,其实质是请求人民法院审查对方是否享有合同解除权及解除权行使是否发生效力,亦可称为合同解除的确认之诉。

关于解除权的行使方式。在发达国家立法中,解除权行使有两种方式:一是解除权人必须以诉讼方式行使解除权。这种方式的优点是通过法院行使裁判权决定合同是否解除,并同时决定解除后的恢复原状和损失赔偿,可以保障公正。二是解除权人以通知方式(单方行为)行使解除权,我国《合同法》第96条就是规定以通知方式行使,优点是可以避免诉讼资源浪费。特别是对于尚未履行的合同,不发生恢复原状、赔偿损失等问题,发个通知合同就解除了,双方均可脱身出来,另外寻找订约机会。假如对方不同意解除,对解除权有异议,《合同法》第96条规定,异议方可以向法院起诉(或申请仲裁),性质上属于确认之诉,确认解除权行使是否合法有效。

可见《合同法》规定通知解除方式是为了方便当事人,属于任意性规定,供当事人参考,如果当事人不愿意采取通知方式解除合同,认为向法院起诉更为可靠保险,当然是允许的。在司法实践中,享有合同解除权的一方直接向法院起诉,要求法院判决解除合同,人民法院当然会受理,通过诉讼的方式来解除合同是合法和有效的。

至于诉讼与《合同法》规定的通知方式如何衔接,法庭将起诉状的副本发送给被告(合同相对方)就相当于通知,被告(相对方)参加诉讼,提交答辩状,也就是对合同解除的异议。不能死抠条文,认为异议方必须单独提起诉讼或者仲裁。行使解除权一方和解除的异议方,双方当事人都在诉讼当中,也就不用考虑3个月异议期间的问题了。因此,所举案例中,相对方在庭审中"抗辩合同不应解除",当然等同于相对方采取诉讼方式提出异议。

合同解除后另案诉请赔偿的处理

问题 15：具有合同解除权的一方提出解除合同的，相对方未在 3 个月内提起诉讼或仲裁的，合同即发生解除效力。在合同解除后，相对方又就合同解除的损失问题向法院另案起诉的，法院是否要审查合同解除权人是否具备《合同法》第 93 条、第 94 条规定的合同解除的实质要件？如合同解除权人不符合合同解除条件，合同解除权人应否承担不当解除合同的责任？

梁慧星：因解除通知到达对方，合同实际已经解除，相对方就合同解除的损失问题向法院起诉，法律根据是《合同法》第 97 条，不属于解除权行使的争议。既然对方当事人没有就合同解除提出异议，法庭审理的是解除后的损失赔偿案件，非《合同法》第 96 条第三句规定的解除权行使异议之诉，当然没有必要，也不应当审查合同解除是否符合法定解除要件。

"解除"行为不适用异议期

问题 16：无合同解除权的合同解除行为是否适用《合同法司法解释(二)》第 24 条有关异议期的规定？

梁慧星：这个问题很重要，说的是不享有解除权的一方通知对方解除合同，相对方认为不属于解除合同的事由，于是置之不理，后来通知方认为合同已经解除，相对方认为合同没有解除，发生纠纷起诉到人民法院，法院应当如何处理？首先，没有解除权的人发出的这个所谓"解除通知"，不是行使解除权的单方行为，不是"解除权行使通知"，当然不发生合同解除的效力。因为合同并未解除，对方当事人可以追究违约责任。

认为合同已经解除的一方，以根据《合同法》第 96 条的规定为根据，认为合同已经解除。但是，《合同法》第 96 条规定得很清楚，"当事人一方依照本法第九十三条第二款、第九十四条的规定主张解除合同的，应当通知对方"。可见，《合同法》第 96 条所规定的"通知"，特指具有约定解除权、法定解除权的权利人行使解除权的"通知",称为"解除权行使通知"。

不符合《合同法》第93条、第94条规定,不具有解除权的合同当事人,要想解除合同,必须按照《合同法》第93条第1款的规定,与对方当事人协商,如果协商一致,合同解除,达不成一致,合同不解除。因此,不享有解除权的当事人发出的所谓"解除通知",实质上不是《合同法》第96条规定的意义上的解除通知,而是提议解除合同的"要约",需要对方"承诺"才发生合同解除的效力,对方如不承诺就不能解除。同理,既然不是解除权行使通知,当然也不适用异议的期限。

土地使用权转让合同参照适用买卖合同规定

问题17:《关于审理买卖合同纠纷案件适用法律问题的解释》对买卖合同的定义没有规定,是否适用于土地使用权转让合同?还是应该依据《合同法》对买卖合同的定义,即一方要转让所有权的才能称为买卖合同,因此将土地使用权转让合同排除在《关于审理买卖合同纠纷案件适用法律问题的解释》适用范围之外?

梁慧星:《合同法》第130条规定买卖合同的定义是,"出卖人转移标的物的所有权于买受人,买受人支付价款的合同"。买卖合同是发生物权变动的直接根据。买卖合同的对象是有形财产所有权,土地使用权转让不属于买卖合同。但土地使用权转让属于有偿合同,依照《合同法》第174条的规定,法律对土地使用权转让合同有规定的依照其规定,没有规定的可以参照买卖合同的有关规定。因此,土地使用权转让合同,虽然不是买卖合同,既然可以参照买卖合同的有关规定,当然也可以参照《关于审理买卖合同纠纷案件适用法律问题的解释》的有关解释。

股权多重转让与合同解除

问题18:出让人甲与受让人乙签订股权转让协议,在约定的付款截止日,受让人仅支付部分转让款。截止日届满之后受让人再支付部分转让款,出让人对此不持异议。随后出让人甲与第三人丙串通签订股权转让协议,并办理变更登记,丙再次将案涉股份进行正常交易转让与丁,并办理变更登记。本案受让人乙知晓后向法院提起诉讼,请求继续履行合同,并提出甲转让给丙以及丙转让给丁的股权转让行为无效。在诉讼中,甲向乙发出解除合同的通知。问:(1)丙与丁之间的股权转让行为是否有效?(2)若受让人乙在诉讼中收到解除合同的通知,但在3个月内未提出异议,出让人甲发出的解除通知是否产生解除效力?

梁慧星:这是"股权二卖"的问题,买卖合同调整的对象是所有权转让,股权转让属于其他有偿合同,按照《合同法》第174条的规定,可以参照适用买卖合同的有关规定和相关司法解释。

先回答第一个问题,丙与丁之间的股权转让行为是否有效?因为甲与乙之间的股权转让合同虽然有效,但未办理股权过户登记,甲仍然是涉案股权的合法持有人,因此甲与丙之间的股权转让合同是合法有效的。"股权二卖"与"一物二卖"一样,两个合同都是有效的,两个合同的受让人都有要求移转股权的权利。这就是民法上的所谓债权平等。虽然两个合同都有效,实际上出让人只能履行一个合同,履行了其中一个合同,另一个合同就成为"事实上不能履行"。因此,甲与丙、丙与丁之间的转让行为,都是有效的。

因为股权转让是登记生效,本案中,股权已经卖给了丙并办理了股权变更登记。因此,丙已经依法取得股权。甲已经失去股权,甲与乙之间的股权转让合同事实上已经不可能履行。受让人乙向法院起诉要求继续履行合同,法庭可以进行释明,该项请求已经事实上不能履行,可以变更诉讼请求为主张违约责任。假如乙不愿变更诉讼请求,坚持要求履行合同,就判决驳回其请求。

第二个问题,若受让人乙在诉讼中收到解除合同的通知,但在3个月内未提出异议,出让人甲发出的解除通知是否产生解除效力?问题是,甲发出的解除通知,是否符合《合同法》第93条、第94条的规定?甲与乙的合同没有约定解除权的条件,因此甲没有约定解除权。甲在合同履行期届满之前将股权转让给丙并且办理了过户登记,符合第94

条第(2)项"在履行期届满之前,当事人一方明确表示或者以自己的行为表明不履行主要债务",构成预期违约。这种情形,对方当事人乙享有法定解除权,甲不享有法定解除权。可见,甲既没有约定解除权也没有法定解除权,所发出的所谓解除通知,并不是《合同法》第 96 条规定的解除权行使通知。前面已经谈到,实际是要求解除合同的"要约",须对方"承诺"才发生合同解除的效力,自然也不存在解除通知到达生效和 3 个月异议期的问题。甲不享有解除权但发出解除通知,实质上是要求解除合同的要约,乙未作出承诺,就自然失效了。因此,甲与乙之间的股权转让合同仍然有效,甲应当承担不能履行的违约责任。

"一物二卖"与合同效力

问题 19:就前面问题 3,我想再请教一下,如果丙取得所有权后能不能要求乙腾退房屋?因为乙是合法占有人,甲又卖给丙,丙取得所有权,房子已经过户,但没有履行实物交付手续。丙能否要求乙腾退房屋?

梁慧星:请注意,房屋所有权变动是登记生效原则,与特殊动产的登记对抗原则是不同的。在特殊动产买卖,交付发生所有权移转的效力,登记使之具有对抗效力;在房屋买卖,交付不发生所有权变动的效力,必须登记才发生所有权变动的效力。因此,我们讨论"一房二卖",房屋交付给买受人乙,乙只是获得合法占有;登记过户给买受人丙,丙获得房屋所有权。此时丙享有两个权利:一是依据买卖合同要求出卖人甲交付房屋的请求权,二是依据《物权法》要求占有人乙返还房屋的请求权。乙虽然一开始占有房屋是合法的,但在丙取得该房屋所有权后,乙的占有就变成"无权占有"。根据《物权法》第 34 条关于占有返还请求权的规定,丙有权要求乙腾退房屋。

擅自处分共有物与无权处分

问题 20:就前面提到的夫妻共有问题,夫妻一方擅自处理了夫妻共有财产,判断恶意的标准是看是否对夫妻另外一方存在恶意。在审判实践中有这种情况,很多时候是房屋涨价了,夫妻双方就找这个理由来请求买卖无效。这个时候要判断是否恶意很困难,因为夫妻双方的利益是一致的,这个操作起来有一定的难度。

梁慧星:判断出卖人是否有损害夫妻关系他方的恶意,要采取客观的方法并根据社会生活经验判断,如果出卖房屋之前两口子就在闹离婚,或者出卖房屋之后开始闹离婚,就很可能存在损害夫妻关系他方的恶意,即在离婚时侵占共有财产。出卖人真的具有恶意,即使合同履行后房价跌了,出卖人的配偶一定也会要求宣告合同无效。反之,出卖房屋之前和之后,两口子和和美美地过日子,加上房价在订立履行合同之后上涨了,当然不可能存在准备离婚时侵占共有财产的恶意。还有,出卖人具有恶意,法庭应当责令要求宣告买卖合同无效的一方举证。她(或他)不能只说出卖房屋没有征得其同意,这不够,还必须举证证明出卖人早就闹离婚并企图离婚时独占共有财产。这要靠法官的社会生活经验,还有法官的智慧。

合同解除涉及第三人利益时的处理

问题 21:合同纠纷中一方发出解除合同通知,对方在 3 个月内没有起诉,也没有异议,但合同履行涉及第三人利益或其他不特定人的利益,法院如果简单处理认定合同已经解除,但会损害第三人的利益,这个时候法院能否认定合同未解除?

梁慧星:法院在审理过程中当然要注意保护第三人的利益,现实中损害第三人利益的虚假合同、虚假诉讼并不少见。可以找法律规定的其他理由否定解除的效力。例如,《民法通则》第 58 条第(4)项规定,恶意串通,损害国家、集体或者第三人利益的民事行为无效。合同解除行为,属于民事行为。法律规定其实很灵活,要做到公正判决并不困难。

违约损失过高时的调整

问题 22:如果一方违约请求赔偿损失,赔偿损失的范围能否不限定于可得利益损失。如合同标的 100 万元，基本不可能造成 300 万元的损失，但一方举证证明这 300 万元的损失就是由违约行为造成的，法院能否对赔偿损失进行调整？

梁慧星：《合同法》第 113 条规定的违约责任赔偿范围包括实际损失和可得利益，在庭审中要求原告证明损失的存在和损失的金额。通常情况下法院掌握得不是这么死，只要计算出来的损失金额大致差不多，被告没有抗辩就行了。如果原告计算出来的损失金额过大，就有一个如何实现原告、被告之间利益关系平衡的问题。计算出来的损失金额过大，判决被告全部承担也不公平。因此，无论是违约责任之诉还是侵权责任之诉，法庭都要注意协调当事人之间的利益平衡，法庭都有对计算出来的损害赔偿金进行调整的职权(职责)。

在合同纠纷案件审理中，调整原被告之间的利益平衡有两个途径，一是《合同法》第 119 条减损规则；二是《合同法》第 113 条不可预见规则。

首先，是《合同法》第 119 条规定的减损规则，如果原告要求赔偿的金额巨大，只要在答辩或庭审辩论中被告方当事人有认为金额太大或不应该赔这么多的意思，法庭就可以认为被告主张了减责抗辩，并据以审查原告要求的赔偿金额是否过高，如果认为的确过高，法庭可认定原告未及时采取措施防止损失扩大，扩大的损失部分被告不予赔偿。最后判决一个法庭认为合理、公平的赔偿金额。

其次，如果合同约定了过高的违约金，《合同法》第 114 条第 2 款规定违约方可以要求减少违约金，如果庭审或答辩中被告有约定的违约金额过高的意思表示，法庭就认为被告主张违约金调整的抗辩，并据以调整违约金。

最后，是《合同法》第 113 条第 1 款末句规定的不可预见规则。法庭审理中发现计算出来的损失赔偿金额巨大，如果都让违约方赔偿有失公正，只要违约方有"想不到""怎么可能""金额太大"的意思表示，法庭即认为违约方主张不可预见规则的抗辩，应对原告计算出来的损失金额打一个折扣，最后判决一个法庭认为对双方都比较公平合理的赔偿金额。提问中的例子,合同总价才 100 万元,计算出 300 万元的损失,如法庭根据社会生活经验认为不可能,则适用不可预见规则,砍掉 2/3,判决赔偿 100 万元行不行？特别要注意,不可预见规则是立法者给予法庭的一个自由裁量授权,凭借这个授权,法庭可以干预原被告之间的利益关系,决定一个根据社会生活经验认为比较合理的赔偿金额,实现当事人之间的利益平衡。

顺便谈到,审理侵权纠纷案件,法庭借以协调当事人双方利益关系的法律手段,主要是过失相抵规则。《民法通则》规定在第 131 条,《侵权责任法》规定在第 26 条。同志们一定要注意,过失相抵规则,实质上是立法者给予法庭的授权,授权法庭干预当事人之间的利益关系,根据社会生活经验进行裁量,最终判决一个对当事人双方都比较合理公平的赔偿金额,实现当事人之间利益关系的平衡。因为计算出来的赔偿金额过高,如果判决被告全部赔偿有失公平,因此才有必要适用过失相抵规则,也才有必要审查和认定受害人对损害的发生有过错。一定不能死抠条文。如果计算出来的赔偿金额,按照社会生活经验认为是比较公平合理的,就不再审查受害人有无过错。

举一个例子,原告的一个贵重花瓶被加害人打碎了,加害人可能想不到这个花瓶有多珍贵,原告说这个花瓶是祖传宝贝,请专家评估价值几十万元。显而易见,要判加害人赔偿几十万元肯定不公平。法院怎么公正判决？完全按照原告的要求判决肯定不行,完全按照加害人认为的只值两三千元也不行。衡量判决公正不公正的标准,首先不在金额上,在我们的立场上,在法官有没有偏向哪一方。赔偿金额多一点少一点不是标准,法官要没有偏向,结合案情,根据社会生活经验,确定一个折中的金额。法律上的依据就是过失相抵规则。

既然是如此贵重的宝贝花瓶,为什么不谨慎、妥善收藏保管？不采取特别保护措施随便摆放,这就是过错。再说所谓专家鉴定的价值也不等于市场价格,市场价格是市场上购买人可以接受的价格。因此涉案损坏的花瓶属于没有市场价格的财产,应当采用其他方法来确定损失金额。如果原被告双方协商不成,则由法庭按照公平原则确定一个赔偿金额,例如1万元、2万元,如果真是祖传宝贝,原告要求赔偿1万元、2万元,法庭认为大体公平合理,也就不宜再适用过失相抵规则,不再考虑受害人有无过错。

违约但未造成损失的处理

问题23:买卖合同一方违约,并没有造成守约方的损失,反而因为违约方违约重新出卖标的物,获取了很大的利益,这个时候守约方仍然向违约方主张违约责任。法院该如何处理?如果双方当事人约定了违约金,主张违约金法院如何处理?调整违约金是以实际损失为前提,问题是没有损失。

梁慧星:第一个问题,法院处理的大致思路是,违约责任的构成,必须要有损害结果,守约方要证明损失的存在和损失的金额,而且还要证明损失是由违约方的违约行为造成的,亦即所谓因果关系。违约责任的构成要件,应由原告(守约方)承担举证责任。证明不了损失的存在和金额,当然不构成违约责任,法庭应当判决驳回原告请求。

第二个问题,合同约定了违约金,通常情形下,法庭无须审查是否有损失,只要有违约,即可判决合同约定的违约金。既然违约没有给守约方造成损失,违约方依据《合同法》第114条第2款的规定,有权要求调整违约金,只要对方当事人在诉讼中主张,法院就可以调整违约金。

第三个问题,违约责任以违约造成损失为成立条件,要有损失才有赔偿,违约金是损害赔偿的代用,要真的没有损失,法庭当然可以驳回其请求。

擅自处分共有物与无权处分

问题24:部分共有人擅自处分共有物是处分自己的财产,不是处分他人之物,在这种情况下是否排除了善意取得的适用?

梁慧星:《物权法》第106条规定的善意取得制度,其适用范围是:无处分权人处分他人财产的合同,因权利人不追认、处分人事后也未取得处分权,而依据《合同法》第 51 条被宣告无效的情形。共有人处分共有物,是处分自己的财产,属于《合同法》第 50 条规定的超越权限代表或者第 49 条规定的表见代理,不在《物权法》第 106 条善意取得制度的适用范围之内,当然不发生善意取得的问题。

问题 25:夫妻一方擅自出卖房屋,如果相对人是善意的,但夫妻另一方认为出卖房子的一方是恶意的,法院根据公序良俗原则认定合同无效。如果不动产已经过户了,法院能否认定善意取得有效?

梁慧星:这种情况不适用善意取得。刚才谈到,《物权法》第 106 条规定的善意取得制度,其适用范围是无权处分他人财产的合同,被认定合同无效的情形。夫妻一方出卖房屋,属于共有人处分共有财产,不属于无权处分合同,也就不在善意取得制度的适用范围之内。对于夫妻一方处分夫妻共有财产的行为,原则有效,例外无效。这个例外是(经法庭查明)处分人有损害夫妻关系他方的恶意。即使处分人具有恶意,但相对人属于善意,如果合同已经履行并已办理所有权过户登记的,法庭不宜否定合同效力。这种情形,因为已经办理过户登记,法庭驳回原告宣告合同无效的请求,作为"处理规则的例外的再例外"。

问题 26:我接着上面的问题再请教梁老师,相对人善意的时候合同无效,但如果已经登记合同就有效,判断合同效力是否以过户登记为标准?

梁慧星:一个重要前提是法律规定不明确,立法机关没有专门针对夫妻一方处分共有财产创设法律规则,最高人民法院也没有对此类案件作出司法解释。我主要是依据《婚姻法》第 17 条、《合同法》第 52 条和民法原理进行分析,提出人民法院审理这类案件的规则,即"原则有效,例外无效,例外之例外有效",供法官同志们参考。这个"例外之例外"有效,已经规定在《婚姻法司法解释(三)》中,不能简单化为"以是否过户登记为标准",因为还有一个条件"买受人善意"。完善一点,可以说是"买受人善意且已登记过户"。

房屋已经出卖,并过户给买受人了,且买受人是无辜的(善意),如果法院判决要求买受人交回房屋,势必要损害买受人利益,损害市场交易安全,而且难以执行。出卖人擅自出卖共有房屋侵害配偶的利益,可以在离婚诉讼中解决。补充一下,如果买受人知道出卖人是恶意,即买受人知道出卖人在闹离婚,其出卖房屋可能是背着配偶、意图离婚时独占共有财产,即使合同已经履行并办理过户登记,仍然要宣告买卖合同无效。总之,法官不能死抠法条规定,还要考虑社会效果。

强制履行的限制

问题27:《合同法》第110条规定法律上和事实上不能履行,一方要求强制履行,这是法律上不允许的。如果因为第三人的原因导致涉及非金钱债务履行的合同不能履行的,一方在法院诉讼中明确表示不履行,如果是交付房屋,法院可以判决强制履行;如果是数量规模都很大,需要通过很多方式才能实现的买卖,守约方要求继续履行的,对方明确表示不履行,这种情况下我们能否以债务标的不适宜强制履行或者履行费用过高来向当事人释明,告知当事人变继续履行为解除合同赔偿损失,这个问题在处理中有争议。有人认为可以判决强制履行,只有通过强制履行之后仍不履行才可以解除合同。如果当事人变更诉讼请求,法院就很好判决,如果守约方仍然要求继续履行怎么办?

梁慧星:大陆法系的违约责任和英美法系的违约责任有区别,大陆法系的违约责任以实际履行为原则、金钱赔偿为例外。这是因为大陆法系民法典制定得比较早,当时欧洲大陆还是封建社会,市场经济没有那么发达,因此法律对违约责任首先考虑实际履行,不得已才考虑金钱赔偿。英美法就不一样,英美国家市场经济发展得比较早,他们的法律是以金钱赔偿为原则、实际履行为例外,其理由是拿着钱什么都能买到,并且法院执行方便。

我国《合同法》在立法的时候有意采取了英美法的金钱赔偿为原则,以适应社会主义市场经济的要求。当初的《合同法(立法方案)》明确规定"违约责任以金钱赔偿为原则,实际履行为例外"。这个原则没有用专门的条文表述,而是体现在违约责任的具体规定当中。《合同法》第110条明文规定了实际履行的限制,其一是法律上不能履行和事实上不能履行。法院总不能派法警按着他的手强行盖章、签字吧？真要这样做，法院就违反宪法、侵犯人身自由。事实上不能履行，例如商品房买卖，开发商资金链断裂，房屋没有建成，再如二手房交易，房屋已经被别的人取得了所有权，出卖人已无房可交，属于合同目的不可能实现，再强制他也履行不了。其二是标的物不适于强制履行或者履行费用过高。例如建设工程合同，怎么强制履行？技术开发合同，怎么强制履行？委托合同，委托人已经不信任受托人，怎么能够强制履行？仔细分析，很多合同类型都不适于强制履行。要求出卖人专门从国外进口一台汽车或者设备来履行，这样花费巨大，法院也派不出如此多的法警去强制履行。这些合同一方请求强制履行的，法庭先予以释明，原告坚持要求强制履行的，判决驳回请求。

法律和法院采用的保护手段有限，判决金钱赔偿最方便。适用《合同法》第110条一定要慎之又慎。法院判决强制实际履行，如果执行不了，会造成很多问题。实际上，法院有多种裁判方案，当然，首先要公正，法院工作就是分清是非，公正裁决。但一定不应忘记，是否方便执行，是否会使法院自身陷入困境，也是社会效果的重要内容。

占有改定与多重买卖

问题28：《关于审理买卖合同纠纷案件适用法律问题的解释》第10条特殊动产的买卖，第（4）项实际确立了特殊动产买卖的原则。动产交付有四种情况，现实交付、简易交付、指示交付和占有改定，在占有改定情况下出卖人实际享有所有权，买受人受领了动产，但出卖人又将占有的动产出卖给第三人，第三人办理了登记，第三人的登记能否对抗受领的买受人？

梁慧星：所谓占有改定，是指出卖人在订立买卖合同之后，又与买受人订立一个租赁合同（或借用合同）代替实际交付，其结果是买受人因占有改定已经取得标的物所有权，而不再享有所有权的出卖人仍然占有标的物。正因为他占有标的物，才可能使人误认为他是所有权人，同意与其订立第二个买卖合同。前面讲《关于审理买卖合同纠纷案件适用法律问题的解释》第 10 条第(4)项规则时,法官提问中举的就是这样的例子。

按照《关于审理买卖合同纠纷案件适用法律问题的解释》第 10 条第(4)项解释规则,出卖人将特殊动产卖给了张三,因交付(包括占有改定)买受人张三已经取得所有权,出卖人已经没有所有权,因他占有该动产,他又将该动产出卖给李四并过户登记,法庭要保护先受领交付的张三。理由如下:一是张三已经依法取得该动产的所有权;二是李四不可能取得该动产的所有权,因为出卖人不享有所有权,虽欺骗登记机构办理了过户登记,但因出卖人本来就没有所有权,买受人李四也就不可能得到所有权。这是民法上所谓"前手规则",买受人只能获得出卖人(前手)实有的权利,我国《合同法》虽然没有具体条文规定,但属于民法基本原理,反映市场交易的基本规律。《关于审理买卖合同纠纷案件适用法律问题的解释》第 10 条第(4)项规则正好体现了这一基本原理。

约定解除权的行使

问题 29:《关于审理买卖合同纠纷案件适用法律问题的解释》确实解决了司法实践中很多问题,关于合同解除这一章我有些疑惑,如《合同法》第 93 条的约定解除,这条规定得很明确,但在具体适用中还是会牵涉很多问题。例如,房地产商在建房过程中就已经卖出几十套房屋给第三方,转让方依据合同认为施工方应该按时完工,否则就解除与第三方之间商品房买卖合同。基于此,转让方解除了商品房买卖合同,分析原因可能是房价涨了。如严格按照《合同法》第 93 条的规定,房地产商是可以行使合同解除权的,但法院审理时会考虑很多因素。我的问题是约定解除是否要考虑解除权的当与不当问题?

梁慧星:开发商在商品房预售合同中约定以施工单位不能按时完工作为解除条件或者解除权的条件,实质上是将开发商自己应当承担的风险转嫁给商品房买受人。人民法院应当确认这样的约定无效,法律依据是《合同法》第 40 条后半句的规定:"提供格式条款一方免除其责任、加重对方责任、排除对方主要权利的,该条款无效。"法庭首先要审查合同关于解除权的约定是否合法、有效,这是不言自明的。

另外,即使有合法权利,还要审查权利行使是否适当。请大家注意《人民司法》2011年第12期有一个关于解除权行使的案例,是青岛一个法院判的,有解除权一方5年没有行使解除权,现在突然行使,法院认为违背诚实信用原则,判决不能行使解除权。一审法院的判决理由是权利滥用,二审法院判决改为违背诚实信用原则。因为即使具有权利,但任何权利超过一定时间都会失效,如果法院认可这项权利的行使,将会损害其他人的利益。

五、民事审判实务中的若干问题（一）*

违章搭建时物业公司的诉权

问题1：在别墅住宅小区中，有业主将车库改建为住房，而物业公司不同意改建，因此诉诸法院，物业公司的意见法院应否支持？

梁慧星：法院应该支持。建设工程是需要审批的，不管住宅、车库、写字楼，还是商住两用房，都要经过审批。物业公司的起诉，实际是代表业主委员会，因为业主委员会委托物业公司进行管理。物业公司行使的是业主委员会的诉权。法院支持物业公司的请求，法律依据是《物权法》第83条，被告业主擅自将车库改建为住房，应属于条文中的"违章搭建"。

购房合同中出现建筑面积差异的处理

问题2：在购房合同中只对套内面积出现差异约定了处理方式，没有对建筑面积出现差异约定处理方式的情况下，实际建筑面积比合同约定的多，对公摊面积多出的部分，开发商能否向业主请求差额？

梁慧星：合同对套内面积出现差异如何处理，约定了处理方式，而对建筑面积出现差异如何处理，没有约定处理方式，考虑到建筑面积出现差异如何处理与套内面积出现差异如何处理具有类似性，依据类似问题同样处理的法理，法庭可以采用合同关于套内面积差异的处理方

---

* 2012年11月17日于东莞市第三人民法院。

式,处理建筑面积差异。合同约定套内面积超过约定比例的差额部分,开发商可以向业主请求补偿,则公摊面积超过该比例的差额部分,开发商也可以向业主请求补偿。

上述回答可能与法院判决意见不同。有的法官认为,在合同对建筑面积差异如何处理未有约定的情形,应当分析导致出现该差异的责任,及有无增加业主的实际使用率。我觉得这样做使问题复杂化了,并且未必公平。实际建筑面积与合同约定建筑面积出现差异,原因肯定在开发商方面,但问题在于建筑工程的特殊性,很难保证实际建筑面积与约定(设计)建筑面积完全一致。实际建筑面积大于约定建筑面积,必定增加买房人实际享有的利益并相应增加开发商的建筑成本;小于约定建筑面积,必定减少买房人实际享有的利益并相应减少开发商的建筑成本。因此通常会约定一个差额范围,凡是未超过差额范围的,无论实际建筑面积大于或者小于约定建筑面积,双方均不能要求增加或者减少价款;但超出差额范围的,双方当事人有权要求增加或者减少超出差额范围部分的价款。这样处理符合行业习惯,也符合民法公平原则。

被告死亡时的审判程序处理和遗产分配

问题3:诉讼中被告死亡,全部继承人放弃继承,问审判程序如何进行?死亡当事人的遗产如何分配?

梁慧星:按照《婚姻法》第17条关于共同财产制的规定,夫妻为共有人,应当承担连带责任。因此,诉讼中被告死亡,其配偶可以放弃继承,但共有人的身份不能放弃,法庭应当依职权将死者配偶列为本案被告,以代替死者。但是,如夫妻实行分别财产制并且为债权人(原告)所明知,则其配偶不是共有人,其一旦放弃继承(其他继承人也都放弃继承),法庭应当依据《民事诉讼法》第151条第(1)项的规定裁定终结诉讼。同时,法庭应进行释明,告知原告(债权人)依据《继承法》第33条的规定,另案起诉,请求从死者遗产中优先受清偿。

《继承法》第33条第1款前半句规定:"继承遗产应当清偿被继承

人依法应当缴纳的税款和债务。"此项规定,确认了债权人请求从被继承人遗产中优先受清偿的请求权。鉴于《民事诉讼法》未针对此项请求权的实现设置特别程序,因此应当适用诉讼程序。法庭审理债权人请求从遗产中优先受清偿之诉讼案件,应当以法定继承人(或者受遗赠人)为被告。考虑到法律关系简单可以适用简易诉讼程序。

提问: 债权人依据《继承法》第33条,以法定继承人为被告,请求从遗产中优先受清偿,案件经法院受理之后,如果该法定继承人放弃继承,法院将如何处置?考虑到其为唯一继承人,其放弃继承的权利,势将损害债权人的利益,即使债权人难以通过诉讼程序从遗产中受清偿,法院能否认定其放弃行为无效?

梁慧星: 可以认定法定继承人放弃继承的行为无效。按照民法原理,民事权利都是可以放弃的,《继承法》第25条对此也有明文规定。但是,权利人行使其权利或者放弃其权利,不得损害他人合法权益。以损害他人合法权益为目的,无论属于行使权利或者放弃权利的行为,均构成权利滥用。考虑到《继承法》第33条的立法目的,在于保障债权人从死者留下的遗产中优先于继承人受清偿,该法定继承人充当被告是启动该诉讼程序的必要条件,其放弃继承将使立法目的不能实现。按照社会生活经验,死者留下的遗产通常处于法定继承人占有、控制之下,其放弃继承显然是以损害债权人合法权益为目的,应当构成权利滥用。因此,法院可以认定其放弃行为无效。至于认定无效的法律根据,可以适用《民法通则》第58条第(4)项规定"违反法律或者社会公共利益的"。

顺便谈到,将来修改《继承法》或者制定民法典时,为保障债权人从遗产中优先受清偿,避免发生继承人通过放弃继承以损害债权人利益的行为,应当增设遗产管理人制度和放弃继承行为的撤销制度。债权人提起请求以遗产优先受清偿的诉讼,可以遗产管理人为被告。继承人放弃继承损害债权人利益的,债权人可以请求法院撤销该继承人放弃继承的行为。

最后概括一下,被告于诉讼中死亡,法庭首先应基于其配偶的共有人身份，依职权将其配偶列为本案被告以继续诉讼程序；如果查明其与死者事先订立分别财产制协议并且为债权人所明知，则应基于其配偶的法定继承人身份，依职权将其配偶作为本案被告以继续诉讼程序；如果查明其配偶已经依据《继承法》第25条放弃继承，且死者无其他继承人，则法庭只能依据程序法作出终结诉讼的裁定。同时告知原告（债权人）依据《继承法》第33条的规定，以法定继承人为被告，另案提起以死者遗产清偿债务的诉讼。鉴于其配偶为死者唯一法定继承人，如果其声明放弃继承，法庭应当认定其放弃行为无效。

优先清偿债权之后剩下的遗产如何处理？仅有一个继承人的，则归该继承人；有多个继承人的，由继承人协商分配，协商不成的，可诉请法院判决；全部继承人均放弃继承，则作为无人继承遗产归国家所有（上交国库）。补充一点，以死者（死者的配偶）为被告的普通债务诉讼，与以遗产优先清偿债务诉讼及遗产分配诉讼，属于不同的诉讼，不应混淆。

民事诉讼法上经常居住地的确定

问题4：《民事诉讼法》规定的"经常居住地"如何确定？公民离开住所地至起诉时已在东莞连续居住1年以上，后在起诉前离开东莞，东莞是否为其经常居住地？

梁慧星：首先是判断法院对原告的起诉有无管辖权的问题。被告在东莞居住1年以上，东莞应属于经常居住地，东莞的法院具有管辖权；其次是管辖权的冲突问题。若在原告在东莞起诉之前被告已经回到了原住所地，原住所地法院具有管辖权，导致两地法院管辖权发生冲突时，基于被告现在原住所地的事实，应当认为住所地法院管辖权优于东莞的法院管辖权。

提问：被告原先在东莞居住了1年以上的时间，原告在东莞的法院起诉后，发现被告已经在数月前离开东莞，事实是被告既没有回到原住所地，也不在东莞，却提出管辖异议。该如何进行处理？

梁慧星：既然没有与其他法院发生管辖权冲突，当然应由东莞的法院行使管辖权。前面谈到,如果被告回到原住所地,则可以住所地法院管辖权否定东莞的法院的管辖权,但被告并未回原住所地,因此不发生原住所地法院管辖权。仅被告于数月前已离开东莞的事实,不足以构成否定法院管辖权的理由。

买卖合同中产品质量鉴定申请的处理

问题5:目前,在买卖合同纠纷案件的审理过程中,当事人普遍提出关于产品质量问题的鉴定申请,因涉及款项的支付,部分当事人提出鉴定申请是为了拖延支付货款的时间,针对不同情形,对于当事人提出的鉴定申请,是否应予准许?或者应根据案件的具体情况及证据材料,确实有相应的依据证明存在质量问题的,才准予鉴定?应当如何把握?

梁慧星:是否进行质量检验不能由当事人说了算。法庭是否准许进行质量鉴定,应当依据《合同法》第157条、第158条的规定。

凡合同约定有检验期限的,如果买受人于约定的检验期间内发出质量异议通知,无论当事人是否申请质量鉴定,法庭均有权委托质检机构进行质量鉴定。

如果买受人未在约定的检验期限内发出质量异议通知,例如,在约定的检验期间届满之后发出质量异议通知,或者在出卖人提起追索货款的诉讼后,在答辩状或者庭审中以产品质量不合格主张抗辩的,法院应当依据《合同法》第158条第1款第二句的规定,"视为标的物的数量或者质量符合约定",即质量合格(无瑕疵),对于当事人提出的质量鉴定申请,应不准许。

合同没有约定检验期间的,《合同法》第158条第2款第一句规定,买受人应当在发现或者应当发现产品质量不符合约定的"合理期间内"发出质量异议通知。法庭审理中,查明合同未约定检验期间并且买受人在"合理期间内"发出质量异议通知的,无论当事人是否申请质量鉴定,法庭均有权委托质检机构进行质量鉴定。

如果法庭查明,买受人发出异议通知已经超过"合理期间"或者自收到标的物之日起两年内未发出异议通知的,法庭应当依据《合同法》

第 158 条第 2 款第二句的规定,"视为标的物的数量或者质量符合约定",即质量合格(无瑕疵),对于当事人提出的质量鉴定申请,应不准许。

特别要注意,《合同法》第 158 条第 2 款第二句的"两年"为"最长合理期间"。此"两年"期间,相对于"合理期间"而言,易于掌握、判断。而"合理期间"属于"不确定概念",缺乏明确判断标准,当事人双方往往纠缠所谓"合理期间"是否合理。因此,建议法庭运用此"两年"期间作为判断标准,而尽量回避采用"合理期间"。对于合同未约定检验期间的案件,凡是"自收到标的物之日起"未满"两年",而当事人主张产品质量不合格的,法庭即应委托质检机构进行质量鉴定,而不考虑买受人提出质量异议是否在"合理期间"内;凡是"自收到标的物之日起"已满"两年"的,即应"视为产品质量合格"(无瑕疵),而对于当事人主张质量瑕疵抗辩和进行质量鉴定申请,一律予以驳回。补充一点,合同约定的质量保证期间长于两年或者买受人明知标的物瑕疵的,不适用此"两年"期间。

商事案件中涉及案外人时的程序处理

问题 6:商事案件中,如果案件涉及案外人,其应作为共同被告或第三人参加诉讼,但是双方当事人均表示不应追加案外人作为共同被告或第三人参加诉讼,而主审法官则认为应将此案外人作为共同被告或第三人参加诉讼,以查明案件事实,此种情形下,应如何处理?有无统一标准?

梁慧星:凡是法庭认为应追加某个案外人作为共同被告或者第三人参加诉讼的,法庭均应进行释明,告知当事人增列共同被告或者第三人。并释明增列的理由是为了查清案件事实。通常情形,经法庭释明后,当事人多会同意增列共同被告或者第三人。如果经法庭释明之后,当事人坚持不同意增列共同被告或者第三人,法庭不能依职权增列,如果能够查清案件事实,法庭应依法判决本案被告承担责任。如果因当事人坚持不同意增列共同被告或者第三人,致最终不能查清案件事实的,则应判决驳回原告请求。

民商事合同纠纷案件中的共同被告,均属于连带债务人,负连带责任。法律创设连带债务、连带责任制度的目的,在于保障债权人的利益。在商事案件中,经法庭释明之后,原告(债权人)仍不同意增列共同被告,甚至被告(债务人)也不同意增列共同被告,显然违背社会生活经验。这样的案件,属于反常的、可疑的案件。法庭和法官应当慎重对待,当事人提交法庭的材料和当庭所作陈述很可能是虚假的,应当尽量查清被掩盖的真相和当事人是否有损害第三人(案外人)利益的违法目的,甚至是否属于"虚假诉讼"(欺诈诉讼)。

违约争议中的证明问题

问题7:在合同约定履行期限届满后,合同未履行完毕,未完成交付,或未制作好产品,双方均无书面证据,双方因谁违约而发生争议,审理中有什么好的方法,或应注意什么?

梁慧星:在诉讼当中,原告应有证据证明被告存在违约的情形,例如双方签订的合同书,合同书关于交货期限、履行期限已经届满,被告仍未履行、未完全履行,就是证明被告违约的证据。值得注意的是,法庭对所谓"谁主张谁举证"的原则,不能绝对化地理解,不能死抠所谓举证责任分配规则。"谁主张谁举证",并不等于只有原告方承担举证责任,被告方不承担举证责任。

原告方举出有效合同书作为证据,主张合同约定交货期限已经届满,而被告未交货。法庭应当认定原告履行了举证义务,而不能要求原告举出证据证明"被告未交货",因为证明被告交货的证据(收货凭据)在被告手里。这种情形,法庭应当讯问被告对原告的主张有无异议。如果被告无异议即承认违约(未交货),法庭即应认定被告违约并判决被告承担违约责任。法庭认定被告违约这一事实的证据,一是原告举出的合同书,二是被告的自认(承认未交货)。

如果被告表示异议即主张自己不违约,法庭即应按照"谁主张谁举证"的规则,要求被告举证证明自己已经履行交货义务。如果被告真的不违约,不违约的事实(已经交货)很容易证明,他只需出示原告方出具的收货凭据即可。如果被告向法庭出示了原告方出具的收货票据,法庭即应据以认定被告不违约,并作出原告败诉、被告胜诉的判决。

不能将"谁主张谁举证"的规则理解为仅仅原告一方负担举证责任。正确的理解是:原告对自己主张"事实之存在"负担举证责任,被告对自己主张原告主张的"事实之不存在"负担举证责任,法庭正是依靠举证责任在原告、被告之间的转移(转换)认定案件事实,即判断原告主张事实是否存在。

原告举出了初步的证据,如果被告对此无异议,法庭即认定原告的举证责任已经完成,法庭据以认定原告主张事实(被告违约)存在。因为被告主张异议(抗辩),证明本案是否存在违约事实的举证责任就由原告方转移到被告方。如果被告方举出了证据(如交货凭据),法庭应认定被告的抗辩成立,据以认定被告不违约,即原告主张的被告违约事实不存在。如果被告方举不出证明自己已经交货的证据,法庭即应依据原告的证据,加上被告对自己的抗辩举证不能(未能证明已经交货),认定原告主张的被告违约事实存在。

程序法所谓"谁主张谁举证"规则、实体法所谓"举证责任转换"规则,实际上是同一个规则。案件审理中,法庭按照这一规则进行事实认定。原告主张被告违约(例如被告未付款),原告提交了被告出具的"收货凭据",就已履行了举证责任。按照社会生活经验,如果被告已经付款,则被告手里必定有"付款收据、汇款凭证",要证明自己已经付款的事实很容易。有的法官在原告提交被告出具的收货凭据之后,还要求原告举出足以证明被告未付款的证据,而不要求被告就自己已经付款的事实举证,是错误的。

提问说,双方就是否存在违约发生争议,双方都没有书面证据。原告至少要提交证明有效合同关系存在的合同书,如属口头合同,至少要有人证或者对方的承认。原告不能提供证明合同关系存在的证据(合同书、人证),被告也不承认存在合同关系,这样的起诉不符合民事诉讼法关于起诉的条件,法院应不予受理,如已受理应裁定驳回起诉。如果有合同书或者人证证明原告、被告之间存在合同关系,此合同关系的存在本身就足以构成证明存在被告违约的初步证据,如果原告能够提交自己已经付款的证据,则应当认为原告已经履行了举证责任,法庭应责令被告就自己否认违约承担举证责任,因为举证责任已经转换到被告一方。被告不能举出证据(书证、人证)证明自己已经履行交货义务,即应认定被告违约。

最后,特别强调社会生活经验的重要性。按照社会生活经验,出卖人履行交货义务,如采送货方式,一定有原告出具的收货凭据,如采托运方式或者代办托运方式,一定有承运人出具的托运凭据;买受人履行付款义务,如是现金付款,一定有收款人出具的现金收据,如是通过银行支付,一定有银行出具的汇款凭据。因此,为了判断出卖人是否违约(是否交货),不能要求主张出卖人违约(未交货)的买受人承担举证责任,而应当要求主张自己不违约(已交货)的出卖人承担举证责任。为了判断买受人是否违约(是否付款),不能要求主张买受人违约(未付款)的出卖人承担举证责任,而应当要求主张自己不违约(已付款)的买受人承担举证责任。这就是教科书上所谓法庭应当根据诉讼双方当事人占有证据资料的具体情况分配举证责任。

个人合伙的清算

问题8:个人合伙的清算,是否参照公司清算的法律规定处理?有确切证据证明存在隐名股东,而该隐名股东不愿意明确其真实身份时如何处理?

梁慧星:个人合伙的清算,不能参照公司清算程序,应当参照合伙企业清算程序。《合伙企业法》第86条规定,合伙企业清算,应当由全体合伙人担任清算人,或者由人民法院指定清算人。同志们可以参照《最高人民法院公报》2011年第7期刊登的一个案例,该案例讲的就是合伙企业清算的问题。该案例的裁判摘要之(二)说道,合伙企业债务的承担分为两个层次:第一顺序的债务承担人是合伙企业,第二顺序的债务承担人是全体合伙人。

按照这一案例,个人合伙的债务承担同样分为两个顺序:第一顺序的债务承担人是个人合伙,由个人合伙以合伙财产清偿债务;第二顺序的债务承担人是全体合伙人,由全体合伙人对合伙财产不足清偿的债务承担连带责任。

如果合伙财产足以清偿债务,即按照第一顺序,由个人合伙以合伙财产清偿债务,则无须明确合伙人的真实身份。但在合伙财产不足以清偿债务情形,即按照第二顺序,由全体合伙人对合伙财产不足清偿的债务承担连带责任,这种情形,就必须明确合伙人的真实身份。如有确切证据证明某人为隐名合伙人(隐名股东),法庭应当确认该隐名合伙人(隐名股东)的合伙人身份,并判决该隐名合伙人(隐名股东)与其他合伙人对合伙财产不足清偿的债务承担连带责任。

承包合同与租赁合同的区分

问题9:承包合同与租赁合同如何区分?《合同法》没有明确承包合同的分类,除了建筑工程承包合同及一些多年前的政策性规定外,很难找到明确的规定。这里的承包和租赁的问题,主要指的是经营性的实体的承包和租赁,合同性质及效力如何认定?例如一个酒店,整体给另一个人经营,酒店没登记,只有开办者,或者酒店登记是个体工商户,或者登记是有限责任公司,另一个人继续以酒店名义对外经营。

梁慧星:正如提问所说,承包合同在《合同法》上没有明确的规定,应当属于无名合同。但要注意,这里所说的承包合同,与《合同法》第十六章规定的建设工程合同,不是一回事。《合同法》第十六章规定的建设工程合同,通常称为建设工程承包合同,其法律性质为承揽合同,属于承揽合同的一种特殊类型。

提问中说到酒店,还要注意酒店承包经营合同与酒店管理合同的区别。业主将酒店委托给专业的管理公司管理,称为酒店管理合同,属于一种委托合同,应当适用《合同法》第二十一章关于委托合同的规定。业主将酒店交给另外的人承包经营,称为酒店承包合同,属于《合同法》第124条所谓"本法分则或者其他法律没有明文规定的合同",

理论上称为"无名合同"。酒店承包合同的成立、生效、变更、解除及违约责任，应当适用《合同法》总则的规定。

还要注意酒店承包合同与酒店房屋租赁合同的区别。酒店承包经营合同的实质，是酒店经营权的移转。依据酒店承包合同，由承包人行使酒店的经营权，业主不再行使酒店的经营权。这就是提问中所说的，作为一个"经营性的实体"的酒店的承包。如前所述，酒店承包合同，属于无名合同，应当适用《合同法》总则的规定。

请特别注意，作为一个"经营性的实体"的酒店，交给业主之外的人经营，只能采取"承包合同"形式，不能采用"租赁合同"形式。因为，按照《合同法》关于租赁合同定义的规定（第212条），租赁合同的标的物只能是动产、不动产。因此，业主可以通过订立租赁合同，将适于开办酒店的建筑物（不动产）和设备（动产）出租给他人开办酒店，此租赁合同的实质是（适于开办）酒店的建筑物和附属设备使用权的转移。

如果是将作为"经营性的实体"的酒店交给他人经营，即使所签订的合同书名称叫"酒店租赁合同"，也必须解释、认定为酒店承包合同，其成立、生效、变更、违约责任等均应当适用《合同法》总则的规定，而不应当适用《合同法》分则关于租赁合同的规定。反之，如果合同的实质是将酒店建筑物和附属设备的使用权转移给他人用于开办酒店，即使合同书名称叫"酒店承包合同"，也必须解释、认定为租赁合同，并适用《合同法》第十三章关于租赁合同的规定。

提问中所说例如一个酒店，整体给另一个人经营，应当肯定，这就是酒店承包合同，而不论合同书的名称是什么。

法院审理涉及酒店承包合同的案件，除应严格区别酒店承包合同与酒店建筑物租赁合同之外，还要特别要注意，酒店承包合同属于酒店的"内部关系"，在酒店的"外部关系"中承担债权债务的主体仍然是酒店。

此所谓酒店"内部关系"，即酒店业主与酒店承包人之间的权利义务关系。酒店业主与承包人之间的纠纷，属于承包合同纠纷，案件当事人（原告、被告）是业主和承包人，法院审理酒店承包合同纠纷案件，根据酒店承包合同的约定,判断合同成立、生效、变更及违约责任,应当适用《合同法》总则的规定。

所谓酒店"外部关系",是指作为经营实体的酒店与第三人之间的债权债务关系,作为经营实体的酒店自身是责任主体(被告),并应以酒店全部资产承担债务。法院审理第三人起诉酒店清偿债务的案件,如果该酒店是"有限责任公司",则该"有限责任公司"是被告,酒店承包人是"法定代表人",应以该公司全部财产为限清偿债务,把该公司(酒店)全部财产拍卖清偿债务。该酒店的业主、承包人、出资人、股东,不承担清偿责任。

如果该酒店登记为"个体工商户",或者"个人开办"未登记,则该"个体工商户"或者"开办人"是被告,承包人不是被告,如酒店全部财产不足以清偿全部债务,法庭在判决将酒店全部财产拍卖清偿债务之后,还应判决该"个体工商户"或者"开办人"对不足清偿部分债务,承担清偿责任。

这里顺便谈到,如果属于"个人合伙"或者"合伙企业"开办酒店,由其中一个合伙人承包经营,则在对外债权债务关系中,该"个人合伙"或者"合伙企业"是责任主体,该承包人属于合伙的负责人。法院审理第三人起诉酒店的债务纠纷案件,应以该"个人合伙"或者"合伙企业"作为被告,承包人只是代表人。如果酒店全部资产不足清偿全部债务,则法庭在判决以酒店全部资产拍卖清产债务之后,还应当判决"全体合伙人"对于不足清偿部分债务,承担连带清偿责任。

所有权保留案件的判决

问题 10:在买卖合同案件中,双方约定若付款方违约,则卖方保留所有权。买方违约,卖方起诉要求确认其对标的物的所有权,同时主张若不能返还则折价赔偿。此时的判决主文应如何表述?能否表述为:判项一,确认所有权归卖方,限买方返还原物;判项二,若不能返还则折价赔偿。

梁慧星:这个问题的答案在《合同法》第134条。《合同法》第134

条规定,当事人可以在合同中约定,买受人未履行支付价款义务的,标的物的所有权属于出卖人。这叫保留所有权买卖,是一般买卖的特例。这样的约定,叫保留所有权条款。一般的买卖,按照《合同法》第133条的规定,标的物所有权自交付时转移于买受人。如果当事人在合同中约定了保留所有权条款,则交付时标的物所有权不转移,须待买受人付清全部价款时,标的物所有权才转移至买受人名下。换言之,在买受人付清全部价款之前,买受人虽然占有了标的物,但没有取得标的物所有权,所有权仍然保留在出卖人手里。出卖人保留所有权的目的,是担保价款的支付,实质上是一种担保方式。

按照《合同法》第134条的规定,在买受人违约时,保留所有权的出卖人,可以向法院起诉请求取回标的物。根据最高人民法院《买卖合同司法解释》第35条规定,买受人"未按约定支付价款的","出卖人主张取回标的物的,人民法院应予支持"。请特别注意,《合同法》第134条关于保留所有权买卖的规定,未限定买卖标的物范围,考虑到发达国家和地区的经验,保留所有权买卖仅适用于动产买卖,不能适用于不动产买卖,并且《物权法》规定不动产所有权移转实行登记生效制度,不能由当事人约定,因此最高人民法院《买卖合同司法解释》第34条规定,将《合同法》第134条保留所有权买卖的适用范围限定于动产买卖,值得赞同。

现在回到法官的提问,卖方起诉要求确认其对标的物的所有权,同时主张若不能返还则折价赔偿。此时判决主文应如何表述?我的回答是,应当先确定本案请求权的性质和诉的性质。按照《合同法》第134条和《买卖合同司法解释》第35条的规定,在买受人未按照约定支付价款构成违约时,买受人依据保留的所有权向法院起诉要求取回标的物,属于请求返还原物之诉。虽然原告诉状中有"要求确认其对标的物的所有权"语句,但本案不是"请求确认所有权之诉"。请求确认所有权之诉的法律依据是《物权法》第33条,本案并不是"因物权的归属、内容"发生的争议。质言之,本案不属于依据《物权法》第33条请求确认权利之诉,而是依据《合同法》第134条请求返还原物之诉,应当肯定,在本案判决中,不存在"确认所有权归属"判项,就仅有一个判项,即责令被告向原告返还标的物原物。

请注意,判决"返还原物"应以原物存在为条件,如果法庭审理查明原物已经不存在,则不能判决返还原物,而应当判决折价赔偿。而判决折价赔偿,仍然仅有一个判项,并且判决中须确定赔偿金额。因此,法庭必须确认原物是否存在的事实,如果查明原物还存在,则直接判决返还原物;如果查明原物已经不存在,则直接判决被告向原告支付一个赔偿金额。不能出现这样的"两可判决":判项一,责令被告返还原物;判项二,如不能返还原物时,责令折价赔偿若干金额。理由很简单,判决必须确定、可以强制执行。

娱乐场所的安全保障义务

问题 11:甲在娱乐场所消费的过程中,被 A、B、C 三人打伤。甲认为娱乐场所未尽到安全保证义务,应在其过错范围内承担相应的责任,同时 A、B、C 是实际侵权人,也应承担损害赔偿责任,因此将娱乐场所和 A、B、C 作为共同被告起诉,要求赔偿损失。A、B、C 承担损害赔偿责任的法律关系为侵权行为,即案由应为生命权、健康权、身体权纠纷;娱乐场所承担赔偿责任的法律关系为合同附随的安全保障义务,即案由应为合同纠纷。案由该如何确定?

梁慧星:我不知道法院现在的"案由"为什么这样细琐,而且人身伤害侵权责任案件,案由定为"生命权、健康权、身体权纠纷"也非常不恰当,"人身伤害"可以说侵害"身体权、健康权",谈不到侵害"生命权",案由定为"人身伤害侵权纠纷"还差不多。所谓"合同纠纷"的案由,也不恰当,失之过泛,应当区分为"违约责任纠纷""解除权行使异议纠纷""确认合同无效纠纷",等等。如问题所说,如果追究娱乐场所的违约责任,应当是"违约责任纠纷"。

现在回到正题,A、B、C 三人承担赔偿责任的法律关系是侵权行为不错。A、B、C 三人在娱乐场所打伤受害人甲,其承担侵权责任的法律根据是《侵权责任法》第 8 条,该条规定,二人以上共同实施侵权行为,造成他人损害的,应当承担连带责任。按照现今理论上的说法,《侵权责任法》第8条是受害人起诉A、B、C三人的请求权基础。

提问说娱乐场所承担赔偿责任的法律关系为娱乐服务合同附随的安全保障义务,不准确。因为,娱乐场所不仅可以依据娱乐服务合同承担违约赔偿责任,而且可以依据《侵权责任法》的规定承担侵权赔偿责任。还要注意,按照娱乐服务合同,经营者负有保护消费者人身安全的"附随义务",与《侵权责任法》上的"安全保障义务"是不同性质的义务。如果追究该娱乐场所的违约责任,是因为该娱乐场所违反了依据娱乐服务合同负有的保护对方当事人人身安全的"附随义务"。如果追究该娱乐场所的侵权责任,是因为该娱乐场所违反了《侵权责任法》所规定的、娱乐场所管理人对他人的"安全保障义务"。两个法律概念不能混用。

下面介绍《合同法》第122条关于责任竞合的规定。《合同法》制定时,起草人考虑到同一案件事实既符合违约责任的构成要件,也符合侵权责任的构成要件的案件较为常见,而两种责任在归责原则、赔偿范围、能否实行过失相抵、免责约款是否有效等方面存在很大差异。具体言之,违约责任为严格责任,而侵权责任为过错责任(包括推定过错)和无过错责任;违约责任承认免责约款的效力,而侵权责任不承认免责约款的效力;违约责任可以赔偿"可得利益"(利润损失),而侵权责任不赔偿"可得利益"(利润损失);违约责任不赔偿精神损害,而侵权责任可以赔偿精神损害;违约责任不适用过失相抵规则,侵权责任适用过失相抵规则;违约责任有不可预见规则,而侵权责任没有不可预见规则;还有诉讼时效长短及起算时点的差别;等等。当事人作不同选择,所得到的结果不同。究竟追究违约责任对受害人有利,还是追究侵权责任对受害人有利,必须结合具体案件事实判断,由当事人根据具体案情自主选择,符合意思自治原理和处分原则。因此,《合同法》设立本条规定,于违约责任与侵权责任竞合情形,赋予当事人"选择权"。当事人"有权选择"依照《合同法》追究违约责任,或者依照《侵权责任法》追究侵权责任。

按照《合同法》第122条关于责任竞合的规定,该娱乐场所既可以承担侵权责任,也可以承担违约责任,关键是看受害人如何选择。假如受害人甲选择追究该娱乐场所的违约责任,法律根据是《合同法》第60条第2款关于附随义务的规定,该款规定娱乐场所对进入该场所的消费者负有保护其人身安全的附随义务。

需特别注意,假如受害人甲选择了违约责任,就只有娱乐场所一个被告,不能将造成伤害的A、B、C三人作为共同被告。这在《合同法》第121条有明文规定,因第三者的原因造成当事人(娱乐场所)违约,应当由该违约人(娱乐场所)向受害人承担违约责任。假如受害人甲以该娱乐场所和造成伤害的A、B、C三人作为共同被告起诉,要求追究违约责任,则法庭应当予以释明,告知违约责任与侵权责任的区别,追究娱乐场所的违约责任,不能将A、B、C三人作为共同被告。

假如受害人甲选择追究娱乐场所的侵权责任,则法律根据是《侵权责任法》第37条关于安全保障义务的规定,按照第37条的规定,娱乐场所的管理人对受害人甲负有安全保障义务。请特别注意,按照《侵权责任法》第37条第2款的规定,因A、B、C三人的行为造成受害人损害的,应由A、B、C三人承担侵权责任,该娱乐场所仅承担相应的补充责任,即在A、B、C三人能够承担全部赔偿责任情形,该娱乐场所将不承担赔偿责任,只在A、B、C三人不能承担全部赔偿责任情形,由该娱乐场承担相应的补充赔偿责任。

按照问题所述,如果甲选择追究违约责任,则被告只能是娱乐场所管理人,A、B、C不能作为共同被告;如果甲选择追究侵权责任,则可将娱乐场所管理人与A、B、C三人作为共同被告,但需注意,A、B、C三人依据《侵权责任法》第8条的规定承担连带责任,但娱乐场所与A、B、C三被告之间不是连带责任,娱乐场所依据《侵权责任法》第37条第2款的规定仅对A、B、C三被告承担不了的赔偿责任部分承担相应的补充责任。假如甲以娱乐场所和A、B、C三人作为共同被告追究侵权责任,法庭亦应予以释明,告知仅A、B、C三被告之间是连带责任,娱乐场所管理人只应承担相应的补充责任。

从一般情形言之,如果伤害造成受害人残疾甚至死亡,受害人(其亲属)要求赔偿残疾赔偿金或者死亡赔偿金,则以选择侵权责任为宜;反之,如果伤害程度较轻,则以选择违约责任为宜。

提问:根据相关法律规定,人身损害赔偿纠纷的诉讼时效为1年,合同纠纷的诉讼时效为2年。那么,在案件审理中是否需释明不同案由,并由当事人选择适用何种案由?诉讼时效如何确定?

梁慧星:前面谈到,按照《合同法》第122条关于责任竞合的规定,应当由原告作出选择,是依据《合同法》追究违约责任或者依据《侵权责任法》追究侵权责任,亦即原告向法院起诉行使的请求权,究竟是违约责任请求权,还是侵权责任请求权。不同的请求权,决定不同的案由。

原告向法院起诉,通常会在起诉状中明示其请求权(诉求),法院即按照原告的请求权决定本案案由。如果原告起诉状只说要求损害赔偿,没有明示究竟是违约责任的损害赔偿或者侵权责任的损害赔偿,法庭就应当予以释明。所谓释明,就是要求原告明确自己主张的损害赔偿,究竟是侵权责任的损害赔偿,还是违约责任的损害赔偿。

至于释明到什么程度,要看原告是否委托律师代理诉讼。如果原告委托律师代理诉讼,法庭只需告知诉讼代理人(律师)选择侵权责任或者违约责任即可,而无需释明侵权责任与违约责任的区别和差异。因为律师是法律专业人士,应当具有这些法律知识,法官释明可点到为止。

如果原告未委托律师代理诉讼,考虑到原告是一个普通人,不具备相应的法律知识,法庭进行释明就应当详细具体,需对相关法律条文(《合同法》第121条、第122条,《侵权责任法》第37条等)进行讲解,特别要讲解违约责任与侵权责任的区别,例如,赔偿范围的不同,诉讼时效的长短,连带责任与补充责任的区别,追究违约责任仅娱乐场所一个被告,追究侵权责任娱乐场所只承担相应的补充责任。

按照《民法通则》的有关规定,如果受害人甲选择追究违约责任,依据《合同法》起诉该娱乐场所,应当适用2年普通诉讼时效。如果受害人甲选择追究侵权责任,依据《侵权责任法》起诉该娱乐场所和 A、B、C 三人,应当适用 1 年的特别时效。

提问:A、B、C 三人中只有 A、B 提起诉讼时效抗辩,确实已过诉讼时效的,A、B 的诉讼时效抗辩是否对 C 有效? 如对 C 无效,赔偿责任应如何分配?

梁慧星:《民法通则》第 136 条规定"身体受到伤害要求赔偿的"诉讼时效期间为 1 年。这里有一个特别重要的问题,就是此 1 年时效期间应当从什么时候开始计算,即诉讼时效期间的起算点问题。《民法通则》第 137 条规定"诉讼时效期间从知道或者应当知道权利被侵害时起计算"。这是极原则之规定。因具体请求权的根据及标的不同,在计算诉讼时效期间的起算点,亦即决定权利人对权利被侵害"应当知道"之时点上有重大差异。应特别注意,违约责任请求权与侵权责任请求权的诉讼时效期间起算点截然不同。

违约责任请求权,因为合同约定了履行期限,被告就是合同对方当事人,履行期限届满不履行债务就构成违约,就发生违约责任请求权,债权人就可以行使请求权向法院起诉。因此,违约责任请求权的诉讼时效期间从合同约定的履行期限届满之日起算。而侵权责任请求权,属于无履行期限的请求权,通常情形,事先受害人与加害人之间不存在法律关系,互不认识,发生了侵权行为,受害人知道了自己权利受到侵害,如果还不知道加害人的姓名、住址,就不可能向人民法院起诉、行使侵权责任请求权,因此诉讼时效期间应当从受害人知道发生侵害行为(自己权利被侵害)并知道加害人姓名、住址之时起算。不能死抠《民法通则》第 137 条的"知道权利被侵害时"一语,因为不知道加害人是谁(不知道加害人的姓名、单位、地址、联系方式等),就没有办法向法院起诉。

因此,受害人甲依据《侵权责任法》起诉 A、B、C 三人和娱乐场所,虽然都是适用 1 年特别时效期间,但时效期间起算点有所不同。起诉娱乐场所,因为存在娱乐服务合同关系,时效期间应当从人身伤害事件发生之日起算;起诉 A、B、C 三人,时效期间应当从受害人甲实际知道

A、B、C 三人的姓名、住址之日起算。

《民法通则》实施后的裁判实践，曾经采纳民法理论关于诉讼时效的"诉权消灭说"，由人民法院依职权适用诉讼时效，而无需当事人主张。2008 年最高人民法院发布《关于审理民事案件适用诉讼时效制度若干问题的规定》，改采"抗辩权发生说"，其第 3 条规定："当事人未提出诉讼时效抗辩，人民法院不应对诉讼时效问题进行释明及主动适用诉讼时效的规定进行裁判。"

现在重复一下问题，A、B、C 三被告中，仅有被告 A 和被告 B 主张诉讼时效抗辩，A、B 二被告的诉讼时效抗辩是否对被告 C 有效？如对 C 无效，赔偿责任应如何分配？

应当肯定，A、B 二被告的诉讼时效抗辩，对被告 C 无效。理由如下：按照民法意思自治原理、私权理论及民诉法处分原则，民事权利包括实体权和诉权，只能由权利人自己行使，除获得权利人有效授权外，任何人不得代替他人行使权利。

2008 年最高人民法院《关于审理民事案件适用诉讼时效制度若干问题的规定》第 3 条规定："当事人未提出诉讼时效抗辩，人民法院不应对诉讼时效问题进行释明及主动适用诉讼时效的规定进行裁判。"按照此解释，诉讼时效期间经过，发生被告（债务人）主张免除责任的"抗辩权"。此"抗辩权"当然属于民事权利，应由权利人自己行使。被告 C 未主张时效抗辩，法庭应当认定被告 C 不行使（放弃）抗辩权。按照民法原理，不行使（放弃）抗辩权，其实质是放弃诉讼时效利益。

按照民法原理，被告放弃诉讼时效利益的行为，分为"预先放弃"和"事后放弃"，而各主要国家和地区民法均禁止"预先放弃"诉讼时效利益，而认可"事后放弃"诉讼时效利益。我国《民法通则》虽然未明文规定，而学说和实践亦持同样立场。《关于审理民事案件适用诉讼时效制度若干问题的规定》第 2 条规定，当事人"预先放弃诉讼时效利益的，人民法院不予认可"。依据这一解释，如当事人"事后"放弃诉讼时效利益的，人民法院应当予以认可。

因 A、B 二被告的诉讼时效抗辩对被告 C 无效，法庭应当判决被告

C承担全部赔偿责任。理由如下:本案A、B、C三人在娱乐场所打伤受害人甲,构成共同侵权行为,根据《侵权责任法》第8条的规定,A、B、C三人应当承担连带责任。法律规定连带责任的立法目的,在于特别保护受害人,使害人能够从多数责任人中,选择有责任能力的责任人承担全部赔偿责任,以获得充分赔偿。此立法目的,体现在《侵权责任法》第13条,该条规定:"法律规定承担连带责任的,被侵权人有权请求部分或者全部连带责任人承担责任。"按照这一规定,受害人甲有权请求A、B、C三人中的任何一人承担全部赔偿责任,在对被告A、被告B的请求可能遭遇诉讼时效抗辩的情形,受害人甲当然有权请求被告C承担全部赔偿责任。因此,法庭应当适用《侵权责任法》第8条、第13条,判决被告C承担全部赔偿责任。

我也提一个问题,假设本案A、B、C三被告均主张诉讼时效抗辩,法院应如何处理?

这里特别要介绍"禁止诉讼时效滥用的法理"。侵害自然人的生命、身体和健康的侵权行为,造成受害人死亡或者严重残疾,如果事实证据确凿、因果关系清楚而加害人又有赔偿能力,仅仅因为诉讼时效期间经过而致受害人及其亲属得不到任何赔偿,显然违背社会正义及法律设立诉讼时效制度之立法目的。这种情形,发达国家和地区的法院,以构成诉讼时效滥用为由,否定加害人的诉讼时效抗辩,而判决加害人承担损害赔偿责任。此即民法理论所谓"禁止诉讼时效滥用的法理"。

粗略估计,我国每年因高压输电设施、高速运输工具等高度危险造成数十万人死亡和残疾。因《民法通则》规定人身伤害请求权适用1年短期时效,致许多受害人因时效期间届满而得不到任何赔偿。《民法通则》第137条规定"有特殊情况的,人民法院可以延长诉讼时效期间",其立法意旨与"禁止诉讼时效滥用的法理"相同。但因《民法通则》该项规定缺乏可操作性,致《民法通则》实施近30年,裁判实践中延长诉讼时效的案例极为罕见,使该项延长诉讼时效的规定形同虚设。

鉴于本案经法庭审查,事实证据确凿、因果关系清楚,且A、B、C三被告有赔偿能力,假如A、B、C三被告均主张诉讼时效抗辩,建议法庭以禁止权利滥用为由,否定其诉讼时效抗辩,而判决 A、B、C 三被告承担连带赔偿责任。

最后,顺便介绍发达国家诉讼时效制度的改革,供同志们参考。自进入 21 世纪以来,发达国家纷纷对诉讼时效制度进行改革,原因是普通诉讼时效期间太长(30 年),且各种特别诉讼时效种类繁多,造成适用困难。其改革趋势是,缩短普通时效期间,简化时效种类,并单独规定人身损害赔偿的诉讼时效期间。法国 2008 年新时效法,将普通时效期间由原来的 30 年,缩短为 5 年,适用于人身损害之外的请求权;人身损害赔偿请求权的普通时效期间为 10 年,如果属于虐待、性侵未成年人,则普通时效期间为 20 年;另设 20 年最长时效期间。德国 2002 年新时效法,将普通时效期间由原来的 30 年,缩短为 3 年,适用于一切请求权;同时规定最长时效期间。其中,人身损害赔偿的最长时效期间为 30 年,其他请求权的最长时效期间为 10 年。

六、民事审判实务中的若干问题(二)*

校园侵权责任承担

问题1:《侵权责任法》第40条中规定,"受到幼儿园、学校或者其他教育机构以外的人员人身损害的,由侵权人承担侵权责任;幼儿园、学校或者其他教育机构未尽到管理职责的,承担相应的补充责任"。如果是在校学生之间的侵权行为,侵权的学生是否属于该条规定中的教育机构以外的人?该条中,学校的相应的补充责任是在整个责任中承担相应部分,还是对侵权人赔偿不能部分进行补充赔偿?

梁慧星:回答这个问题,须要将《侵权责任法》第40条与前面的第38条、第39条联系起来进行理解和解释。这三个条文规定的是未成年人在幼儿园、学校或者其他教育机构(以下统称"学校")学习生活期间遭受人身损害的侵权责任制度。这样的制度,在传统民法上是没有的,传统民法将未成年人受害作为一般侵权案件处理。《侵权责任法》之所以创设第38条、第39条、第40条规定未成年人在校园受伤害的侵权责任制度,是因为国内外校园伤害案件的频繁发生以及产生的后果特别严重。立法目的是特别保护脱离法定监护人监护的未成年人的人身安全。

立法者将未成年人校园伤害案件分为三种:(1)非他人原因伤害(如自己摔倒受伤);(2)未成年人相互伤害;(3)校园外人员伤害。顺

---

* 2013年3月18日于眉山市青神县人民法院。

便提及,这里不涉及学校建筑物造成学生伤害案件(《侵权责任法》第十一章)、校方人员造成伤害(《侵权责任法》第34条、第35条)。

《侵权责任法》第38条、第39条规定第(1)种伤害案件和第(2)种伤害案件,第40条规定第(3)种伤害案件,即校园外人员造成伤害案件。按照第38条、第39条的规定,校园内发生的非他人原因伤害(如自己摔倒受伤)案件和未成年人相互伤害案件,由学校承担管理瑕疵责任;按照第40条规定,校园外人员造成未成年人伤害案件,加害人承担侵权责任,学校承担补充责任。请看条文:

第38条:"无民事行为能力人在幼儿园、学校或者其他教育机构学习、生活期间受到人身损害的,幼儿园、学校或者其他教育机构应当承担责任,但能够证明尽到教育、管理职责的,不承担责任。"

第39条:"限制民事行为能力人在学校或者其他教育机构学习、生活期间受到人身损害,学校或者其他教育机构未尽到教育、管理职责的,应当承担责任。"

第40条:"无民事行为能力人或者限制民事行为能力人在幼儿园、学校或者其他教育机构学习、生活期间,受到幼儿园、学校或者其他教育机构以外的人员人身损害的,由侵权人承担侵权责任;幼儿园、学校或者其他教育机构未尽到管理职责的,承担相应的补充责任。"

下面先介绍第38条、第39条。

第38条与第39条规定的相同之处在于,学校承担侵权责任,须以学校"未尽到教育、管理职责"(即存在"管理瑕疵")为条件,因此同属于管理瑕疵责任。这两条规定的差别在于适用范围不同,因而在"管理瑕疵"的证明上也有所不同。

第38条规定的适用范围是无行为能力人(不足10岁幼儿、儿童)在校园(幼儿园、小学等)受害案件,关于"管理瑕疵"的证明,采取举证责任倒置的方法,即法律"推定"学校具有管理瑕疵,而允许被告学校反证自己"尽到教育、管理职责"(即不具有管理瑕疵)。如被告学校举证证明"尽到教育、管理职责"(无管理瑕疵),法庭即判决其不承担责任;被告学校不能证明"尽到教育、管理职责"(即具有管理瑕疵),法庭即应判决其承担侵权责任。

第39条的适用范围是限制行为能力人（10岁以上的未成年人）在小学、中学校园受害案件，须由受害人方面举证证明被告学校"未尽到教育、管理职责"（即存在管理瑕疵），当然被告学校也可以反证自己"尽到教育、管理职责"（即不存在管理瑕疵）。法庭查明存在管理瑕疵，即应判决被告学校承担侵权责任；查明不存在管理瑕疵，则应判决被告学校不承担侵权责任。

提问中"校内学生之间的伤害案件"，应看受害人是属于无行为能力（10岁以下的未成年人）抑或限制行为能力（10岁以上的未成年人）而决定应当适用的条文。如受害人是10岁以下的未成年人，应当适用第38条；如受害人是10岁以上的未成年人，则应当适用第39条。前面谈到，两个条文的差别在于适用范围和证明责任的负担不同，其他方面没有区别。总之，"校内学生之间的伤害案件"，不能适用第40条。

这里顺便对适用第38条、第39条规定的情形，因伤害原因不同，作进一步分析。

第一种非他人原因伤害案件（如学生自己摔伤），经法庭审查查明被告学校存在管理瑕疵（"未尽到教育、管理职责"），法庭即应判决被告学校承担侵权责任；反之，学校已"尽到教育、管理职责"，即不存在管理瑕疵，法庭即应判决被告学校不承担侵权责任（这种情形应由学生人身伤害保险解决）。

第二种未成年人相互伤害案件，要稍微复杂一些，因为涉及受害人的选择：受害人可以选择依据第38条或者第39条的规定告学校，追究学校管理瑕疵责任；或者选择依据本法第39条的规定告加害人的家长，追究其监护人责任。如受害人将学校和加害人的家长作为共同被告，法庭应当予以释明，提示受害人正确理解法律规定，选择追究学校管理瑕疵责任，或者选择追究加害人家长的监护人责任。

受害人选择依据第38条或者第39条追究学校管理瑕疵责任，被法庭判决败诉（被告学校不承担责任）的，受害人（原告）还可以依据第32条的规定另案起诉加害人家长，追究其监护人责任。理由是第32

条监护人责任与第 38 条、第 39 条学校管理瑕疵责任不构成责任竞合关系。

从受害人方面看问题,选择追究学校管理瑕疵责任,优点是学校有赔偿能力,缺点是一旦法庭认定被告学校不存在管理瑕疵,将获得败诉判决;选择依据第 32 条规定追究加害人家长监护人责任,因监护人责任属于无过错责任,优点是责任容易成立,缺点是被告加害人家长可能依据第 32 条第 1 款第二句以尽到监护责任为由请求减轻赔偿责任,或者依据第 26 条关于过失相抵规则的规定,以受害人对于损害的发生有过错为由,请求减轻赔偿责任。

现在介绍第 40 条。第 40 条规定,其适用范围是第 3 种校园伤害案件,即校园外人员造成未成年人伤害案件。条文第一句规定,未成年人在校园内受到校园外人员伤害的,由侵权行为人承担赔偿责任(赔偿全额)。此是处理校园外人员伤害校园内未成年人案件的原则。条文第二句规定此项原则的特别规则:侵权行为人(加害人)不能承担责任或者不能承担全部责任的,由学校承担"相应的补充责任"。适用本条规定,应当区分下述层次。

第一,如果加害人(校外人员)能够承担责任(有赔偿能力),法庭应当判决被告加害人承担全部赔偿责任,而不考虑学校是否存在管理瑕疵。

第二,如果加害人不能承担责任、不能承担全部责任(或者找不到加害人),则应由学校承担"补充责任"。按条文的立法本意,加害人能够承担全部赔偿责任,则不发生学校承担补充责任的问题。学校承担补充责任,以加害人不能承担责任或者不能承担全部责任为前提条件。这是本法"补充责任"的应有之义,不言自明。

第三,法律对学校的补充责任设有限制,即学校只承担"相应的"补充责任,而不是"全部"补充责任。即使在加害人完全没有赔偿能力或者找不到加害人的案件中,也不能判决学校承担全部赔偿责任(补充全部)。理由:毕竟学校不是加害人,且按照《侵权责任法》的立法政策和制度设计,加害人的加害行为与学校的管理瑕疵(不行为)不构成共同侵权行为。请特别注意,按照《侵权责任法》的规定,加害行为与加害行为构成共同侵权,加害行为与不行为(如管理瑕疵)不构成共同侵权。并且,唯有共同侵权,才发生连带责任。

第四,此"相应的"补充责任,如何掌握?授权法庭结合案件事实,根据社会生活经验,自由裁量,可以是30%、40%或者50%,甚至更多,但无论如何不能是100%。

第五,第40条"未尽到管理职责"一语,如何掌握?请特别注意,此与第38条、第39条"未尽到教育、管理职责",有所不同。在第38条、第39条"未尽到教育、管理职责"(即存在管理瑕疵),是学校承担侵权责任的构成要件,庭审中需要原告举证证明(第39条)或者被告反证(第38条);而在第40条,依据设立本条的立法目的,"未尽到管理职责"之判断,既不要求受害人举证证明被告学校"未尽到管理职责",也不允许被告学校反证自己已"尽到管理职责",而由法庭按照社会生活经验予以认定:校园外人员进入校园造成未成年人人身伤害的事实本身,就足以表明被告学校"未尽到管理职责";假设被告学校已"尽到管理职责",就绝不会发生伤害事实。此项判断方法被称为"事实自证"规则,亦称"事实本身说明问题"规则。顺便提及,第40条判断"未尽到管理职责"与第37条判断"未尽到安全保障义务",均采"事实自证"规则。

第六,学校承担相应的补充责任之后,如果找到加害人,可否追偿?可以追偿。追偿多少?学校承担赔偿责任的全额。理由:非连带责任。既然找到加害人且加害人有赔偿能力,就应当由加害人承担全部责任,而不发生补充责任问题。

本车人员是否属于交强险赔偿范围

问题2:车上人员甩出车外倒地受伤,受伤的人属于车上人还是属于本车以外的人适用交强险赔偿?很多案例认为属于本车以外的人适用交强险?

梁慧星:请看《侵权责任法》第48条:"机动车发生交通事故造

损害的,依照道路交通安全法的有关规定承担赔偿责任。"

再看《道路交通安全法》第76条在第一款中规定:"机动车发生交通事故造成人身伤亡、财产损失的,由保险公司在机动车第三者责任强制保险责任限额范围内予以赔偿。"条文未对受害人范围进行限制,未如国外法(如日本法)明文规定"造成他人损害"。依解释,应当将"车主和驾驶人"除外。而《机动车交通事故责任强制保险条例》(以下简称《交强险条例》)第21条却限定为"本车人员、被保险人以外的受害人",而将本车人员排除在外。我认为,《交强险条例》此项规定并不符合《道路交通安全法》的规定和《侵权责任法》的立法精神。严格解释道路交通安全法,事故车上人员(除被保险人车主),如乘客、无偿搭车人受伤,均应由交强险赔偿。

问题中"车上人员甩出车外受伤",其究竟属于"本车人员",还是"本车人员、被保险人以外的受害人"？可以有两种解释,既可以解释为"本车人员",亦可解释为"以外的受害人"。裁判实践解释为"以外的受害人",规避了《交强险条例》的限制,有利于解决受害人的赔偿问题,并且符合侵权责任法和道路交通安全法创设交强险的立法目的,值得赞同。

使用人责任的适用范围与责任划分

问题3:《侵权责任法》第35条是否适用于帮工、无因管理中的损害赔偿？雇员在劳务中侵害第三人权利,雇主与雇员应如何划分责任？

梁慧星:《侵权责任法》第34条:"用人单位的工作人员因执行工作任务造成他人损害的,由用人单位承担侵权责任。"劳务派遣期间,被派遣的工作人员因执行工作任务造成他人损害的,由接受劳务派遣的用工单位承担侵权责任;劳务派遣单位有过错的,承担相应的补充责任。"

《侵权责任法》第35条:"个人之间形成劳务关系,提供劳务一方因劳务造成他人损害的,由接受劳务一方承担侵权责任。提供劳务一方因劳务自己受到损害的,根据双方各自的过错承担相应的责任。"

民法所谓"使用人责任"是由"雇用人责任"发展而来的。因采用"雇用人责任"概念,易于使人误解为当事人之间必须有"雇佣合同"关系。本法采用"使用人责任"概念,不论当事人之间是否有雇佣合同、聘用合同、劳动合同关系或者国家机关和事业单位内部组织关系,只要有使用与被使用的事实即可,甚至无偿的使用、义务帮工,均可包括在内。但未得到对方(明示或默示)同意的义务帮工,不构成本条所谓使用关系,而应当适用关于"无因管理"的规则(无因管理人进行管理活动造成他人损害的,由无因管理人自己承担侵权责任,但无因管理人承担侵权责任后,可以作为自己进行管理活动所受损失要求被管理人在实际受到利益的范围内予以偿还)。

《民法通则》未规定"使用人责任"。最高人民法院《关于审理人身损害赔偿案件适用法律若干问题的解释》(2003年),规定了雇用人责任。该解释第9条第1款规定:"雇员在从事雇佣活动中致人损害的,雇主应当承担赔偿责任;雇员因故意或者重大过失致人损害的,应当与雇主承担连带赔偿责任。雇主承担连带赔偿责任的,可以向雇员追偿。"

《侵权责任法》在总结裁判实践经验的基础上,首先,将"雇用人责任"改为"使用人责任",再将"使用人责任"区分为"用人单位"与工作人员之间的使用关系和个人之间的使用关系,第34条规定用人单位与工作人员之间的使用关系,第35条规定个人之间的使用关系;其次,考虑到"劳务派遣"的特殊性,在第34条设第2款规定被派遣的工作人员致人损害的责任。

另外,《侵权责任法》无论对于单位的使用关系或者个人的使用关系,均采取英美侵权法的"替代责任"构成,规定由使用人对受害人承担无过错责任,既不考虑使用人对于被使用人之选任、监督是否存在过失,也不考虑被使用人是否存在故意、过失。因此,最高人民法院《关于审理人身损害赔偿案件适用法律若干问题的解释》第9条中关于"雇员因故意或者重大过失致人损害的,应当与雇主承担连带赔偿责任"的规定,因《侵权责任法》生效而丧失其效力。

换言之，按照《侵权责任法》第 34 条、第 35 条的规定，雇员执行职务中加损害于他人，雇主是责任主体（被告），由雇主承担使用人责任，雇员不是使用人责任的责任主体（被告），法庭不能将雇员作为共同被告，为了查清案情的需要，可以将雇员列为诉讼第三人。特别注意，不发生雇主与雇员的连带责任问题（《侵权责任法》规定的连带责任限于共同侵权，雇员执行职务损害他人构成使用人责任，不构成共同侵权行为）。

顺便提及，如果受害人将雇员作为共同被告起诉，法庭应当予以释明，提示原告正确理解法律关于使用人责任的规定，如果按照《侵权责任法》第 34 条、第 35 条规定追究使用人责任，只能以雇主为被告（视案件情况可将雇员列为第三人）；如果坚持以雇员作为被告起诉，就属于一般的侵权责任案件，应当依据《侵权责任法》第 6 条第 1 款关于过错侵权责任的规定，追究雇员的过错侵权责任（显而易见，对受害人不利，因为雇员赔偿能力较低），而不应当依据《侵权责任法》第 34 条、第 35 条关于使用人责任的规定。

再次，《侵权责任法》第 34 条、第 35 条未就使用人承担责任后可否向有故意和重大过失的被使用人行使"追偿权"作出明确规定。此与最高人民法院上述司法解释明确规定"雇主承担连带赔偿责任的，可以向雇员追偿"不同。

在全国人大常委会审议中，亦有委员建议《侵权责任法》第 34 条和第 35 条增加关于追偿权的规定，法律委员会进行审议时，考虑到现代社会生活的实际情形，被使用人大多数属于工薪劳动者，依赖工薪收入维持自己和家庭生计，其工薪报酬本来就很低，使用人行使追偿权之结果，必然导致被使用人及其家庭生活陷于困境。即使在法律明文规定追偿权的国家和地区，其裁判实践中也往往严格限制雇主对于雇员行使追偿权。[①] 对一些薪酬较高的行业而言，使用人行使追偿权仍然

---

① 参见〔日〕园谷峻：《判例形成的日本新侵权行为法》，赵莉译，法律出版社 2008 年版，第 300—303 页。

有其合理性,自不待言。但法律委员会认为,哪些使用关系可以认可追偿权,哪些使用关系不宜认可追偿权,情况比较复杂。即使适宜认可追偿权,其追偿条件如何设置,哪些以"故意"为条件,哪些以"重大过失"为条件,哪些有"一般过失"即可追偿,难以具体规定。故法律委员会决定,《侵权责任法》不就追偿权作一般规定,而将应否认可追偿权及追偿权行使条件,委托人民法院于裁判实践中根据具体情况处理:如果案件中使用关系属于高工资、该补偿,雇主承担使用人责任后行使追偿权起诉雇员的,法庭可以支持其行使追偿权的请求;反之,属于一般低工资、低报酬的使用关系,则法庭不应当支持雇主行使追偿权的请求,判决予以驳回。

关于追偿权的另一个问题是,于认可使用人行使追偿权情形,是认可"全额追偿",还是"限额追偿"?近时的学说认为,使用人向受害人支付损害赔偿金后,如果该金额可以全部向被用人追偿,结果是被使用人最终承担全部责任,违背使用人责任制度的立法目的,因此必须对使用人追偿权的行使进行限制。[②] 例如,日本最高裁判所1976年7月8日判例,使用人承担被使用人驾驶油罐车发生机动车事故的损害赔偿之后,向被使用人追偿,原审仅在赔偿金额的1/4的限度内认可追偿,并认为使用人请求中超过1/4的部分违反诚信原则,构成权利滥用,故不予认可。最高裁判所驳回被告的上告,维持原判。[③]

需特别注意的一个问题是,人民法院于裁判实践中应当如何把握"因执行工作任务"与"非因执行工作任务"的界线?应当参考日本和我国台湾地区法院判断是否属于"执行职务"之"行为外观"理论。

按照"行为外观"理论,使用人通过使用被使用人而扩展其活动范围,并享受其利益,且被使用人执行职务之范围,非与其交易之第三人所能分辨,为保护交易之安全,被使用人之行为在客观上具备执行职务

[②] 参见[日]园谷峻:《判例形成的日本新侵权行为法》,赵莉译,法律出版社2008年版,第300页。

[③] 参见[日]园谷峻:《判例形成的日本新侵权行为法》,赵莉译,法律出版社2008年版,第302—303页。

之外观,而造成第三人损害时,使用人即应承担赔偿责任。所谓被使用人"因执行职务",不仅指被使用人执行使用人之命令、委托职务本身或者执行职务所必要的行为,即使滥用职务或利用职务上的机会及与执行职务之时间或处所有密切关系之行为,在客观上足以使他人相信被使用人为执行职务者,即使是为自己的利益所为之违法行为,均应认定为"执行职务"行为。例如,证券公司雇员,利用职务上的机会,在公司营业时间和营业场所,将客户委托公司买卖证券之价款予以侵占,即应认定该雇员因执行职务造成他人损害,判决证券公司对受害人承担侵权责任。再如,某机关工作人员违反机关内部禁止私用汽车的规定,驾驶单位汽车回家途中发生事故致行人受伤,亦应认定该工作人员因执行职务造成他人损害,判决该机关对受害人承担侵权责任。

最后需说明的是,《侵权责任法》第 34 条第 1 款所谓"用人单位",应解释为包含公、私企业及国家机关和事业单位在内,因此,《侵权责任法》未专条规定所谓"公务员之侵权行为"。《侵权责任法》生效之后,第 34 条第 1 款将取代现行《民法通则》第 121 条④,成为国家机关工作人员侵权行为之一般法,而《行政诉讼法》(1989 年)(第 67 条、第 68 条)关于行政机关工作人员侵权责任的规定⑤及《国家赔偿法》,均应属于《侵权责任法》第 34 条第 1 款规定的特别法。

请特别注意,《侵权责任法》第 35 条后段"提供劳务一方因劳务自己受到损害的,根据双方各自的过错承担相应的责任"的规定,是错误的。为什么?因为雇员执行职务中自己受害,属于劳动保护的范围,与侵权法无关。例如,个体餐馆的师傅切菜的时候不当心切掉半截手指头,当然不是雇主的行为造成损害,雇主完全没有什么过错,难道真的

---

④ 《民法通则》第 121 条规定:"国家机关或者国家机关工作人员在执行职务,侵犯公民、法人的合法权益造成损害的,应当承担民事责任。"

⑤ 《行政诉讼法》(1989 年)第 67 条第 1 款规定:"公民、法人或者其他组织的合法权益受到行政机关或者行政机关工作人员作出的具体行政行为侵犯造成损害的,有权请求赔偿。"第 68 条第 1 款规定:"行政机关或者行政机关工作人员作出的具体行政行为侵犯公民、法人或者其他组织的合法权益造成损害的,由该行政机关或者该行政机关工作人员所在的行政机关负责赔偿。"

按照本条末句的规定让大师傅自己承担责任。这样做不仅不公正,也违反《劳动法》,违反《社会保险法》,甚至违反《宪法》。现行《劳动法》(1994年)第73条规定,劳动者在劳动中"负伤""因工伤残",应"依法享受社会保险待遇"。为规避此项错误规定的适用,我建议把《劳动法》和《社会保险法》关于工伤保险的规定,解释为《侵权责任法》第5条所说的"其他法律另有规定",按照特别法优先适用原则,直接适用《劳动法》《社会保险法》的有关规定,而不适用《侵权责任法》第35条最后一句。

未成年人致人损害的侵权案件

问题4:未成年人致人损害的侵权案件问题。

一种做法是认为未成年人致人损害的,虽然未成年人是侵权行为人,但不是法律上的侵权责任人,因此应直接以侵权人的法定监护人为被告进行诉讼,该未成年人不能作为被告。

但如果在审理过程中有特殊情况,有证据证明侵权的未成年人有个人财产承担赔偿责任,则应追加未成年人为共同被告,其法定监护人作被告的同时也作为未成年人的法定代理人参加诉讼。判决未成年人以其个人财产承担责任,不足部分由其作为共同被告的法定监护人承担。因此,我们认为法院对此类案件将未成年人和其监护人作为共同被告进行诉讼,但仅判决其监护人承担责任,未成年人在判决条文中既没有承担责任,也没有驳回原告对未成年人的诉讼请求是不当的。

另一种做法是不论未成年人有无财产,将未成年人和其监护人作为共同被告,直接判决未成年人和其监护人承担责任也不妥当。请问这种理解是否正确?

梁慧星:先看《侵权行为法》第32条:"无民事行为能力人、限制民事行为能力人造成他人损害的,由监护人承担侵权责任。监护人尽到监护责任的,可以减轻其侵权责任。有财产的无民事行为能力人、限制民事行为能力人造成他人损害的,从本人财产中支付赔偿费用。不足部分,由监护人赔偿。"

请特别注意法律条文的逻辑关系。单个法律条文的逻辑关系:如果有两款(多款),则第1款是一般原则规定,第2款(及以下)是特别规则;第1款(只有一款)如果有两句(多句),则第一句是原则规定,第二句是特别规则(一个制度几个条文的逻辑关系:第1条是原则规定,第2条及以下条文是特别规则)。

《侵权责任法》第32条关于未成年人的侵权责任的规定,由两款组成一个制度,第1款是原则规定(第2款是特别规定);第1款条文由两句构成,则第一句是原则规定(第二句是特别规定)。因此,第1款第一句是《侵权责任法》关于未成年人侵权责任的原则规定,亦即未成年人的侵权行为,"由监护人承担侵权责任"。这一原则规定,明确了两个问题:其一,责任主体(诉讼中的被告);其二,责任性质,监护人责任属于无过错责任(顺便提及,判断一项侵权责任制度是过错责任抑或无过错责任的判断标准为:凡条文有"过错"概念的,是过错责任;凡条文未出现"过错"概念的,是无过错责任)。第1款第二句属于特别规则:减轻监护人责任的法定事由。

按照《侵权责任法》第32条第1款规定的原则,应由监护人作为未成年人侵权责任案件的被告,对受害人承担无过错责任。第2款规定此项原则的特别规则:如果未成年人有财产,则从其财产中支付赔偿费用。第2款仅解决赔偿费用从谁的财产中支付的问题,而不改变第1款确定的原则(谁是责任主体、被告)。换言之,按照第1款确定的原则,既然由监护人承担责任,本应以监护人自己的财产支付赔偿费用,鉴于监护关系的特殊性,既然被监护人有财产,则第2款规定从被监护人财产中支付赔偿费用,作为特别规则。仍然是监护人充当被告,仍然是监护人承担责任,本款特别规定"监护人拿被监护人的财产赔偿受害人"。请特别注意第1款与第2款的逻辑关系,特别注意第2款并没有说"由本人承担责任"。

现在作一下小结,《侵权责任法》第32条属于传统民法"监护人责任"制度,未成年人的侵权行为由监护人承担侵权责任,一般情形下(被监护人没有财产)监护人应从自己的财产中支付赔偿费用(无须明文规定,不言自明);特别情形下(被监护人有财产)监护人从被监护人财产中支付赔偿费用,不足部分再从监护人自己的财产中支付(须法律明文规定,第2款)。

应当肯定,无论被监护人有无财产,均只有一个被告:监护人。不能将有财产的被监护人列为"共同被告"或者"第三人"。理论根据:在实体法上,未成年人(无行为能力、限制行为能力)不具有侵权责任能力,不能作为责任主体承担侵权责任;在程序法上,未成年人(无行为能力、限制行为能力)不具有诉讼行为能力,不能作为诉讼主体(原告、被告、诉讼第三人)参加诉讼。

实务中,如受害人起诉以未成年人为被告,法庭应当予以释明,提示其变更诉讼当事人(被告);如原告或者被告(监护人)要求将未成年人列为共同被告,法庭应当予以释明,提示其正确理解法律规定。

顺便提到,被告(监护人)要求减轻责任的,须采取抗辩方式主张,并举证证明自己已"尽到监护责任"。被告未主张减轻责任抗辩的,法庭不能主动审查是否有减轻责任事由。

按照《侵权责任法》第32条第2款规定,对于有财产的未成年人的侵权行为,从被监护人财产中支付赔偿费用,应当由当事人举证证明被监护人"有财产"的事实。被告(监护人)主张并证明被监护人有财产,法庭应在判决书中载明:被告(监护人)"从被监护人财产中支付赔偿费用"(《民法通则》第18条规定监护人不得处理被监护人的财产)。于监护人不具有赔偿能力情形,原告(受害人)向法庭主张依据《侵权责任法》第32条第2款规定,从被监护人财产中支付赔偿费用,法庭应要求原告(受害人)举证证明被监护人"有财产"的事实。如果被告(监护人)和原告(受害人)均未主张从被监护人财产中支付赔偿费用,法庭无须审查被监护人是否有财产的事实,而直接判决被告承担赔偿责任。

机动车交通事故责任划分

问题5:关于车辆挂靠的问题。机动车交通事故责任纠纷案件中,事故车辆的所有人与车辆挂靠单位应如何划分责任?

梁慧星：《侵权责任法》对此未设规定。按照法理解释，应当由车辆所有人承担赔偿责任；车辆所有人不能承担责任或者不能承担全部责任时，由挂靠单位承担补充责任。因为车辆所有人才是车辆运行利益享受者和运行危险的控制者。挂靠单位只是收取管理费，并不是车辆运行利益的享受者和运行危险的控制者，不应是第一顺位的责任人。当车辆所有人不能承担责任或者不能承担全部责任时，法庭才应判决挂靠单位承担补充责任，其承担补充责任的法理依据是存在"管理瑕疵"。值得注意的是，最高人民法院有关司法解释解释为应由车辆所有人与挂靠单位承担连带责任。此项解释仍有斟酌余地。

民事赔偿与交通事故责任认定书的关系

问题 6：关于民事赔偿与交通事故责任认定书的关系。《侵权责任法》第 89 条规定，"在公共道路上堆放、倾倒、遗撒妨碍通行的物品造成他人损害的，有关单位或者个人应当承担侵权责任"，法院根据该条规定作出的判决结果与交通事故责任认定书的责任划分完全相反，是否恰当？

（案例：甲行车时遇到乙在公共道路上的堆放物而致害，交警部门出具事故认定书，认定甲承担主要责任，乙承担次要责任。甲不服责任认定，以"物件损害责任"为由诉至法院，法院根据《侵权责任法》第 89 条判决乙承担物件损害的侵权责任。责任承担与事故认定书相反）

梁慧星：关于"交通事故责任认定书"，在法院审理交通事故赔偿责任案件中应当如何对待，《最高人民法院公报》2010 年卷刊登有葛宇斐诉沈丘县汽车运输公司、中国人民财产保险股份有限公司周口市分公司、中国人民财产保险股份有限公司沈丘支公司道路交通事故损害赔偿纠纷案。裁判摘要：交通事故责任认定书是公安机关处理交通事故，作出行政决定所依据的主要证据，虽然可以在民事诉讼中作为证据使用，但由于交通事故认定结论的依据是相应行政法规，运用的归责原则具有特殊性，与民事诉讼中关于侵权行为认定的法律依据、归责原则有所不同。交通事故责任不完全等同于民事法律赔偿责任，因此，交通事故责任认定书不能作为民事侵权损害赔偿案件责任分配的唯一依据。行为人在侵权行为中的过错程度,应当结合案件实际情况,根据民事诉讼的归责原则进行综合认定。这一案例已经明确表示法院裁判实践中对待公安机关"交通事故责任认定书"的正确态度,提问中法院判决的赔偿责任与交通事故责任认定书不同甚至相反,并无不当。

医疗损害责任中诊疗义务的判断

问题7:《侵权责任法》第57条规定:"医务人员在诊疗活动中未尽到与当时的医疗水平相应的诊疗义务,造成患者损害的,医疗机构应当承担赔偿责任。"如何理解"与当时的医疗水平相应的诊疗义务"?有无具体的认定标准?

梁慧星:这里先对《侵权责任法》关于医疗损害责任的规定作一介绍。《侵权责任法》第54条规定:"患者在诊疗活动中受到损害,医疗机构及其医务人员有过错的,由医疗机构承担赔偿责任。"

《侵权责任法》废弃医疗事故概念,采用医疗损害概念,并参考各主要国家和地区处理医疗损害赔偿案件的经验,对医疗损害赔偿案件适用过错责任原则。据此规定,医疗损害侵权责任之成立,须以医疗机构或者其医务人员具有过错为条件。有过错即有责任,无过错即无责任。

医疗损害责任既然属于过错责任,则按照《侵权责任法》第6条第1款关于过错责任原则的规定,本应由受害患者向审判庭举证证明医务人员有过错。但法律委员会和法制工作委员会认为,鉴于诊疗活动本身的特殊性,于发生医疗损害的许多情形,不仅患者方面往往难以举证证明医疗机构和医务人员有过错,而且医疗机构和实施诊疗行为的医务人员也往往难以举证证明自己无过错,无论将举证责任和举证不能的后果归属于患者方面负担,或者归属于医疗机构方面负担,均有失其偏颇。

有鉴于此,既不宜机械地按照《侵权责任法》第6条第1款关于过错责任原则的规定,要求原告(患者)一方负担证明医疗机构和医务人员具有过错的举证责任,并在原告(患者)不能举证或者不能充分举证证明医疗机构和医务人员有过错时,作出不利于原告(患者)的事实认定,也不宜沿用最高人民法院关于民事证据的司法解释对医疗纠纷案件采用举证责任倒置的办法⑥,要求医疗机构负担证明自己无过错的举证责任,并在医疗机构不能举证或者不能充分举证证明自己无过错时,作出不利于医疗机构的事实认定。

《侵权责任法》在总结人民法院裁判实践经验的基础上,参考借鉴发达国家和地区关于"过错客观化"的判例学说,专设若干法律条文明确规定判断过错的客观标准,以方便法庭正确判断过错,避免将举证责任和举证不能的后果简单化地归属于任何一方所可能造成的不公正。这些判断标准是:《侵权责任法》第 55 条关于医务人员的说明义务和取得患者书面同意的规定;《侵权责任法》第 57 条关于一般注意义务判断标准的规定;《侵权责任法》第 58 条关于"推定过错"的规定;《侵权责任法》第 60 条关于医疗机构法定免责事由的规定。因此,人民法院审理医疗损害责任案件,不应适用《侵权责任法》第 6 条第 1 款过错责任原则关于过错举证的一般规则,被告是否存在过错,应由法庭根据上述条文规定标准予以认定。

《侵权责任法》第 55 条规定:医务人员在诊疗活动中应当向患者说明病情和医疗措施。需要实施手术、特殊检查、特殊治疗的,医务人员应当及时向患者说明医疗风险、替代医疗方案等情况,并取得其书面同意;不宜向患者说明的,医务人员应当向患者的近亲属说明,并取得其书面同意。医务人员未尽到前款义务,造成患者损害的,应当承担赔偿责任。

按照民法原理,医疗机构与患者之间是一种特殊的委托合同关系,作为受托方的医疗机构基于患者及其家属的高度信赖和委托,处分事关患者生命、身体、健康等重大人格利益的事项,不应单凭医疗机构一

---

⑥ 最高人民法院《关于民事诉讼证据的若干规定》(法释〔2001〕33 号)第 4 条:"下列侵权诉讼,按照以下规定承担举证责任:……(八)因医疗行为引起的侵权诉讼,由医疗机构就医疗行为与损害结果之间不存在因果关系及不存在医疗过错承担举证责任……"

方的裁量,而应当充分尊重患者的自主决定权。而患者自主决定权之正确行使,又有赖于医务人员履行说明义务。患者自主决定权是产生医务人员说明义务之法理根据,医务人员履行说明义务的目的,是为了保障患者一方在对病情、诊疗方案及其可能风险等有充分了解的前提之下行使自主决定权。

《侵权责任法》基于对患者自主决定权之尊重,参考国外所谓"知情同意"规则,设第 55 条明确规定医务人员的"说明义务"和患者的"同意权"。第 55 条第 1 款明文规定说明义务的范围及取得患者及其近亲属书面同意的必要。第 2 款规定,医务人员未履行说明义务、未取得患者或其近亲属书面同意,实施诊疗行为造成患者损害的,应当承担赔偿责任。质言之,《侵权责任法》将是否履行说明义务和取得患者一方的书面同意,作为判断医疗机构一方是否存在过错的标准。未履行此项义务,即有过错。但为方便操作,第 55 条第 2 款越过"过错"概念,直接规定,医疗机构一方未履行此项义务,如患者受有损害,即应成立侵权责任。

需特别注意,对第 55 条不能作反对解释,不能误认为只要履行了该条规定的说明义务、取得了患者或其近亲属的书面同意,就可以不承担赔偿责任。虽然履行了本条规定的说明义务、取得了患者或其近亲属书面同意,如果医疗机构和医务人员在实施诊疗活动中,未尽到本章第 57 条规定的一般注意义务,或者有第 58 条规定的情形之一,仍然应当对患者遭受的损害承担赔偿责任。

《侵权责任法》第 56 条规定:"因抢救生命垂危的患者等紧急情况,不能取得患者或者其近亲属意见的,经医疗机构负责人或者授权的负责人批准,可以立即实施相应的医疗措施。"

考虑到因抢救危急患者等紧急情况,难以取得患者或者其近亲属的意见,特增设本条规定。《侵权责任法》第 55 条关于说明义务和取得患者书面同意的规定为一般规则,第 56 条属于例外规定。条文所谓"不能取得患者或者其近亲属意见",据法工委副主任王胜明在法律委员会会议上的说明,是指患者不能表示意思且难以取得患者近亲属的意见。例如在汶川大地震中,许多从废墟挖出的重伤员已经生命垂危、神志昏迷,不能表达自己的意思,且难以联系、找到其近亲属以征求其意见。这种情形,依据《侵权责任法》第56条规定,应当经医疗机构负责人(医院负责人)或者授权的负责人(医疗队负责人)批准,对处于生命垂危状态的患者实施救治措施。

按照《侵权责任法》的立法思想,是否接受诊疗及接受何种诊疗方案,取决于患者自己的意思,在患者自己不能表示意思时,取决于患者近亲属的意思,医疗机构和医务人员不得违反患者或者其近亲属的意思而实施诊疗行为。如果患者明确表示"不同意"救治,或者患者不能表达意思时其近亲属明确表示"不同意"救治,则医疗机构和医务人员不得借口"紧急情况"而强行实施救治措施。在某种意义上,为所谓"消极的安乐死"留下可能性。体现了对"患者自主决定权"的充分尊重,值得注意。

《侵权责任法》第57条规定:"医务人员在诊疗活动中未尽到与当时的医疗水平相应的诊疗义务,造成患者损害的,医疗机构应当承担赔偿责任。"

本条是关于一般注意义务的规定。民法理论将注意义务区分为一般注意义务与特别注意义务。《侵权责任法》第55条规定的说明并取得书面同意的义务,属于医疗活动中医务人员应履行的特别注意义务。医务人员按照《侵权责任法》第55条规定履行了说明义务并取得患者或其近亲属书面同意之后,于实施诊疗行为时还必须履行一般注意义务。

值得注意的是,《侵权责任法》未采用"专家的高度注意义务"或者"高度注意义务"这样的概念,而采用了"与当时的医疗水平相应的诊疗义务"这样的表述。条文采纳一些常委的建议,将原文"注意义务"改为"诊疗义务"。"注意义务"概念与"诊疗义务"概念是种概念与属概念的关系。所谓"诊疗义务",亦即医务人员在实施诊疗行为时应尽的注意义务。"诊疗义务"概念,强调医疗服务领域医疗机构和医务人员必须履行的注意义务的行业特点,可以方便医务人员理解和裁判实践中法官进行判断,有其意义。

但在全国人大常委会第四次审议中,又有委员建议本条增加"当地的医疗水平"作为判断标准。法律委员会研究认为,如果本条增加"当地医疗水平"作为注意义务的判断标准,则在许多医疗损害案件中,被告医疗机构均可以"当地的医疗水平"低于"当时的医疗水平"作为抗辩理由,否定诊疗活动中存在过错,进而否定侵权责任之成立,最终使遭受损害的患者不能获得赔偿,背离《侵权责任法》保护患者合法权益的立法目的。因此,法律委员会决定不采纳此项建议,仍坚持以"与当时的医疗水平相应的注意义务",作为判断是否存在过错的统一标准。

《侵权责任法》第58条规定:"患者有损害,因下列情形之一的,推定医疗机构有过错:(一)违反法律、行政法规、规章以及其他有关诊疗规范的规定;(二)隐匿或者拒绝提供与纠纷有关的病历资料;(三)伪造、篡改或者销毁病历资料。"

在此前的裁判实践中存在这样的情形,法庭在查明被告医疗机构及其医务人员显然违反有关诊疗规范,或者有隐匿有关病历资料甚至伪造、篡改、销毁有关病历资料的事实之后,却仍然认定医疗机构不存在过错或者采纳所谓不构成医疗事故的鉴定结论,作出被告医疗机构不承担侵权责任的判决。法律委员会和法制工作委员会认为,按照民法原理及《侵权责任法》的立法思想,违反有关诊疗规范,或者隐匿有关病历资料甚至伪造、篡改、销毁有关病历资料,这类行为本身即是过错。这种情形,法庭应当直接根据"违反有关诊疗规范,或者有隐匿有关病历资料甚至伪造、篡改、销毁有关病历资料"的事实,认定被告医疗机构有过错,既不应要求原告证明被告有过错,亦不得许可被告举证证明自己无过错。基于上述考虑,专设第58条。

需特别注意,《侵权责任法》第58条所谓"推定医疗机构有过错",属于不允许被告以相反的证据予以推翻的过错推定,而与通常所谓"过错推定"不同。现代民法上的"推定",属于一种技术性法律概念,是立法者于制定法律规范时预先作出的"假定",即基于法定的某种事实之存在,而"假定"存在另一种事实。民法上有两种"推定":一种是许可被推定人以反证予以推翻的推定;另一种是不允许被推定人以反证予以推翻的推定。

二者在法律条文表述上有明显区别。第一种过错推定,即许可被推定人以相反的证据予以推翻的推定,法律条文通常表述为"不能证明自己没有过错的,应当承担侵权责任",如《侵权责任法》第85条、第88条和第90条的规定。第二种过错推定,即"不可推翻的过错推定",如《侵权责任法》第58条规定,在法律条文表述上仅规定为"有下列情形之一的","推定为有过错"。第二种过错推定,严格言之,不是真正的推定,实际上是立法者预先作出的"直接认定"而非"假定",其法律效力等同于另一个技术性概念"视为"。

所谓"视为",是法律的直接认定,不允许被告推翻此项认定。例如,《合同法》第158条第1款规定,"当事人约定检验期间的,买受人应当在检验期间内将标的物的数量或者质量不符合约定的情形通知出卖人。买受人怠于通知的,视为标的物的数量或者质量符合约定"。依据本条规定,法庭查明买受人未在"检验期间"向出卖人发出"质量异议通知",即应作出标的物质量符合约定的事实认定,并驳回买受人关于标的物质量不合格的主张(或抗辩)及进行质量鉴定的申请。《侵权责任法》第58条所谓"推定医疗机构有过错",亦是如此。法庭一经审理查明,本案存在条文规定的三种法定情形之一的,即应认定被告医疗机构有过错,并驳回被告医疗机构关于不存在过错的主张(或抗辩)。

有人会问,既然如此,《侵权责任法》第58条何以不采用"视为"概念,明文规定"视为医疗机构有过错"呢?这是因为,在民法立法习惯上,"视为"用于"客观事实"的认定,即基于某种"客观事实"之存在,而直接认定另一种"客观事实"之存在;"推定"用于"主观事实(状态)"之认定,即基于某种"客观事实"之存在,而假定某种"主观事实(状态)"之存在。本章虽然采取了"过错客观化"的判断方法,但并不改变"过错"仍然属于"主观心理状态"的本质。法律条文不用"视为医疗机构有过错",而用"推定医疗机构有过错",是民法立法习惯使然。于此有必要特别提及,在法律委员会审议中,主持审议的法律委员会主任委员胡康生即已指出,《侵权责任法》第58条所谓"推定医疗机构有过错",不同于《侵权责任法》第6条第2款所谓"推定过错",而是"直接认定"。

《侵权责任法》第57条规定"与当时的医疗水平相应的诊疗义务",有无具体判断标准?可以肯定,没有具体判断标准。具体案件审理中,法庭应当结合案情考虑当时的医疗水平进行判断,遇特殊案件难以判断时,可以委托医学和临床权威专家,就该案病情"与当时医疗水平相应的诊疗义务"提供咨询意见。这种情形,是请专家告诉法庭据以判断过错的标准,而不是代替法庭判断被告有无过错。

提问中所举案例,患者"术后出现输尿管断裂",不能仅根据"医院在诉讼中提供了全套手术手续,均符合规定",就认定被告医院"没有过错"。因为,《侵权责任法》规定"违反法律、行政法规、规章以及其他有关诊疗规范的规定",应当认定医疗机构"有过错"[《侵权责任法》第58条第(1)项],此项规定不能作反对解释。绝对不能说,被告只要"不违反"法律、行政法规、规章等有关诊疗规范的规定,就没有过错。这种情形,判断被告医院是否存在过错,还是要以《侵权责任法》第57条的一般注意义务为判断标准,即看被告医院是否尽到"与当时医疗水平相应的诊疗义务"。

侵权之债是否属于个人债务

问题8:侵权损害赔偿纠纷中,因夫或妻一方的行为致他人人身损害的,是否一律确定为夫或妻一方的个人债务?

梁慧星:这取决于家庭财产制属于共同所有制抑或分别财产制。如属于共同财产制,一方侵权行为致他人损害的赔偿责任,应当认定为家庭债务;如属于分别财产制,且对方知道的,应当认定为一方个人债务。

七、民事审判实务中的若干问题(三)[*]

债权人撤销权

问题1:根据《合同法》第74条规定,债务人以明显不合理低价转让财产的,该行为被撤销后,需双方互相返还财产的,可否适用同时履行抗辩权?一方当事人可否把不合理低价补足到正常价格后,使该行为有效,使撤销权消灭?

梁慧星:在回答这个问题之前,先对债权人撤销权作概括讲解。我国开始向市场经济转轨的某个时期,经济生活中发生"三角债"和债务人故意赖账的严重社会问题,影响到国民经济的正常发展。《合同法》起草人参考借鉴发达国家和地区的立法经验,创设债权人代位权制度(第73条)以应对"三角债"问题,创设债权人撤销权制度(第74条)以应对"故意赖账"问题。按照民法原理,债权人代位权与债权人撤销权,同属于"债权保全"制度,即通过保全债务人财产,维持债务人偿债能力,以保护债权人利益的民法制度。债权人代位权适用于债务人"怠于行使"债权的案型,债权人撤销权适用于债务人目的在于赖账的财产处分案型。债权人代位权制度,赋予债权人法定代位权,使其可以代位行使债务人"怠于行使"的债权;债权人撤销权制度,赋予债权人法定撤销权,使其可以撤销债务人目的在于赖账的财产处分行为。债权人代位权和债权人撤销权,均属于法律强制性规定,不允许权利人预

---

* 2013年5月2日于威海市环翠区人民法院。

先放弃,合同中预先约定放弃债权人代位权或债权人撤销权的,该约定无效。但债权人是否行使代位权或者撤销权,则取决于权利人的自由意思,自不待言。

按照民法意思自治原则,债务人作为民事主体,当然可以自由处分自己的财产(和财产权利),包括有偿转让(出卖财产给他人)、无偿转让(将财产赠与他人)以及放弃债权(免除他人债务)。但法律不允许债务人滥用财产处分自由,以损害债权人的利益(赖账),不允许债务人一边拖欠债权人的债务,一边无偿处分自己的财产或财产权利。债权人撤销权的实质,就是对债务人财产处分自由的限制。关键的问题是,债务人是否另有足以清偿债权人债务的财产?如果债务人另有足以清偿对债权人的债务的财产,则债务人的财产处分自由不受限制;反之,如果债务人没有别的足以清偿对债权人的债务的财产,而意图通过任意处分自己的财产达到赖账的目的,则债权人可依据《合同法》第74条规定,行使债权人撤销权,撤销债务人的财产处分行为。

债权人行使债权人撤销权,撤销债务人的财产处分行为,使债务人的处分行为(转让财产的合同和免除债务的单方行为)归于无效,其效力及于该处分行为的相对人,使该相对人丧失既得之权利。可见,债权人撤销权,亦属于债的相对性原理之一种例外。有鉴于此,债权人撤销权必须采取诉讼方式行使,即债权人向人民法院提起撤销权之诉,以处分财产的债务人为被告,以该财产处分行为的相对人为诉讼第三人。

考虑到债务人意图赖账的财产处分行为有两种情形:一种是无偿处分,包括放弃债权和无偿转让财产;另一种是有偿转让财产,即故意约定不合理的低价。这两种情形债权人撤销权的构成要件有所不同。

《合同法》第74条第1款第一句规定无偿处分情形债权人撤销权的构成要件:(1)须债务人有无偿处分财产行为。最高人民法院解释说,包括放弃债权、放弃债权担保、恶意延长到期债权的履行期。(2)须债务人无偿处分财产行为对债权人造成损害。此项要件如何判断?关键在于,债务人是否有其他财产可供清偿其对债权人的债务。如债务人有其他财产可供清偿债务,则其无偿处分财产行为,不会对债权人造成损害。反之，如债务人别无其他财产可供清偿对债权人的债务，则其无偿处分财产行为，致使债权人的债权未能实现，即应肯定"对债权人造成损害"。如果被告（债务人）或第三人（相对人）就此项要件主张抗辩，法庭应责令其举证证明"债务人另有足以清偿对债权人债务的财产"，如被告或第三人证明了债务人"另有足以清偿对债权人债务的财产"，则法庭于认定抗辩理由成立之同时，应当对原告（债权人）释明，告知其变更诉讼请求。变更为请求法院判决债务人履行债务（以债务人为被告、无偿处分行为之相对人退出诉讼）之诉讼请求。

《合同法》第74条第1款第二句规定以明显不合理低价处分情形债权人撤销权的构成要件：（1）须债务人有以明显不合理的低价转让财产的行为。最高人民法院解释说，以明显不合理的高价受让财产，与之相同。所谓"明显不合理的低价"为不确定法律概念，立法者有意将具体案件情形之判断，委托给审理案件的法官。最高人民法院解释说，人民法院应当以交易当地一般经营者的判断，并参考交易当时交易地的物价部门指导价或者市场交易价，结合其他相关因素综合考虑予以确认，转让价格达不到交易时交易地的指导价或者市场交易价的70%的，一般可以视为明显不合理的低价。此项判断标准，固然具有可操作性，但其本身的"合理性"却大可存疑。（2）须债务人以明显不合理低价转让财产行为，对债权人造成损害。此项要件之判断，与前述无偿处分情形相同。（3）须受让人知道该转让行为对债权人造成损害。受让人是否知道，属于主观心理状态，难以要求原告举证证明，也不应要求受让人予以反证，应当由法官结合本案具体情形，依据一般社会生活经验进行判断。按照一般社会生活经验，任何人转让财产，如果相对方不是自己的亲戚朋友，都绝不可能接受"明显不合理的"低价。唯相对方是自己的亲戚朋友时，才有可能接受"明显不合理的"低价。因此，如果查明受让人是债务人的亲戚朋友，则按照一般社会生活经验，应当认定该受让人"知道对债权人造成损害"。此即程序法教科书所谓"经验法则"，最高人民法院民事证据规则谓"按照日常生活经验推定"。

人民法院受理债权人提起的撤销权行使之诉,经法庭审查符合《合同法》第 74 条第 1 款规定的构成要件,应作出债权人胜诉的判决,撤销债务人的财产处分行为,同时应当适用《合同法》第 56 条、第 58 条关于撤销效果的规定。按照《合同法》第 56 条规定,债务人的财产处分行为被撤销的,其行为"自始没有法律约束力"。再依据《合同法》第 58 条的规定,判决受让人返还该财产;如果属于有偿转让,则判决当事人双方相互返还财产或者价款。

债权人撤销权行使之目的,在于撤销债务人此前实施的财产处分行为,恢复债务人的责任财产(偿债能力)。债权人向人民法院起诉请求撤销债务人财产处分行为的同时,当然可以请求判决债务人履行债务或者追究其违约责任。因此,法庭审查符合《合同法》第 74 条债权人撤销权构成要件的情形,应当在判决撤销债务人财产处分行为的同时,一并判决债务人履行债务或者承担违约责任。

现在回答第一个问题:根据《合同法》第 74 条规定,债务人以明显不合理低价转让财产的,该行为被撤销后,需双方互相返还财产的,可否适用同时履行抗辩权? 刚才已经谈到,人民法院受理债权人提起的撤销权行使之诉,经法庭审查符合《合同法》第 74 条第 1 款规定的构成要件,当然应作出债权人胜诉的判决,即判决撤销债务人的财产处分行为。如果属于以明显不合理的低价转让财产行为,则法庭判决撤销该转让行为的同时,还应当适用《合同法》第 58 条的规定,判决当事人双方相互返还取得的财产或者价款。

须特别说明,法庭判决双方相互返还财产,是《合同法》第 58 条规定合同被撤销的法律效果,即通过公权力强制双方相互返还财产,与所谓"同时履行抗辩权"(《合同法》第 66 条)无关。判决书应当载明相互返还的财产标的、返还的时间、返还的受领人,判决生效后当事人未自动返还的,则需通过强制执行,以实现相互返还。当事人必须执行判决,不发生所谓同时履行问题,不得以所谓同时履行抗辩权对抗生效判决的执行。

再回答第二个问题:一方当事人可否把不合理低价补足到正常价

格后,使该行为有效,使撤销权消灭？这是立法时未考虑到的问题。法院审理债权人撤销权诉讼,经审理查明,符合《合同法》第 74 条第 1 款第二句规定的构成要件,法庭本应依法作出撤销该财产转让行为的判决,但是作为诉讼第三人的受让人主动提出,自愿将不合理的低价补足到正常的价格,使该转让行为有效,以排除债权人的撤销权,法庭是否允许？我的意见是,法庭应当允许。因为这样做对债权人没有害处,与债权人撤销权的立法目的,并不违背。前面谈到,《合同法》创设债权人撤销权是为了对应债务人赖账,通过撤销债务人意图赖账的财产处分行为,最终保障债权人获得清偿。现在受让人提出自愿将不合理低价补足到正常价格,当然可以用受让人补足到正常价格的价款差额清偿债务人拖欠债权人的债务,因此法庭应通过释明,使撤销权诉讼变更为债务清偿诉讼,判决该受让人向原告债权人支付正常价格与原转让价格的差额。

合同无效后的返还

问题 2:对于无效合同,法院判决双方互相返还财产,但未规定谁先返还,执行中,对方可否行使同时履行抗辩权？

梁慧星:回答问题之前,先讲解《合同法》第 66 条同时履行抗辩权制度。第 66 条规定:"当事人互负债务,没有先后履行顺序的,应当同时履行。一方在对方履行之前有权拒绝其履行要求。一方在对方履行债务不符合约定时,有权拒绝其相应的履行要求。"

条文第一句规定双务合同的同时履行原则,即在双务合同中,如当事人未约定债务履行的先后顺序,双方应同时履行各自的债务。此同时履行原则,是同时履行抗辩权的基础。因为有双务合同的同时履行原则,才发生双务合同当事人的同时履行抗辩权。但实际生活中双务合同通常会约定债务履行的先后顺序,例如"款到交货""货到付款",约定了履行顺序,就不发生同时履行的问题,但可以发生后履行抗辩权(《合同法》第 67 条)或者不安抗辩权(《合同法》第 68 条)。如果合同未约定债务履行的先后顺序,则按照同时履行原则,当事人在对方履行债务之前,有权拒绝对方的履行要求。这就是所谓同时履行抗辩权。

例如,货物买卖合同,未约定履行顺序,出卖人在买受人付款之前,有权拒绝交货;买受人在出卖人交货之前,有权拒绝付款。反过来说,按照同时履行原则,任何一方当事人,要求对方履行债务,均须以履行自己负担的债务为条件。买受人要求对方交货,必须自己先付款,买受人自己不付款,出卖人有权不交货;出卖人要求对方付款,必须自己先交货,出卖人自己不交货,买受人有权不付款。双方均可以对方未履行债务为由,拒绝履行自己负担的债务,这就叫行使同时履行抗辩权。

请同志们特别注意,此所谓同时履行抗辩权,是存在于合同关系上的权利,其法律效力是对抗合同关系上的对方当事人的履行请求,并使自己拒绝履行债务的行为不构成违约。因此,同时履行抗辩权,仅可以用来对抗合同对方当事人的履行请求。当事人可不可以用这种同时履行抗辩权对抗法庭(生效判决确定)的履行命令?当然不可以。法庭生效判决所确定的履行命令,是由国家强制力保障其执行的,是当事人所难以抗拒的。质言之,同时履行抗辩权,是平等的民事主体之间的民事权利,不能用来对抗作为公权力主体的法院(生效判决确定的)履行命令。这属于法治之基本原理,是不言而喻的。为什么国家要设立人民法院?为什么要制定《民事诉讼法》?为什么《民事诉讼法》要专设强制执行程序?就是要通过国家强制力(公权力)强制当事人履行法庭的履行命令。有的同志认为,法庭判决双方当事人相互履行债务,或者判决双方相互返还财产(或价款),如果判决中未确定先后顺序,当事人可以用所谓同时履行抗辩权予以对抗,是完全错误的。

经法庭审理查明合同具有《合同法》第 52 条规定的无效事由,在依据《合同法》第 52 条确认合同无效的同时,如果合同已经履行或者部分履行,应直接适用《合同法》第 58 条关于无效后果的规定,判决双方恢复原状。判决书可以要求原买受人将标的物交到指定的保管场所,要求原出卖人将价款汇入指定的账户,然后使原出卖人取回标的物,使原买受人收回价款。判决书无须确定当事人返还财产(价款)的先后顺序,判决一旦生效,当事人必须履行,当事人不履行的,通过强制执行程序强制执行。

未办理抵押登记时抵押人的责任

问题3：债权人与抵押人签订房产抵押合同后未办理抵押登记，按照《物权法》规定该抵押权不成立，在债权得不到清偿的情况下，抵押人承担什么责任，承担合同上的过错赔偿责任？还是连带责任？可否判决债权人对抵押物享有优先受偿权？实践中，这三种处理意见都有，应当如何掌握？

梁慧星：先看《物权法》关于抵押权设立的规定。《物权法》第14条规定："不动产物权的设立、变更、转让和消灭，依照法律规定应当登记的，自记载于不动产登记簿时发生效力。"房屋抵押，属于"不动产物权的设立"。按照《物权法》第187条的规定，以房屋（建筑物）设立抵押权，"应当办理抵押登记"，"抵押权自登记时设立"。认为"债权人与抵押人签订房产抵押合同后未办理抵押登记，按照《物权法》规定该抵押权不成立"，当然是正确的。抵押权不成立，债权人不享有抵押权，其债权属于普通债权，不具有优先受偿的效力。按照债权平等原则，该债权人应当与债务人的其他普通债权人一起以债务人的责任财产获得清偿。在抵押权不成立的情形，法庭不得判决债权人对抵押物优先受偿。抵押权不成立，仍然判决债权人对抵押物优先受偿，是完全错误的。

接下来的问题，因为抵押权不成立，在债权得不到清偿的情况下，抵押人承担什么责任？这个问题的答案，在《物权法》第15条："当事人之间订立有关设立、变更、转让和消灭不动产物权的合同，除法律另有规定或者合同另有约定外，自合同成立时生效；未办理物权登记的，不影响合同效力。"按照本条规定，未办理抵押登记，只是抵押权未设立，不影响抵押合同的效力。既然抵押合同仍然有效，如果抵押物还在抵押人名下，则债权人可以依据《合同法》第110条的规定，请求法院判决强制抵押人补办抵押登记，而使抵押权成立，然后再执行抵押权；如果抵押物已经不在抵押人名下或有别的原因无法补办抵押登记，则债权人可以请求抵押人承担违反抵押合同的违约责任。

需注意现行《合同法》实行严格责任原则,违约责任之成立不以过错为条件,既然抵押人订立了抵押合同,就应该办理抵押登记,不办理抵押登记就是违约,就应当对债权人承担违约赔偿责任。抵押人可能的免责事由是,证明因不可抗力致抵押物灭失无法办理抵押登记(因不可抗力导致抵押人违约),或者证明因债权人不予配合致不能办理抵押登记(抵押人并不违约)。

在债务人以自己的财产设立抵押情形,抵押人和债务人为同一主体,根据抵押合同追究违约责任,或者根据主合同追究违约责任,其结果是相同的。因责任人为同一人,当然不发生所谓连带责任问题(连带责任的根据是一个责任关系、两个责任人)。在第三人的财产设立抵押情形,抵押人(抵押物所有人)与债务人是两个主体。债务人承担违约赔偿责任的根据是违反主合同,抵押人承担违约赔偿责任的根据是违反抵押合同,两个违约责任根据不同,相互间既不发生"连带责任"问题,也不发生"责任竞合"问题(责任竞合的根据是同一个责任人、两个责任关系)。因此,债权人既可以选择先追究债务人的违约责任,也可以选择先追究抵押人的违约责任;如选择先追究债务人的违约责任,而未能获得足额赔偿,还可以再追究抵押人的违约责任。

主张偿还借款案件中的举证责任分配

问题4:原告起诉被告要求偿还借款,原告提供的证据只有其通过银行向被告转款的银行存款(转款)凭条,再无其他证据;被告承认曾经收到该款,但否认是借款,主张系原告向其还款(有的称系其他业务往来款),被告对其辩称也无证据证明。在此情况下,如何分配举证责任?有的认为原告证据不足,转款凭证只能证明有过资金往来,不能证明双方间存在债权债务,判决驳回原告的请求;有的认为被告不能举证证明收到款项的事由,被告辩称证据不足,应当支持原告请求;也有的认为被告不能证明收到款项的正当事由,应当以不当得利判决被告返还该款。理论上应当怎么分析?

梁慧星：解决这个问题，要采用"证据内容推定"方法。什么叫"证据内容推定"呢？例如，在案件审理中，原告提起清偿债务之诉或者违约责任之诉，被告一方常常以诉讼时效期间届满作为抗辩理由，原告则主张存在诉讼时效中断事由。这种情形，法庭要求原告就存在中断事由举证，原告提出的证据是邮局出具的发信或者发电报凭据，以证明原告于发信（发报）凭据记载日期向被告发出履行催告。该发信或发报凭据当然是合法的、真实的书面证据，但这类证据与产权证、合同书、公证书等书证不同。产权证、合同书、公证书这类书证，法官可以直接判断证据的内容（要证明的事实），因为证据的内容就写在书面证据上。邮局出具的发信和发报凭据这类证据，证据的内容写在信函和电报纸上，作为证据的凭据上只记载原告某年某月某日发过一封挂号信或者一封电报，因此法官不能从该凭据直接判断信函或电报的内容是否履行催告。

这种情形，法官应当采取从证据推定其内容的方法，即从发信凭据或发报凭据推定挂号信或电报的内容是履行合同的催告，同时允许被告提出反证证明不是履行催告。假设被告提出了该信函或电报纸原件作为反证，证明该信函或电报的内容不是履行催告，例如，是要求签订另外一个合同的要约，这就推翻了该推定；假设被告只是主张该信函或电报内容不是履行催告而未能举出证据，他不拿出该信函或电报纸原件，则法庭应按照推定的内容认定事实：原告于某年某月某日向被告发出催告履行的信函或电报。这就是从证据推定其内容的证据判断方法。

按照问题，原告起诉被告要求偿还借款，原告提供的证据只是其通过银行向被告转款的银行转款凭条，被告承认曾经收到该笔款项，但否认是向原告借款，主张是原告向其还款或者主张是其他业务往来款（例如预付货款）。通过银行转账、汇款必有其基础关系（借款合同、买卖合同等），究竟是借款或者是货款，将银行转款凭条与借款合同书、买卖合同书一对照就可以认定。但社会生活中订立口头合同（口头借款合同、口头买卖合同）很常见，且《合同法》第 10 条明文规定口头合同有效。原告根据口头借款合同从银行向被告转款,手头唯一的证据就是转款凭条,他拿不出借款合同书。现在原告以转款凭条作为证据,要求被告还款,被告承认收到这笔款项,但抗辩说是原告向其还款或者是其他业务往来,这种情形,法庭不能以转款凭条只是证明转款而未能证明被告借款为由驳回原告的请求,而应当采用从证据推定内容的方法,推定是被告向原告借款,同时责令被告就自己的抗辩主张(是原告向被告还款或者其他业务往来)举证。

如果被告举证证明的确是原告向被告还款或者是其他业务往来款,法庭即认定被告的抗辩理由成立,此前关于被告向原告借款的推定即被推翻,法庭应据此判决驳回原告的请求;如果被告举不出证据证明是原告向其还款或者是其他业务往来的证据,法庭即应认定被告的抗辩理由不成立,并按照推定支持原告的请求,判决被告向原告归还借款。

银行出具的转款(汇款)凭条,与邮局出具的发信或者发报凭条性质相同,法庭从这类书面证据不能直接判断证据的内容(证据所要证明的事实),决不能轻率地否定其证明力而驳回原告的请求。法庭应当采用从证据推定该证据所要证明的事实的方法。现在的裁判实务中,有的法官不懂得或者不善于采用这种推定方法,而是在原告提出银行转款(汇款)凭条,甚至被告也已承认收到该笔款项之后,仍然要求原告进一步证明该笔款项是被告向原告借款,原告不能证明,即以原告请求证据不足为由,判决驳回原告请求。这样的判决当然是错误的。

以上讲的从证据推定内容的方法,是在不能直接判断书面证据内容的情形下,法庭认定事实的方法,法律根据仍然是"谁主张谁举证"这个基本原则。按照"谁主张谁举证"原则,原告主张存在被告向原告借款的事实,并提出银行转款(汇款)凭条作为证据之后,他已经履行了自己的举证义务,虽然未达到"充分"证明的程度。这时有两种可能性:一是被告承认(是自己向原告借款);二是被告否认(抗辩不是自己向原告借款)。在被告承认的情形,法庭根据原告提出的证据和被告的承认,认定本案事实(被告向原告借款)。在被告否认(抗辩)的情形,按照"谁主张谁举证"的原则,被告应为他否认自己向原告借款的主张举证。如果被告举出证据(书证或人证)证明了不是自己向原告借款,就否定了转款(汇款)凭条的证明力;如果被告举不出证据或者举出的证据不能证明自己的主张,法庭应根据原告提出的转款(汇款)凭条认定本案事实。这种情形,法庭认定本案事实的根据是两个:一是原告提出的证据(转款凭条);二是被告(主张抗辩)的举证不能。

将来拆迁安置补偿房源转让协议的性质

问题5:农村(城市)居民旧有的房屋被拆迁后,房屋的所有人与他人签订转让协议,约定将将来补偿安置得到的楼房转让给他人。签订协议后,房屋所有人取得了补偿安置的新楼房,但又不同意转让了,双方对该转让协议的性质和效力发生争议,如何认定该合同的性质和效力?有的认定是拆迁补偿安置合同权利义务的概括转让,有的认定是房屋转让合同,其效力如何认定?

梁慧星:问题的关键在于协议的内容是否构成房屋买卖(转让)合同。如果不构成买卖合同,则是否构成买卖预约。这不可能是补偿安置合同的概括转让。这里先介绍什么是买卖预约,及如何区分买卖预约与买卖合同。

按照民法原理,合同有预约与本约之分,预约亦可称为预备合同,本约亦可称为正式合同。买卖预约与买卖合同(本约),二者的性质与效力不同。当事人订立买卖合同(本约)的目的,是要通过买卖合同(本约)的履行,满足各自生活目的(买受人得到标的物所有权,出卖人得到价款)。当事人订立买卖预约的目的,是为了在一定期间内订立买卖合同(本约),然后再通过履行买卖合同(本约),满足各自的生活目的。可见,所谓买卖预约,是使当事人之间产生将来订立买卖合同(本约)之债权债务的合同。因现行《合同法》未设规定,买卖预约属于无名合同。鉴于现实生活中订立买卖预约的情形增多,为了给人民法院裁判预约合同纠纷案件提供裁判标准,最高人民法院《买卖合同司法解释》创设预约合同解释规则。

《买卖合同司法解释》第 2 条规定:"当事人签订认购书、订购书、预订书、意向书、备忘录等预约合同,约定在将来一定期限内订立买卖合同,一方不履行订立买卖合同的义务,对方请求其承担预约合同违约责任或者要求解除预约合同并主张损害赔偿的,人民法院应予支持。"

此项解释规则,解决了两个问题:(1)预约合同的定义。所谓预约合同,是指双方当事人"约定在将来一定期限内订立买卖合同"的合同。(2)违反预约合同的救济方法。对方可以请求其承担预约合同违约责任或者要求解除预约合同并主张损害赔偿。此外,关于预约合同的成立、生效、变更、履行,应当适用合同法总则的有关规定。

买卖预约(预约合同)的效力如下:(1)买卖预约双方当事人均有权请求对方履行订立买卖合同本约的义务,而不得径依预约合同所预定之本约内容请求履行(交货或付款)。(2)买卖预约双方所享有的此种权利,称为"预约权",性质上属于债权,仅在预约当事人之间有效,不具有对抗第三人的效力。如预约出卖人将预约标的物出卖给了第三人,预约买受人不得主张该买卖合同无效。(3)买卖预约一方当事人不履行订立买卖合同本约之义务,构成违约,但对方当事人不得依据《合同法》第 110 条关于强制实际履行的规定,请求人民法院强制违约方订立买卖合同。如当事人请求法院强制违约方订立买卖合同(本约),法院应依据《合同法》第 110 条第(1)项关于"法律上或者事实上不能履行"的规定,驳回其请求。(4)买卖预约一方当事人不履行订立买卖合同本约之义务,构成根本违约,对方当事人可依《合同法》第 107 条关于违约责任的规定,追究违约方之违约责任;亦可依据《合同法》第 94 条第(2)项规定,行使法定解除权,解除预约合同并主张损害赔偿。但须注意,由预约合同之本质决定,无论是追究违约责任的损害赔偿,还是解除预约合同后的损害赔偿,均仅限于赔偿机会损失(信赖损失),而不包括可得利益(履行利益)损失。(5)有定金收受的预约合同发生违约,仅应依据《合同法》第 115 条的规定执行定金罚则:交付定金一方不履行订立买卖合同本约义务的,丧失定金;收受定金一方不履行订立买卖合同本约义务的,双倍返还定金。

下面介绍如何区分买卖预约与买卖合同本约？区分标准之一：是否须另外订立买卖合同。当事人所订立的合同，究竟是买卖合同本约，抑或是买卖预约，应依当事人的意思决定。如果当事人的意思不明，则应通观合同全部内容决定之。如买卖合同主要条款均已达成合意，据此双方均可履行各自义务，实现各自的目的（一方获得标的物所有权、他方获得价金），而无须另外订立合同，即使名为预约，亦应认定为买卖合同本约。反之，必须另行订立买卖合同才能实现各自的目的，应属于买卖预约。简而言之，无须另外订立合同的，为本约；反之，为预约。区分标准之二：交货付款义务是否直接发生？依合同"直接发生"各自交货付款的义务，为买卖合同本约；"非直接发生"各自交货付款的权利义务，必须通过一个中间环节（即签订正式合同），则为买卖预约。

需特别注意，无论买卖合同（本约）还是买卖预约，往往都有定金的收受。在有定金收受的情形，所成立之合同，究竟属于买卖合同本约，抑或买卖预约，区分的关键在于定金条款的内容：如约定交付定金一方"不订立"买卖合同，即丧失定金，收受一方"不订立"买卖合同，应双倍返还定金，则属于买卖预约；如约定交付定金一方"不履行合同义务（交货或付款）"则丧失定金，收受定金一方"不履行合同义务（交货或付款）"应双倍返还定金，则属于买卖合同本约。

现在回到问题5，拆迁户（出让人）与他人签订转让协议，约定将来补偿安置得到的楼房转让给他人，签订协议后，拆迁户（出让人）取得了补偿安置的新楼房，但又不同意转让了。法庭应当按照上述区分标准，结合房屋买卖的社会生活经验，对该转让协议作出判断：（1）是否成立合同？如果受让人已支付定金或者预付款，或者协议中约定了违约金，应当认定当事人间已经成立合同（买卖合同本约或者买卖预约）；如果既无定金或者预付款的收受，也未约定违约金，应当认定当事人之间未成立合同，所谓转让协议仅属于不具有约束力的意向书。（2）在认定当事人之间已经成立合同的前提下，再判断所成立的合同是否构成房屋买卖合同（本约），如果不构成买卖合同（本约），则应属于买卖预约。

如果当事人之间已成立买卖合同本约,则受让人可以请求该拆迁户(出让人)承担不履行买卖合同本约的违约赔偿责任;如果该转让协议属于买卖预约,则受让人可以请求该拆迁户(预约出让人)承担不履行预约合同的违约责任,或者解除合同并要求损害赔偿。前已述及,无论违反买卖合同本约的违约责任,抑或违反买卖预约的违约责任,均仅赔偿机会损失(不赔偿可得利益)。如果当事人之间未成立合同,该转让协议仅属于不具有约束力的意向书,则该拆迁户既不承担违反买卖合同本约的违约责任,也不承担违反买卖预约的违约责任。这种情形,如果具备《合同法》第42条的要件,协议对方可以追究其缔约过失责任。

最后补充一点,为什么说该转让协议不可能是安置补偿协议债权转让?债权转让的基本规定是《合同法》第79条,该条规定了三种债权不得转让,拆迁安置补偿协议债权,应当属于第(1)项"根据合同性质不得转让"的债权。有的同志可能对此有异议,则退一步说,即使拆迁安置补偿协议债权属于可以转让的债权,则该拆迁户与受让人之间的债权转让协议一经成立生效,该拆迁户即已退出拆迁安置补偿协议债权债务关系,而由受让人取代该拆迁户而成为拆迁安置补偿协议的债权人。该受让人作为拆迁安置补偿协议的债权人,将行使该债权直接请求安置补偿协议的债务人向自己交付该安置房屋;如果债务人不向自己交付该安置房屋,则作为债权人的受让人有权依据《合同法》第110条起诉要求法院强制债务人交付该安置房屋,他既没有权利也没有必要起诉该拆迁户。其实,安置补偿协议的债务人向该拆迁户交付安置房屋的事实和受让人依据转让协议起诉该拆迁户,就足以说明拆迁户与受让人签订的房屋转让协议绝对不是"拆迁补偿安置合同权利义务的概括转让"。

不动产登记的权利推定效力

问题6:对来源于中华人民共和国成立前的房屋,没有1951年的土改确权登记,也无法查明房屋的原始所有权情况,但是1991年办理了土地使用权或房屋所有权登记,该房屋的所有权如何确定? 一种观点认为,此类房屋来源于中华人民共和国成立前,虽然没有1951年的土改确权登记,但是可以参照当时土改确权的政策规定认定所有权;另一种观点认为,应当按照1991年办理的土地使用权证或房屋所有权证认定所有权,不用管以前的问题。对此类问题如何分析?

梁慧星:回答问题6的法律依据是《物权法》第17条。第17条规定:"不动产权属证书是权利人享有该不动产物权的证明。不动产权属证书记载的事项,应当与不动产登记簿一致;记载不一致的,除有证据证明不动产登记簿确有错误外,以不动产登记簿为准。"

本条规定了三个内容:一是不动产权属文书的证据资格;二是不动产权属文书和不动产登记簿证据效力的高低;三是不动产登记簿证据效力的性质。

在办理不动产物权登记时,不动产登记机构向物权人颁发"不动产权属证书",即房屋所有权证、土地使用权证、抵押权证等。这些"不动产权属证书"在诉讼中能不能够作为证据使用呢? 本条第一句规定:"不动产权属证书是权利人享有该不动产物权的证明。"即明文规定土地使用权证、房屋所有权证、抵押权证等不动产权属证书具有证据资格。

本条第二句的前半句规定"不动产权属证书记载的事项,应当与不动产登记簿一致",明确规定不动产权属证书与不动产登记簿之间的关系,要求登记机构必须根据不动产登记簿制作、颁发不动产权属证书,要求不动产权属证书的记载事项必须与不动产登记簿的内容一致。

在涉及不动产权利归属的民事诉讼中就可能出现两种证据:一种是不动产登记簿,一种是不动产权属证书,如房屋所有权证、土地使用权证。绝大多数情形下,不动产权属证书的记载事项与不动产登记簿的内容是一致的。万一发生了不动产权属证书的记载与不动产登记簿的记载不一致的情况怎么办呢? 本条第二句后半句规定,"记载不一致的,除有证据证明不动产登记簿确有错误外,以不动产登记簿为准"。按照这一规定,不动产权属证书的记载与不动产登记簿的记载不一致时,应当以不动产登记簿为准。实际上是解决两种证据的证据效力的高低。不动产权属证书具有证据资格,不动产登记簿也具有证据资格,都是合法有效的书面证据,但两者的"证据效力"不同:不动产登记簿的证据效力高于不动产权属证书的证据效力。因此,法庭应当"以不动产登记簿为准",根据不动产登记簿的记载认定产权归属。例如,诉讼中同时有产权证和不动产登记簿两个证据,产权证上记载所有权属于张三,不动产登记簿上记载所有权属于李四,因为本条规定"以不动产登记簿为准",亦即不动产登记簿的证据效力高于产权证,所以法庭应当判决房屋所有权属于李四。

需特别注意的是,本条规定不动产登记簿的证据效力高于不动产权属文书,是有条件的,这就是"除有证据证明不动产登记簿确有错误外,以不动产登记簿为准"。明确告诉我们,不动产登记簿所具有的证据效力,不是绝对的证据效力,而是相对的证据效力。换言之,不动产登记簿的证据效力,属于推定的证据效力,是可以由相对方以相反的证据予以推翻的证据效力。这就是《物权法》关于不动产登记的另一项重要制度,叫做"不动产登记的权利推定效力"。

假设不动产登记簿上记载张三是房屋所有权人,张三把不动产登记簿的复印件提交到庭,法官应当怎么看待这个证据呢?《物权法》第17条规定不动产登记簿有"证据资格",因此法庭应当接受这个证据。但是,不动产登记簿记载张三是所有权人,法庭是否必须认定张三是所有权人,是否必须将该房屋判归张三呢?这就是不动产登记簿的"证据效力"问题。按照证据法,诉讼中采用的证据,必须具有"证据资格",但具有"证据资格"只是说可以在诉讼中作为证据使用,有证据资格的证据,其"证据效力"是不同的。

本条规定不动产登记簿的证据效力,属于"权利推定的效力"是什么意思呢?举例来说,张三把产权登记簿复印件提交到法庭,因为不动产登记簿具有"证据资格",是合格的证据,法庭就应当认为张三的举证责任已经完成,不再要求张三进一步提供别的证据。又因为不动产登记簿的证据效力属于权利推定的证据效力,法庭应当"推定"不动产登记簿上的记载是真实的,不动产登记簿记载张三是所有权人,法庭就"推定"张三是所有权人。

请注意"推定"这个概念,"推定"是一个技术性概念,它的含义是"把什么什么当做真实的"。"推定"张三是所有权人,就是"把张三当做所有权人",并不是说"张三真的是所有权人",至于法庭最后是否"认定"张三是所有权人,关键要看争议的对方能否举出相反的证据。因此,法官"推定"张三是所有权人之后,就应当问争议对方李四有没有"异议"。假设李四看见张三把产权登记簿复印件提交到法庭,登记簿上记载张三是所有权人,李四再也无话可说,不再争执,法庭就应当根据产权登记簿上的记载,判决争议房归张三所有。如果李四还坚持争执,对不动产登记簿记载的真实性提出"异议",主张不动产登记簿上的记载不正确。例如李四说,我们当初是合伙买房,只是登记的时候为了方便登记在张三名下。这种情形,法庭当然不能仅仅根据登记簿上记载张三是所有权人,就判决争议房屋归张三所有,法庭也不应当仅仅因为李四对登记簿上的记载有"异议",就"否定"登记簿的记载、"否定"张三是所有权人。这时法庭应当"责令"李四就自己的"异议"举证。你不是说登记簿的记载不正确吗?那你就应当举证证明不动产登记簿的记载不正确。

如果李四真的举出充分的证据证明不动产登记簿上的记载不正确,例如,证明了的确是合伙买房(有书证或者人证证明),只是办理登记时图方便或者有别的原因,登记在张三的名下,则法庭应当采纳李四的反证,并直接根据此反证"认定"争议房产"属于张三和李四二人共有"。反之,李四不能向法庭举出充分的"反证"证明他关于登记簿的记载不真实的"异议",则法庭应当直接根据不动产登记簿上的记载,"认定"张三是争议房产的所有权人,亦即判决该房产归张三所有。

可见,《物权法》上不动产登记的"权利推定效力"制度非常重要。由于有这个制度,在审理房屋产权争议的案件中,谁对产权证或产权登记簿的记载主张"异议",就应当由谁承担举证责任。法官应当责令"异议"一方举出反证,这叫产权证和登记簿的"权利推定的效力"。

"异议"一方能够举出反证证明财产的产权状况和登记簿的记载不一致,法庭就直接采纳反证,登记簿上的记载就被推翻了;如果异议一方举不出反证或者举出的证据不足以推翻登记簿上的记载,法庭就应当按照产权登记簿的记载来认定产权归属。

现在回到问题6,对于来源于中华人民共和国成立前的房屋,没有1951年的土改确权登记,也无法查明房屋的原始所有权情况,但是1991年办理了土地使用权或房屋所有权登记,当事人将土地使用权证或者房屋所有权证或者登记簿复印件提交法庭,已经查明产权证的记载和登记簿的记载是一致的,这种情形,如果相对方当事人不再争执,法庭即应按照土地使用权证或房屋所有权证认定产权归属。如果相对方坚持争执,认为产权证和登记簿的记载不真实,法庭应当责令其举出证据证明产权证和登记簿的记载不真实。如果相对方当事人举出证据证明了产权证和登记簿的记载不真实,法庭应当直接根据相对方的证据认定争议房产的归属,判决生效后,胜诉方当事人自会根据生效判决去登记机构申请更正登记。如果相对方当事人举不出证据或者举出的证据不足以证明产权证和登记簿的记载不真实,法庭即应根据产权证和登记簿的记载认定争议房产的归属。

福利分房的腾退问题

问题7:关于福利分房的腾退问题。单位与职工之间基于存在的劳动关系,分配给职工的住房,职工按月缴纳一定数额的租金,现在职工离开单位后,单位要求职工腾出房屋,法院是否受理?一种意见认为,按照房屋租赁合同纠纷进行处理,单位有权要求解除租赁合同。另一种意见认为,按照《物权法》的规定,单位有权要求腾退房屋。还有一种意见认为,双方不属于平等民事主体间权利义务关系,不属于一般的民事法律关系,不应由法院处理,应裁定驳回单位要求腾退房屋的起诉。哪一种意见更妥当?

梁慧星:这个问题讲的是单位与自己的职工之间的房屋租赁合同关系。与普通房屋租赁合同关系的区别在于,这类房屋租赁合同关系的承租人必须是本单位职工。无论有无书面合同,无论合同有无明文规定,均应当认定该租赁合同以承租人离开该单位(丧失该单位职工身份)为合同解除条件。该承租人一旦离职(丧失该单位职工身份),租赁合同即行解除,单位有权要求其腾退房屋。

需特别注意,租赁合同关系因解除或者终止而消灭后,原出租人要求原承租人腾退房屋,存在《合同法》上的请求权与《物权法》上的请求权的竞合,可以由原出租人选择根据《合同法》或者《物权法》起诉。提问中的第一种意见,按照房屋租赁合同纠纷处理,其裁判依据是《合同法》第 235 条第一句:"租赁期间届满,承租人应当返还租赁物。"第二种意见,按照《物权法》处理,其裁判依据是《物权法》第 34 条:"无权占有不动产或者动产的,权利人可以请求返还原物。"这两种意见都是正确的,但有一个前提,法庭应当尊重当事人的选择。

通常情形,原告在诉状中称租赁合同关系已经不存在,要求腾退房屋,应当认为原告是行使租赁合同关系消灭后的返还租赁物请求权。特别情形,承租人离开单位很久了,原本就没有书面合同,反正被告已经不是原告单位职工,原告以房屋所有权人的身份行使《物权法》第 34 条规定的返还请求权,就很方便。无论如何,不赞成第三种意见,且不说单位与职工之间的关系并不是不平等的关系,但凡有点难度的案件,就想方设法推出去不予受理,这样做违背法院的职责,只会使法院的威信越来越低。

刑事附带民事诉讼中的残疾赔偿金、死亡赔偿金

问题 8:按照最高人民法院有关刑事审判方面的司法解释的规定,对于损害他人身体致残、致死的,侵权行为人已经被判处刑罚处罚的,受害人(或其他赔偿权利人)请求赔偿残疾赔偿金(或死亡赔偿金)的,法院一般不支持,从事民事审判的法官对此不好理解,多数人认为应当支持。在民事审判中怎么掌握更好?

梁慧星:回答此问题的关键在于如何认识《侵权责任法》上的死亡赔偿金和残疾赔偿金。须先介绍最高人民法院关于刑事审判司法解释

不赔偿死亡赔偿金和残疾赔偿金的思想来源于发达国家和地区的裁判实践和学说。

在发达国家和地区的人身损害赔偿案件,受害人(包括死者遗属)依法可以得到两项赔偿金:一是精神损害赔偿金,被称为抚慰金、慰谢金。因为人的生命、身体、健康是无价的,判决加害人支付一笔抚慰金、慰谢金的目的是抚慰受害人,所以法律未规定计算标准,而是由法庭斟酌案件事实自由裁量,通常金额较小;二是逸失利益赔偿,即受害人受伤致残或者死亡所失去的利益,相当于《合同法》上的可得利益损失,法律规定或者裁判实务中有明确的计算标准。概而言之,是以受害人受伤致残或者死亡前的收入为基础,计算伤害时的年龄致可能生存年限所可能获得的收入(包括退休金),减去必要的生活费用和税金,得出一个总的金额,叫逸失利益赔偿。相对于抚慰金、慰谢金,逸失利益赔偿金额很大,相当于假如受害人未残疾、未死亡所可能获得的收入总额。因此,在发达国家和地区的刑事附带民事案件审理中,不判精神损害赔偿(抚慰金、慰谢金),理由是对加害人的刑事制裁,已经足以起到对受害人(包括死者遗属)的抚慰作用。这样的裁判实践经验和理论被介绍到我国,影响到我国刑事附带民事的审判实践,并为有关司法解释所接受。

我国《民法通则》第120条规定了精神损害赔偿,但限于姓名、肖像和名誉等人格损害,而对于人身伤害致死、致残情形未规定精神损害赔偿。后来的《产品质量法》第44条对于缺陷产品造成残疾、死亡的,规定了残疾赔偿金和死亡赔偿金。但残疾赔偿金和死亡赔偿金究竟属于精神损害赔偿或者属于逸失利益赔偿,并不明确。最高人民法院2001年《关于精神损害赔偿的解释》第9条,将残疾赔偿金和死亡赔偿金,定性为精神损害赔偿。此后,最高人民法院2003年《关于人身损害赔偿的解释》,进一步为死亡赔偿金、残疾赔偿金规定了计算方法,即按照受害人死亡或受伤时的年龄、当时收入标准、剩余生存年限加以计算。这个计算方法,恰好是发达国家和地区法院计算逸失利益赔偿的计算方法。

因此，我国《侵权责任法》上的死亡赔偿金、残疾赔偿金，并不等同于发达国家和地区的精神损害赔偿（抚慰金、慰谢金），而是具有自己的特色，即可以同时起到两个作用：一是安慰死者的亲属、安慰残疾者本人；二是补偿受害人因受害致残、死亡所减少的收入。换言之，我国《侵权责任法》上的残疾赔偿金、死亡赔偿金一个赔偿项目，相当于发达国家和地区的精神损害赔偿（抚慰金、慰谢金）和逸失利益赔偿两个赔偿项目。残疾赔偿金、死亡赔偿金不是一笔很小的金额，往往是几十万元甚至更多，当然可以用这笔钱来赡养受害人的父母，抚养受害人未成年的子女。这也正是《侵权责任法》第16条删去"被扶养人生活费"的理由。

现在回答问题8，应当肯定，最高人民法院关于刑事附带民事审判不判死亡赔偿金和残疾赔偿金的司法解释，是错误的。因为，没有正确理解我国死亡赔偿金和残疾赔偿金的本质。我国的死亡赔偿金、残疾赔偿金往往金额巨大，相当于发达国家和地区的精神损害赔偿（抚慰金、慰谢金）和逸失利益赔偿两个赔偿项目。人家的刑事附带民事诉讼，不判精神损害赔偿（抚慰金、慰谢金），是因为受害人已经获得一笔金额巨大的逸失利益赔偿金。我国的刑事附带民事诉讼，不判死亡赔偿金或者残疾赔偿金，受害人就几乎什么也得不到。按照《侵权责任法》的立法目的和具体规定，无论适用刑事附带民事诉讼程序，还是民事诉讼程序，法庭都应当支持受害人提出的死亡赔偿金或者残疾赔偿金请求。提问中所说本院民事法官的意见、多数法官的意见，是完全正确的。上述司法解释应当尽快废止。

物业服务费的缴纳

问题9：最高人民法院《关于审理物业服务纠纷案件具体应用法律若干问题的解释》第6条规定，经书面催交，业主无正当理由拒绝交纳或在催告的合理期限内仍未交纳物业费，物业服务企业起诉请求业主支付物业费的，人民法院应予支持。对于该条规定怎么理解，有不同意见。一种意见认为，物业公司应当首先通知或催告业主，否则不能直接起诉,直接起诉的应当裁定驳回起诉;第二种意见认为,物业公司没有通知或催告业主,直接起诉的应当判决驳回其诉讼请求;第三种意见认为,该规定并没有实际意义,只是倡导性规定,法院只要查明业主拖欠物业费并且逾期不交纳的,就应当判决业主交纳。对于该条规定,实践中如何掌握?

梁慧星:我赞同第三种意见。这里先谈谈物业管理服务合同关系。物业管理服务合同的依据,首先是《物权法》第81条和第82条。《物权法》第81条规定,业主可以委托物业服务企业管理建筑物及其附属设施。第82条规定,物业服务企业根据业主的委托管理建筑区划内的建筑物及其附属设施,并接受业主的监督。可见,物业服务合同属于委托合同。

《合同法》第396条规定,委托合同是委托人和受托人约定,由受托人处理委托人事务的合同。在物业服务合同中,业主是委托人,物业服务企业是受托人。合同标的(委托事务)是管理小区的建筑物及其附属设施。《合同法》第398条规定,委托人应当预付处理委托事务的费用,即物管费。业主拒绝交纳物管费的,物业服务企业向人民法院起诉,其法律依据是《合同法》第398条。按照《合同法》第398条,法庭查明业主拖欠物管费的,即应判决支持原告请求,责令被告(拖欠物管费的业主)交纳所拖欠的物管费。

《关于审理物业服务纠纷案件具体应用法律若干问题的解释》第6条所解释的正是《合同法》第398条。按照法律解释方法,解释法律条文,必须以该法律条文的立法目的为根据,绝对不能违背立法目的。《合同法》第398条的立法目的非常明确,就是让业主负担物管费,《关于审理物业服务纠纷案件具体应用法律若干问题的解释》第6条解释说"业主无正当理由","未交纳物业费,物业服务企业请求业主支付物业费的,人民法院应予支持",即已充分体现了《合同法》第398条的立法目的。

遗憾的是,《关于审理物业服务纠纷案件具体应用法律若干问题的解释》第6条规定并不满足于此,还超越法律条文,违背立法目的,对原告（物业服务企业）的请求权，凭空添加了"经书面催交"，"在催告的合理期内仍未交纳"等限制。这就犯了法律解释的大忌。无论如何，不得超越法律条文所具有的（或者应有的）立法者的意思。通常情形，如业主到期未交物管费，物业服务企业常采用打电话、发手机短信、派人上门、张贴通知等方法，提示业主交费，要求"书面催交"，也违背社会生活经验。

裁判实务中，须将司法解释的解释与其所解释的法律条文联系起来，司法解释仅在不违背所解释法律条文的立法目的和立法者意思的前提下，才具有相当于法律的效力。因此，应当肯定，第三种意见认为该解释的须"经书面催交"，"在催告的合理期限内仍未交纳"的规定，没有实际意义（因违背法律条文立法目的和立法本意），只是倡导性规定，法庭"只要查明业主拖欠物业费并且逾期不交纳的，就应当判决业主交纳"，是完全正确的。第一、第二两种意见之所以不正确，是因为忽视了该司法解释所解释的法律条文。

受雇人同时起诉雇用人和侵权人情形的被告确定

问题 10：受害人在从事雇佣劳动中因第三人侵害致伤，受害人（或其亲属）同时起诉雇主和侵权行为人请求赔偿的，受害人（或其亲属）在诉讼中拒绝作出选择的，如何处理？法院可否以请求不明确裁定驳回起诉？还是法院直接选择雇主或侵权行为人予以赔偿？

梁慧星：雇员于执行职务中受第三人伤害，受害人既可以向雇主请求赔偿，也可以向加害人要求赔偿。但起诉雇主与起诉加害人，其请求权基础（法律规定）是不同的。起诉雇主，雇主承担赔偿责任的根据是《合同法》第 60 条第 2 款关于附随义务的规定，属于违约责任；起诉加害人，加害人承担赔偿责任的根据是《侵权责任法》的有关规定，属于侵权责任。雇主承担违约责任，加害人承担侵权责任，当然不能作为共同被告。共同被告，必须是两个（或两个以上）的责任人，基于同一个责任关系，承担连带责任或者按份责任。在侵权责任案件，必须是多数人的侵权行为，承担连带责任或者按份责任；在合同纠纷案件，必须构成连带债务(共同债务人或者连带保证债务人与主债务人)。需注意,雇主的责任与加害人的责任也不发生责任竞合问题。责任竞合的前提是,一个责任人、两个责任关系。因此,如受害人先诉加害人,而未获得赔偿或者未获得充分赔偿,还可以就未获得赔偿部分损害再起诉雇主;如先起诉雇主,而未获得赔偿或者未获得充分赔偿,还可以再起诉加害人。不会因先诉雇主或者先诉加害人而使受害人的赔偿请求权落空。而雇主承担赔偿责任后,有权代位行使受害人对加害人的求偿权,自不待言。

我认为,法庭要进行释明。按照社会生活经验,经法官释明,受害人了解为什么不能作为共同被告的道理,了解不会因先诉雇主或者先诉加害人而使自己的赔偿请求权落空之后,将会选择以加害人作为被告或者以雇主作为被告起诉。如果经法官释明,受害人仍然拒绝选择,当然只好以不符合《民事诉讼法》关于起诉的条件为由,裁定驳回起诉。补充一点,法院裁定驳回起诉,并不导致受害人的诉权消灭,此后该受害人仍然有权选择起诉加害人,或者选择起诉雇主。无论如何,法院不得自己选择雇主或加害人作为被告判决其赔偿。因为,起诉谁、不起诉谁、先起诉谁、后起诉谁,属于当事人的处分权,法院直接选择雇主或者加害人作为被告承担赔偿责任,违反处分原则,构成法院违法。

使用人责任的适用范围

问题 11:《侵权责任法》第 35 条规定的内容,是不是就是以前的雇主责任?那么,用人单位与劳动者形成临时雇佣关系的,可否按照此条规定处理?

梁慧星:先介绍《侵权责任法》第 34 条、第 35 条关于使用人责任的规定。使用人责任,是传统民法上的侵权责任类型,原来的名称叫雇用人责任。因为叫雇用人责任,裁判实务中就会注重审查当事人之间有无雇佣合同关系,未能贯彻该法律制度的立法目的,因此后来改称使用人责任。

我国 1986 年的《民法通则》未规定"使用人责任",致裁判实务中缺乏处理这类案件的法律规则。为了弥补这一立法漏洞，最高人民法院《关于审理人身损害赔偿案件适用法律若干问题的解释》（2003年）第9条规定了雇用人责任："雇员在从事雇佣活动中致人损害的，雇主应当承担赔偿责任；雇员因故意或者重大过失致人损害的，应当与雇主承担连带赔偿责任。雇主承担连带赔偿责任的，可以向雇员追偿。"2009年制定的《侵权责任法》，在总结裁判实践经验基础上，将其改为使用人责任，并以使用人属于单位或者个人区分为"单位"的使用人责任，与"个人"的使用人责任，《侵权责任法》第34条规定单位的使用人责任，第35条规定个人的使用人责任。

需说明的是，《侵权责任法》第34条所谓"用人单位"，应包含公、私企业及国家机关和事业单位在内。在《侵权责任法》生效之后，第34条第1款关于单位的使用人责任的规定，将成为国家机关工作人员侵权行为之一般法，而《行政诉讼法》（第67条、第68条）关于行政机关工作人员侵权责任的规定，及《国家赔偿法》的规定，均应属于《侵权责任法》第34条第1款的特别法。

关于使用人责任的归责原则，有两种立法模式：（1）推定过错责任模式，以德国民法为代表。《日本民法典》第715条、《瑞士债务法》第55条采德国模式。《德国民法典》第831条规定，被使用人因执行事务造成他人损害时，由使用人承担赔偿责任；但使用人如能证明自己对于被使用人之选任、监督"已尽相当的注意义务"，即可不承担赔偿责任。使用人不承担责任时，受害人仅可请求被使用人承担赔偿责任。考虑到社会生活中被使用人大多缺乏赔偿能力，故可以肯定，德国模式对于受害人不利。（2）无过错责任模式，以英美侵权法为代表。按照英美侵权法，被使用人因执行事务造成他人损害时，由使用人对受害人承担赔偿责任，而不考虑使用人对于被使用人之"选任、监督"是否存在过失。使用人是"替代"被使用人承担责任，属于"替代责任"。这一模式的法理根据，一是"享受利益者负担风险"的法律原则，即所谓"报偿理论"；二是保障受害人能够获得赔偿，俗称"大钱袋"规则。显而易见，"替代责任"模式，能够确保受害人获得赔偿。

在现代市场经济条件下，使用人多数是现代化企业，其对于雇员之招聘、选任、监督、管理，往往有严格的制度。于雇员执行事务中造成他人损害的情形，使用人易于举证证明自己对于雇员之选任、监督不存在过失而逃脱责任，最终使遭受损害之他人不能获得赔偿，致使用人责任制度救济受害人的法律目的落空。有鉴于此，《侵权责任法》关于使用人责任制度之设计，采取英美法无过错责任模式，而不采德国民法推定过错责任模式，无论《侵权责任法》第34条规定用人单位的使用人责任，或者第35条规定个人的使用人责任，均属于无过错责任，不考虑使用人自己是否有过错，值得注意。

现回答问题11的第一问，《侵权责任法》第34条、第35条规定的"使用人责任"，正是最高人民法院《关于人身损害赔偿的解释》中所说的"雇主责任"。前面提到，叫做雇用人责任，容易使人纠缠于责任人与加害人之间是否存在雇佣合同关系，因此改称使用人责任。使用人承担责任的基础，是使用人（责任人）与被使用人（加害人）之间存在"使用关系"。使用关系，属于事实关系，只要有一方使用另一方的事实，就构成使用关系，无论当事人之间是否有合同关系（雇佣合同关系、劳动合同关系、聘用合同关系、人事组织关系）。即使没有任何合同的临时帮工、实习，甚至自愿帮忙、无偿服务，都可以构成使用关系。

因此，使用关系的范围非常广，但也不是没有限制。这个限制条件就是，必须使用人"同意使用"。这个"同意使用"可以是"书面同意"，也可以是"口头同意"，或者是"默示同意"。你自愿去无偿帮忙，对方没有说话、笑一笑、点个头，至少是没有拒绝的意思，就构成使用关系。如果对方表示拒绝的意思，就不构成使用关系。不构成使用关系，可能构成无因管理关系。按照无因管理制度，因管理他人事务造成第三人损害，由管理人自己对受害人承担赔偿责任，管理人承担赔偿责任的费用，可以作为管理人所受损失请求被管理人在所受利益的限度内予以偿还。

现在回答问题11第二个问题：用人单位与劳动者形成临时雇佣关系的，应当适用《侵权责任法》第34条第1款的规定，由用人单位承担使用人责任。

预购商品房的预告抵押登记

问题12：借款人购买预售房产并以此房产作借款抵押，房管部门办理了该房产的预告抵押登记证明（因预售房产尚未办理正式的产权证书，因而无法办理正式的抵押登记），银行起诉主张对该预售房行使优先受偿权，应否支持？同时有开发商的阶段性连带责任保证担保（至办理正式的抵押登记手续并交付时为止），银行要求开发商承担连带保证责任，应否支持？

梁慧星：先介绍预告登记制度。《物权法》第20条规定："当事人签订买卖房屋或者其他不动产物权的协议，为保障将来实现物权，按照约定可以向登记机构申请预告登记。预告登记后，未经预告登记的权利人同意，处分该不动产的，不发生物权效力。"

"预告登记"是《物权法》新创设的一个登记制度。针对现实生活中商品房预售的"一房多卖"损害买房人（多数情形是消费者）合法利益的问题。按照"预告登记"制度，商品房预售合同的买受人，可以凭商品房预售合同到不动产登记机构申请"预告登记"。因为房子还没盖起来，还不可能办理"产权过户登记"。

按照《物权法》第20条规定，只要张三与开发商签订了商品房预售合同，张三就可以拿着合同书去登记机构办理预告登记，由登记机构在登记簿上作出"预告登记"：记载某号房子已经卖给了张三。办理预告登记后，开发商要把这套房子再卖给其他任何人，都将"不发生物权效力"。所谓"不发生物权效力"，就是说买房人不可能取得房屋所有权。只要办理了"预告登记"，其余的买房人就已经知道自己不可能得到该房屋的所有权，当然也就不买了。这就达到了限制"一房多卖"的目的。

在采用按揭贷款购房情形，银行也可以采用预告登记保护自己的利益。商品房预售合同的买房人，在与银行订立的按揭贷款合同中，约定抵押条款（抵押合同），将自己利用该贷款购买的商品房抵押给银行,以担保银行的债权。但抵押合同(抵押条款)签订时,作为抵押物的商品房还没有建成,开发商不可能交付给买房人,因此抵押人(买房人)没有办法办理抵押登记。这种情形,按揭贷款银行可以按照《物权法》第 20 条的规定,根据按揭贷款合同抵押条款(抵押合同),到登记机构办理抵押预告登记。办理了抵押预告登记,将来开发商交房后,买房人将该房屋抵押给别的银行,将不发生物权效力(别的银行不能得到抵押权),于是可以保证该按揭贷款银行将来办理抵押登记得到抵押权。

质言之,"预告登记"是一种特殊公示方法,而所登记的并不是"物权",而是买卖合同或者抵押合同上的债权。合同上的"债权",因为办理了"预告登记",就具有了对抗第三人(其他买房人、其他贷款银行)的"物权效力"。这就是所谓"债权的物权化"。

须特别注意,预告登记的法律效力,仅仅在于使买卖合同上的债权(请求开发商交房和移转所有权的权利)和抵押合同上的债权(请求抵押人办理抵押登记的权利)具有对抗第三人的物权效力,并不能取代所有权过户登记和抵押登记。单凭"预告登记"并不能使登记权利人获得物权(所有权或者抵押权)。不办理所有权过户登记,预告登记的买房人不可能获得房屋所有权;不办理抵押登记,预告登记银行不可能获得抵押权。

现在回答第一问,借款人购买预售房产并以此房产作借款抵押,到登记机构办理了该房产的预告抵押登记,该银行向法院起诉,主张对该预售房行使优先受偿权的,人民法院不予支持。理由是,按照《物权法》第 187 条的规定,以房屋设立抵押权,应当办理抵押登记,"抵押权自登记时设立"。

再回答第二问,该贷款银行与开发商之间订立有保证合同,约定由开发商对该银行贷款债权承担连带责任保证担保,保证期间至办理正式的抵押登记手续并交付时为止,则该银行起诉开发商,要求开发商承担连带保证责任,人民法院应予支持。因为没有办理抵押登记手续,该保证合同仍然有效,开发商应对贷款银行承担连带保证责任。

加速到期条款和约定解除权条款的适用限制

问题 13： 在金融借款案件中，如借款人多次逾期还款，符合借款合同约定的贷款人可以宣布贷款提前到期或解除合同的条件，但至起诉或开庭时已归还，或只有少量欠款尚未归还但表示愿意及时还款履行合同，金融机构要求宣布贷款提前到期或解除合同，应如何处理？（这类案件比较多，或认为只要符合合同约定的条件就可以支持原告的诉请，或认为不构成根本违约，只要借款人还款，双方可以继续履行合同）

梁慧星： 首先要指出，我国《合同法》规定的合同自由，并非不受限制的绝对自由，绝不允许滥用合同自由以损害对方当事人的合法权益。因此，即使对方当事人未予主张，法庭亦应审查合同是否违反法律强制性规定，查明合同有《合同法》第 39 条、第 40 条、第 52 条、第 53 条规定的违法情形的，应当认定合同无效或者部分无效。那种认为只要合同约定了加速到期条款或者解除权的条件，法庭就应当无条件支持当事人加速到期或者解除合同请求的意见，是不正确的。

所谓提前到期条款，又称为加速到期条款，是融资租赁合同常用的一种惩罚性安排，近来也被用于按揭贷款合同。按照该条款，融资租赁合同的承租人只要一两期租金未按时支付，即视为该合同其余各期租金全部到期，租赁公司有权要求承租人立即支付全部租金。加速到期条款的实质是，以剥夺承租人依据租赁合同享有的全部期限利益，作为对承租人迟延支付租金违约行为的惩罚。所谓解除权条件，属于《合同法》第 93 条第 2 款关于约定解除权的规定，该款规定，当事人可以约定一方解除合同的条件，解除合同的条件成就时，解除权人可以解除合同。

如前所述，即使对方当事人未予主张，法庭对于合同中约定的加速到期条款和解除合同的条件，负有审查职责。经法庭审查查明，如果合同约定的加速到期条款和解除权的条件不违反法律强制性规定的，应当认定该约定有效，判决支持原告要求被告支付全部租金（还款）或者解除合同的请求;如果合同约定的加速到期条款和解除权的条件违反法律强制性规定的,应当认定该约定无效,判决驳回原告要求被告支付全部租金(还款)或者解除合同的请求。下面谈法庭如何进行审查。

对合同约定的加速到期条款,法庭应当结合案件具体案情,审查原告行使加速到期权所剥夺被告(对方当事人)依据合同享有的期限利益与被告(对方当事人)迟延支付租金(或者还款)的违约行为二者之间是否具有相当的合理性。如果被告(对方当事人)迟延支付租金(或者还款)的违约行为已经构成根本违约,则应当认为原告行使加速到期的请求具有相当的合理性,因此应当认定关于加速到期条款的约定有效,判决支持原告加速到期的请求。如果被告(对方当事人)迟延支付租金(或者还款)的违约行为轻微,例如虽有多次迟延,但经催告后已经支付,或者如问题中所述,虽有多次逾期还款,但到起诉时或者法庭开庭时已经付清全部逾期金额,则应当认定原告行使加速到期权不具有合理性。这种情形,如果属于格式合同条款,则法庭应当适用《合同法》第40条关于"加重对方责任、排除对方主要权利的"格式条款无效的规定,认定合同加速到期条款无效,并驳回原告行使加速到期的请求;如果不属于格式合同条款,则法庭应当适用《合同法》第6条关于诚信原则的规定,认定加速到期条款无效,并判决驳回原告行使加速到期的请求。

对合同约定解除权的条件,法庭应当结合案件具体案情,审查原告解除合同所剥夺被告(对方当事人)依据合同享有的履行利益,与被告(对方当事人)迟延支付租金(或者还款)的违约行为二者之间是否具有相当的合理性。如果被告(对方当事人)迟延支付租金(或者还款)的违约行为严重,已经构成根本违约,则应当认为原告解除合同具有相当的合理性,因此应当认定关于解除权条件的约定有效,并判决支持原告解除合同的请求。如果被告(对方当事人)虽有违约行为,但违约情节轻微,例如虽有多次迟延,但经催告后已经支付,或者如问题中所述,虽有多次逾期还款,但到起诉时或者法庭开庭时已经付清全部逾期金额,则应当认定原告解除合同不具有合理性。这种情形,如果属于格式合同条款,法庭应当直接适用《合同法》第 40 条关于"加重对方责任、排除对方主要权利的"格式条款无效的规定,认定合同关于解除权条件的约定无效;如果不属于格式合同条款,则应依据《合同法》第 6 条关于诚信原则的规定,认定该解除权条件无效,判决驳回原告解除合同的请求。

开发商的阶段性担保

问题 15:在金融借款、抵押、保证合同纠纷案件中,合同约定待可以办理抵押登记手续时,各方需协助办理,且房地产公司等一般对借款承担阶段性担保,即办理抵押登记前的担保,但条件成熟时却因各种原因没有及时办理抵押登记手续,承担阶段性担保的保证人因此主张其不应再继续承担担保责任,应如何处理?

梁慧星:关于房地产公司与按揭银行之间的连带责任保证,在回答问题 12 时已经谈到。保证合同约定的保证期间,是合同生效至"办理抵押登记"的期间。虽然办理抵押登记的条件成熟,却因各种原因未及时办理抵押登记,现在保证人请求解除保证责任,人民法院应不予支持。理由很简单,没有办理抵押登记,保证合同仍然有效。保证人要想解除保证责任,必须按照《合同法》第 93 条第 1 款的规定,与对方当事人(债权人)协商一致,达成解除保证合同的协议(合同)。

房地产抵押典当

问题 15:近期房地产抵押典当借款纠纷日益增多,但在该类案件中,虽然双方当事人签订了房地产抵押典当借款合同,但均没有按典当办法的规定先行办理抵押登记,且事实上合同中所欲抵押的房产根本不具备办理抵押登记的条件,或已在他处抵押等,典当公司主张按房地产抵押典当借款合同的约定,并按典当办法的规定行使权利(包括归还当金、支付利息、支付综合费用等),应如何认定和处理?(或认为虽然签订了房地产抵押典当借款合同,但因并没有按典当办法的规定,即应当先行办理抵押登记,故实质上不是抵押典当,而只是一般意义上的

借款,故不能按典当办法的规定收取高额的利息和费用;网上也有观点认为应当认定合同无效,并按无效原则处理)

梁慧星:回答问题15,须先介绍什么是典当。人们习惯于将"典"与"当"并提,称为"典当",实际上"典"和"当"不是一回事。"典"是中国传统习惯中的典权,《物权法》未有规定。现在各地的"典当行"之所谓"典当",实际上是"当"。所谓"当",就是"当铺"。《红楼梦》里的薛宝钗家里就是开"当铺"的。电视剧《大宅门》里也提到"当铺"。现在各地开设的"当铺",有的称为"典当行"。"典当行",就是"当铺"的另一种称呼,为了方便,以下统称"典当行"。

"当"是《物权法》上规定的"动产质权"(第208条)。假设我们现在急用一笔钱,又不想向亲戚朋友告借,我们就可以把家里暂时不用的财产如首饰,拿到典当行去"当"一笔钱。实际是我们从典当行借款,把自己的财产(如首饰)交给典当行作为担保品(称为"质物"),典当行对该质物(首饰)享有一种担保物权,称为"质权"。我们从典当行拿到一张"当票","当票"就是"动产质押借款合同书"。在我们与典当行之间的合同关系中,典当行是出借人和质权人,我们是借款人和出质人。"当票"上约定的期限届满,如果我们的经济情况好转,就可以拿一笔同样数额的钱附上约定利息,到典当行去"赎当"。实际是清偿我们欠典当行的债务,使典当行对首饰(质物)的质权归于消灭,典当行当然会把首饰(质物)退还我们。如果我们的经济情况没有好转,拿不出钱去"赎当",就成了"死当",典当行即取得质物(首饰)的所有权,我们对首饰的所有权归于消灭,当然我们欠典当行的那笔债务也一笔勾销,等于是以首饰的所有权"抵偿"了我们欠典当行的债务。

典当行属于经营动产质押担保小额贷款业务的非银行金融机构,开设典当行须经特别许可,并受金融主管机关的监管。典当行对借款人交付的担保物(动产)享有的担保物权,叫"营业质权"。"营业质权"是一种特殊的"质权",其特殊性表现在以下两点:其一,典当行只能接受动产质押,不能接受财产权利(权利凭证)质押。如以财产权利(权利凭证)质押贷款,只能找银行。如果典当行接受权利凭证质押,构成违法,当然是无效的。其二,典当行设立"营业质权",可以约定"流质约款",这是与普通质权的不同点。普通质权约定的"流质约款"无效(《物权法》第 211 条)。因为典当行经营的是以动产质押担保的小额贷款业务,贷款金额不大,质物价值亦不大,且期限较短,如果要求典当行在行使营业质权时必须进行"清算",势必增加交易成本,妨碍其业务开展,也与惯例不符。

我们看到,典当行只能接受法律不禁止流通的动产质押,不能接受财产权利(权利凭证)质押,更不能接受不动产(不动产权利)抵押。但是,一段时间以来,一些地方的典当行非法接受不动产(不动产权利)质押和非法接受权利凭证质押,这样的质押合同,属于《合同法》第 52 条第(5)项"违反法律、行政法规的强制性规定"的合同。人民法院应当依据《合同法》第 52 条的规定,认定这样的质押合同无效。

现在回答问题:典当行与借款人签订的"房地产抵押典当借款合同",违反现行法律、行政法规关于典当行不得接受不动产质押的规定,当然是无效的。且不说合同中的房地产不具备办理抵押登记的条件,就是具备办理抵押登记的条件,法律也不允许办理抵押登记,因为典当行属于经营动产质押担保小额贷款业务的非银行金融机构,不得从事房地产抵押贷款。

如前所述,"房地产抵押典当借款合同"属于"违反法律、行政法规的强制性规定"的合同,法庭应当依据《合同法》第 52 条的规定和《物权法》第 208 条的规定,认定"房地产抵押典当借款合同"无效,然后再依据《合同法》第 58 条关于合同无效效果的规定,判决被告(借款人)返还借款本金,并比照中国人民银行同期贷款利率计算损失,由原被告双方按照各自过错比例分担损失,驳回原告(典当行)按合同约定并按典当办法行使权利的主张。

金融债权转让的效力和权利变动

问题 16:金融债权转让的效力应如何认定?有效、无效或需经审批?合同约定主债权转让,抵押权等同时转让,受让人因此主张行使抵押权应否得到支持？即被转让的抵押权是否需要办理新的抵押登记手续，还是只需履行通知的义务即可？

梁慧星：所谓"金融债权转让"，是指"金融不良债权转让"。关于人民法院审理涉及金融不良债权转让案件的法律适用问题，最高人民法院于2009年召开过专门工作座谈会，然后将《关于审理涉及金融不良债权转让案件工作座谈会纪要》（法发〔2009〕19号）下发各级人民法院"遵照执行"。因此，该座谈会纪要为人民法院裁判金融不良债权转让案件提供了裁判规则。

下面摘引座谈会纪要关于"如何认定金融不良债权转让合同无效"的认定标准：

"会议认为，在审理不良债权转让合同效力的诉讼中，人民法院应当根据合同法和《金融资产管理公司条例》等法律法规，并参照国家相关政策规定，重点审查不良债权的可转让性、受让人的适格性以及转让程序的公正性和合法性。金融资产管理公司转让不良债权存在下列情形的，人民法院应当认定转让合同损害国家利益或社会公共利益或者违反法律、行政法规强制性规定而无效。（一）债务人或者担保人为国家机关的；（二）被有关国家机关依法认定为涉及国防、军工等国家安全和敏感信息的以及其他依法禁止转让或限制转让情形的；（三）与受让人恶意串通转让不良债权的；（四）转让不良债权公告违反《金融资产管理公司资产处置公告管理办法（修订）》规定，对依照公开、公平、公正和竞争、择优原则处置不良资产造成实质性影响的；（五）实际转让的资产包与转让前公告的资产包内容严重不符，且不符合《金融资产管理公司资产处置公告管理办法（修订）》规定的；（六）根据有关规定应经合法、独立的评估机构评估，但未经评估的；或者金融资产管理公司与评估机构、评估机构与债务人、金融资产管理公司和债务人以及三方之间恶意串通，低估、漏估不良债权的；（七）根据有关规定应当采取公开招标、拍卖等方式处置，但未公开招标、拍卖的；或者公开招标中的投标人少于三家（不含三家）的；或者以拍卖方式转让不良债权时，未公开选择有资质的拍卖中介机构的；或者未依照《中华人民共和国拍卖法》的规定进行拍卖的;(八)根据有关规定应当向行政主管部门办理相关报批或者备案、登记手续而未办理,且在一审法庭辩论终结前仍未能办理的;(九)受让人为国家公务员、金融监管机构工作人员、政法干警、金融资产管理公司工作人员、国有企业债务人管理人员、参与资产处置工作的律师、会计师、评估师等中介机构等关联人或者上述关联人参与的非金融机构法人的;(十)受让人与参与不良债权转让的金融资产管理公司工作人员、国有企业债务人或者受托资产评估机构负责人员等有直系亲属关系的;(十一)存在其他损害国家利益或社会公共利益的转让情形的。"

该座谈会纪要的这一段,实际上是对《合同法》第 79 条的解释。《合同法》第 79 条规定:"债权人可以将合同的权利全部或者部分转让给第三人,但有下列情形之一的除外:(一)根据合同性质不得转让;(二)按照当事人约定不得转让;(三)依照法律规定不得转让。"上引座谈会纪要,结合金融不良债权转让,列举了"根据合同性质"或者"按照法律行政法规规定不得转让"的 11 种情形。因此,人民法院审理金融不良债权转让案件,查明属于此 11 种情形之一的,即应认定金融不良债权转让合同无效。

下面摘引上述座谈会纪要关于金融不良债权转让合同"可撤销事由"的认定标准:

"在金融资产管理公司转让不良债权后,国有企业债务人有证据证明不良债权根本不存在或者已经全部或部分归还而主张撤销不良债权转让合同的,人民法院应当撤销或者部分撤销不良债权转让合同;不良债权转让合同被撤销或者部分撤销后,受让人可以请求金融资产管理公司承担相应的缔约过失责任。"

这一段实际是结合金融不良债权转让,对《合同法》第 54 条关于合同可撤销事由的规定的解释。《合同法》第 54 条规定了三项"可撤销事由":(1)重大误解;(2)订立合同时显失公平;(3)欺诈、胁迫或者乘人之危。上引座谈会纪要,增加了第(4)项:国有企业债务人有证据证明不良债权根本不存在或者已经全部或部分归还。并且明确解释,金融不良债权转让合同被撤销或者部分撤销后,出让人金融资产管理公司应对受让人承担"相应的缔约过失责任"。因此,人民法院审理金融不良债权转让合同案件,查明有《合同法》第54条规定的三项可撤销事由和上述座谈会纪要增加的第四项可撤销事由之一的,应当判决撤销金融不良债权转让合同或者撤销其一部。

现在回答第一问和第二问:人民法院审理金融不良债权转让合同案件,应当按照上述座谈会纪要前述关于认定无效的解释标准和可撤销事由的解释标准,认定转让合同是否无效和是否可撤销。不符合前述认定无效的解释标准及可撤销事由解释标准的,则应当认定转让合同有效。

下面摘引该座谈会纪要关于金融不良债权转让时担保债权同时转让的解释:

"国有银行向金融资产管理公司转让不良债权,或者金融资产管理公司收购、处置不良债权的,担保债权同时转让,无须征得担保人的同意,担保人仍应在原担保范围内对受让人继续承担担保责任。"

其中所谓"担保债权",应指人的担保,即保证担保,而不包括物的担保,即担保物权。可见,该座谈会纪要未涉及"担保物权"。

要回答第三问,须根据《合同法》第81条规定的法律原则。《合同法》第81条规定:"债权人转让权利的,受让人取得与债权有关的从权利,但该从权利专属于债权人自身的除外。"按照民法原理,抵押权属于从权利,且抵押权不是专属于债权人自身的从权利。因此,债权人转让债权,作为从权利的抵押权应与主债权一并转归受让人享有。且抵押权属于不动产物权,按照《物权法》第14条的规定,抵押权转让实行登记生效原则。因此,债权转让时,抵押权随同主债权一并转让,受让人应根据债权转让协议及出让人交付的抵押权证,向不动产登记机构办理抵押权转让(变更)登记。

现在回答第三问和第四问:合同约定主债权转让,抵押权等同时转让,受让人因此主张行使抵押权的,人民法院应予支持。受让人根据债权转让协议和出让人交付的抵押权证,已向不动产登记机构办理抵押权转让(变更)登记的,受让人可以抵押权人的名义行使抵押权,申请法院拍卖抵押物并以拍卖价款优先受清偿。如未办理抵押权转让(变更)登记,受让人可凭出让人出具的委托书,以抵押权人的代理人名义申请拍卖抵押物并以拍卖价款优先受清偿。如抵押物属于债务人之外的人,则抵押权随同主债权转让,应通知该抵押物所有人(抵押人)。但须注意,抵押权属于"对物权"而非"对人权",故此通知的意义仅在告知抵押权已经随同主债权转让的事实,并不是抵押权转让的必要条件。换言之,即使未通知,也不影响抵押权转让。

违约金过高时能否主动调整

问题 17:合同约定的违约金明显过高(高得离谱,比高利贷还高),当事人未到庭或虽出庭但未要求调整的,法院能否主动调整。

《合同法》第 114 条第 2 款规定:"约定的违约金低于造成的损失的,当事人可以请求人民法院或者仲裁机构予以增加;约定的违约金过分高于造成的损失的,当事人可以请求人民法院或者仲裁机构予以适当减少。"该条明确规定,违约金调整属于债务人的权利,只在债务人提出调整违约金的请求时,法院才对约定违约金是否过高、过低予以审查并予以调整;债务人不提出调整违约金的申请,应视为债务人放弃权利,法院不得依职权予以审查并进行调整。

最高人民法院《合同法司法解释(二)》第 27 条规定,"当事人通过反诉或者抗辩的方式,请求人民法院依照合同法第一百一十四条第二款的规定调整违约金的,人民法院应予支持"。此项解释解决了两个问题:第一,人民法院适用《合同法》第 114 条第 2 款的规定,对约定过高或过低的违约金进行调整,须以债务人请求为前提条件,债务人未请求的,人民法院不得依职权调整违约金;第二,债务人请求调整违约金,须采取反诉或者抗辩的方式。换言之,调整违约金属于债务人的实体权利,此项权利之行使,必须在诉讼中采取反诉(处分原则)或者抗辩(辩论原则)的方式。

以上是法庭调整违约金的原则。按照此项原则,法庭调整违约金,必须以债务人主张为条件,债务人未主张的,法庭不得依职权调整。但是,同志们不要忘记,法庭对于合同内容有审查的职责,法庭应当依据合同法基本原则和具体规则,审查合同的合法性。当事人一方利用自己的优势地位,滥用合同自由,通过约定高额违约金,为自己牟取不正当利益,损害对方当事人的合法权益,这样的约定是违法的,当然也是无效的。

现在回答问题:合同约定的违约金明显过高(高得离谱,比高利贷还高),当事人未到庭或虽出庭但未要求调整的,如果属于格式合同,法庭可依据《合同法》第 40 条关于"提供格式条款一方免除其责任、加重对方责任、排除对方主要权利的"的格式合同条款无效的规定认定该违约金条款无效;如果不属于格式合同,法庭可直接依据《合同法》第 6 条诚实信用原则认定违约金条款无效;如果约定违约金"高得离谱,比高利贷还高",应构成《合同法》第 52 条第(4)项"损害社会公共利益"或者第(5)项"违反法律、行政法规的强制性规定",法庭可依据《合同法》第 52 条,认定其无效。在违约金条款被认定无效之后,原告(债权人)可依《合同法》第 113 条关于法定损害赔偿的规定,要求赔偿损失,自不待言。

买卖标的物质量异议期间

问题 18:在买卖合同纠纷案件中,标的物已交付一两年,但在原告起诉后,被告仍以标的物的质量存在问题进行抗辩,应如何处理?

梁慧星:先介绍《合同法》关于买卖合同标的物质量检验和瑕疵通知的规定。《合同法》第 157 条规定,"买受人收到标的物时应当在约定的检验期间内检验。没有约定检验期间的,应当及时检验"。本条规定买受人有对标的物进行检验的义务,以便于判断标的物是否存在瑕疵,并据此判断出卖人应否承担瑕疵担保责任。本条规定,合同约定了检验期间的,买受人应当在约定的检验期间内进行检验;未约定检验期间的,买受人应及时进行检验。需经过初步的使用和调试才能发现瑕疵的,及时检验应指按照物的使用方法于合理的时间进行检验。检验期间自买受人收到标的物之时起计算。

《合同法》第158条规定买受人的瑕疵通知义务。按照《合同法》第158条第1款的规定,如合同约定有检验期间,买受人经检验发现标的物存在瑕疵的,应当在检验期间内向出卖人发出瑕疵通知。按照《合同法》第158条第2款的规定,如合同未约定检验期间,则买受人应当在发现或者应当发现标的物瑕疵的合理期间内,向出卖人发出瑕疵通知。所谓瑕疵通知,属于事实通知,只要买受人(以书面形式或者口头形式)将标的物存在瑕疵(标的物质量与合同约定不符)的事实告知出卖人即可,而无须表示是否追究出卖人的瑕疵担保责任的意思,亦无须附有标的物存在瑕疵的证据。

请特别注意《合同法》第158条关于买受人不履行瑕疵通知义务的法律效果的规定。如果合同约定了检验期间,按照本条第1款的规定,如果买受人未在检验期间内发出瑕疵通知,"视为"标的物不存在瑕疵(及质量符合约定);如果合同未约定检验期间,按照第2款的规定,"买受人在合理期间内未通知或者自标的物收到之日起两年内未通知","视为"标的物不存在瑕疵(即质量符合约定)。

此所谓"视为",是民法技术性概念。"视为"概念,与另一个技术性概念"推定",均属于由法庭依据法律规定作出事实认定。二者的差别在于:法庭依据法律关于"视为"的规定所作出的事实认定,不允许当事人以反证予以推翻,此项事实认定将直接作为法庭判决的事实根据;法庭依据法律关于"推定"的规定所作出的事实认定,允许当事人以反证予以推翻,只在对方当事人举不出反证或者举出的反证不足以推翻法庭作出的事实认定时,才能以此项事实认定作为判决的事实根据。顺便补充说明一点,法律上的推定也有两种:可以推翻的推定(通常的推定)与不可推翻的推定(特别的推定)。《侵权责任法》第6条第2款规定的推定,就属于可以推翻的推定,即通常的推定;《侵权责任法》第58条规定的推定,就属于不可推翻的推定,即特别推定。

由上可知,同志们一定要准确理解和掌握《合同法》第158条关于"视为"规定,合同约定检验期间的,超过检验期间,未约定检验期间的超过合理期间或者自标的物收到之日起算超过两年,法庭即应依法"视为"标的物不存在瑕疵,即质量合格,并据此判决驳回买受人以所谓质量不合格为由提起的本诉、反诉、抗辩及质量鉴定申请。

裁判实践中,对于《合同法》第158条第2款规定的"合理期间"与"两年期间"的关系,存有疑问,即自标的物收到之日起已超过两年,如买受人发现标的物存在瑕疵,于发现瑕疵的合理期间内,向出卖人发出瑕疵通知,法庭应如何处理?一种意见认为,两年期间为最长合理期间,一旦超过两年期间,即应视为标的物质量合格,超过两年期间后发出的瑕疵通知无效;另一种意见认为,两年期间与合理期间是并立关系,超过两年期间后发现标的物瑕疵,在合理期间内发出的瑕疵通知有效。

请同志们特别注意,最高人民法院《买卖合同司法解释》针对这一问题的解释,其第17条第2款规定:"合同法第一百五十八条第二款所规定的'两年'是最长的合理期间。该期间为不变期间,不适用诉讼时效中止、中断或者延长的规定。"其第20条规定:"合同法第一百五十八条规定的检验期间、合理期间、两年期间经过后,买受人主张标的物的数量或者质量不符合约定的,人民法院不予支持。"

现在回答问题:在买卖合同纠纷案件中,标的物已交付一两年,但在原告起诉后,被告仍以标的物的质量存在问题为由进行抗辩的,法庭应当如何处理?(1)如果查明合同约定有检验期间,而被告(买受人)未在检验期间内发出瑕疵通知,法庭应当依据《合同法》第158条第1款的规定,"视为标的物的数量或者质量符合约定",并据此驳回被告(买受人)的抗辩主张。(2)如果合同未约定检验期间,则法庭应当审查被告(买受人)是否在合理期间内发出瑕疵通知,已在合理期间内发出瑕疵通知的,法庭应当根据被告提出的证据或者质检机构的鉴定意见,对标的物是否存在瑕疵作出认定,如法庭认定标的物存在瑕疵,即应支持被告的抗辩主张;如法庭认定标的物不存在瑕疵,则应驳回被告的抗辩主张。(3)如未在合理期间内发出瑕疵通知,则审查被告(买受人)主张瑕疵抗辩(建议以本案原告起诉日为准)是否超过两年期间,如未超过两年期间,则法庭应当根据被告提出的证据或者质检机构的鉴定意见,对标的物是否存在瑕疵作出认定;如已超过两年期间,则法庭应当依据《合同法》第158条第2款规定,"视为"标的物不存在瑕疵,并驳回被告(买受人)的抗辩主张。

最后补充一点,如果买卖合同标的物有质量保证期间的,则应适用该"质量保证期",而不适用"两年期间"。

债权人代位权的适用对象

问题19:债务人怠于行使到期债权,次债务人无偿转让财产或低价转让财产,债权人是否可依《合同法》第74条之规定对次债务人的行为行使撤销权?如不能,应以原告主体不适格驳回债权人(原告)的起诉,还是应驳回其诉讼请求?

梁慧星:这里讲的是"三角债"关系:债权人对债务人享有债权,债务人对次债务人享有债权。如果债务人怠于行使对次债务人的到期债权,对债权人造成损害,则债权人可依据《合同法》第73条关于债权人代位权的规定,起诉次债务人,代位行使债务人对次债务人的债权;如果次债务人无偿转让财产或者以明显不合理的低价转让财产,对债务人造成损害,则债务人可依据《合同法》第74条关于债权人撤销权的规定,起诉次债务人,请求法院撤销次债务人与受让人之间转让财产的合同。

现在的问题是,债务人怠于行使对次债务人的债权,对债权人造成损害,符合《合同法》第73条债权人代位权的构成要件,并且在这种情形下,次债务人无偿转让财产或者低价转让财产,对债务人造成损害,符合《合同法》第74条债权人撤销权的构成要件,债权人可否代位行使债务人对次债务人的撤销权,关键在于法律如何规定债权人代位权的适用对象。

按照大陆法系民法,债权人代位权的适用对象,包括债务人的一切权利和诉权,例如,《法国民法典》第1166条、《日本民法典》第423条、《意大利民法典》第2900条。但我国《合同法》债权人代位权的适用对象被限定为"债务人的债权"。这是由我国《合同法》创设债权人代位权的立法目的,是要解决严重的"三角债"社会问题所决定的。《合同法》第73条规定,因债务人怠于行使其到期债权,对债权人造成损害的,债权人可以向人民法院请求以自己的名义代位行使债务人的债权。

债务人怠于行使到期债权,次债务人无偿转让财产或低价转让财产,债权人不能代位行使债务人对次债务人的撤销权。如债权人依据《合同法》第74条的规定起诉,请求撤销次债务人无偿或者低价转让财产行为,法庭应以原告主体不适格,驳回债权人(原告)的起诉;如债权人依据《合同法》第73条的规定起诉,请求撤销次债务人无偿或者低价转让财产的行为,法庭应以撤销权不属于债权人代位权的适用对象为由,驳回其诉讼请求。

宅基地使用权及房屋所有权的归属

问题20:农村宅基地,如果是登记在父亲名下,但是有一部分是为儿子结婚建房(假如六间房,分两个门,一家三间),那么能否证明房子为儿子所有?如果土地证和房产证都是登记在父亲名下,那儿子把房子赠与他人的合同是否有效?

梁慧星:按照中国农村的传统习惯,在儿子结婚之前,父母就要为儿子将来结婚建新房,供婚后小夫妻俩居住,如果父母不与儿子分家,该房屋仍然属于父母的房产。只在父母与儿子分家后,才凭分家析产协议书到登记机构办理房屋产权变更,儿子也才取得该房屋所有权和宅基地使用权。

现在回答第一问:如果房屋产权证和宅基地使用权证均在父亲名下,仅凭房屋的一部分是父亲为儿子结婚所建这一事实,不能证明该部分房屋为儿子所有。如前所述,儿子须凭与父母亲分家析产的协议书到登记机构办理过户登记,才能取得该部分房屋所有权和宅基地使用权。

再回答第二问:既然土地证和房产证都是登记在父亲名下,则儿子把该部分房屋赠与他人的合同,属于无权处分他人财产的合同,应适用《合同法》第51条的规定,如果父亲不予追认,则该房屋赠与合同无效。

可预见性规则

问题21:《合同法》第113条(违约责任)规定的违约方"订立合同时预见到或者应当预见到的损失"如何理解?

梁慧星:要正确理解不可预见规则,须先正确理解《合同法》第113条第1款关于法定损害赔偿的规定:"当事人一方不履行合同义务或者履行合同义务不符合约定,给对方造成损失的,损失赔偿额应当相当于因违约所造成的损失,包括合同履行后可以获得的利益,但不得超过违反合同一方订立合同时预见到或者应当预见到的因违反合同可能造成的损失。"

违约损害赔偿(合同法称为赔偿损失),是最主要、最常用的违约责任形式。《合同法》将违约损害赔偿责任区分为约定损害赔偿与法定损害赔偿。约定损害赔偿,包括违约金、约定损害赔偿的计算方法及违约定金,规定在《合同法》第114条、第115条;法定损害赔偿,是指在当事人未约定违约金、损害赔偿金计算方法及违约定金的情形,按照法定方法计算的损害赔偿,规定在《合同法》第113条。二者之间的适用顺序是:如果有约定损害赔偿(当事人约定了违约金或者损害赔偿金计算方法或者违约定金),则应适用约定损害赔偿;只在没有约定损害赔偿(当事人未约定违约金、计算损害赔偿金的方法、违约定金)时,才适用法定损害赔偿,即按照《合同法》第113条规定的计算方法计算损害赔偿金。

按照大陆法系民事立法和民法原理,所谓损害赔偿责任,目的在于填补受害人所受损害,属于补偿性损害赔偿,要求损害赔偿金额与受害人实际所受损害数额相当,不允许受害人获得超过实际损失(损害)的赔偿金。此与英美法有所不同。英美法不仅有补偿性损害赔偿(此与大陆法相同),更有惩罚性损害赔偿(此与大陆法不同)。所谓惩罚性损害赔偿,目的不是补偿受害人所受损害,而是对加害人进行惩罚。我国自改革开放以来的立法,已经引入惩罚性损害赔偿制度。首先是1993年制定的《消费者权益保护法》关于双倍赔偿的规定(第49条),其次是2009年的《食品安全法》关于赔偿价款10倍的规定(第96条)。《消费者权益保护法》和《食品安全法》关于惩罚性赔偿的规定,与《合同法》第113条第1款关于补偿性损害赔偿(计算方法)的规定,构成特别法与一般法的关系。根据特别法优先适用原则,《合同法》第113条第2款明示应当优先适用《消费者权益保护法》(及食品安全法)关于惩罚性赔偿的规定。

现在看《合同法》第113条第1款关于法定损害赔偿的规定。请特别注意条文前段,"当事人一方不履行合同义务或者履行合同义务不符合约定,给对方造成损失的,损失赔偿额应当相当于因违约所造成的损失"一句,明确表述了本条规定的损害赔偿的性质属于补偿性损害赔偿,以填补因违约行为给对方当事人造成的损失(损害)为目的。"给对方造成损失"是追究违约方损害赔偿责任的必要条件,同时也限定了本条的适用范围。"损失赔偿额应当相当于因违约所造成的损失"这一句,明确表述了本条法定损害赔偿的补偿性,及以违约所造成的损失作为法定损害赔偿的标准,损失多少即赔偿多少,多损多赔,少损少赔。

不仅如此,《合同法》第113条第1款条文前段,还准确表述了违约损害赔偿责任的构成要件:"当事人一方不履行合同义务或者履行合同义务不符合约定",即有"违约行为";"给对方造成损失的",即有"损害";"损失赔偿额应当相当于因违约所造成的损失",即强调违约行为与损害之间的"因果关系"。此即严格责任原则之下的违约损害赔偿"三要件"。

请看《合同法》第113条第1款条文中段,"损失赔偿额应当相当于因违约所造成的损失,包括合同履行后可以获得的利益",这是关于损害赔偿的范围,亦即损害赔偿金计算标准的规定。"因违约所造成的损失",即与违约行为存在因果关系的损失,这就是赔偿范围,亦即裁判实务中所说"实际损失",因违约行为实际给对方造成的损失。请注意,"实际损失"一语,在本法实施之前,最高人民法院在解释《涉外经济合同法》上的损害赔偿如何计算时,曾经解释为"现实财产的减少(财物的毁损和费用的支出)",即现存财产的损失。但《合同法》所谓"实际损失",是指因违约行为实际给对方造成的全部损失,包括对方原有(现存)财产的损失(财物毁损和费用支出)和可得利益损失。为避免误将赔偿范围不适当地理解为"现存财产的损失",条文特别强调"因违约所造成的损失,包括合同履行后可以获得的利益"。"合同履行后可以获得的利益",简称"可得利益"。"因违约所造成的损失,包括合同履行后可以获得的利益",这一句不仅表述法定损害赔偿的赔偿范围,而且表述法定损害赔偿金的计算方法,即"现存财产损失加上可得利益损失"。

现在看《合同法》第113条第1款最末一句"但不得超过违反合同一方订立合同时预见到或者应当预见到的因违反合同可能造成的损失"。此项规定在理论上称为"不可预见规则"。因为,按照本款规定的违约损害赔偿范围,包括现存财产的损失和可得利益的损失,有可能发生这样的情形,最后计算得出的损害赔偿金额,远远超过合同依约履行时对方所可能获得的利益。例如,合同标的就几万元,如果依约履行,债权人不过获得几万元至多十几万元的利益,现在债务人违约,计算得出上百万元甚至几百万元的损害赔偿金。如果要求违约方全部赔偿,显然对违约方不公平,并且在当事人双方利益关系上也有失平衡。这种情形,就需要对损害赔偿金额进行限制。本款规定的违约损害赔偿范围,现实财产损失加上可得利益损失,可以说是损害多少赔偿多少,这是一般原则。但在特殊情形,计算得出的赔偿金额显然过高,让违约方承担太高的损害赔偿金,不符合民法公平原则的要求,因此依据不可预见规则对损害赔偿金额予以限制,这是一般原则的例外。

按照《合同法》第113条第1款末句条文可知,所谓不可预见规则,预见主体是"违反合同一方",预见之时点为"订立合同时",这就产生一个问题,违约方向法庭主张其在订立合同之时没有预见到自己一旦违约会给对方造成如此巨大的损失,应当如何举证?违约方于订立合同之时预见到或者预见不到,是违约方的主观心理状态,属于难以举证的事实,不应按照通常的证明方法要求违约方举证。违约方依据不可预见规则主张减轻责任抗辩即可。这种情形,法庭应当采用抽象的判断方法,即设想一个智力健全的有经验的当事人处于同样的情形,是否可以预见到其一旦违约将会给对方造成如此巨大的损失。

质言之,由审理案件的法官按照社会生活经验,根据当事人之间的利益关系,对原告计算得出的损失金额进行公平裁量。正如《国际商事合同通则》第7.4.4条的"注释"所说,不可预见规则"是一个弹性概念,它给法官留下一个较宽的自由裁量的范围"。法官进行自由裁量的结果,如认为计算得出的赔偿金额大体公平,应以"可以预见"为由,不支持违约方的抗辩主张,而按照计算得出的金额判决违约方承担责任;如认为计算得出的赔偿金额显失公平,应以"不可预见"为由,将计算得出的赔偿金额减至法庭认为比较公平合理的数额。

可见,不可预见规则的实质,是授权法庭以不可预见规则为法律根据,限制违约方的损害赔偿责任,使违约方不至于承担过重的(不合理)的赔偿责任,以维持当事人之间利益关系的平衡。而在实际违约诉讼中,不可预见规则之适用,须以违约方以抗辩方式主张为前提,自不待言。但对此不可过分拘泥。只要被告(违约方)于答辩状或者庭审中,表示"想不到""金额太大"等意思,即应认为主张此项抗辩。于缺席审判情形,如法庭经公平裁量认为原告计算得出赔偿金额显然过高,可推测被告一旦出庭将会主张此项抗辩,而直接适用不可预见规则,减少损害赔偿金额。

表见代理构成

问题 22:员工使用盖有公司公章的便笺向出借人出具欠条,款项取得后被员工挥霍,法院以诈骗罪判处员工刑罚,出借人以员工的职务行为所产生的民事责任应该由公司承担为由,对公司提起普通民事诉讼,公司则以员工行为已构成犯罪,应当先对员工提起附带民事诉讼为由进行抗辩,如何处理?

梁慧星:解答这个问题的关键在于,该员工的行为是否构成表见代理。如果构成表见代理,即应由该单位对出借人承担还本付息的责任;不构成表见代理,则该单位不应当承担责任。下面对表见代理制度作概括介绍。

《合同法》第 49 条规定:"行为人没有代理权、超越代理权或者代理权终止后以被代理人名义订立合同,相对人有理由相信行为人有代理权的,该代理行为有效。"按照本条规定,虽然行为人没有代理权,如果"相对人有理由相信行为人有代理权",即应发生有权代理的效果。这就是表见代理。

表见代理制度的立法目的是要保护善意的相对人,即有正当理由相信行为人有代理权的相对人。保护了这样的相对人,也就保护了市场交易的安全。需要指出,表见代理不是无缘无故地让被代理人承担责任,而是有严格的构成要件。表见代理的构成要件中,非常重要的一条是,被代理人与行为人之间存在某种关系,由于这种关系的存在,就造成一种有权代理的表象,使相对人相信行为人有代理权。既然外表上看起来和有权代理完全一样,相对方相信行为人有代理权也就是可以理解的,法律应该保护相对方。

举例来说,需方单位订立合同从来是由它的供销科长到供方去签订合同,但是后来这个供销科长已经调离该单位,却仍然以该单位的名义到供方去签订合同,这种情况下,因为有这个供销科长一直代理需方单位到供方签订合同这个关系,供方相信他有代理权就有正当理由。如果没有这种关系存在,这个人不是需方单位的供销科长,就一个普通员工,此前从未代理需方单位到供方签订过合同,单凭一个工作证或者盖章的空白合同书,声称代理某某单位订立合同,就不构成有代理权的表象。按照社会生活经验,相对方不可能相信其有代理权,必定要求他出示需方单位的授权委托书。这种情形,如果不要求他出示授权委托书就与他签订合同,相信他是需方单位的代理人,就属于"没有理由",当然不构成表见代理。

条文上说的"有理由",应该理解为有正当理由。所谓有正当理由,就是说原告相信行为人有代理权还不算,还要假设在同样的情况下换成别人也会相信,才算有正当理由。如果只是原告相信了,换成别的人都不会相信,这个相信就没有正当理由。没有正当理由,你就相信一个人有什么代理权,这是你自己的问题,不构成表见代理,而应该适用《合同法》第48条关于无权代理的规定。

现在回答问题:如果该员工不是普通员工,例如是公司的财务科长或者财会人员,且此前曾经使用盖有公司公章的便笺向出借人借款,则出借人有理由相信其有代理权,应当构成表见代理。这种情形,出借人以员工的职务行为所产生的民事责任应该由公司承担为由,对公司提起普通民事诉讼,公司则以员工行为已构成犯罪,应当先对员工提起附带民事诉讼为由进行抗辩,法庭应认定被告抗辩理由不成立,并适用《合同法》第49条关于表见代理的规定,支持原告(出借人)的请求,判决被告对借款承担责任。反之,如果该员工不是公司的财务科长或者财会人员,且此前也未"使用盖有公司公章的便笺向出借人"借款,则出借人没有理由相信其有代理权,不构成表见代理,按照《合同法》第48条关于无权代理的规定,该公司不予追认,应由该员工自己对出借人承担责任。这种情形,"出借人以员工的职务行为所产生的民事责任应该由公司承担为由,对公司提起普通民事诉讼,公司则以员工行为已构成犯罪,应当先对员工提起附带民事诉讼为由进行抗辩",法庭应当认定被告的抗辩成立,判决驳回原告(出借人)的请求。

无权处分

问题23:骗取的房产办理了房产证,尔后出售给他人,而且办理了过户手续,该交易是否有效?

梁慧星:这是典型的无权处分合同。应当适用《合同法》第51条关于无权处分合同的规定。按照《合同法》第51条的规定,无处分权人"处分他人财产"的合同,处分的对象,是他人享有所有权的财产,即他人之物;处分人既不是所有权人也没有获得所有权人授予的处分权,属于因"恶意或者误认"而处分他人财产。所谓"恶意"就是明知是他人的财产而予以处分,所谓"误认"就是误将他人财产认为是自己的财产而予以处分。还须注意这里所谓"处分",并不是所谓"处分行为",而是所有权的"占有、使用、收益、处分"四项权能中的"处分权能"。教科书上说所有权的"处分权能"分为"事实处分"和"法律处分"。《合同法》第 51 条所谓"处分"当然是"法律处分",亦即出卖和赠与。《合同法》第 51 条所谓"他人财产",是指他人享有所有权的"有形财产",即动产和不动产,不包括无形财产。《最高人民法院公报》2012 年第 5 期(总第 187 期)第 7 页刊登的一个案例,明示"股权转让不适用无权处分"。

按照《合同法》第 51 条的规定,没有处分权的人(因恶意或者误认)处分他人财产,如果权利人不予追认,处分人事后未得到处分权,无权处分合同无效。但法庭在认定合同无效的同时,还必须处理合同无效的后果。

须特别注意,现行法关于无权处分合同无效的法律后果的规定,有《合同法》第 58 条相互返还和损失负担的规定,和《物权法》第 106 条关于善意取得制度的规定。《物权法》第 106 条属于特别法,《合同法》第 58 条属于一般法,按照特别法优先适用原则,法庭处理无权处分合同无效的后果,应当优先适用《物权法》第 106 条关于善意取得制度的规定,仅在不构成善意取得的情形才适用《合同法》第 58 条关于相互返还和损失负担的规定。

《物权法》第 106 条规定是包含动产和不动产的、统一的善意取得制度。善意取得的构成要件是:(1)受让人为善意;(2)以合理的价格转让;(3)受让的不动产或者动产依照法律规定应当登记的已经登记,不需要登记的已经交付。其第(1)项受让人为"善意",因受让标的物为不动产或者动产,其构成要件有区别:不动产受让人之"善意",以受让人信赖不动产登记并且没有过失为构成要件;动产受让人之"善意",以受让人信赖该动产占有并且没有过失为构成要件。其第(2)项"以合理的价格转让",意在排除无偿转让(赠与),只要是有偿转让(买卖)且已支付价款即可,切不可死抠文字,真的去审查买卖价格是否合理。其第(3)项"依照法律规定应当登记",应当解释为以登记为生效要件的登记,不包括以登记为对抗要件的登记。

骗取的房产办理了房产证,尔后出售给他人,而且办理了过户手续。虽然办理了房产证,但出卖人并不是真正的所有权人,属于典型的恶意处分他人财产的合同,受骗的真正权利人当然不会追认,因此法庭应当依据《合同法》第51条的规定,认定该房产买卖合同无效。法庭在认定买卖合同无效之后,还应当审查买受人是否构成"善意"(通常情形买受人会主张自己属于善意买受人)。如果买受人事前并不认识出卖人(例如通过房屋中介撮合成交),不可能知道出卖人并不是真正权利人,因信赖房产登记并按照当时的市场价格与出卖人订立买卖合同,法庭即应认定买受人属于"善意",并依据《物权法》第106条的规定,判决买受人取得该房产所有权。换言之,法庭依据《合同法》第51条判决该房产买卖合同无效,再依据《物权法》第106条判决买受人根据善意取得制度取得该房产所有权,原权利人的所有权因而消灭。至于原权利人因所有权消灭所受损失,则应依据《侵权责任法》另行起诉,追究该骗取房产的人(出卖人)的侵权责任,自不待言。

反之,如果经法庭审查认为买受人不构成"善意",则应当直接适用《合同法》第58条关于合同无效一般法律后果的规定,判决出卖人与买受人相互返还,因此给买受人造成损失的,按照双方过错比例予以分担。

房 地 关 系

问题 24:如何理解《物权法》第182条关于房随地与地随房原则的规定?现实中房产与土地使用权分别抵押大量存在,与《物权法》规定相悖,审判及执行实务中应当如何处理?

梁慧星:在物权立法中如何处理土地与建筑物的关系,有两个方案:其一,仅规定土地为物(不动产),建筑物被视为土地的构成部分,不是独立的物(不动产)。采取这一方案的物权法,不动产只是土地,不动产登记只是土地登记。其二，土地与建筑物，分别为独立的物（不动产），即土地是一个物（不动产），建筑物是另一个物（不动产）。采取这一方案的物权法，不动产包括土地和建筑物，不动产登记分为土地登记和建筑物登记。

我国实行土地国有和集体所有的基本经济制度，私人可以享有建筑物所有权，但宅基地所有权仍属于国家或者集体。因此，我国《物权法》采取上述第二种方案，规定土地是一个物（不动产），建筑物是另一个物（不动产）。在规定土地和建筑物是两个物（不动产）的前提下，为避免建筑物和宅基地分别归属于不同主体造成法律关系的复杂化，创设建筑物所有权与宅基地使用权必须同归一人，并且建筑物与宅基地必须一并抵押的强制性规则，即所谓"房随地、地随房"原则，规定在《物权法》第146条、第147条、第182条。

按照《物权法》第146条的规定，建设用地使用权转让、互换、出资或者赠与的，附着于该土地上的建筑物、构筑物及其附属设施一并处分。按照《物权法》第147条的规定，建筑物、构筑物及其附属设施转让、互换、出资或者赠与的，该建筑物、构筑物及其附属设施占用范围内的建设用地使用权一并处分。这两个条文规定建筑物所有权与宅基地使用权一并处分原则，即权利转让情形的"房随地、地随房"原则。

按照《物权法》第182条规定，以建筑物抵押的，该建筑物占用范围内的建设用地使用权一并抵押。以建设用地使用权抵押的，该土地上的建筑物一并抵押。抵押人未依照此规定一并抵押的，未抵押的财产视为一并抵押。本条规定建筑物与宅基地一并抵押的原则，即设立抵押情形的"房随地、地随房"原则。

《物权法》上述条文对"房随地、地随房"原则的规定，十分准确，并无产生理解歧义之余地。关键是登记机构必须严格执行。可能是因为不动产登记机构未统一，房产登记机构专管房屋所有权过户登记和房屋抵押登记，土地登记机构专管土地使用权过户登记和土地抵押登记，相互之间难以协调配合，造成现实中存在"房地分离"的现象，即房屋所有权与土地使用权分属不同主体，房屋抵押权与土地抵押权分属不同主体的不正常现象。要彻底解决房地分离问题,有待于登记机构统一。但现实中存在的房地分离问题,并不难处理。

房屋所有权与土地使用权分属不同主体,各权利人均受限制,房屋所有人不能出卖房屋,土地使用权人既不能使用土地也不能出让土地。解决办法是:或者房屋所有权人受让土地使用权,或者土地使用权人受让房屋所有权。

现在回答问题:房屋与土地分别抵押情形,往往其中一个抵押权担保债权先到期,所担保债权先到期的抵押权人,先向人民法院申请执行抵押权,而此时另一个抵押权担保债权尚未到期。解决办法是:法庭一经受理其中一个抵押权的执行申请,即应视为另一个抵押权担保债权同时到期,法庭应一并执行两个抵押权,就该房产(对房屋所有权和土地使用权不加区分)委托拍卖。拍卖所得价款金额,如果超过两个抵押权分别担保的两个债权的总额,则执行比较简单,只需分别足额清偿两个债权(本金和利息),然后将剩余金额返还抵押人即可。如果拍卖所得价款金额,不足以清偿两个抵押权担保的债权总额,其执行要稍复杂一点,建议法庭类推适用《物权法》第 199 条第(1)项条文后段"顺序相同的,按照债权比例清偿"。假设房屋抵押权担保 200 万元债权,土地抵押权担保 100 万元债权,两债权额比例为 2∶1,拍卖所得价款金额为 150 万元,则清偿房屋抵押权人 100 万元,清偿土地抵押权人 50 万元。按照民法原理,两抵押权人未清偿部分债权并不消灭,还可以作为无担保债权,向债务人求偿,自不待言。

八、审理合同纠纷案件的若干问题[*]

第三人自愿承诺替债务人还债

梁慧星：先介绍《合同法》关于第三人履行的规定。

首先是《合同法》第 65 条规定，当事人约定由第三人向债权人履行债务的，第三人不履行债务或者履行债务不符合约定，债务人应当向债权人承担违约责任。按照该规定，双方约定由第三人履行，如第三人实际履行，则债务人免责；第三人不履行，则债务人不免责。例如，赵薇案，电影学院与制片人订立合同，约定赵薇演出。赵薇未去演出，判决电影学院对制片人承担责任。

其次是《合同法》关于债务承担的规定。债务承担的效果是，第三人（承担人）取代原债务人成为新债务人。《合同法》第 84 条规定，债务人将合同的义务全部或者部分转移给第三人的，应当经债权人同意。按照该规定，债务承担的构成要件为须债务人与第三人达成债务转移（债务承担）的协议，并经债权人同意。债务承担的效果为该第三人代替原债务人成为新债务人，原债务人退出债权债务关系；如新债务人（第三人）不履行债务，与原债务人无关。例如，乙欠甲债务，乙、丙、甲三方达成协议，约定由丙承担乙对甲的全部债务；后丙未履行，甲起诉乙，法院判决驳回甲的请求。

现在回到本题，第三人自愿承诺替代债务人履行债务。《最高人

---

[*] 2013 年 9 月 29 日于眉山市仁寿县人民法院。

民法院公报》2012年第5期刊登一则案例,称为"债务加入"。广东达宝物业管理有限公司与广东中岱企业集团有限公司、广东中岱电讯产业有限公司、广州市中珊实业有限公司股权转让合同纠纷案。① 裁判摘要:合同外的第三人向合同中的债权人承诺承担债务人义务的,如果没有充分的证据证明债权人同意将债务转移给该第三人或者让债务人退出合同关系,不宜轻易认定构成债务转移,一般应认定为债务加入。第三人向债权人表明债务加入的意思后,即使债权人未明确表示同意,但只要其未明确表示反对或未以行为表示反对,仍应当认定为债务加入成立,债权人可以依照债务加入关系向该第三人主张权利。

债务加入的构成要件为第三人自愿加入(自愿承诺替债务人履行债务);未经债权人同意,不构成债务承担(《合同法》第84条)。与债务承担的区别为债权人是否同意(债务转移于承担人)。债务加入的法律效果为原债务人的债务并不免除,而由自愿加入的第三人与原债务人成为共同连带债务人。注意与债务承担效果的区别为原债务人是否退出债务关系。

顺便提到,现代市场经济条件下,共同连带债务人制度,亦可以用于担保目的,借款合同的担保人不以保证人名义与债权人订立保证合同,而是作为债务人与借款人成为共同连带债务人,以规避保证人的抗辩权。

构成债务加入,债权人有权单独起诉该第三人履行债务,也有权单独起诉原债务人履行债务,还可以将该第三人和原债务人作为共同被告。在单独起诉该第三人不能得到清偿或者清偿不足之后,还可以再起诉原债务人。因诉讼时效起算时点不同,债权人先起诉该第三人未获得清偿,再起诉原债务人时,原债务人可能因诉讼时效期间经过而免责。

第三人履行债务后可否向债务人追偿?第三人自愿承诺替代债务

---

① 参见广东达宝物业管理有限公司与广东中岱企业集团有限公司、广东中岱电讯产业有限公司等股权转让合同纠纷案,最高人民法院民事判决书(2010)民提字第153号。

人履行债务,如经原债务人委托(同意),其履行债务后当然可以向原债务人追偿。未经原债务人委托(同意),该第三人向债权人履行后,可否向原债务人追偿?存在两种意见:第一种意见认为不可以追偿,理由是第三人替债务人履行债务纯属于一种自愿行为,未经债务人同意,债务人当然没有向其返还的义务。第二种意见认为可以追偿,理由是如未经债务人同意,债务人就可以拒绝偿还,将因而获得不当得利,并使他人遭受不应有的损害。第一种意见将意思自治原则绝对化,并且违背民法诚实信用原则。应当肯定,认为第三人有权向原债务人追偿的第二种意见,是符合法律精神的正确的意见。

第三人行使追偿权的法律根据是什么?第三人行使追偿权的法律根据如下:其一,第三人未经债务人同意替债务人还债,构成无因管理,第三人可以依据《民法通则》第 93 条关于无因管理的规定,要求债务人偿还。其二,第三人未经债务人同意而替债务人履行债务,债权人对于债务人的债权并不因第三人的履行而消灭,但债权人不能再向债务人请求履行,而应将对原债务人的债权让与该第三人。换言之,第三人替债务人履行债务后,当然取代原债权人的地位,有权行使原债权人对债务人的债权。其三,第三人自愿承诺替债务人履行债务,如前所述,构成债务加入,加入债务之该第三人与原债务人成为共同连带债务人。根据《民法通则》第 87 条后段关于连带债务人的规定,第三人向债权人履行全部债务后,有权要求原债务人向自己清偿。其四,第三人未经债务人同意替债务人还债,其结果无异于债人无法律上的根据而获得不当利益,因此第三人可以依据《民法通则》第 92 条关于不当得利的规定,请求债务人偿还。以上四项法律根据,可任选其一,作为第三人对原债务人行使追偿权的根据。

关于合同解除

《合同法》规定了三种合同解除方式:其一,协议解除。《合同法》第 93 条第 1 款规定,当事人协商一致,可以解除合同。其二,约定解除权。《合同法》第 93 条第 2 款规定,当事人可以约定一方解除合同的条件。解除合同的条件成就时,解除权人可以解除合同。区别于合同(法律行为)附解除条件(《合同法》第45条):附解除条件,条件成就时合同消灭;约定解除权,条件成就时发生解除权,如解除权人行使解除权,则合同消灭,解除权人不行使解除权,则合同不消灭。其三,法定解除权,规定在《合同法》第94条。

关于解除权的行使,《合同法》第96条规定,当事人一方依照本法第93条第2款、第94条的规定主张解除合同的,应当通知对方。"合同自通知到达对方时解除。对方有异议的,可以请求人民法院或者仲裁机构确认解除合同的效力。"

依此规定,解除权(约定、法定)之行使,采通知(意思通知)方式,通知到达对方时发生合同解除的效力。对方如不同意解除,可以向人民法院提起确认之诉,由法院审查是否有解除权及行使方式是否合法。如果审查结果是肯定的,即判决确认合同自通知到达之时已经解除。反之,则判决确认合同并未解除。

依规定通知到达对方时发生合同解除的效力,但因对方依法提起确认之诉,属于双方对于合同是否解除发生争议,应当认为自法院受理案件之时起,至法院作出判决止的这段时间,合同处于是否解除未定状态。一旦判决确认已解除,其解除溯及于通知到达之时;判决确认合同未解除,则自始不发生解除的效力。

关于解除权行使方式,《合同法》第96条规定采通知方式,并不是不可以采诉讼方式。有的法院认为解除权行使必须采通知方式,判决或裁定驳回当事人解除合同的起诉(请求),属于死抠条文。从严格意义上讲,通知方式为"轻",诉讼方式为"重",既然可以采取通知方式行使解除权,则依"举轻明重"之法理,当然更可以采取诉讼方式行使解除权。

从解除权人方面考虑,如合同尚未履行,采通知方式有利;如合同已履行,需解决返还、赔偿问题,则采诉讼方式有利。如解除权人采取起诉方式行使解除权,对方收到起诉状副本(相当于解除通知)未表示异议,则法庭应认定起诉状副本送达(相当于通知到达)时,已发生解除的效力,这种情形法庭仅依据《合同法》第 97 条就恢复原状及损害赔偿作出判决;对方表示异议的,经审查原告有解除权,则依据《合同法》第 96 条判决解除合同,并依据第 97 条判决恢复原状及赔偿损失。

关于解除权的期限,《合同法》第 95 条规定:"法律规定或者当事人约定解除权行使期限,期限届满当事人不行使的,该权利消灭。法律没有规定或者当事人没有约定解除权行使期限,经对方催告后在合理期限内不行使的,该权利消灭。"依据本条规定,当事人在订立合同时可以约定解除权行使期限(第 1 款),如无约定期限,则对方可以向解除权人发催告通知,经催告后在一个"合理期限"内仍不行使解除权的,解除权消灭(第 2 款)。显而易见,这是颇具书呆子气的法律设计,实际生活中当事人向解除权人发催告的可能性不大至少是较少,因对方没有催告,解除权人的解除权就将长期存在。这就会发生经过相当长的时间之后,是否许可行使解除权的问题。请特别注意,裁判实践针对此问题,创设了"权利失效规则"。

《人民司法》2011 年第 12 期刊登一则民事判决书。裁判要旨如下:合同一方当事人因对方的迟延履行致使合同目的落空,依法享有法定解除权。在不具有约定或法定除斥期间时,当相对人有正当理由信赖解除权人不欲再行使解除权时,则根据禁止权利滥用原则,不得再行使解除权。一审民事判决书时隔 5 年,令被告以及第三人产生了合理信赖,认为原告已不行使该解除权。现原告起诉主张解除合同,返还股权,有违诚实信用原则。本案两审法院判决,创设此项裁判规则:解除权人未行使解除权,经过相当的期间,致相对人有正当理由信赖其将不再行使解除权时,不得再行使解除权(权利失效)。两审法院认可权利失效规则的法律根据稍有不同:一审根据诚实信用原则;二审依据禁止权利滥用原则。

解除合同的条件成就发生(约定或法定)解除权后,如果解除权人不及时行使解除权,并且仍然接受对方继续履约的,是否应当视为解除权人放弃解除权?我的意见是,应当视为解除权人放弃解除权。理由:依上述权利失效之判例规则,解除权人经过相当的期间不行使解除权,尚可使相对人产生解除权人不欲再行使解除权的合理信赖,则解除权人仍然接受对方继续履约的事实行为,更足以使相对人产生其不欲再行使解除权的合理信赖。

关于对方异议的期限,《合同法》第 96 条第 1 款未规定对方异议的时间限制。《合同法司法解释(二)》第 24 条规定,如果当事人预先约定了异议期间,在约定的异议期限届满后才提出异议并向人民法院起诉的,人民法院不予支持;当事人没有约定异议期间,在解除合同的通知到达之日起 3 个月以后才向人民法院起诉的,人民法院不予支持。此项解释,创设 3 个月异议期间,补充了《合同法》第 96 条的法律漏洞。

当事人一方既无《合同法》第 93 条第 2 款规定的约定解除权,亦无《合同法》第 94 条规定的法定解除权,却向对方发出所谓"解除合同的通知",因对方当事人对此置之不理,未就是否同意解除合同做出答复,当然也未向人民法院或仲裁机构请求确认解除合同的效力,因而主张合同已经自通知到达对方时解除,法庭应当如何处理?

从《合同法》第 96 条"当事人一方依照本法第九十三条第二款、第九十四条的规定主张解除合同的,应当通知对方"的规定可知,本条规定约定或法定解除权之行使,应当采用"通知"方式,此项"通知"为"解除权行使通知";本条第二句明定"解除权行使通知"的效力,自到达对方时合同解除。如问题,当事人既无约定解除权(第 93 条第 2 款),亦无法定解除权(第 94 条),却向对方发出所谓"解除合同通知",此所谓"解除合同通知",应非第 96 条第一句所规定的"解除权行使通知",当然不发生第 96 条第二句规定的"自通知到达对方时"合同解除的效力。

此所谓"解除合同通知",应解释为依《合同法》第 93 条第 1 款"协商解除合同"的"要约",需经对方作出"同意解除"的"承诺"方才发生协商解除合同的效力。根据《合同法》关于要约、承诺的规定,对方未就是否同意解除合同做出答复,表明对方不同意解除合同,属于《合同法》第 20 条第(3)项"受要约人未作出承诺",已发生"要约失效"的效果。

此所谓"解除合同通知",既非"解除权行使通知",不仅当然不发生"自通知到达时"合同解除的效力,也当然不适用《合同法》第96条第1款末句关于对方"异议"的规定,当然不适用《合同法司法解释(二)》第24条关于"异议期限"的解释规则。

关于合同解除的效果,规定在《合同法》第97条:"合同解除后,尚未履行的,终止履行;已经履行的,根据履行情况和合同性质,当事人可以要求恢复原状、采取其他补救措施,并有权要求赔偿损失。"请特别注意,法庭无论判决解除合同或者判决确认合同已经解除,对于已经全部或者部分履行的合同,均应一并依据《合同法》第97条处理解除的效果,判决恢复原状(退货退款)和赔偿损失,不能死抠条文,不得要求反诉或另诉。

合同解除的损失赔偿,可否适用约定的违约金条款?《合同法》严格区分违约责任的损害赔偿与合同解除的损害赔偿。前者赔偿履行利益,后者赔偿信赖利益(机会损失)。违约金属于违约损害赔偿额之预定,属于违约损害赔偿。并且,合同中的违约金条款不属于《合同法》第57条所谓"独立存在的有关解决争议方法的条款"(仅指仲裁条款)。应当肯定,合同中的违约金条款,已因合同解除而当然丧失效力。

关于合同解除的法律效果与违约责任的区别,《最高人民法院公报》刊登有广西桂冠电力股份有限公司与广西泳臣房地产开发有限公司房屋买卖合同纠纷案。裁判摘要:《合同法》第97条规定,合同解除后,尚未履行的,终止履行;已经履行的,根据履行情况和合同性质,当事人可以请求恢复原状、采取其他补救措施,并有权要求赔偿损失。合同解除导致合同关系归于消灭,故合同解除的法律后果不表现为违约责任,而是返还不当得利、赔偿损失等形式的民事责任。

但《买卖合同司法解释》第26条规定:"买卖合同因违约而解除后,守约方主张继续适用违约金条款的,人民法院应予支持;但约定的违约金过分高于造成的损失的,人民法院可以参照合同法第一百一十四条第二款的规定处理。"此项解释,与前述案例不同,在理论上应有斟酌余地。合同一经解除,合同关系(包括违约金条款)已经消灭,好比一个人已经死亡。此项解释认为当事人"主张继续适用违约金条款的,人民法院应予支持",实质上是人民法院适用一个已经消灭的合同条款,好比令死亡之人复活。这显然违背法理。

合同解除的损失赔偿,须由当事人主张损失、证明损失。但是否可以考虑:(1)如果经解释认为,原合同当事人有在合同不能履行、无效等情形均应支付一定金额的违约金的意思,可将约定违约金作为合同解除的损失赔偿额。(2)合同解除的损失难以计算情形,是否可以将约定违约金作为计算合同解除的损失赔偿的参考。

关于(1),既然经解释认为,当事人预先有"将约定违约金作为合同解除的损失赔偿额"的意思,则法庭执行的是当事人预先关于合同解释后果的约定,当然是可以的(还有原约定违约金是否过高、显失公平的问题),但与继续适用已经消灭的原合同违约金条款不同。

下面谈(2),根据社会生活经验,区分违约责任赔偿可得利益与合同解除赔偿机会损失(实际损失),在商事合同中有重要意义(如独立经销合同),在一般民事合同如房屋买卖合同并没有实质差别。有鉴于此,审理商事合同纠纷案件,应当严格区别违约损害赔偿与合同解除的损失赔偿,而对于一般民事合同,区分违约的损害赔偿与合同解除的损失赔偿,并不重要,将合同约定的违约金条款作为计算合同解除的损失赔偿额的参考,并无不妥。但此与认为合同解除后原违约金条款仍然有效,法庭可以适用约定违约金是全然不同的。

《合同法》第51条无权处分合同规则

《合同法》第51条规定:"无处分权的人处分他人财产,经权利人追认或者无处分权的人订立合同后取得处分权的,该合同有效。"本条规定的是无处分权人"处分他人财产"的合同,处分的对象是他人享有所有权的财产,即他人之物;处分人既不是所有权人也没有获得所有权人授予的处分权,实际上就是因"恶意或误认"处分他人财产。所谓

"恶意",就是明知是他人的财产而予以处分,所谓"误认",就是误将他人财产认为是自己的财产而予以处分。还需注意这里所谓"处分",并不是所谓"处分行为",而是所有权的"占有、使用、收益、处分"四项权能中的"处分权能"。教科书上说所有权的"处分权能"分为"事实处分"和"法律处分"。本条所谓"处分"当然是"法律处分",亦即出卖和赠与。本条所谓"他人财产",是指他人享有所有权的有形财产,即动产和不动产,不包括无形财产。请注意,《最高人民法院公报》2012年第5期刊登的一个案例,明示"股权转让不适用无权处分"。进一步明确《合同法》第51条无权处分合同规则的适用范围为无处分权人因恶意或误认处分他人有形财产(动产、不动产)的合同。

现在谈《合同法》第51条规定的法律效果。如果权利人追认,这个买卖合同就有效,因为权利人的追认,使原来的无权处分合同变成了有权处分合同。买卖合同有效的结果,如果标的物是动产,则标的物一交付,所有权就移转,即发生买受人取得标的物所有权的效果;如果是不动产买卖,则根据有效的买卖合同,就可以向登记机构办理产权过户,将该不动产所有权移转给买受人。在买受人获得标的物所有权的同时,对无权处分合同进行追认的原权利人,其权利就消灭了。

追认后的权利人将处于什么样的法律地位呢?应当肯定,在这个买卖合同关系中,他没有法律地位,他不是买卖合同的当事人(出卖人),也不是买卖合同的第三人。只是因为他的追认,而使该买卖合同从无权处分合同变成有权处分合同,从无效合同变成了有效合同。该合同履行的结果,买受人得到标的物所有权,原权利人对标的物的权利消灭了。追认后的权利人,因权利消灭遭受的损害,应当由处分人予以赔偿,但这属于另一个法律关系。他可以向法院起诉处分人,要求该处分人赔偿他的损失,这是另一个案件。

法庭于案件审理中,发现当事人之间的买卖合同属于无权处分合同时,法庭不需要将该权利人纳入诉讼,法庭只是要求无权处分人提供权利人予以追认的证据。如果出卖人主张合同有效,或者买受人主张合同有效,法庭就责令他出示证明合同有效的证据。按照《合同法》第

51条规定,这样的证据,或者是权利人表示追认的证据(书证或者人证),或者是处分人事后已经取得处分权的证据(书证或者人证)。如果主张合同有效的当事人举出了这样的证据,法庭就根据《合同法》第51条判决本案买卖合同有效,如果举不出这样的证据,法庭就判决本案买卖合同无效。

法庭不必去寻找权利人,因为他不在本案法律关系当中,权利人的追认只不过是法庭据以认定事实的证据罢了,不发生第三人介入本案合同关系的问题。法庭审理的就是一个买卖合同纠纷案件,权利人既不是当事人,也不是第三人,如果权利人追认,其追认是法庭据以认定合同有效的证据。这样理解,符合立法本意。

根据《合同法》创设第51条的立法目的和文义,应当肯定,是将权利人予以追认这一事实和处分人事后取得处分权这一事实作为决定无权处分合同有效的证据。绝不是将权利人视为无权处分合同的第三人,更不是赋予权利人以所谓"追认权"。并且,权利人予以"追认",属于所有权权能中的"处分权能"之行使,无需法律特别授权,与《合同法》特别赋予法定代理人"追认权"(第47条)和被代理人"追认权"(第48条),是截然不同的。

提问:按照《合同法》第51条的规定,如果权利人不追认,事后处分人也没有得到处分权,该无权处分合同无效,合同无效以后,买受人的保护问题该怎么解决呢?

梁慧星:买受人的保护问题,规定在《物权法》第106条善意取得制度。我们有些法院裁判无权处分合同案件,只判决合同有效、无效,至于判决合同无效之后是否发生善意取得,买受人能不能得到标的物所有权,就不管了。这样处理是不妥当的。

因为我们的法律是互相联系的,如合同纠纷案件往往要涉及《物权法》,《物权法》中又可能涉及《侵权责任法》,债务纠纷案件不仅适用《合同法》,还可能适用《继承法》,甚至适用《婚姻法》,更不用说经常会适用到《民法通则》。审理合同纠纷案件,好多情形要适用《物权法》,例如,按照《合同法》第51条判决无权处分合同无效,这个时候,法庭还应该考虑有没有适用《物权法》第 106 条善意取得制度的可能性。而在诉讼当中，买受人往往会主张善意取得，法庭就应当审查本案是否符合善意取得的要件。

《物权法》第 106 条规定，无处分权人将不动产或者动产转让给受让人，即无权处分他人财产的合同，如"受让人受让该不动产或者动产时是善意的"，则"受让人取得该不动产或者动产的所有权"。这就是善意取得制度。需特别注意，《物权法》第 106 条善意取得制度与《合同法》第 58 条合同无效法律效果之逻辑关系。《合同法》第 58 条是关于合同无效法律后果的一般规则（一般法），《物权法》第 106 条是关于（无权处分）合同无效法律后果的特别规则（特别法）。

法庭审理合同案件，如果属于因违法导致合同无效，法庭依据《合同法》第 52 条关于违法无效的规定判决合同无效的同时，还应当（依职权）适用《合同法》第 58 条处理合同无效的后果，处理恢复原状（相互返还）及损失分担问题。有的法官不是这样，只是判决合同无效，至于如何恢复原状就不管了，认为合同无效后当事人要求恢复原状需另行提起请求返还财产之诉。这样的认识和做法当然是错误的，属于死抠条文，没有正确理解法律内部的逻辑关系。

刚才谈到，《合同法》第 58 条是合同无效法律后果的一般法，《物权法》第 106 条是合同无效法律后果的特别法。但需特别注意，《物权法》第 106 条规定的此项特别规则的适用范围，仅限于无权处分合同被确认无效的案型。此外的合同无效案型，例如，根据《合同法》第 52 条确认合同无效，及无行为能力人订立的合同因法定代理人未追认而无效（《合同法》第 47 条），均不发生善意取得问题，绝无适用《物权法》第 106 条的可能。

法庭审理无权处分他人财产合同案件，在依据《合同法》第 51 条判决确认合同无效情形，买受人有权根据《物权法》第 106 条主张善意取得。主张善意取得，属于无权处分合同无效情形法律赋予买受人的权利，当然他也有权放弃此项权利。因此，如果买受人主张善意取得，法庭即应适用《物权法》第 106 条，审查是否符合善意取得的要件，如经审查认定符合规定的要件,即应依据《物权法》第106条判决买受人善意取得标的物所有权;经审查认定不符合善意取得的要件,则应依据《物权法》第106条判决驳回买受人关于善意取得的主张,并(依职权)适用《合同法》第58条判决恢复原状(相互返还财产)及损失分担。如买受人未主张善意取得,法庭应当认为买受人放弃权利,而直接适用《合同法》第58条处理合同无效的后果,既不能依职权适用《物权法》第106条,也不能就买受人是否主张善意取得进行释明。

至于怎么判断善意呢?应区分动产和不动产,不动产在善意取得制度中所说的善意,是指买受人"信赖不动产登记"。

例如李四买房子,他看到登记簿上记载的张三是所有权人,而实际上张三不是所有权人,但李四不知道张三实际上不是所有权人,他信赖登记簿的记载相信张三是所有权人,而与张三订立买卖合同购买了这套房子,这个买受人李四就是善意。登记簿的记载与实际产权状况不一致的情形很多,例如有的人委托朋友买房子,受委托人就干脆登记在自己名下,这样登记簿上的权利人和实际的权利人就不一致。这种情况下,张三只是这套房子的名义所有人而不是真正所有人,张三出卖房子的时候,买受人相信了产权证和产权登记簿的记载,而从张三手里购买了这套房子,因为《物权法》规定不动产登记簿是物权归属的根据(第16条),不动产权属证书是权利人享有不动产物权的证明(第17条),因此信赖不动产登记和产权证的买受人属于善意。

在标的物是动产情形的"善意",是指买受人信赖动产的占有。例如张三的手机借给李四,李四将该手机卖给王五。王五看见李四占有手机,就相信李四是手机的所有权人,于是同李四订立买卖合同购买了这部手机。按照《物权法》第23条规定,动产物权的设立和转让,自交付时发生效力。所谓"交付",是指移转动产的占有,因此动产的"占有"具有权利推定的效力。买受人看见李四占有这部手机,于是相信李四是这部手机的所有权人,是出于对占有的信赖,因此属于善意。此外,在判断动产买受人是否善意时,不能仅凭占有,还要考虑交易价格和交易场所。例如,有人在街头巷尾以很低的价格向行人兜售手机,你应当怀疑他是偷的或者捡的,你不能买,你要贪便宜买了,你就不构成善意。

这个买卖合同属于无权处分合同,按照《合同法》第51条规定,权利人没有追认,处分人事后也没有得到处分权,法庭依据《合同法》第51条规定认定买卖合同无效,但是买受人是善意的,法庭又依据《物权法》第106条的规定,判决买受人得到房屋所有权。

伪装行为与隐藏行为

对于一些可疑的案件,一些反常的案件,一定要进行"实质判断"。我所说的"实质判断",是指法庭在认定事实的时候,不能仅看当事人提供的证据材料,当事人提供的证据材料上反映出来的"事实",有可能是"假象",是"伪装",其"真相"、真实的法律行为被掩盖起来了。这就是民法教科书上所谓伪装行为与隐藏行为问题。

民法上所谓伪装行为(亦称虚伪表示),指双方当事人通谋而为之虚假的法律行为。伪装行为,是用来掩盖真实法律行为的伪装。伪装行为所掩盖的真实法律行为,称为隐藏行为。伪装行为,并非当事人的真实的意思表示,当然应无效。至于隐藏行为是否有效,应适用关于该法律行为之规定。教科书上通常举房屋买卖伪装成赠与合同的例子。当事人订立房屋买卖合同,为规避税法而伪装成赠与合同。则赠与合同为伪装行为,应当无效,所掩盖的房屋买卖是隐藏行为,其是否有效,应依关于房屋买卖的法律规定判断。近年的裁判实践中遇到的伪装行为与隐藏行为,绝不仅仅是房屋买卖伪装成赠与合同这样简单。

法官遇可疑、反常、不合情理的案件,对于当事人双方的陈述不可轻信,一定要问为什么。合同书为什么这样写?当事人为什么这样说?书面证据和口头陈述背后究竟掩盖着什么样的事实?什么样的动机?什么样的目的?什么样的真相?一定要注意社会生活的复杂性,一些狡猾的当事人、自作聪明的当事人常会用一种伪装行为,把真实的法律行为掩盖起来、隐藏起来。法官从合同书等书面证据及双方口头证据看到的不是案件真相而是假象(伪装行为)。案件真相(真实的法律行为)被掩盖、隐藏起来了。因此,一定不要被假象(伪装行为)欺骗,要根究假象背后的真相是什么,只有识破假象(伪装行为)、把握真相(隐藏行为),直接依法判断隐藏行为是否有效,才能正确裁判案件。

隐藏行为往往属于违法行为。举一个以股权转让行为掩盖非法借贷行为的案子。甲投资公司与乙公司签订附解除权的股权转让合同,约定甲公司受让乙公司20%的股权,总价1.2亿元人民币,约定解除权条件是,在本合同签订之日起的1年之内乙公司应当在香港证券市场挂牌上市,如1年期满乙公司未能在香港挂牌上市,则甲公司有权解除合同,要求乙公司回购该20%股权。并约定了回购价格和利率、乙公司回购的期限、不能按时回购的违约金。股权转让合同是伪装行为,所掩盖的隐藏行为是非法借贷行为。

还有一个所谓银行借款案。借款人是银行营业部,出借人是典当行。银行是金融机构,怎么会向典当行借款?典当行是非银行金融机构,所谓典当,实质上是面向私人的动产质押小额贷款,怎么可能向银行放贷?这一借款合同纠纷案件,太反常,太可疑。所谓借款合同,肯定是假象,真相被掩盖起来了。真相是典当行违法收当承兑汇票,将所收当的承兑汇票交给被告某银行营业部,由该银行营业部出具借款凭据(约定借款金额、还款期限、违约金等),然后将汇票交给地下钱庄,由地下钱庄向该银行营业部付款,地下钱庄再持汇票到承兑银行承兑。原告典当行和被告银行营业部提交给法庭的借款合同,是虚伪表示。被掩盖的典当行、银行营业部、地下钱庄之间"串汇票"的违法行为,属于隐藏行为。

也有隐藏行为属于合法行为的案例。有这样一个案件,原告起诉要求法院判决强制实际履行买卖合同,根据是一份房屋买卖合同书。合同书约定,原告支付40万元人民币购买被告4套商品房。按照合同订立当时的价格,这4套房屋价值应在200万元以上。价值200多万元的4套房屋只卖40万元,这难道不奇怪?难道不值得怀疑?原审却没有怀疑,作出强制交房、过户的判决,造成错案。再审法院没有轻易相信合同书,查明合同书背后被掩盖的真相:被告急需用钱,向原告借款 40 万元，以 4 套房屋作为担保，按照原告的要求采用了签订房屋买卖合同的形式。形式上是房屋买卖，实质是借款的担保。再审法院在作出实质判断之后，不难作出公正判决，即认定本案房屋买卖合同属于虚假法律行为，不具有法律效力，另按照真实的借款关系判决被告归还 40 万元借款本金和利息。

还有隐藏行为究竟合法与否难以判断的案例。例如所谓"居间费"案件。书面合同约定的居间费金额几百万元甚至上千万元。我们的法官竟然毫不怀疑，没有追问一下这究竟是什么样的居间合同？一审认定合同无效，二审认定合同有效，再审又认定合同无效。问题在于，法庭没有把握案件的实质，仅凭合同书和双方陈述，就合同论合同，没有把握背后的目的和真相，没有问究竟是不是真的"居间合同"，没有问为什么要约定如此巨额的"居间费"。

如果法官进行实质判断，透过合同书和当事人陈述反映出来的假象，把握了双方真实的关系、真实的目的，不难发现名为居间合同、名为居间费，但并不是正常的居间合同，甚至根本不是居间合同。有的所谓"居间合同"，实际上是一方当事人以自己的名义、自己的"优势"（关系）取得建设用地使用权（甚至仅仅是批准建设用地的批文），但自己根本就不打算开发，也没有能力开发，目的是通过转让使用土地的"权利"谋取利益。为了规避法律法规关于土地使用权出让、转让的规定，采用了订立居间合同的形式，合同上约定的巨额居间费往往上千万元，实际上并不是什么"居间费"，而是转让建设用地使用权或者获得建设用地使用权的批文的代价（转让费）。我们的法官只有进行"实质判断"，把握案件事实真相之后，才有可能作出正确的判决。

九、民法立法和理论的若干问题[*]

今天的讲座主要是交流式的、对话式的形式。同学们有什么问题都可以提问,这个提问范围,可以围绕民法的立法、理论、实务、学习,我知道的我会现场回答,还可以现场讨论。

(一)关于民法典的制定

主持人首先提到了一个关于民法典的问题。关于制定民法典的问题,这是中国的一个大问题。同学们是否注意到,最近网上报道的民法学界召开的一些学术会议。其中有人就提到现在中央提出了实现中国梦,那我们民法学界提出制定中国民法典的梦。如果中国不能制定一部现代化的民法典,那中国梦也不可能实现。但是民法典的这个题目比较大,我先作简单的交代。

我们中国的民法典的制定,在历史上有好几次,同学们在教科书上可以看到。改革开放后民法典的起草,要算第三次起草民法典,是1979年启动的。改革开放要发展经济,当时叫做商品经济,把国家的重心转移到经济建设上来,因此民法受到重视。所以,1979年全国人大常委会法制委员会成立民法起草小组,开始起草民法典。

民法起草工作进行到1982年的时候,已经草拟到第四个草案,称为《民法草案(第四稿)》。当时的全国人大常委会副委员长彭真同志就注意到一个问题,改革开放刚刚开始,社会生活中的各种关系都在变动当中,怎么可能一下子制定一部完整的民法典呢?因此,彭真同志决

---

[*] 2013年12月3日于北京理工大学法学院。

定,暂停民法典的起草,改为先制定民事单行法,什么领域、什么样的关系比较成熟,就先制定这个领域的法律,叫做民事单行法。等到将来条件具备的时候,再制定民法典,编纂民法典。所以说,中华人民共和国第三次民法典的起草,到了1982年的时候,起草工作暂停,全国人大常委会法制委员会民法起草小组解散,改为制定民事单行法。前后制定了三个合同法——《经济合同法》《涉外经济合同法》《技术合同法》,还有《继承法》《婚姻法》。

改为分别制定单行法之后,到1985年又发现一个重要问题,就是民事生活领域的共同制度和基本制度,例如民事主体、法人、法律行为、时效、代理等,这些制度不可能由单行法分别规定。因此,到了1985年的时候,立法机关决定制定民事法律中最基本的法律制度、法律规则,这些制度通常应该规定在民法典的总则部分。于是开始《民法通则》的起草。《民法通则》于1986年颁布,规定民法基本原则、民事主体、法律行为,规定代理、时效、期间期日等属于民法典总则的内容,还规定了一些属于民法典分则的内容,如所有权、债权等。《民法通则》颁布后,仍然沿着制定单行法的道路继续前进。

但是,马上又产生一个问题,在我们开始由计划经济体制向市场经济体制转轨的时候,先后制定了三个合同法,形成合同法三足鼎立局面,显然不利于建立一个市场经济的完整的法律体系。三个合同法的起草单位不一样,起草的时间不一样,以至于基本原则、基本制度、价值取向都不一致。中国要发展现代化的市场经济,要求建立统一的大市场、建立统一的法律制度,首先要统一市场交易规则,即合同法。于是在20世纪90年代初,提出了三个合同法的统一的问题。三个合同法的统一,即制定统一合同法,在1993年提上日程,于1999年通过《合同法》。合同法的统一提上日程的时候,当时的立法机关注意到了,发展市场经济要求建立现代担保制度。因此,在统一合同法完成之前,制定了《担保法》。

除了《合同法》《担保法》的制定之外,还有物权的问题呢?所有权、用益物权、担保物权?这些问题怎么解决呢?当时立法机关在决定起草统一合同法、担保法的时候,已经考虑到要制定《物权法》。就是沿着1982年决定的分别制定单行法的这个思路,统一合同法的制定、担保法的制定、物权法的制定都提上日程,沿着分别制定单行法的思路往前进。

到了1999年《合同法》颁布,紧接着就应该是物权法。当时已经开始准备物权法的草案。当时预想物权法在2003年通过。但这个时候中国发生了一个重大的历史事件,就是加入世贸组织。加入世贸组织的文件中就有一条,要求完善国内法律制度。2002年1月,立法机关采取分别委托学者起草的办法,在2002年分别提出各编的草案,由法工委编成民法典草案,经过9月的民法专家讨论会讨论修改,形成正式法律案,在2002年12月九届全国人大常委会进行了第一次审议。

第一次审议之后,在新闻媒体公布征求意见,叫做《中华人民共和国民法草案(征求意见稿)》(以下简称《民法草案》)。我们现在的教科书、学者讨论,说到民法典制定,提到的就是这个草案。按照当时的考虑,全国人大换届后,就是第十届全国人大,第十届全国人大常委会就应当继续进行第二次审议、第三次审议,直至最后提交全国人民代表大会通过民法典。

但是,2003年6月,十届全国人大常委会开会讨论民法典问题的时候,突然注意到一个重大的、过去没有想到的问题。什么问题呢? 就是一部一千多条的法律草案,在全国人大常委会、在全国人大会议上难以审议。因为我们的全国人大常委会每两个月开一次会议,每一次会议的时间是一周或是稍长一点。而一周的会议时间,全国人大常委一百七十多人,全国人大常委会组成人员,包括委员长、副委员长、秘书长、常委会委员,进行分组审议。且不说每次常委会会议还有许多别的法律案、决定案要审议,仅一周的时间要审议一千多个条文,这就是个很大的难题。更何况民法草案上的这些法律制度、这些法律概念,对常委会委员们都是陌生的,要弄懂就不容易,怎么可能在一周会议时间的常委会会议上审议完成? 这是过去没有注意到的问题。

于是，2003年6月十届全国人大常委会又作出一个决定：再次回到分别制定单行法的道路上。又把审议了一次的《民法草案》搁置下来，还是回到原来分别制定单行法的道路上。按照决定，先制定《物权法》，《物权法》制定了以后再制定《侵权责任法》，再制定《涉外民事关系法律适用法》。什么时候制定民法典，则到这些民事单行法制定后再说。所以，2003年停止对《民法草案》的审议，又回到了制定单行法的道路上。2003年，物权法已经有了比较完整的草案，当时设想用不了多长时间即可完成，没有料到2005年发生了所谓物权法"违宪"的争论。

中国思想界在2004年开始了一场争论。2005年，《物权法草案》公开征求意见，反对改革的人马上就把《物权法草案》作为突破口，抨击《物权法草案》"违宪"，照抄资产阶级的法律，等等。进一步提出，《物权法》是保护富人的利益。《物权法》是保护富人的利益还是穷人的利益？很多人认为《物权法》是保护富人的利益，因为穷人哪里有什么财产可以保护呢？还进一步提出所谓"清算原罪"的口号。所谓"清算原罪"，就是清算先富起来的人的"原罪"。先清算原罪，然后才能讨论制定《物权法》和保护私有财产问题。当时中国社会围绕《物权法》发生意识形态的争论，这个争论推迟了《物权法》的出台。

社会主义市场经济要求对各种市场主体平等保护，对公有财产、私有财产平等保护，《物权法》一定要坚持平等保护原则。所谓"清算原罪"是错误的。我们的改革开放允许一部分人先富起来，这些先富起来的企业家、先富起来的人，他们绝大多数是勤劳致富、合法致富，即使少数人有违法行为，对违法行为的制裁，要遵循刑法、刑事诉讼法的规定，绝对不应该采用所谓"清算原罪"的运动方式来处理。

中共中央政治局常委会就这些重大争论问题作出决定，为《物权法》的颁布铺平了道路，并且采取各种措施保障物权法的通过。当时全国人大常委会做了很多工作，把《物权法草案》发到各省市，各个省市组织全国人大代表预先学习，人大常委会派一些干部下去进行讲解，目的是要保障《物权法草案》的通过。所以说《物权法》的颁布，在中国是一件非常重大的事情。《物权法》在2007年颁布以后，紧接着就是制定《侵权责任法》，《侵权责任法》于2009年通过。

(二)关于下一步的民法立法

现在回到民法典制定问题。《侵权责任法》通过以后，《涉外民事关系法律适用法》于2010年也通过了。马上就有一个问题，那我们剩下的民事立法怎么办？2011年年末，十一届全国人大法律委员会在开会的时候，主任委员胡康生，法工委副主任王胜明，还有我(我当时是法律委员会委员)，我们商量了一下，民事立法下一步怎么办呢？按照过去的立法计划，《合同法》通过了、《物权法》通过了、《侵权责任法》通过了、《涉外民事关系法律适用法》通过了，下一步修改什么法律、制定什么法律？提出的方案是，紧接着修改《继承法》。《继承法》修改以后呢？就修改《婚姻法》和《收养法》，把《婚姻法》和《收养法》合并起来作为一个法律，叫婚姻家庭法。同学们可以到网上去搜一下，可以看到我在2011年、2012年的全国人大大会上提出的议案，就是修改《继承法》、制定婚姻家庭法的议案。这不是我自己想象的，是法律委员会有这样的安排。

因此，2012年，我们看到法工委的同志在民法学界的会议上讲，现在的计划是修改《继承法》，要求法工委在2012年年底之前拿出草案。当时想，《继承法》大概一两年修改完成不成问题，因为毕竟内容比较少，修改的地方不是太多，想象的是2012年、2013年就可能通过。然后制定婚姻家庭法。制定婚姻家庭法可能需要的时间比较长一点，恐怕不能在十二届人大完成，可能要到十三届人大。婚姻家庭法完成以后呢？当初设想的是，将现在的《民法通则》修改为《民法总则》，作为民法典的总则编颁布。当时预想的是用10年的时间。就是从2012年开始，完成《继承法》的修改、婚姻家庭法的制定、《民法总则》的颁布，大概要10年的时间。

但又想到一个问题，《民法总则》是单独颁布呢？还是和民法典一起颁布呢？这个问题，当时没有考虑。我自己考虑了一个方案：在制定《民法总则》的时候，同时制定一个关于民法典编纂的决定。这个决定先规定民法典的结构,民法典包括多少编及其顺序。然后规定新通过的《民法总则》作为民法典第一编总则编;现行《物权法》,删去哪几个条文,增加哪几个条文,作为民法典的第二编物权编;现行《合同法》,删去哪几个条文,增加哪几个条文,作为民法典的合同编;《侵权责任法》也同样,删去哪几个条文,增加哪几个条文,作为民法典的侵权行为编;婚姻家庭法不用说,是按照民法典来制定的,作为民法典的第几编;修改后的继承法,作为民法典第几编。这样,就在制定《民法总则》的同时,一并设计、决定了民法典的体例结构,然后把现在的单行法稍加调整,作为民法典的各编,这就构成了中国民法典。这样做回避了什么难题呢?就回避了上面提到的人大常委会、人大会议,难以审议一两千个条文的《民法草案》的困难。我们设计、决定一个民法典的结构体例,将现在的民事单行法作一些调整,按照这个结构体例进行编排,也就完成了中华人民共和国民法典。

当然我也想到这样一个问题,就是当年关于民法典的结构、指导思想的论战中,江平教授提出来的"松散式""邦联式"的思路。我当时主张,中国民法典一定要有严密的逻辑体系,为了这个问题争论了好久。而刚才我设想的这样一个编纂民法典的方案,一看就知道了,是我的立场在向江平教授的立场让步,有点靠拢了江平教授的立场。但是,按照我的想法,我们在决定编纂大纲的时候,仍然要遵循一定的逻辑关系,可能不是非常严密,我们把现行的法律加以整合,也大致符合民法典的逻辑关系。我这个考虑怎么样?在10年后制定《民法总则》的时候一并完成民法典编纂方案,可以回避一个完整的《民法草案》一两千条在审议上的困难。

那民法典究竟还制定不制定呢?我们看下一步立法机关的立法计划。今年的立法计划是修改《消费者权益保护法》,这是一部交叉性的法律。有的同志说它是经济法,可以分在经济法的一类,但大量的内容是民事法律,讲的是消费者合同,比如欺诈行为这些问题,可以说是交叉性的法律,这个法律修改提上日程有其特殊条件,现在这个立法计划已经完成了。2014年的立法计划,会不会把《继承法》的修改再提上来,如果明年的立法计划再把修改《继承法》提上来的话,那还是又回到修改《继承法》、制定婚姻家庭法,然后制定民法总则、编纂民法典的这个民事立法方案上来。关于这个立法的问题就讲到这里。

(三)制定民法典的条件是否具备

主持人提出的问题中,有一个问题是中国民法典制定的条件是否成熟。就是中国民法典制定的时机是否成熟。1998年3月,全国人大常委会副委员长王汉斌召开了一个小型的座谈会,邀请了民法学界的五位学者,江平教授、王家福教授、王保树教授、王利明教授和我,讨论一个问题,中国制定民法典的条件是否具备?

在这个会议上,参加会议的五位学者逐一表态,一致认为中国制定民法典的条件已经具备。首先,中国改革开放的方向已经明确,就是社会主义市场经济体制。社会主义市场经济体制,这是民法的经济基础。其次,中国的社会主义市场经济已经有了相当的发展。再次,中国的法学教育、法学研究已经有了相当的进步,已经造就了一批能够承担民法典起草工作的人才。最后,更重要的是中国民法学理论研究的进步,对于发达国家和地区的民事立法经验、对民法立法和理论发展的潮流,有了大致的掌握。当然不敢说掌握得很清楚,但对民法发展的潮流、指导思想、价值取向、大趋势,已大致掌握。所谓发达国家和地区,当然是主要的国家和地区。也就是说,民法理论研究已经积累了一定的成果,可以为民法典起草提供理论基础。

所以,当时五位民法学者作出这个判断,认为中国制定民法典的条件已经具备。对于学者们这个判断,王汉斌副委员长是肯定的。于是,王汉斌副委员长马上就决定恢复民法典的起草。为什么叫恢复民法典的起草呢?记得当时王汉斌同志作了解释,因为1979年开始民法典的起草,1982年只是民法典起草暂停,改为制定民事单行法,所以1998年王汉斌副委员长决定恢复民法典的起草。

当时不仅决定恢复民法典的起草,并且成立了民法起草工作小组,由九位成员组成。同学们有兴趣的话可以上网查一下。六位民法教授,一位退休法官,两位退休的立法机关干部,共九位学者专家组成民法起草工作小组,任务是起草《民法草案》和《物权法草案》。民法起草工作小组的第一次会议上,讨论制定民法典的步骤:第一步,通过统一《合同法》;第二步,制定《物权法》;第三步,制定《民法典》。与前面说到的统一《合同法》的制定、《物权法》的制定衔接起来。

因此,在整个九届全国人大期间,《合同法草案》每一次审议前,都由民法起草工作小组对草案进行修改、讨论。民法起草工作小组讨论了物权法的起草。怎样设计中国民法典,民法典的制定方案怎样设计,民法典的结构体例,也在民法起草工作小组的会上进行讨论,并决定委托我起草一个中国民法典的大纲草案。这个大纲草案提交给了民法工作小组。然后委托我起草了一个《物权法草案》,委托王利明教授起草了另一部《物权法草案》。民法起草工作小组对《合同法》的修改、通过,对《物权法草案》的起草,为民法典的设计做了许多工作。但是到了人大换届,换到十届人大,民法起草工作小组就销声匿迹了。八届人大最后一年成立的民法起草工作小组,在九届人大期间正常运转,到十届人大就没有了。这是回答民法典起草的条件是否具备的问题,顺便谈到民法起草工作小组。

(四)中国民法典草案建议稿的修订

主持人提的问题中还有一个问题,即由我起草的《中国民法典草案建议稿》在2002年公布在网上之后,作了哪些修改,体现在哪些方面?我想趁这个机会把我负责的民法典草案向大家做一个简单的介绍。我负责的这个中国民法典草案是由10多个单位的27位学者起草的,于2002年完成,提交立法机关,并且在网上公布。2004年出了一本书叫做《中国民法典草案建议稿附理由》。然后,2004年、2006年先后出版了某些编的草案条文附立法理由丛书。其总则编、物权编、继承编、侵权行为编、亲属编、债权总则编都出版了。每一个条文下边有说明、理由、参考的立法例。唯独缺合同编,因为合同编的条文太多,一直没完成。

2010年对整个草案作了第一次修订。原来是多少条文呢?是1924条,2010年修订增加到了1947条。删掉了15个条文,新增了34

个条文,还对 50 个条文进行了修改。这次修订改动最大的地方,是在亲属编增加了子女在家庭中的权利义务一章,增加了成年人照顾制度。什么叫成年照顾制度?我们社会老龄化在加速,老龄者的人数越来越多,中国进入老龄社会,称为"银色浪潮"。你到公园里去看,全是白头发的老人,所以现在人们在讨论怎么样改变、调整独生子女政策。就是担忧将来我们的社会全是老年人,年轻人越来越少。老年人多了之后就会出现一些重要问题,按照自然规律到了一定的年龄之后智力就会慢慢退化,就难以处理自己的生活、财产这些问题。到 70 岁、80 岁或者 90 岁的时候已经糊涂了,这些老年人的生活谁来料理?他们的权利谁来保护?他们的财产怎么处理?仅靠我们现行《继承法》规定的遗赠扶养协议能不能解决问题?

所以,2010 年的这次修订就专门增加了一节叫"成年人照顾"。把我们以前《民法通则》规定的精神病人、无行为能力、限制行为能力的制度(禁治产制度)删除了,另行创设成年人照顾制度。成年人在他的智力衰退之前订立协议,指定他所信赖的人担任他的照顾人,到他智力衰退难以处理自己的事务的时候,由他指定的照顾人照顾他的生活、管理他的财产。他指定的照顾人作为他的法定代理人,有权支取他在银行的存款,例如,购买彩票、买卖股票、出卖房子都必须由他的照顾人代理。还有他的生活照顾、疾病治疗,是否需要住院、是否动手术,是否送进养老院,送哪一个养老院,都需要照顾人同意。这是一个很重要的制度,当然参考了发达国家和地区的立法经验。

与创设成年人照顾制度相应,对自然人的行为能力制度作了调整。我们过去的行为能力制度分为三级,完全行为能力人、限制行为能力人和无行为能力人。《民法通则》规定,10 岁以下,没有行为能力;10 岁以上到成年之前是限制行为能力,成年人是完全行为能力。为了配合成年人照顾制度的创设,把行为能力制度由三级改为两级,成年人当然有完全行为能力,未成年人和成年障碍者是限制行为能力。成年智力障碍者,包括老年痴呆、智力衰退不能料理自己生活的人,都是限制行为能力人。如果把无行为能力取消了,即使幼儿园的孩子,他拿几毛钱、几块钱到小商店去买个口香糖什么的,难道不卖给他?小学生需要购买学习用品、买点零食、乘坐公交,等等。2010年的修订主要是对亲属编和总则编作了修订。

同时,2010年作了修订后的全部条文,翻译成英文在国外出版。由付俊伟老师和几位年轻学者花很多功夫翻译的这部草案,于2010年10月在荷兰的莱顿和美国的波士顿同时出版。然后在国内出版了中文修订版。这是2010年的修订。

到了2012年,对这部《民法典草案》又作了第二次修订。第二次修订,新增186个条文,删去102个条文,修改了500多个条文,包括一些文字上的修改。这部《民法典草案》,最早的条文数是1924条,2010年第一次修订增加到1947条,2012年的修订增加到2029条。这次修订涉及的内容非常多,比较具体的修改我在这里就不详细说了。对各编好多制度都结合裁判实践作了调整、修改、更新。每个条文都附说明、理由,有完整的立法理由和立法例,最终成为《中国民法典草案建议稿附理由》一本大书,总字数近400万字,即将由法律出版社出版。该书起草人是中国民法典立法研究课题组,包括27位民法学者,用了20年的时间。这部民法典草案附理由的大书一出版,我自己的任务也就完成了。

(五)回应对《合同法》第51条的批评

付老师还提了一个问题,对《合同法》的立法缺陷和不足作一个评价。我想说我们的《合同法》,还有我们的《物权法》,当然不是完美无缺的,但是我们的《合同法》到现在10多年了,要说出它有多大的错误,多大的不足,还真不好说。我可以告诉大家,中国《合同法》在国际上被评价为当今最先进的法律之一。我迄今看不出它有什么重大的失误。

我要利用这个机会谈谈《合同法》第51条。因为自《合同法》颁布以来,有的学者总是批评《合同法》第51条,似乎第51条是《合同法》最大的错误。他们说,第51条应该区分物权行为(处分行为)与债权行为(负担行为),在权利人不予追认、处分人事后未得到处分权的情形,仅仅是物权行为(处分行为)无效,而买卖合同(债权行为)的效力不受影响。处分行为无效、买卖合同有效,这是德国民法的立法思路,迄今采取这一立法思路的主要是德国民法和我国台湾地区"民法"。而绝大多数国家和地区的民法和国际公约、国际惯例,都不采取这一思路,其中包括德国民法学者牵头起草的《欧洲示范民法典草案》(DCFR)。

《欧洲示范民法典草案》第四编 A 分编买卖,第一章第二节一般规定,第 1:202 条规定买卖合同定义:"货物买卖合同是指一方(出卖人)向他方(买受人)允诺在合同成立时或将来的某个时候将货物的所有权转移给他方或指定的第三人,他方则允诺支付价款的合同。"你看,根本没有区分所谓物权行为与债权行为,与我们的《合同法》第 130 条规定的买卖合同的定义并无不同。

在我们的《合同法》制定时,先由 6 位民法学者和 2 位法官设计立法方案,然后由 12 个单位的学者按照立法方案分头起草,最后由 3 位学者统稿完成正式草案。特别要指出这样一个历史事实,当年参与设计《中国合同法立法方案》的 6 位学者、2 位法官,参与起草具体条文的 12 个单位的民法学者,及草案进入立法程序后,负责对《合同法草案》讨论修改的民法起草工作小组,及承担具体修改工作的人大法工委民法室,都不赞成德国民法区分物权行为(处分行为)与债权行为(负担行为)这套理论。正是这个历史事实决定了我们的《合同法》虽然采用了大陆法系的德国民法的概念体系,却没有采用德国民法区分物权行为(处分行为)与债权行为(负担行为)的理论和立法思路。

顺便指出,我们的《合同法》第 51 条中所谓"处分",是所有权定义当中的"处分"权能。《民法通则》第 71 条规定:"财产所有权是指所有人依法对自己的财产享有占有、使用、收益和处分的权利。"《合同法》第 51 条中所谓"处分",即该所有权四项权能之一的"处分"权能,而不是德国民法区别于负担行为(债权行为)的处分行为(物权行为)。

既然《合同法》第 51 条没有采纳德国民法的立法思路,因此,在《合同法》颁布后,凡是从德国民法区分物权行为(处分行为)与债权行为(负担行为)的立场对《合同法》第51条进行的批评,都不具有学术论争的现实意义。而值得认真对待的,是从别的立场对《合同法》第51条提出的批评。例如,韩世远教授指出,"新近的国际模范法如PICC(第3.3条)及PECL(第4:102条),均规定合同效力不因无权处分的事实本身而受影响,合同并不无效"。据此,韩世远教授批评《合同法》第51条的规定,违反现代化市场经济的共同规则,与国际公约和国际惯例不一致。① 对《合同法》第51条的上述批评,源于他自己对《国际商事合同通则》第3.3条第(2)款的误读。请看《国际商事合同通则》第3.3条(自始不能):"(1)合同订立时不可能履行所承担之义务的事实本身不影响合同的效力。(2)合同订立时一方当事人无权处置与该合同相关联之财产的事实本身不影响合同的效力。"韩世远教授引为批评论据的,是其中第(2)款,认为该第(2)款所谓"一方当事人无权处置与合同相关联之财产",即是"无权处分(合同)",因此该款明文规定了"无权处分的事实本身"不影响合同效力,"合同并不无效"。

韩世远教授的误读之处在于,轻率地将条文的"无权处置"理解为大陆法系所谓"无权处分",须知通则是由大陆法系的学者与英美法系的学者共同制定的,在起草过程中往往回避采用大陆法系既有概念。

请看该第(2)款原文: The mere fact that at the time of conclusion of the contract a party was not entitled to dispose of the assets to which the contract relates does not affect the validity of the contract。该款注释(comment),将本款称为"没有合法的所有权或权利"(Lack of legal title or power)。

请看该款注释原文: Para (2) of this article deals with cases where the party promising to transfer or deliver assets was not entitled to dispose of the assets because it lacked legal title or the right of disposition at the time of the conclusion of the contract。注释明确指出,"本条第二款认为这种合同有效。实际上,签约人的确经常在订立合同之后获得对财产的合

---

① 参见韩世远:《合同法总论》(第3版),法律出版社2011年版,第222页。

法权利或处分权"。原文是：Para（2）of this article considers such a contract to be valid. Indeed, a contracting party may, and ofen does, acquire legal title to, or the power of disposition over, the assets in question after the conclusion of the contract.

这究竟是一种什么样的买卖合同，使出卖人在订立合同之时，缺乏处置该财产的合法资格或者权利，而总是在合同订立之后，indeed, may, and ofen does, 得到处置该财产的资格或权力？显而易见，这是"将来财产买卖合同"，而非大陆法系的德国民法所谓无权处分行为，更非中国《合同法》第51条规定的无处分权人（恶意或误认）处分他人财产的合同。

所谓将来财产买卖合同，就是出卖人订立出卖合同的时候，还没有购进所出卖的标的物，属于先卖出、后买进。常见的例子，是到4S店购买原装进口汽车，在订立买卖合同的时候，是按照样品车或者产品说明书记载的规格型号约定标的物，双方没有看见这辆车，这辆车不在4S店，或者还在国外厂家生产线上还没有生产出来。以前的经销商是先买进、后卖出，现在的经销商是先卖出、后买进，出卖汽车合同订立之时出卖人还没有购进这辆汽车，当然还没有这辆汽车的所有权。这叫将来财产买卖合同，是现代化市场经济中最典型的商事经销形式。

《合同法》上没有规定将来财产买卖合同，是因为起草人当时不了解这种交易形式。从这个角度讲，《合同法》没有规定将来财产买卖合同，应当算是一个立法漏洞。而这个立法漏洞，已经为最高人民法院《买卖合同司法解释》第3条买卖合同特别效力解释规则所弥补。该项司法解释规则起草时的名称就叫"将来财产买卖合同"，其（7月修改稿）第5条（将来财产买卖合同的效力）规定："以将来可能取得所有权或者处分权的财产为标的物的合同当事人，以出卖人未取得所有权或者处分权为由主张合同无效的，人民法院不予支持。"而最高人民法院起草此项解释规则所参考的立法例，正是《国际商事合同通则》第3.3条。

（六）关于民法的特点和学习方法

民法这个学科有自己的特点。我们法学教育和法律学习是以各个部门法来划分学科,刑法、刑诉法、民法、民诉法,等等。你看,刑法的内容是有限的,就一个总则和分则,民诉法也是如此,总则和分则。刑法、刑诉法、民诉法都属于公法,法律规则必须是法定的,如刑法,法律规定为犯罪才是犯罪,你不能创设,是强行法,没有所谓任意法。民法就不一样。民法的内容是社会生活的法律规则,规范社会经济生活和家庭生活,而社会经济生活在不断发展、不断变动,不断产生形形色色新的关系、新的问题,要求民法制度、理论随之相应发展变动。

我们在上课的时候就觉得民法学的内容太多。且不说划分了民法和商法,把公司、票据、海商、保险等这些领域的规则作为商事法分出去了,形式意义的民法学科就还包括民法总则、物权、债权、亲属、继承,债权还分债权总则、债权分则,债权分则再分合同与侵权。总之,民法的内容非常多,我们所使用的教材中的概念也就很多。单说民法总则(总论)至少 200 多个概念。我不知道同学们是否使用我的《民法总论》,该教材在 1996 年出版,到现在已经修订了 4 次,仅仅 20 多万字,虽然是薄薄的一本,但如果数一下其中的概念,至少 200 多个,这还仅仅是民法总则的概念。那物权呢,也有物权总则和物权分则,债权也分债权总则和债权分则,合同法内容也很多,也有合同法总则、合同法分则。所以,学习民法面临的首要困难是概念太多,要弄懂这些概念就有难度。

另一个困难是民法比较抽象,例如在《民法总论》中,什么叫法律行为?我们没有看见法律行为,我们只看到合同、遗赠、结婚、离婚、买卖、租赁、赠与,法律行为是从社会生活中形形色色具体行为中抽象出来的概念,一开始就很难理解。在总论部分,还有民事法律关系,民事法律关系的要素、构成,所谓主体、内容、权利、义务、客体、变动、法律事实、事件等,都很抽象。所以同学们学习民法的时候都会觉得比学其他学科更难一些,这就是它的特点。

但是,我们如果将民法总论部分学得比较好,则再学民法分论就比较容易。我不清楚咱们学校是否将民法分为总论、债权、物权、合同、侵权授课,在早期民法教学时就一本教材,作为一门课讲授。现在一些法学院把它分开了，分成了总论、物权、合同、侵权、亲属、继承等。你是否注意到，总论部分基础打得好，到后面学分论就相对容易。学民法分论部分也是如此，例如学物权，如果把物权总论部分掌握得好，学习物权分论部分也就容易多了。学合同法也是一样，合同法的总论部分掌握得比较好，如合同法的基本原则、合同成立、合同生效、合同变动、合同的履行、合同的消灭、违约责任学得比较扎实，学习合同法分则如买卖、租赁、委托、承揽等就轻而易举了。

所以说，民法学科的学习，有难的一面，也有简单的一面，难的一面就是越抽象越基础，越基础越应掌握扎实，越到后面越容易。刚刚讲的，可以总结出一个学习窍门，无论是必修课民法总论、合同法、物权法、侵权责任法，还是选修课婚姻家庭法、继承法，都要先抓住总论，重点把总则部分学好、学扎实，然后学分则部分就容易。在民法整个学科中，重点把民法总则学好、学扎实，学民法分则就容易。

刚才说到我写的《民法总论》，20多万字，200多个概念，是否这些概念都要掌握呢？也不是。要集中精力记忆特别重要的，如什么是民法，民法的历史，大陆法系民法、英美法系民法、罗马法、中国民法起草过程中的争论，这些内容大致了解就够了。什么最重要呢？最重要的是民事法律关系的几个构成要素——什么是主体，什么是客体？客体包括什么？什么叫权利？什么叫义务？然后就是代理制度、时效制度，这些也是最重要的。还有权利的分类特别重要，刚开始学习的时候好像对权利的分类不太注意，以后就往往容易发生混淆。

民事权利的分类，以有没有财产价值为标准，分为财产权、非财产权。财产权中又分为物权、债权。以权利的效力是在当事人之间有效还是对当事人之外的人都有效，将权利分为绝对权与相对权。对权利人之外的所有的人都有效叫绝对权，例如物权；只在当事人之间有效是相对权，例如债权。还有其他权利分类，如以权利的效力来划分，分为支配权、相对权、形成权。支配权是直接支配权利标的物的权利，物权就是支配权，支配就是直接控制，你支配自己的手机、自己的汽车、自己的房子等。请求权是请求相对人（义务人）为某种行为的权利，如买卖合同上的权利,请求出卖人交货,请求买受人付款。出卖人不交货你不能自己到他库房把货物拿走,因为你的权利是请求权,不是支配权,你要擅自到他库房把货物扛走,将构成犯罪。

《合同法》第 230 条规定的承租人优先购买权是什么权利,是什么性质?2009 年最高人民法院《关于城镇房屋租赁合同的解释》第 21 条规定,出租人没有预先告诉承租人就转卖房屋的,承租人请求出租人承担赔偿责任的,人民法院应当支持,但承租人请求宣告转卖房屋的合同无效的,人民法院不予支持。可见承租人优先购买权只在租赁合同当事人之间有效,性质上属于相对权和请求权,亦即债权。

刚才讲到权利分类非常重要。《合同法》第 94 条规定,符合本条规定情形之一的,一方当事人或双方当事人有解除权。解除权因法律规定而发生,称为法定解除权。《合同法》第 93 条第 2 款规定,双方当事人在合同中约定的条件具备时,一方当事人有解除权,称为约定解除权。解除权、撤销权在我们的课本上称为形成权。一开始不容易理解什么是形成权,形成权这个概念是翻译过来的。看看定义便可知道,所谓形成权,是指凭权利人单方的意思就可以决定法律关系的发生、变更或者消灭,不需要任何条件。《合同法》第 96 条规定,解除权人发出通知给对方,通知到达对方之时合同关系消灭。对方当事人如果有异议,那他自己去起诉。

《合同法》第 54 条规定,因欺诈、胁迫订立的合同,受欺诈、受胁迫的一方有撤销权。有撤销权的一方如何撤销?撤销权的行使必须以诉的方式向法院起诉,由法院判决把合同关系消灭。撤销权和解除权都属于形成权。有的人讲所谓"附条件的形成权",这是没有弄清楚什么是形成权,权利的行使如果有条件,那它就绝对不是形成权。这就是民事权利的分类,一定要记住。这些基础的概念如果掌握得比较牢,在讨论案例时便不会发生混淆,这是基础的基础。

民法学习是否有方法?刚刚说的抓重点,就是抓好总则,学习好总论,下面学习分则就容易,便是一个方法。学习民法还有一个方法,也是国外学者所提出的基本学习方法:记忆—理解—记忆。记忆什么?

理解什么？记忆概念，理解概念。学法律难免要记忆，总论部分200多个概念不记忆行吗？究竟民法有多少概念，谁也说不清。那我们记忆什么？记忆最基础的概念。民法总论中的概念便是最基础的概念，合同法总则部分的概念便是最基础的概念。日本著名民法教授我妻荣，尽管大概在20世纪70年代去世了，但是他很有权威。他讲学习民法的基本方法是：记忆—理解，理解—记忆。我在他的基础上提出，在记忆—理解的循环中，不妨尝试运用记忆—理解—运用。结合新闻媒体报道的一些案件、老师所举案例，同学们的亲戚朋友的一些例子，尝试运用学到的概念来分析，尝试运用，在运用中加深理解，理解的基础上强化记忆。这便是第二个方法，记忆、理解加运用。

现在讲第三个方法。刚才提到，如此多的概念，先重点记忆总则中的概念，但总则中的概念也很多，所以现在提出另一个方法：直接记忆法律条文，以条文为中心，将立法、理论、概念、规范构成、司法解释、典型案例贯穿起来。这与现在的教科书和教学方法不同。此前的教学方法，大陆法系国家有一个名词，叫"教义学"。什么叫教义学？教科书按法律概念来编排，讲课按照法律概念体系教授，这样的教学便是教义学。我们在课堂上学习的，不是法律条文，而是法律概念。至多有的老师讲到某一概念时指出在哪部法律哪个条文。如讲到形成权包括撤销权和解除权，指出撤销权在《合同法》第54条，解除权在《合同法》第93条第2款和第94条。教学以概念为中心，同时提示条文，目的是使学生掌握法律概念体系，以法律概念体系作为学生的法学基础，这种教学方法便是教义学。

我过去讲学习法律的方法，提出了读书的三种方法：精读、泛读和研读。什么叫精读？读书的目的是掌握这个学科的概念体系，当然除了概念还有制度、原则和理论。以概念为基础，我们简单地称为概念体系，说得详细一点是概念、原则、制度和理论的体系。怎样掌握这套概念体系呢？我提出的方法就是精读，精读一本好的教材。什么叫精读呢？前面说了，记忆—理解，理解—记忆，在记忆的基础上理解，在理解的基础上加深记忆。精读的目的，是掌握这套概念体系。什么叫好的教材呢？字数不能太多，按照我的想法，不要超过 25 万字。虽然内容比较简明扼要，但是概念体系要完整准确。任何学科，只要你找到这样一本好的教材，通过精读掌握它里面的概念体系，就打下了扎实的基础。

什么叫泛读呢？泛读，就是在通过精读掌握基本的概念体系，打下基础后，再通过广泛的阅读、广泛的浏览，以加深、加宽自己的知识基础。泛读不是从头读到尾，很可能只是读一本书的某一章某一节，比如我们看到一本新教材，翻翻这本教材的目录，和我自己精读过的教材对比一下，哪一部分是新的，就看哪一部分，或者哪一个概念是没有学过的，就学这个概念。翻阅一本杂志，对哪一篇文章有兴趣，就读这篇文章。泛读就是广泛地阅读，不是每一本书都从头读到尾。是读它其中的一章、一节、一页，甚至一个自然段，是为了弥补、完善、充实自己通过精读掌握的概念体系。如果你已经有了扎实的法律基础，再通过泛读来扩大知识面；如果还没有掌握扎实的基础，必须通过精读来掌握这套完整的概念体系，为将来从事法律职业打下扎实的基础。

什么叫研读呢？就是结合研究问题来阅读。如讨论一个案例，凡是与这个案子有关的资料我们都要去查，包括教材、著作、论文，都收集起来，把相关论述抄在一起，然后加以分析、研究、比较。研读的目的，是训练自己的研究能力、分析能力，是培养自己的法律能力。研读的对象没有限制，凡是与研究的问题、讨论的案例或者要写的文章、涉及的争论有关的著作，都要去收集并加以分析研究。

这是我过去讲授学习法律方法的时候讲到的三种读书方法，就是精读、泛读和研读。还要明白，有些著作是供我们精读的，如好的教材；有些著作是供我们泛读的，如别的教材、报纸、文章、等等；有些著作是供我们研读的，特别是专著，大部头的体系书，动辄几十万字、七八十万字。我曾经在某个法学院讲这套学习方法，说到史尚宽先生的著作。史尚宽先生 20 世纪 70 年代就去世了，他在 20 世纪 20 年代是起草《中华民国民法典》的立法委员。我说史尚宽先生的《债法总论》，70 多万字，你读到中间忘了前面，读到后面全部忘光，这样的书叫体系书，不是供你精读的,是供你研读的。有的同学不懂读书方法,不加区分,部头越大越厚,就越是从头到尾精读,结果是事倍功半,甚至一半都不到。我刚讲完课,就有一名研究生同学,说他正在读史尚宽的这本《债法总论》,70多万字,就是读到中间忘了前面,读到后面全部忘了。所以,我们要懂得哪些书是供你精读,哪些书是供你研读,哪些书是供你泛读。

我过去讲这个学习方法,都是为了掌握概念体系,属于教义学的学习方法。现在这套方法仍然有用。但是,我刚才建议采用新的教学方法和学习方法,以法律条文为教学和学习的中心,直接读法律条文,通过法律条文,掌握该条文规定什么概念、采用什么理论,它的立法目的是什么、要解决什么样的社会问题,该条文是否构成完整的法律规范,其适用范围、构成要件、法律效果,最高人民法院针对该条文有什么司法解释,通过解释解决了什么问题,是明确了构成要件,还是扩张了适用范围,裁判实务中适用该条文有什么样的典型案例,都通过这个条文一并掌握和理解。

有的年轻同志说:"你这叫条文中心主义。"我说对,我就是提倡条文中心主义,即以法律条文为中心的这样一种教学方法、学习方法。与传统教义学方法不同,是另外一种学习方法和教学方法。是特别针对法学院本科生,针对法律专业学位研究生的新学习方法。因为我们要参加司考,司考题大部分来自条文。通过读这个条文,来贯穿立法、理论和实务。这个条文规定什么概念、规定什么制度,要解决社会生活中的什么问题,为什么要制定这个条文,参考的是哪一个方案;它的立法政策、立法目的是什么,要保护谁、制裁谁;它的构成要件、适用范围、法律效果如何分析、怎么理解;对于这个条文的理解和适用,最高人民法院作过什么样的解释,《最高人民法院公报》刊登过什么样的典型案例,都通过条文联系起来一体把握。这就是我提倡的新的、以条文为中心的学习方法。

同学们会问,条文如此多,例如《合同法》共428条,每个条文都这样记忆、这样学习吗?当然不是。我提出这个以条文为中心的学习方法,是指基本条文、重要条文、常用条文。我们通过记忆这些条文,把它和立法理论、规范的构成、实务都联系起来,使我们通过条文的体系构筑知识基础架构。这样的知识体系,完全不同于前面谈到的概念体系。为我们将来参加司考,将来当律师、当法官奠定基础,我们运用法律的能力将极大地提高。刚才说到《合同法》共 428 个条文,我们不可能都读都记。前面说过,总则部分最重要,《合同法》总则部分条文也很多,《合同法》前八章都是总则,有 129 个条文,总则每一个条文都记住也做不到。因此,我们记忆重要的条文、基本的条文、常用的条文。

我在前面提到合同解除的问题,在《合同法》第六章合同的权利义务终止,第 92 条规定后契约义务;第 93 条第 1 款规定协议解除,第 93 条第 2 款是约定解除权的条件;第 94 条规定法定解除权的条件;第 95 条规定解除权的存续期间。第 93 条、第 94 条最重要。前面提到了解除权的行使规定在第 96 条,解除权行使采取解除通知方式,通知到达对方时合同解除,对方有异议的,可以向人民法院起诉。

《合同法》第 96 条规定会产生一个问题,如果解除通知到达对方以后,对方有异议,却迟迟不向法院起诉怎么办呢?半年以后他才去起诉,甚至一两年以后再去起诉,对于这种情形,人民法院应不应该受理呢?我们要注意,《合同法司法解释(二)》第 24 条解释说,自解除通知到达之日起 3 个月后再起诉的,人民法院不予支持。此项解释规定了 3 个月的异议期间。所以,读条文时要把最高人民法院的司法解释一并掌握。

那还有呢?《合同法》第 95 条规定解除权的存续期间,如约定或法律规定了存续期间,期满不行使权利消灭。前面说到形成权,形成权有除斥期间,期间经过权利消灭。但问题是,既没有约定解除权的期间,法律也没有规定解除权的期间,怎么处理?因此就出现这样的问题,一方有了解除权,他迟迟不行使解除权、不发解除通知,一直过了 5 年觉得解除对他有利时才发出解除通知,解除合同。这种情形,能不能让他解除合同?

对此法律没有规定。《最高人民法院公报》上刊登了这样一个案例,解除权人超过 5 年才行使解除权,已经使对方相信其不会解除,这个时候突然行使解除权,对对方当事人极为不利,因此法院作出判决不准他解除合同。理由是什么？一审法院的理由是,该行为构成权利滥用；二审法院改为违反诚实信用原则。你看《合同法》第96条关于解除权的行使,涉及最高人民法院的解释、公报上的案例。通过这个条文的记忆,知道《合同法》第96条是规定什么的,反过来,一提解除权的行使,就知道规定在《合同法》第96条。再就是《合同法》第97条,规定解除的效果。这些就是重要条文、基础条文、常用条文。

还有《合同法》规定违约责任的第七章,当然是最重要的。你一定要非常熟悉,第107条规定违约责任；第108条规定预期违约；第110条规定强制实际履行；第111条、112条规定瑕疵担保责任；第113条第1款更重要,规定违约责任损害赔偿的计算方法,不要忽略最末一句:不可预见规则。总额二三十万元的合同,因为一方违约,对方向法院起诉,计算出来的损失几百万元、上千万元,能不能都让违约方赔呢？不能。《合同法》第113条第1款最后一句特别规定不可预见规则,违约方缔结合同时预见不到自己违约会给对方造成如此巨大的损失,因此法院可以根据本案的情况,把损害赔偿金减少到法院认为比较公平合理的数额。《合同法》第114条规定更重要,第1款规定,当事人可以约定违约金,还可以约定计算损失的方法。第1款规定的违约金是我们理论上所谓补偿性违约金；第2款规定,如果违约金过高或过低的,违约方可以请求调整。这些条文都是《合同法》中最常用的基本条文,一定要熟悉。我在这里背这些条文,是为了演示怎么通过读条文,把概念、理论、立法、实务贯穿起来。

同学们,特别是法硕的同学,可以参考我建议的以条文为中心的学习方法。民法的学习太复杂,不是三言两语能够讲得完的。这个同学提的问题,我一下就讲了这些。如果有时间的话,我还可以跟大家演示一下法律条文的记忆。目的是启发大家,使同学们注意,你将来要从事法律职业,应该重视法律条文,仅仅记概念是不行的,要从记忆概念转变为直接读条文、记忆条文。记忆是学习法律的基础,学习任何学科的基础都离不开记忆。记忆是靠自己训练出来的。大家要特别注意,司考有相当多的题都是条文上的。如果你对这些基本条文、常用条文熟悉的话,你司考就容易通过。关于学习我就说到这里,第一个问题我就讲到这里吧。

(七)如何看待离婚率激增和《婚姻法》修改

有同学问了《婚姻法》的问题,我虽然是民法学者,但是我不教婚姻法,也不研究婚姻法,不过这个问题我也愿意回答。

新《婚姻法》制定时,曾引起社会各界的广泛讨论。在《婚姻法》的制定中,有一个非常突出的特点,就是过分强调离婚自由、结婚自由。因为《婚姻法》的实施,更助长了离婚自由、结婚自由片面化、绝对化的趋势,这是我后来的看法。在过去,结婚有好多的限制,如哪些疾病不能结婚,后来都取消了。要单位开证明,也不要了。原先与《婚姻法》相匹配的《婚姻登记管理条例》规定,必须进行婚检。因为《婚姻法》对结婚自由的片面强调,登记机关把婚检也取消了。取消婚检还有其他原因,如有些地方婚检费的数额高。这次修改还增加了离婚过错损害赔偿制度,这样的制度完全是从国外学来的。2001年的《婚姻法》修改改动的地方非常多,我就不说了。

我认为,它有过分强调自由的倾向,最终导致我们的离婚率激增,过去说草率结婚、草率离婚,现在叫"闪婚",离婚率激增与片面强调结婚自由、离婚自由有关系。按照我的想法,结婚和离婚,当然要自由,但是这个自由要有一定的限度。因为结婚和离婚和我们订立买卖合同不一样,买了一个东西不适当就算了,买亏了、买赔了,只影响你的经济生活。而结婚组织家庭,要生育孩子,还牵涉双方父母的赡养、抚养这些复杂的关系。如果没有对社会承担责任的精神准备,就轻率地结婚,很可能导致对自己、对孩子、对双方家庭、对社会都严重不利的后果。单说取消婚检,结果生下一个有缺陷的孩子,这对夫妻来讲是非常严重的后果。一个家庭生出一个脑瘫的孩子,生出一个严重残疾的孩子,这对父母还有幸福可言吗?这对父母的父母,还有幸福可言吗?

所以说结婚不能过分强调自由,一定要有所限制,要从制度设计上让他冷静下来,做好承担家庭责任的思想准备。现在新闻媒体有些报道,认识6天就登记结婚,结婚不到1周就离婚了,叫"闪婚""闪离"。结婚自由一定要加限制。双方爱得死去活来,到登记机关去申请结婚,登记机关接受了他们的申请文件之后,告知申请人先回去。什么时候再来领结婚证呢?至少3个月再来,最好是半年,半年以后你再来领结婚证。很可能回去不久当事人就吵架了,就分手了。那么,这个申请就无效了,半年以后再来,非结婚不可,说明感情有基础,这才发给结婚证。这样就可以避免认识一周、两周就登记结婚,结婚一周、半个月就离婚的现象。正如我们这个商品买卖有冷静期,结婚也要有这样的冷静期。

离婚也是如此。离婚当然也是双方的自由,但是一个家庭的解体,孩子一下成了单亲,给孩子的打击、伤害是很大的。孩子不是成年人,行为能力不完全,他理解不了、受不了。所以说对孩子造成的伤害,超过夫妻之间相互给对方造成的伤害。婚姻绝不能够等同于商品买卖。离婚双方当事人今天签了离婚协议,什么都安排好了,孩子跟谁啊、财产怎么分配都约定了,把这个离婚协议书送到了登记机关,登记机关接受了,告知当事人先回去,至少3个月以后你再来拿离婚证。回去3个月还没有和好,如果觉得3个月的时间短,可以规定6个月,6个月还没有和好,说明没有和好的可能性了,他们再来找登记机关,这个时候登记机构仍然还要调解一下,调解不了就发离婚证给他们。如果3个月、6个月以后,他们和好了,离婚申请便自动失效。

新闻媒体报道有很多实例,结婚时很年轻,对婚姻生活没有思想准备,当然没有什么经验,往往为一个芝麻大的问题就争执不休。我在媒体上看到一个案例:睡觉时要关灯,电灯的开关不在床头,在进门的地方,冬天比较冷,妻子告诉丈夫,你去关灯。丈夫说,你去关灯。妻子说干嘛让我去关灯,什么事都要我做?丈夫说你为什么不可以做呀?结果,觉也不睡了就开始吵,吵起来谁也不怕谁,说离婚就离婚,马上找纸写离婚协议,双方就签字。没有孩子,那更好办了,财产也少,签字就签字,谁怕谁呀?第二天就去登记机关登记离婚。其实两个人是在气头上谁也不服输,是不是真心离婚呢?当初爱得死去活来的,当时是一气之下，双方无法让步，又没有亲人在旁边劝一下，没法下台。一方就想，今天登记机关关门就好了，哪知又不关门；今天路上塞车就好了，哪知又不塞车；今天遇到登记机关的工作人员态度不好吵起来就好了，哪知那个登记机关工作人员态度非常好，一看协议，符合条件，立马就把离婚证签发了。这一下就拆散了一个不该拆散的家庭。实际生活中，好多家庭是不应该拆散的。给他们一个冷静期，让他们冷静3个月再说，好多夫妻就和好了。刚才的例子，给他两天就和好了。

这就说明我们的制度不严肃，我们2002年《婚姻法》的修改，最大的问题在这里。照我的想法，对结婚、离婚，都一定要加个冷静期，应该比买东西的冷静期长。买东西的冷静期是一周，结婚、离婚的冷静期至少要3个月，还可以更长一些，3个月后再来才发结婚证、离婚证。

话说回来，我们说离婚率大增，没有掌握这个统计资料，可能确实有显著增加。造成这一现象的一个原因是《婚姻法》指导思想有问题，价值取向有问题，制度设计有问题。还有没有其他原因？还有一些更莫名其妙的原因。比如买房限购，买房征税。如果你有一套房子，买了不到5年就可以不交所得税；只有一套房，还可以再买第二套房。这样的荒唐政策促成了好多家庭的解体。有的是假离婚，有的先是假离婚，后来变成真离婚了。

更荒唐的还有，我们最高人民法院的司法解释规定，婚前一方交首付按揭买房，婚后双方还贷，离婚时房子归交首付一方。结婚以后共同负担还银行的贷款都不行，非要判给交首付的一方。这就导致对方要求加名，买房的时候是你的名字，一定要把我的名字也加上去。你说夫妻关系，本来是"生命诚可贵，爱情价更高"，老辈人讲"十世修来同船渡，百世修来共枕眠"，好不容易走到一起的，本来是很幸福的一对。就为了加名，男方要求加名，女方说我父母不同意。女方要求加名，男方说我父母不同意。双方为此一吵一闹，感情还有吗？有些人同意加名，白交所谓加名费，添上一个名字变成共有。其实根据《婚姻法》第17条的规定，即使不加名照样是共有。婚前按揭买房，婚后是共同还贷，我们最高人民法院的司法解释照理应当解释为共有财产，万一离婚的时候,把首付款考虑在内,交首付一方多得一点,不就行了?想不通最高人民法院的司法解释为什么要规定谁交首付款房子就归谁呢?这样的司法解释又导致许多家庭纠纷,导致好多婚姻的解体。

当然还有我们社会发展、市场经济等很多方面的原因。这个同学提的问题非常好,离婚率的激增恐怕是难以阻挡的趋势。但是我们通过《婚姻法》的修改,通过制度的设计,我们要使那些不该离婚的最终不离婚,使那些该离婚的能够离婚。我们的目的就是这样。我们不可能恢复到过去计划经济年代的离婚率很低,甚至到终身不准离婚的状态。无论如何,现在的离婚率如此之高是不正常的,值得我们的立法者、法学者、政策制定者、司法解释制定者认真反思。

(八)关于制定商法典或者商法通则

这又回到了2002年关于民法典编纂的立法争论。当时的争论有好多,有很抽象的,还有很具体的,例如,哪些规定在民法典上,那些不规定在民法典上?当时我也是争论的积极参加者之一。首先,是我们的民法立法体例,既不是绝对的民商合一主义,也不是绝对的民商分立主义。什么叫民商合一主义?凡是平等主体之间的财产关系、人身关系,不分民事、商事,全部规定在民法典上。这样的民法典很少,如《意大利民法典》。因为社会关系太复杂了,不可能全部规定在一部民法典内。因此,我们采取的是相对的民商合一,有某种意义上的民商分立的成分。什么叫绝对的民商分立?就是同时制定一个民法典、一个商法典。

我们不是这样的,我们只制定民法典,不制定商法典,在这个意义上,我们是民商合一。不管是民事关系还是商事关系,都是民事关系,都适用《民法通则》,都适用我们的《合同法》《物权法》,在这个意义上,是民商合一的。但是,我们的民法典并不包罗万象,公司、票据、海商、保险、证券这些制度,都在民法典之外,作为民事单行法、特别法规定。

所以说我们这个体制,既不是绝对的民商合一,也不是绝对的民商分立。它在不承认民法典和商法典并立这个意义上是合一的。但是民法典不是包罗万象的,民法典之外还有好多民事单行法,这些民事单行法也叫商事法,在这个意义上,可以说它是分立的。所以说,这是一种中间的、折中的民法立法模式。这个民法立法模式不是我们现在发明的,是由我们的前人发明的。

民国时期,在20世纪20年代制定《中华民国民法》的时候,就把这样的立法模式固定下来了。因此,2002年立法争论的时候,我们好多学者包括我在内,主张沿用历史上形成的这个传统,把基本的制度、共同的制度、重要的制度规定在民法典上,将特别的市场、特别的关系、特别的领域的特别规则和制度,规定在民法典之外,作为特别法。民事特别法,也可以叫商事法。这就是我们过去争论的时候所强调的,多数学者所赞同的,也是我们的历史上形成的这样一个民法典的立法思路、立法结构体例。直到现在,主要的民法学者、商法学者都是认同这个体例的。

但是,也有不同的观点,强调民商分立,主张在民法典之外制定一个商法典。甚至有人认为民商分立是当代的潮流,我看不到有这样的潮流。有人主张,我国虽然不制定商法典,但可以在民法典之外,制定一部商法总则,或者叫商法通则。有这样主张的商法学者不少。但是,为什么不能干脆制定一部商法典?有个别学者提出要制定商法典。而制定商法典,首先要决定它的适用范围,最基本的概念,什么叫商人?什么叫商行为?这便遇到一个最大的问题。中国特色社会主义市场经济体制之下,人人可以经商。一个教授,他课后炒股票是不是商事行为?他炒房,房子买了又卖,赚点钱,这不是商事行为吗?市场经济就这样,人人都可以经商,你说谁是商人?说不清楚。

什么是商行为呢?理论上说以营利为目的的行为就是商行为,以生活消费为目的的行为就叫民事行为。有没有道理?当然有道理。但是,现在有哪些行为不以营利为目的?如买房,第一套房,他自己住,你可以说是民事行为。买第二套房呢?等到房价涨了,他就卖了呢?难道不是以营利为目的?买股票更不用说。买股票他不放心,他买金条,所谓中国大妈炒黄金,她们是什么行为呢?一个法学教授出个法律意见书,收取一笔酬金,是民事行为还是商事行为? 所以说,现在已经难以划分民事行为和商事行为,已经难以区分商人和非商人了,这就是不能实行本来意义的民商分立,没有办法同时制定一部民法典、一部商法典的理由。

有些商法学者说,我们制定一个商法通则难道做不到? 这个问题我过去一直没有表态,为什么呢? 反正民法商法是一家,我不希望为此争论,我曾经说过,我对于是否制定商法通则不持立场,这是模仿美国人的说法,最后看你们能不能制定出一个商法通则来。如果真的搞出来一个商法通则,我就要提问,我们的《合同法》是商法还是民法? 你不能把《合同法》归入商法,不能把《合同法》作为商法通则的下位法。《合同法》中除关于赠与的少数条文外,难道不全是商事规则? 我们的《合同法》的总则部分,大量参考《联合国国际货物销售合同公约》,大量参考《国际商事合同通则》,要以营利为目的作为判断商事行为的标准,则我们可以说《合同法》就是典型的商法,就是典型的商行为法。还有我们的《物权法》,尤其是担保物权,例如,不动产抵押、最高额抵押、权利质押、股权质押、知识产权质押等,是典型的商法。

所以,回到这个同学提的问题,我们不能够把所有的民事关系都规定在民法典上,这不可能做到。也不可能在民法典之外制定一部商法典,那也做不到。不能制定一部商法典,制定一部商法通则行不行? 过去我一直没表态,我说过不持立场,现在趁这个机会,表明态度、表明我的立场。要制定一个商法通则,必须解释清楚我们的《合同法》是什么性质的法,商法通则与《合同法》的关系如何处理,还有物权法上的担保物权制度是什么性质的法,《物权法》担保物权部分与商法通则的关系如何处理。

制定一部商法通则有没有必要? 我认为完全没有必要。我们的学者不是一直说民法的商法化吗? 民法的商法化是当今时代的潮流,我们可以把《合同法》(除去赠与合同)、《物权法》尤其是担保物权部分和《民法通则》视为商事基本法,视为商法通则,难道有什么难以理解的吗? 这就是民法的商法化。所以说,按照我的意见,我们的民商法学者,以大团结为原则,制定民法典的时候尽量考虑到商法的精神,有些能规定的就规定,不能规定的就不要规定。民法典是民事、商事的基本法,说公司、票据、海商、保险、证券等单行法是商事法、商法未尝不可。

(九)关于知识产权法和国际私法

最后,这个同学提到知识产权法和涉外民事关系法律适用法,当初江平老师说不要规定在民法典上,我也主张不要规定在民法典上。先说知识产权法为什么不规定在民法典上。知识产权领域本身已经有了三部法律,而且已经比较完整了。知识产权这个领域还有一个最大的特点,即需要随着科学技术的发展变化不断地修改、频繁地修改。是将其纳入民法典中便于修改呢,还是在民法典之外便于修改呢?当然是在民法典之外便于修改。《涉外民事关系法律适用法》在我主持的《民法草案》中就没有规定。我认为,应该制定一个中国国际私法法典。当时国际私法的好多权威学者也主张制定国际私法法典。后来人大法工委做工作说,若要坚持制定国际私法法典,不知道猴年马月才能提上立法日程,不如还是像规定在《民法通则》一样规定在民法典上,作为民法典的一部分,与民法典一起颁布实施。最终国际私法学者被说服了。

讨论民法典制定的时候,郑成思教授、吴汉东教授都不主张在民法典上规定知识产权。其中有一个理由,《新荷兰民法典》起草时设立了第九编智力成果权,但是最后未制定。因为知识产权领域,尤其是专利权、商标权,这些民事权利不是平等主体自己说了算,是基于行政许可而产生的权利。不能把这些行政机关、行政权限、行政程序统统规定在民法典上。所以,《新荷兰民法典》起草第九章智力成果权的计划被勾销了。但是,人大法工委的同志说,知识产权规定在民法典中有什么不好呢?所以,当时郑成思教授也受委托起草了一个知识产权编的草案,但后来提到九届全国人大常委会第一次审议的《民法草案》并没有编进去。

民法典的制定不可能把所有的民事关系纳入,也不可能搞传统的民商分立,仍然要维持现在的体例。我所了解的立法机关、实务界和多数民商法学者的意见,也是如此。我们应当争取在 10 年或者 10 年多一点的时间,制定一部进步的、科学的、完善的民法典,作为民族振兴、中国梦实现的法治根基。

(十)关于苏联民法理论的影响

中国过去在计划经济时代,确实是照搬了苏联的民法理论体系,苏联民法理论对我们的民法理论确有比较大的影响。因为过去经济体制相同,我们接受了它。看一下我们 20 世纪 80 年代的统编法学教材,基本上就是我国前 15 年从苏联学来的理论。但是我们后来实行了改革开放,我们向市场经济转轨,现在的社会主义市场经济伟大实践,与苏联的行政经济体制是完全不同的。改革开放 30 多年以来,我们在民事立法中自觉地、不自觉地把苏联的一些民法理论慢慢抛弃了。

我可以举几个例子,如在苏联的民法理论中,没有使用自然人这个概念,而是称为公民。我们的《民法通则》在制定时,有人提出不能叫公民,民法上就叫自然人。但是当时好像还下不了决心,就在"公民"后面加了一个括号,写成"公民(自然人)"。到了后来制定《合同法》时,就采用"自然人"概念,不再用"公民"概念。

还有苏联民法中的诉讼时效,无须当事人援引而由法院依职权适用。自《民法通则》颁布以后,讨论诉讼时效是法院依职权适用,还是当事人主张才能够适用?这涉及民法理论上诉讼时效的效力究竟是采取诉权消灭说,还是抗辩权发生说?一开始我们还是解释为诉权消灭,因此人民法院在诉讼中依职权适用。直到 20 世纪 90 年代,法院审理民事案件,对于诉讼时效期间是否经过,仍然是法庭主动审查,发现诉讼时效经过的,法庭以诉讼时效经过为由,判决驳回原告请求。根据是《民法通则》第 135 条的规定,诉讼时效经过的,人民法院不予保护。

到了 2008 年,最高人民法院公布了一个关于民事审判适用诉讼时效的解释规则,规定诉讼时效必须由当事人主张,当事人不主张的,法庭不得依职权适用。最高人民法院根据社会实践的经验,觉得依职权适用不符合市场经济的要求,因此断然改变了此前的裁判实践,将从苏联继受来的诉权消灭说改为抗辩权发生说。将从苏联继受来的民法理论以这样的方式抛弃了。

如果仔细分析,我们在民事立法过程中修正、改变、抛弃了好多苏联的民法理论。特别从《合同法》《物权法》来看,《物权法》中尤其以担保物权的内容受苏联理论的影响很少。立法时有的是自觉地抛弃,有的是不自觉地抛弃。苏联民法理论中不承认物权这一概念,而《物权法》规定了物权、用益物权、担保物权。

苏联民法还有一个非常重要的原则,即所谓公有财产特别保护原则,有具体的内容,如公有财产受侵害,不适用诉讼时效;如果一项财产的归属不明,则推定为国家所有。在《物权法》的制定过程中,经过争论,把它完全抛弃了。我们的《物权法》明确规定了平等保护原则,对公有财产、私人财产实行平等保护。可以说苏联民法的影响,在我们的法律体系当中已经很少见了,大部分都已经被清除。将来编纂民法典的时候,我们还要仔细斟酌,如果发现还残留了一些苏联民法理论的影响,还会进一步予以消除。

十、民事立法、理论、实务若干问题[*]

我们的民事立法进行了 30 多年,制定了许多重要的法律,《合同法》《物权法》《侵权责任法》《涉外民事关系法律适用法》等,还制定了一些商事法律。这里我们只谈狭义的民事法律。在大家的学习、理解和适用中有些什么问题,实务中有些什么问题,我们在教学研究中发现这些民事法律有什么问题,当然也包括在现实当中有什么新的案型,这些案型法律没有规定,应当如何裁判,等等。我们法学院的教学,现在也面临一个新的阶段,有各种各样的法律,有最高人民法院的各种解释,还有裁判实务中的案例,老师们在教学中如何处理,遇到了什么问题。无论什么问题都可以提出来,采取对话式的方式进行交流和互动。

雇主的追偿权

问题 1:《关于审理人身损害赔偿案件适用法律若干问题的解释》第 9 条第 1 款规定了雇员因故意、重大过失致人损害的,应当与雇主承担连带责任,然后雇主可以追偿。第 13 条无偿帮工中致人损害的,帮工人存在故意或者重大过失的,被帮工人承担责任之后可以向帮工人追偿。《侵权责任法》第 34 条第 1 款和第 35 条却没有规定追偿权。根据全国人大常委会法工委的解释,这个问题比较复杂,交给法院去处理。我想问的是,对这个问题的立法处理是否妥当。如果在立法上明确规定雇主的追偿权,同时作些原则性的规定是不是更加合适。这样

---

[*] 2014 年 3 月 19 日于四川大学法学院。

的话法官可能就敢于裁判追偿权请求案件,而且对法官的自由裁量权也有一定的限制。

梁慧星:这是 2003 年最高人民法院《关于审理人身损害赔偿案件适用法律若干问题的解释》中,关于雇用人责任的解释。这个解释规定,雇员在执行职务当中造成他人损害的,由雇主承担责任。同时又规定,如果雇员有故意或者重大过失,应与雇主承担连带责任。并且规定,雇主承担责任以后还可以对雇员追偿。这个同学注意到,这个解释与《侵权责任法》第 34 条、第 35 条的规定不一致。

《侵权责任法》第 34 条、第 35 条这个制度叫作使用人责任。最高人民法院的解释当中用了雇主、雇员,因此叫雇用人责任。在制定《侵权责任法》的时候,对原来的雇用人责任作了重大改变,第一个改变就是将雇用人责任改为使用人责任。雇用人责任,是民法侵权责任中最早的一种。后来在裁判实务中发现,如果严格按照雇用人责任,法庭应当先审查被告与造成损害的人之间有没有雇佣合同关系。早期的实践,如果经过审查认为,这个造成损害的人与本案被告之间,不存在雇佣合同关系的话,法庭将驳回原告(受害人)的请求。因为雇用人责任这个名称会让法官联想到雇佣合同,把雇佣合同关系作为适用的前提。后来注意到,这样处理与这个制度的立法目的不一致,因此就改称使用人责任。现在的《日本民法典》和我国台湾地区的"民法",都称使用人责任。王泽鉴先生在大陆出版的《侵权行为》中也讲到使用人责任。日本人的侵权法教科书也讲到使用人责任。为什么要改呢?就是要避免法官在适用的时候死抠有没有雇佣合同关系。改成使用人责任以后,这个制度适用的前提是使用关系,使用关系不是法律关系,而是一个事实关系,即一方使用了另一方的事实。

最高人民法院《关于审理人身损害赔偿案件适用法律若干问题的解释》已经涉及这一点。它讲到帮工,虽然没有合同,但是主动去帮工,也应适用。使用关系是事实关系,只要一方使用了另一方,被使用人为使用人的利益而工作,就是使用关系。只要有这个事实就行了,不考虑两者之间有没有雇佣合同,有没有聘用合同,有没有书面合同,有没有口头合同,这些通通不论。但是,构成使用关系应不应该也有一点限制呢?应不应该有个条件呢?有一个条件,就是要有使用一方的"同意"。举例来说,我们有个同学去当志愿者,去学雷锋。雷锋当年不是星期天到建筑工地主动帮人家推砖吗,当时叫义务劳动,亦即无偿劳动。假设我们去学雷锋,我们也去帮人家运砖。如果雇主,或者现场的工头,或者那个领班,或者现场经理,他不同意,他挥挥手让我们离开,这种情形我们非要帮他们运砖不可,就不构成使用关系。使用关系虽然不以书面同意为条件,但一定要以对方有同意使用的意思为条件。所以说,最高人民法院上述司法解释中谈到无偿帮工,一定要被帮的人同意。如果人家不同意,你非要帮人家,例如,你看到一个人用三轮车拉煤气罐,就主动去帮人家推车,人家不同意,你非要去推,假设煤气罐掉下来砸到路人,怎么办?就不应该由被帮助的人承担责任。

现在的法律改称使用人责任,适用前提是使用关系,构成使用关系也有一个条件,就是对方同意使用。但是,对方的同意不以书面或口头表示为条件。虽然没有书面的同意、口头的同意,但是他笑一笑,点点头,他没有挥手把我们撵出去,就构成默示同意。

如果他不同意,一旦你的行为造成旁人的损害,就不发生使用人责任,就不能够适用《侵权责任法》第34条、第35条。不适用使用人责任,那个受损害的人找谁赔偿呢?法律上没有说。真的发生这样的案件,应当按照无因管理制度处理。所谓无因管理关系,是指没有得到别人的同意而去管理别人的事务。按照《民法通则》第93条关于无因管理的规定,管理人在管理别人的事务中自己遭受了损失,可以要求受益人在所受利益范围内给予补偿。他帮别人推车,人家不同意,他仍然坚持帮忙,结果造成旁人损害,这样的案件不构成使用人责任,被帮助的人不承担赔偿责任,受害人只能找帮忙的人赔,由帮忙的人承担赔偿责任。他向受害人支付的赔偿金,可以解释为他在管理别人事务过程中自身受到的损失,因此可以依据《民法通则》第93条要求那个被帮忙的人在所受利益范围内给予补偿。这是先解释什么是使用关系。

另外一个重大的改变是把归责原则改变了。使用人责任的归责原则，在德国民法上叫推定过错责任，《德国民法典》是这样规定的，被使用人执行职务过程中造成他人损害的，由使用人承担赔偿责任。但第二句说，使用人如果能够证明自己对于被使用人的选任监督没有过错，可以不承担责任。从第二句可以看出来，是过错推定责任。不仅德国是过错推定责任，日本民法、我国台湾地区"民法"，也都是过错推定责任。

过错推定责任在实践当中遇到的一个最大的问题是，现代社会的使用人大多是企业，企业是现代化的组织，在招工的时候有严格的条件，严格的资质要求，严格的考核，例如面试、笔试。招机动车驾驶员一定要有驾驶证，要有驾驶汽车多少年的经历。我们法学院的学生找工作的时候，同样有严格的条件、严格的考核。然后进了单位以后，单位有严格的管理制度，工作当中有严格的监督管理。一旦发生被使用人执行职务造成他人损害的案件，使用人很容易举证证明自己对于被使用人的选任、监督没有过错。要严格按照法律条文，他证明了自己没有过错，他就不承担使用人责任。法庭将驳回受害人的请求，受害人只能要求被使用人赔偿，而被使用人通常是普通劳动者，他的赔偿能力有限，他赔不起，最终是受害人得不到赔偿，是受害人吃亏。

我以前看过一些材料，说德国民法学界一再建议修改《德国民法典》的使用人责任（第831条），把过错推定责任改为无过错责任。但直到现在都没有改。虽然法律条文没有改，但是在裁判实务中作了变通。同学们如果看过王泽鉴先生的《侵权行为》，在讲到使用人责任的时候，王先生说，在台湾地区的裁判实践中，雇主证明自己没有过错，无论他怎么举证，法庭都不予认可。在我国台湾地区几乎找不到雇主证明自己没有过错而获得免责的判决。如果你看日本的侵权法教科书，讲到使用人责任的时候也是如此。日本的学者说，在日本的裁判实践中，找不到认可使用人免责的案件判决。这就是现实，在立法者没有修改的前提下，为了适应现代社会的要求，裁判实践中，实际上已经将法律上规定的推定过错责任改成了无过错责任，无论使用人举出什么样的证据，法庭都不予认可。法律条文没有改，仍然是过错推定责任，但裁判实践中通过不准许雇主免责,实际上变成了无过错责任。

但是还留下一个问题。王先生在他的书上特别讲到,这样的裁判实践使受害人得到了保护,某种程度上符合了现代社会的要求,但是有一个问题,就是在诉讼中很难达成和解。被告总是要想尽一切办法证明自己没有过错,因为法律条文是推定过错。因此王先生在他的著作中特别建议把使用人责任改成无过错责任。

我国在制定《侵权责任法》的时候就采取了与王先生意见一致的方案,直接把使用人责任规定为无过错责任。改成无过错责任,就有一个问题,这个责任本身就是雇主、使用人自己的责任,与造成损害的雇员、被使用人不发生连带问题。《侵权责任法》第 34 条、第 35 条规定的都是使用人承担责任,没有提及被使用人的责任问题。当然,对于受害人来说,至少在理论上说,受害人不是不可以告被使用人,但受害人如果告被使用人,就是一般的侵权行为,应当依据别的条文,例如《侵权责任法》第 6 条第 1 款。受害人要告雇主,只能依据《侵权责任法》第 34 条、第 35 条,因为是雇主自己承担无过错责任,不能将造成损害的雇员作为共同被告(只能作为第三人)。从现实来说,他告这个雇员有什么好处呢？什么好处也没有,因为这个雇员没有钱、赔不起。法律为特别保护受害人,保障受害人能够得到充分救济,才把使用人责任规定为无过错责任。

立法的时候也考虑了,这样规定是不是对使用人不公正呢？当然不是,按照民法原理,你是受益者,你使用这个雇员为你效劳,既然他创造的利益都归属于你,那他在为你服务中造成的风险也要归属于你,他在执行职务中所造成他人的损失,应当由你承担赔偿责任。这就是民法上所谓的报偿理论。所谓报偿理论,简而言之,由获得利益者承担所伴随的风险。还有另外一个理由,使用人可以通过投保保险来分散风险。所以说规定为无过错责任是合理的。

《侵权责任法》第 34 条、第 35 条改成无过错责任以后,最高人民法院解释的第二句所谓雇主与雇员承担连带责任就没有了。因为不发生连带责任问题,使用人责任就是老板自己的责任,就是公司自己的责任。还有一个问题,尽管是老板的责任,是公司的责任,但这个公司老板承担赔偿责任以后,还可不可以对造成损害的雇员追偿呢?如果这个雇员因重大过失造成他人损害,难道就不可以追偿?

关于可不可以追偿的问题,法律委员会审议这两个条文的时候,经过反复讨论认为,如果这个雇员因重大过失造成他人损害,按理老板承担了责任以后是可以向该雇员追偿的,但考虑到一个非常重要的现实问题,就是社会生活当中,这些受雇人,且不说农民工,即使是国有企业的职工,建筑公司的职工,也包括国家机关公务员在内,都是低工资、低报酬,如果《侵权责任法》明文规定使用人可以行使追偿权的话,老板承担了责任以后马上追偿,每个月扣他1/3的工资,就会影响他一家人的生活。因此法律委员会认为,法律上不宜规定追偿权,但也并不是绝对不能追偿。

例如,银行的高级雇员、高管,且不说是行长,相当于处长的那些经理,年薪一年好几十万元,还有大型国企的高管,年薪一年有几百万元的,还有证券公司、基金公司的高级雇员,他们的工资很高,难道对他们不可以追偿吗?法律委员会认为,对于高工资、高报酬的被使用人,当然可以追偿。问题是法律没法规定哪些使用关系可以追偿,哪些使用关系不可以追偿。所以,最后的结果就是,对于追偿问题法律不作规定,委托审理案件的法官结合案件情况决定。

如果被使用人是银行或者证券公司的高管,例如,证券公司的雇员挪用股民的钱搞"老鼠仓"造成股民损害,证券公司对受害股民承担使用人责任之后,另案对该雇员提起追偿之诉,法院根据被告属于高工资、高报酬的情况,当然可以认可追偿权。如果是一般的公务员,一般的劳动者,就不认这个追偿权,断然驳回雇主行使追偿权的请求。《侵权责任法》第34条、第35条实质上包含一个委托授权,把是否认可追偿权的决定权,委托给了审理案件的法庭。

顺便讲到,即使法庭审理具体案件认可使用人行使追偿权,也不是全额追偿。要是允许全额追偿,使用人责任这个制度的立法目的就被否定了。所以,按照日本的实践、我国台湾地区的实践,法庭认可追偿的情形,也不允许全额追偿,最多允许追偿1/4。如果超过1/4,法庭将超过部分驳回,理由是构成权利滥用。用权利滥用理论去限制追偿权。这些实践做法值得参考。

《侵权责任法》对此前最高人民法院的解释作了重大变更。《侵权责任法》的好多条文,都是来源于实践,都可以从最高人民法院的解释中找到其来源,但不能因此仍然按照最高人民法院的解释去理解。要看到,虽然来源于最高人民法院的解释,但在上升为法律条文的时候,作了重大改变。我们一定要注意到这些重大的改变。这一点非常重要。

医疗损害纠纷的侵权法调整与合同法调整

问题2:在现如今的实务中,医疗损害纠纷多采用《侵权责任法》进行调整,但是为什么不能将医疗行为看做医疗服务合同,而采用《合同法》上的违约责任进行调整?2011年最高人民法院《民事案件案由规定》第120条规定了医疗服务合同,第351条规定了医疗损害责任纠纷。既然是作为一种侵权和违约竞合的情形,法院在进行选择的时候,是出于法理上的考虑、历史上的原因,还是社会和谐影响方面的考虑?还有我们能否将医疗行为纳入《消费者权益保护法》的调整范围?

梁慧星:医疗损害本身是民法上的一种责任,我以前看过一些材料,有的国家和地区习惯于用侵权责任法来调整,有的国家和地区就习惯于作为违约责任处理。那我们采纳的是什么思路呢?是侵权法调整的思路。在20世纪80年代的时候,发达国家和地区民法学界,有一段时间热衷于讨论专家责任,关于专家责任出过好多著作。当时在一些发达国家和地区,专家责任成为讨论的热点,出了好多书,我自己也翻译过几篇日本学者的论文。所谓专家责任,一个是医生的责任,还有建筑设计师的责任,会计师、审计师的责任,另外还有律师的责任。其中最突出的是医生的责任。

首先有一个习惯问题,还有就是实务上有一个导向,即采用专家责任,比采用违约责任更方便、更有利。来源于两个责任各自不同的构成要件、不同的赔偿范围、不同的责任原则,还有诉讼时效期间的差别。即便在我们国家,违约责任和侵权责任也有非常大的差别。例如,违约责任可以赔偿可得利益,侵权责任不赔偿可得利益;但侵权责任可以赔偿精神损害,而违约责任原则上不赔偿精神损害。你看,我们一下子就列出了这两个重大的差别。至少在各个国家和地区,这两点重大差别是共通的。

因此,如果依据侵权法追究侵权责任,对哪些受害人有利呢?对于造成死亡、残疾、严重损害的受害人有利。除了人身伤害的损害赔偿以外,他还可以得到精神损害赔偿,这是对他有利的。至于违约责任的可得利益赔偿,在《侵权责任法》上不发生。因为违约责任所谓可得利益,通常是指经营利润所得,利润的损失。而在《侵权责任法》中,有一个因死亡或者残疾所失去利益的赔偿,叫逸失利益赔偿,如果是死亡,计算他死亡之前的收入标准,他的年龄,他到退休还有多少年,所在国家平均的生存年限,退休以后还有养老金,计算出他如果不死、活到平均生存年龄所可能获得的全部收入,再扣除他的生活费、应交的税款等费用,就叫逸失利益损失,由加害人予以赔偿。所以说违约责任可以赔偿可得利益的优点,对采用侵权责任处理医疗损害案件没有什么影响。因此,采用侵权责任处理医疗损害案件,对于造成严重人身伤害、死亡、致残的受害人非常有利。

我们是不是也考虑过违约责任的情况呢?立法的时候也考虑到用违约责任来保护。患者到医院治疗,是一个医疗合同,现行合同法上没有具体规定,应属于无名合同,并且带有综合性。除了医疗救治护理行为,如果住院的话,要提供住房,住院部每天还要有伙食供应,所以说医疗合同关系带有综合性。假设他在住院期间不是因为治疗造成的损害,而是因为医院提供的饮食不干净造成损害,不属于诊疗行为造成的损害,是因为医疗合同中的其他义务履行不当造成的损害。还有,例如,产妇生下一个孩子一下子就不见了。《侵权责任法》刚颁布的时候就发生过这样的案子,北京一个女性生了孩子,孩子怎么在医院就不见了呢,后来发现被拐到广州了。发生这样的案件,只能从违约责任的途径去解决。

在制定《侵权责任法》的时候，不仅考虑了别人的经验，而且也要考虑对患者方便，对患者有利。侵权责任法规定医疗损害责任，并没有说受害人不可以按照违约责任起诉。如果损害轻微，只是拉肚子拉了多少天，只是多花了医药费，没有造成残疾，更没有造成死亡，当然不发生残疾赔偿金、死亡赔偿金的问题，受害人以违约责任起诉，法院不能不受理，法院也不能要求改成侵权。因为《合同法》第122条规定了责任竞合，合同履行当中造成损害的，当事人可以选择按照《侵权责任法》追究侵权责任，或者按照合同法追究违约责任。但是，实际生活中，医疗损害起诉到法院，通常都是比较严重的，往往都是走侵权责任这条路，这对受害人是非常有利的。

招投标保证金收回权可否质押

问题3：招投标里面有投标保证金，同时约定如果招投标成功了，保证金作为招投标所订合同价款的一部分，未中标则如数退还。像这样的招投标保证金的收回权，可不可以作为应收账款进行质押？

梁慧星：投标人预先要交一笔投标保证金，投标保证金的目的是，如果你中标了，你必须签订合同，不能反悔说我不签这个合同。你不签合同，把别人的订约机会给剥夺了，最后导致招标单位的损失。因此按照《招标投标法》，投标须交纳投标保证金。招投标结束，没有中标，这笔保证金将原数退还。交了100万元投标保证金，没有中标，就退还100万元。现在这个同学问，我没有中标，招标人应返还我的投标保证金，这是一个返还请求权，可不可以纳入物权法所规定的应收账款进行质押？

《物权法》第223条规定，权利人可以将自己有权处分的下列权利出质，其中第(6)项是"应收账款"，这叫应收账款质押，属于权利质权。条文用的是"应收账款"，本来的意思是买卖合同中的"应收货款"。国际上有个公约，叫《联合国国际贸易应收账款转让公约》，所谓应收账款，实际是指买卖合同上的货款。虽然如此，这个同学问的投标保证金,是可以包含在"应收账款"概念之内的。我国实践中,不是将"车辆过路费、过桥费"也作为应收账款质押吗?

顺便讲到《物权法》关于应收账款质押这个制度,我当时是不赞成的。我并不是不赞成用应收账款向银行融资,而是不赞成将应收账款作为权利质押处理。我认为,用应收账款融资不是质押的问题,不应采取质押的方式,而应该采用债权转让的方式。你向银行贷款,将应收账款债权转让给银行就行了,非常简便。《联合国国际贸易应收账款转让公约》开始起草的时候,叫做《应收账款担保与转让公约》,后来把"担保"删掉了。因为"应收账款转让"本身就起到担保的作用,但并不产生什么"担保权"。

举例说,我国的某个出口商,出口一批货物到某个国家去,我国的出口商与该国某个进口商订立货物买卖合同之后,出口商依据合同约定将货物交付给对方指定的轮船公司就履行了交货义务,他享有请求对方支付这笔货款的债权。过去通常采取诸如委托收款、信用证付款等方式收取货款。后来注意到采取这些方式都会有很大的风险,于是采用了债权转让的方式,出口商交货之后,就把这个应收取的货款债权转让给中国的某个银行(通常是他的开户银行),同时从这家银行收取了全部货款。受让这笔应收账款债权的那个银行,如果在进口国有分行,就会指令该分行向该进口商收取这笔货款。如果在进口国没有分行,将会把该应收账款债权转让给在进口国设有分行的关系银行。

假设中国的出口商卖货物给日本的进口商,通过应收账款债权转让,最终由在日本的某个银行去向该进口商收取货款就很容易。回避了过去采用信用证付款等付款方式的可能风险。并且出口商一旦将货物发出,就马上把货款债权转让给本国的某个银行,从该银行收取了全部货款,这种方式对出口商非常有利。

不仅是收取货款,在现代市场经济条件下,还有一个保理制度。所谓保理,就是企业将其已经有的和将来会有的应收账款债权转让给某个银行,由该银行负责提供融资、账户管理、收款、防范债务人违约等事务。保理的基础关系,就是应收账款债权转让。所以,应收账款债权转让,是当今市场经济条件下的一种非常重要的制度,其法律构成和法律根据,就是《合同法》第五章规定的债权转让。

但立法的时候遇到的问题是,某些银行的认识混淆。银行法律部的人员,往往是从国外特别是从美国回来的,外语很好,但是他们弄不清楚究竟是债权转让还是权利质押。根源在于,英美的这些概念与我们的概念不能完全对接。特别是,我国自20世纪90年代开始各地修高速公路,地方政府把公路交给某个公司来修,合同约定公路修成后由该公司收取车辆过路费,该公司就把这个收费权拿来向银行融资,银行与这个公司之间的法律关系,被误认为是质押。

在法律通过之前的一个讲座上,我和银行的律师就讨论到这个问题。他们坚持认为是道路收费权质押,我问你们是怎么操作的,收费权质押给银行以后,究竟是谁在高速路收费站收取过路费?他说还是那个公司的工作人员在收钱。我再问,他的收费权已经质押给银行了,如果仍然由该公司的工作人员收钱,享有质权的银行怎么保障自己的权利。他回答说,银行每天定时派车派人去收费站把公司工作人员收的钱拿过来就行了。我说这种做法与权利质押毫无关系,绝对不是质押。

按照质押,质权人应当直接控制质押标的,如果是动产质押,必须移转质押物的占有,由质权人直接占有质押物,并且在出质人不能清偿贷款时行使质权,变卖(拍卖)该质押物,优先清偿贷款债权。如果是权利质押,必须将权利凭证交给质权人或者办理质押登记,质权人通过占有权利凭证或者通过质押登记,达到控制该项权利的目的。一旦出质人不能清偿银行贷款,银行将行使权利质权,直接处分该质押权利而获得清偿。所以说,所谓道路收费权质押,实际上并不是收费权的质押,倒是符合收费权转让的特征。

公司将收费权转让给银行,由银行行使道路收费权,但是银行不可能派自己的工作人员到每个收费站收费,因此仍然委托该公司(派自己的员工)每天到收费站替银行收费,银行再派专人专车每天固定时间到每个收费站将收取的钱拿走。类似于我们购买机票的票款中有一笔机场使用费,实际上这笔机场使用费的权利人是机场,是机场委托各航空公司替自己收取。航空公司替机场收取这笔费用后,定期转交给机场,航空公司不敢不交。但银行委托该公司替自己收取过路费,该公司将收取的过路费挪作他用、不交给银行怎么办呢?因此银行每天要派专人专车去收费站把钱拿走。可见,实际生活中所谓道路收费权质押,实际上不是质押,而是收费权转让。

《物权法草案》关于权利质押,本来规定了"公路、桥梁等收费权"质押,后来删去了。但"应收账款"质押,没有删去。可能是因为法工委没有把银行方面的专家和民法方面的专家召集到一起,面对面讨论,而是分别听取各方面的意见。民法方面的专家讲应收账款融资不是质押,他们觉得很有道理。然后银行的法务人员讲这就是应收账款质押,他们也觉得很有道理。最后就导致《物权法》保留了"应收账款质押"。

我当时就指出,将应收账款融资按质押来处理,有一个重大的问题,出口商履行交货义务以后,付款不付款是债务人(进口商)的事,债务人不付款怎么办?我把应收账款债权质押给了银行,银行对该笔应收账款享有了质权,但银行控制不了那个债务人。所以我提出了一个折中方案,我们虽然规定为质押,在实际进行应收账款质押操作的时候,在这个应收账款债权人(出质人)与银行(质权人)签订质押合同的时候,必须要求出质人(应收账款债权人)提供"应收账款债务人同意质押"的书面文件。债务人有同意质押的书面表示,作为质权人的银行就可能控制这个债务人。债务人要不付款,银行就可以根据债务人的书面同意和质权人的身份,直接向债务人追索。《物权法》颁布后,银行方面设想了进行质押登记的办法,在所谓征信登记系统进行登记。但这样的登记,只能够解决重复质押问题,不能解决如何约束债务人的问题。我认为,即使搞质押登记,也不能够只登记债权人,一定要登记债务人同意质押的意思表示,不然没法约束债务人。

还是回到刚才的问题,投标保证金的返还请求权,可不可以作为应收账款质押。我觉得作为应收账款来处理一点问题都没有。条文讲"应收账款",从文义解释,就是要求债务人支付的一笔钱,因为未中标,投标人有权要求招标人退还投标保证金,招标人是债务人,这笔投标保证金对于投标人来说,就是一笔应收账款。条文并没有限定必须是买卖合同货款。这是我个人的意见。

惩罚性赔偿中"价款"基准的理解

问题4:《消费者权益保护法》第55条规定"经营者提供商品或者服务有欺诈行为的,应当按照消费者的要求增加赔偿其受到的损失,增加赔偿的金额为消费者购买商品的价款或者接受服务的费用的三倍"。从这个条文来看,它规定的合同性惩罚性赔偿的基准应该是消费者购买商品的价款或者接受服务的费用。最高人民法院《关于审理商品房买卖合同纠纷案件适用若干法律问题的解释》(以下简称《商品房买卖合同司法解释》)第9条规定的基准是已付购房款,它是这样规定的"导致合同无效或者被撤销、解除的,买受人可以请求返还已付购房款及利息、赔偿损失,并可以请求出卖人承担不超过已付购房款一倍的赔偿责任"。比较这两个条款,我想请教的第一个问题是,《消费者权益保护法》第55条规定的价款是全部价款呢,还是像《商品房买卖合同司法解释》中那样可以是全部价款也可以是已付价款?第二个问题是,如果《消费者权益保护法》中规定的价款可以是部分价款也可以是全部价款的话,在实践中如何来区别什么时候用全部价款作为基准,什么时候用已付价款作为基准?此外,在合同法中有规定分期付款的情况,分期付款和这里的已付价款和全部价款有什么联系?

梁慧星:这是《消费者权益保护法》公布之后争论十分激烈的问题,就是该法的适用范围是否包括商品房买卖。很多同学会认为肯定包括啊,购买商品房也是消费者啊,买房自己住不也是为了满足生活消费的需要吗?在20世纪90年代就专门争论过这个问题。我的意见是,该法的适用范围不包括商品房买卖。因为该法制定的时候,针对的是20世纪80年代中期到90年代初期,我们消费品市场上缺斤短两、假冒伪劣的现象,那个时候商品房开发还没有开始。虽然《城镇国有土地使用权出让和转让暂行条例》出台是在1990年,但真正的商品房开发是20世纪90年代中后期才开始的。

《消费者权益保护法》规定惩罚性赔偿是一个重大突破,当时争论特别激烈,我参加了当时国务院法制局主持的立法讨论会,我当时是赞成引入惩罚性赔偿的。当时有很多人反对规定惩罚性赔偿。最后讨论的结果是决定引入美国的惩罚性赔偿,但是把惩罚性赔偿额限制得很低,所谓"双倍赔偿",是指商品价款的双倍,其中1倍是退款,另外1倍才是惩罚。

2013年该法修改的时候,觉得价款1倍的惩罚不够,把它改为价款3倍的惩罚。2013年修改后的《消费者权益保护法》第55条第1款规定:"经营者提供商品或者服务有欺诈行为的,应当按照消费者的要求增加赔偿其受到的损失,增加赔偿的金额为消费者购买商品的价款或者接受服务的费用的三倍;增加赔偿的金额不足五百元的,为五百元。法律另有规定的,依照其规定。"将原法第49条"双倍赔偿"即"一倍退款、一倍惩罚",修改为"一倍退款、三倍惩罚",并增加惩罚性赔偿金低限500元的规定,值得注意。

该法修改以后,仍然有一个问题存在,即商品房买卖是否适用其第55条第1款关于惩罚性赔偿的规定?我当年之所以反对将第49条适用于商品房买卖,除了讲到该法立法目的以外,还特别讲到了社会效果。当时的房价远没有现在高,当时北京的房子每平方米几千元,一套30万元的房屋,双倍赔偿就是60万元,60万元的房屋双倍赔偿就是120万元,120万元的房屋双倍赔偿就是240万元。在如此巨大的利益诱惑之下,我们社会中的法律精英人士,那些专业律师,就不再代理一般案子了,而是专门去打商品房买卖双倍赔偿的官司。现在房价更不得了,北京的房子5万元/平方米的很多,5万元/平方米的话,100平方米的房子至少就要500万元。500万元双倍赔偿就是1000万元。要按照修改后的法律第55条的规定,1倍退款、3倍惩罚,就是2000万元。北京高于这个价格的房子很多。很多20世纪80年代修的50平米左右的房子,外面看起来破败不堪,至少都卖300万元、400万元,为什么呢?因为是学区房,旁边有比较好的小学、中学。现在北京的房价真的不得了。

另外，房屋作为商品具有其特殊性，不像买一件衣服、买一双皮鞋，一套房屋要找一点质量问题是很容易的事情，而要证明开发商是不是欺诈却非常困难。如果对商品房买卖实行"双倍赔偿"，对社会没有什么好处。更不要说1倍退款、3倍惩罚了。即使是开发商在商品房买卖中存在一些问题，也可以通过现行《合同法》瑕疵担保责任、违约责任制度或者欺诈撤销制度予以妥善解决。我们的立法和司法要考虑公平的问题，要兼顾各方的合法权益，不能因为他有什么问题就非要搞得他倾家荡产不可。当时我不赞成把商品房买卖纳入《消费者权益保护法》的调整范围，当时第49条规定的是"双倍赔偿"。现在我还是坚持这个意见。

当年最高人民法院制定《商品房买卖合同司法解释》的时候，我明确表示不赞成对商品房买卖适用《消费者权益保护法》第49条双倍赔偿。为什么最后发布的司法解释中没有提到"《消费者权益保护法》""《消费者权益保护法》第49条""双倍赔偿""惩罚性赔偿"这些关键词呢？该司法解释第8条和第9条说的是"不超过已付房款一倍的赔偿责任"。当时这个解释作出的时候，也是两种观点针锋相对，争论十分激烈，最后搞了一个折中，就是"不超过已付房款的一倍的赔偿责任"。

值得注意的是，该法修改只是修改了惩罚性赔偿的计算标准，并没有修改惩罚性赔偿的适用要件，即"经营者有欺诈行为"。什么是欺诈行为？最高人民法院作过司法解释，是指当事人故意隐瞒某种真实情况或者捏造某种虚假情况，诱使对方当事人与其订立合同的行为。按照民法原理，欺诈必定是故意的。如果没有欺诈的故意，就不构成欺诈行为。有的人发明所谓"客观欺诈"，不仅违背法理常识而且造成法律体系的逻辑混乱，极为有害。欺诈必定是主观的，没有故意就不是欺诈，只能按照"瑕疵"（质量不合格）处理，"瑕疵"才是客观的。在不存在故意的情况下，产品或者服务存在质量问题或者数量短缺，只能构成"瑕疵"履行，只能按照《合同法》的规定追究违约责任。

违约损害赔偿的计算标准规定在《合同法》第113条第1款，该条第 2 款规定,经营者有欺诈行为的,依照《消费者权益保护法》追究损害赔偿责任。《合同法》第 113 条第 1 款规定的补偿性损害赔偿,属于一般规则,第 2 款规定经营者有欺诈行为追究惩罚性赔偿,属于特别规则。这就明确了《消费者权益保护法》惩罚性赔偿与《合同法》的逻辑关系,即《消费者权益保护法》第 55 条第 1 款关于惩罚性赔偿的规定,是《合同法》违约责任的特别规则。

请特别注意,2013 年修订后的《消费者权益保护法》第 55 条第 2 款规定:"经营者明知商品或者服务存在缺陷,仍然向消费者提供,造成消费者或者其他受害人死亡或者健康严重损害的,受害人有权要求经营者依照本法第四十九条、第五十一条等法律规定赔偿损失,并有权要求所受损失二倍以下的惩罚性赔偿。"显而易见,与该条第 1 款规定违约责任的惩罚性赔偿不同,本款是关于缺陷产品致消费者受害时,如何计算侵权责任的损害赔偿金,特别是如何计算惩罚性损害赔偿金的规定。构成要件是,经营者"明知"产品或者服务存在缺陷,因此缺陷产品或者缺陷服务造成受害人"死亡或者健康严重损害"。符合此构成要件,则受害人有权要求实际损害赔偿和惩罚性赔偿。其中实际人身损害赔偿金按照《合同法》第 49 条的规定计算;惩罚性赔偿金为实际人身损害赔偿金的"二倍以下"。

还要注意,并不是每一个商人都搞欺诈。我们看待这个社会不能用一种偏激的观点,社会上所有的人、从事任何职业的人,他们的正当权益都要保护。适用惩罚性赔偿,一定要有限度,一定要适当。

宅基地、承包地、人身损害赔偿金案财产的继承

问题 5:我看了您的《继承法》的修改意见稿,我有几个不太理解的地方。一个是农村房屋继承的问题;还有一个现在要解决的问题是承包地的继承问题,如果一个农民他的子女都离开农村了,该由谁继承呢?是否应该让城里面的子女继承?都迁到城市去了,不准他继承怎么办?

在您的建议稿里,抚恤金不作为遗产,保险金作为遗产,这两者的

性质,特别是工伤保险和抚恤金怎么区分？对这个问题我觉得抚恤金本来就不是发给死者的,保险金是死者投保取得的个人财产,是这么理解的吗？但是我们现实中遇到的几个案子,我觉得都存在一个问题,我们现在的人身伤害损害赔偿的赔偿金,赔偿以后怎么分配,如果按遗产来处理的话,就会转到他的兄弟那里去了,他的子女反倒得不到了。我觉得死亡赔偿金,还是作为非遗产来对待会好一点,特别是工伤赔偿,商业保险赔偿它是另外一个问题,这是我的两个问题。

梁慧星: 我先说第一个问题。2011年全国人大开会的时候,我作为全国人大代表提了一个议案——关于修改《继承法》的议案。顺便告诉大家,什么叫议案,什么叫建议案。议案的内容是关于全国人大立法工作的,如建议制定什么法律,建议修改什么法律。议案必须是30个以上的人大代表联名签署。关于政府机关以及法院、检察院工作的建议,是人大工作范围之外的问题,叫建议案。建议案只需1个代表签名就算数,当然提案人会邀请别的代表签名。2011年的会上我提了修改《继承法》的议案,这个议案的后面就附了一个修改草案。这个草案是我组织的中国民法草案建议稿的继承编,是由烟台大学的郭明瑞、房绍坤等教授起草的。当我提这个议案的时候,又预先请他们对草案作了斟酌修改。

刚才提到的宅基地和承包地可不可以继承。如果说他有两个儿子,一个在农村,一个在城市,那继承的时候怎么办？首先两个儿子都有权继承。但是城里的那个儿子因为没有农村户口不能直接得到宅基地和承包地,但他能得到承包地和宅基地价值的一半,这是当时起草《民法草案》时的想法。只有两个继承人,一个在城里都安家定居了,属于城市户口,一个在农村是农村户口,房子和宅基地就由在农村的儿子取得,但房屋和宅基地价值的一半,要分给在城里的儿子。承包地也同样处理。如果两个儿子都在城里定居了呢,甚至有的到国外去定居了呢,根本就不回去了,难道房屋和宅基地,还有承包地就不让他继承了？

还是要让他继承,但要求他在继承之后,把宅基地和承包地转让给当地的其他农户。现在的说法叫"流转",通过宅基地和承包地的"流转"去解决。承包地、宅基地,继承还是由他继承,但我们应该有别的机制,让他把继承的承包地和宅基地流转给当地的农户。这在《继承法草案》上没有条文明文规定,也不便明文规定,应当由别的机制解决。草案规定遗产范围的条文中,没有提到"宅基地、承包地",但在该条"说明"中有这样一段话:"承包经营权、国有资源使用权等能否作为遗产,有不同的看法。依现行法的规定,承包经营权可以继承。"宅基地使用权、土地承包经营权属于遗产,继承人当然可以继承,但因为他是城里人,他自己不会去种地,要求他将继承的承包地、宅基地流转给别人。关于宅基地承包的继承问题,这是我大致的想法。

第二个问题讲到人身损害赔偿和保险金、抚恤金,要复杂一些。抚恤金不作为遗产,抚恤金属于受抚恤对象。抚恤金过去就有,工人死了,抚恤的是死者未成年的孩子、死者年迈的父母,抚恤金有特定目的。因此抚恤金就不能像一般财产一样让全体继承人均分。抚恤金肯定不能作为一般遗产。保险收益,如果属于被继承人生前投保人寿保险,投保时会指定受益人,该保险金不属于遗产,应当归受益人。因此,草案条文规定"未指定受益人的保险金、补偿金、赔偿金"属于遗产。

另外,"死亡赔偿金"能不能不作为遗产,这个问题要复杂得多,这里不便详细讨论。按照《侵权责任法》的规定,死亡赔偿金,既有精神损害赔偿的性质,又有逸失利益赔偿的性质,至少是好几十万元,要都不纳入遗产由继承人分配,说不过去。考虑到《侵权责任法》在规定死亡赔偿金的同时删去了"被扶养人生活费",因此,如果继承人中有死者年迈的父母、未成年子女等被扶养人,应当在分配死亡赔偿金时适当考虑被扶养人生活费需要。至于社会保险性质的工伤保险如何处理,应当仔细讨论。《继承法》只能规定原则,具体如何处理要委托给司法解释。

不良资产转让合同的效力

问题 6:我国商业银行会将不良资产打包,转让给资产管理公司,但是这种转让目前没有统一的法律规定,主要靠政策性的条例在调整。这种不良资产转让合同的效力到底怎么样呢?

梁慧星:我们的银行在20世纪90年代后期,面临不良资产的问题,负担很沉重。我们要把这些银行推向市场,让它们去挂牌上市,如此多的不良资产,资产负债表上就不平衡,不可能符合上市的条件,即使上市大家也不会买你的股票。为了解决这个问题,就提出了这样一个办法,把银行的这些不良资产(不良债权)剥离出来,专门设立资产管理公司来受让这些债权。实际是资产管理公司受让之后,再把受让的不良资产打包转让出去。这是在特殊历史背景之下采取的特殊办法。所谓特殊办法,是说当时几大银行剥离不良资产,是采用行政手段来推动的。当时几大银行剥离不良资产,由专门设立的资产管理公司来接受不良资产,然后各管理公司再将这些不良资产打包转让给一些个人和企业,一些聪明的律师和个人趁这个机会发了大财。

刚才说是特定历史背景下的特殊政策,但也并不是单纯采用行政手段,其基本架构是民法债权转让制度。债权转让规定在《合同法》第五章的第79条、第80条、第81条、第82条、第83条。第79条规定,债权人可以把他的债权的全部或者部分转让给第三人,并且规定有三种债权不得转让。国家政策推动银行剥离不良资产,当然这些不良资产债权都属于允许转让的债权。债权转让制度的一个关键问题规定在《合同法》第80条,按照该条的规定,债权转让应当通知债务人,"未经通知,该转让对债务人不发生效力"。

我先讲一下这个条文,《合同法》公布以后对第80条的理解有分歧。有的人认为,以通知债务人为债权转让的生效条件,如果债权人转让债权没有通知债务人,该债权转让无效。我要告诉同学们,这样的理解是错误的。《合同法》第80条规定的"未经通知,该转让对债务人不发生效力",并不是说该债权转让不发生效力。债权转让是一种合同,合同的成立和生效,按照《合同法》关于合同成立和生效的规则,转让方与受让方通过要约、承诺达成意思表示一致,转让合同就成立,采用书面形式订立转让合同,则自双方签字或者盖章时合同成立,并自成立时生效。债权转让合同,适用合同成立生效的一般规则,自合同成立时生效。从法律政策考虑,债权转让一般不会损害债务人的利益,因此,《合同法》规定,债权人转让债权,不以债务人同意为要件,此与债务转移必须征得债权人同意不同。

债权转让,虽然不以债务人同意为条件,但是有另外一个问题:债权人转让了债权,但债务人不知道你把债权转让给别人了。当债权受让人去向债务人要求履行债务时,债务人该不该向受让人履行债务呢?或者在受让人向债务人要求履行之前,债务人已经向原债权人履行了债务,则债务人可不可以据此对抗受让人的履行请求呢?这就是《合同法》第80条所要解决的问题。

《合同法》第80条第一句规定,债权人转让债权,虽然无须征得债务人同意,但是债权转让后"应当通知债务人",因为你不通知债务人,债务人不明真相,不知道自己究竟应该向谁履行债务。此通知不是债权转让的生效条件,立法目的是使债务人了解债权已经转让的事实,了解自己应该向谁履行债务。第二句规定"未经通知,该转让对债务人不发生效力",其意思是,该债权转让合同仅对转让人和受让人有效,不能约束债务人。因为债务人不了解债权已经转让的事实真相,当受让人向其请求履行债务时,债务人有权拒绝其请求;如果因债务人不知债权已经转让的事实,而仍然向原债权人履行了债务,当受让人请求其履行债务时,则债务人有权不再履行。

反之,如果已经通知债务人,债务人已经知道债权转让的事实,当受让人向其请求履行债务时,债务人必须对受让人履行;如果在通知债务人之后,债务人仍然向原债权人(转让人)履行了债务,则在受让人向其请求履行债务时,债务人不得拒绝受让人的履行请求,即他必须再向受让人履行债务。因重复履行所受损失,只能由债务人自己去向原债权人索还。这就是《合同法》第80条第二句的意思,实际是方便债务人判断自己究竟应该对谁履行债务这样一个制度,并不是决定债权转让合同生效的制度。

现在回过头来说银行不良资产的剥离。例如,工行剥离出如此数额巨大的不良债权,转让给了与它有关的资产管理公司,实际是工行与资产管理公司之间订立债权转让合同,这个债权转让合同因双方达成意思表示并在转让协议书上签字或者盖章即成立生效。按照《合同法》第 80 条的规定,应当将债权转让的事实通知债务人,问题是工行剥离出来并转让给资产管理公司的不良资产债权,不仅债权金额巨大,而且债务人的人数众多,如果要求它严格按照《合同法》第 80 条的规定,分别、逐一去通知这些不良资产债权的债务人,很难做到,即使能够做到,时间也不允许,因为剥离不良资产是中央政府的特殊政策,有严格的时间要求。为此,国务院有关部门主持召开专家讨论会,就讨论如何通知债务人这个问题。《合同法》规定要通知,不通知对债务人不发生效力,如果不良资产债权转让之后债务人不认账怎么办呢?

我在会上介绍了《合同法》第 80 条所规定的"通知"的含义,及民法上"通知"有多种形式,建议采取"公告通知"的形式。还介绍《合同法》规定债权转让要通知债务人,不是债权转让的生效条件,只是方便债务人履行债务;并不要求转让人亲自书面通知,转让人可以通知,受让人也可以通知;即使没有通知,受让人拿着债权转让合同书去找债务人,债务人也必须履行;即使没有通知,债务人从其他途径知道了债权转让给受让人了,他也不能够拒绝受让人的履行请求。我们完全可以采取在报纸上刊登公告的通知方式。

银行剥离不良资产是我国经济领域的一次特殊行动,虽然没有针对不良资产剥离和转让制定专门的法律,但不等于没有法律规定。不良资产债权的剥离和转让,属于债权转让,而《合同法》关于债权转让有明文规定。应当肯定,当时几大银行不良资产债权的剥离和转让,是按照《合同法》债权转让制度来运作的。不良资产债权转让合同的成立与生效,应当适用《合同法》关于债权转让制度的规定和关于合同成立生效的规定。当时几大银行剥离不良资产债权,转让给资产管理公司,再打包转让给个人和企业,整个过程中也出了不少问题,这里就不必要再讨论了。

环境侵权问题

问题7:《民法通则》第124条规定了违反国家环境保护防治污染的规定,污染环境造成他人损害的应当承担民事责任。这一条提到了违反国家保护环境防治污染的规定这一点,而《环境保护法》(1989年)第41条规定,造成环境污染损害的,有责任排除危害并对直接受到损害的单位或者个人赔偿损失,这一条就并未提到像上一条那样违反相关的环保规定。而《侵权责任法草案》(二审稿)第68条也规定了排污符合规定标准但给他人造成损害的,排污者应当承担相应的赔偿责任,特别强调了合标排放造成他人损害也是要承担侵权责任的,而最终颁布的《侵权责任法》删掉了二审稿的第68条,仅仅在第65条规定了因污染环境造成损害,污染者应当承担侵权责任。有的学者就认为,这一改动有可能稀释不以行为违法性为责任构成要件规定创造的立法先进性,可能导致环境侵权责任无法通过环境责任保险制度进行加害人赔偿责任的社会化分担。我想问一下,您对这位学者的看法是否同意呢?并且想请教一下您对《侵权责任法》(二审稿)所作的修改有怎样的看法。

梁慧星:《侵权责任法草案》的每一次审议我都在场,《侵权责任法》第八章环境污染责任,当然是社会上最重大的问题,但在侵权责任法审议过程中讨论得很少。不仅是第八章位置靠后的原因,恐怕还有一个原因是,因为环境侵权的问题在《环境保护法》上已有规定,而且大家公认污染环境侵权责任是无过错责任,《侵权责任法》只是增加规定《环境保护法》上没有规定的几个特殊问题。

你看《侵权责任法》第八章环境污染责任只有4个条文,其中第一个条文是宣示性的条文:"因污染环境造成损害的,污染者应当承担侵权责任。"至于承担什么样的责任,怎样承担责任,按照《侵权责任法》第5条关于特别法优先适用原则的规定,首先应当适用现行《环境保护法》的规定,只在《环境保护法》没有规定情形,才适用《侵权责任法》的规定。这是宣示性的。后面的3个条文就是补充性的,《环境保护法》上没有规定的,这就是《侵权责任法》第66条规定由污染者承担举证责任;第67条规定两个以上污染者污染环境,污染者内部承担责任大小的确定;第68条规定第三人的过错造成污染环境情形,受害人既可以向污染者请求赔偿,也可以向第三人请求赔偿。这3个条文是补充《环境保护法》的规定。至于说二审稿中删掉的那个条文我也记不清了。

顺便指出,《侵权责任法》补充规定的最重要的一条是第66条关于因果关系的推定和免责、减责抗辩的举证。被告污染者主张免责或者减轻责任的抗辩,当然应由被告承担举证责任,就是本条不规定也是如此。第66条具有重大意义的是明文规定了因果关系推定制度。这一点非常重要。按照一般侵权案件判断因果关系的原则,本应该由受害人原告承担因果关系举证责任,原告应当证明被告人的行为与原告所受损害之间存在因果关系。但污染环境造成的损害,受害人很难举证证明被告污染环境的排污行为与自己所受损害(例如患哮喘病、支气管炎、肺气肿等)之间的因果关系。受害人难以承担这样的举证责任,污染环境责任案件如何判断因果关系,这个问题在《环境保护法》上没有解决,所以《侵权责任法》第66条特别规定因果关系的推定制度,也叫因果关系的举证责任倒置。请特别注意,《侵权责任法》关于因果关系的判断,只在第八章关于环境污染责任案件中规定了因果关系推定,所以第66条特别重要。至于被告主张不承担责任或者减轻责任,要由被告自己举证,这是理所当然的,规定不规定都是如此。

这个提问的同学谈到《民法通则》第124条与《环境保护法》第41条规定的区别。《民法通则》第124条规定"违反国家保护环境防止污染的规定"这句话,而《环境保护法》第41条没有这句话,只说"造成环境污染危害的,有责任排除危害,并对直接受到损害的单位或者个人赔偿损失"。因此学者解释说,按照《民法通则》第124条环境污染损害责任有"违法性"要件,而后来的《环境保护法》对此作了修正,《环境保护法》第41条关于环境污染损害责任不以被告排污行为具有违法性为责任构成要件。《环境保护法》这样规定是一种进步。我要说,这样的意见是正确的。但是请大家仔细研究一下,《侵权责任法》规定的侵权责任都不要求以加害行为的违法性为构成要件。是否正是因为《侵权责任法》和《环境保护法》都不要求排污行为具有违法性,因此删掉这个同学提到的那个条文,删掉的理由是没有必要规定。应当肯定,关于污染环境损害侵权责任的归责原则、构成要件,《侵权责任法》与《环境保护法》的规定是一致的。

这里顺便谈一下《侵权责任法》第 67 条。《侵权责任法》第 67 条规定:"两个以上污染者污染环境,污染者承担责任的大小,根据污染物的种类、排放量等因素确定。"对第 67 条不能孤立地进行解释,应当与《侵权责任法》关于多数人侵权责任的第 8 条、第 11 条、第 12 条的规定联系起来进行理解。两个以上污染企业污染环境,一般情形,两个污染企业不可能存在"意思联络",不可能构成第 8 条主观共同侵权,但可能符合第 11 条关于客观共同侵权的规定。两个污染企业分别排放污染物污染环境造成受害人受害,例如患哮喘病,如果各个污染企业排放的污染物都足以造成受害人患哮喘病,即符合第 11 条关于客观共同侵权责任的规定,这种情形,法庭应当适用第 11 条的规定,判决两个污染企业对受害人承担连带责任,而无须确定两个污染企业各自责任的大小。仅在一个污染企业(被告)对受害人承担全部赔偿责任之后,依据第 14 条的规定另案对另一个污染企业提起追偿诉讼案件,法庭只有在追偿权诉讼案判决中,才有必要按照第 67 条的规定确定两个污染企业的责任份额。如果不符合第 11 条关于客观共同侵权的要件,即两个污染企业各自排放的污染物都不足以导致受害人患哮喘病,而是两个污染企业各自排放的污染物在空气中或者水中混合以后导致受害人患哮喘病,则应当属于第 12 条规定的原因竞合侵权。按照第 12 条的规定,原因竞合的侵权案件,各污染企业应当承担按份责任,这种情形,法庭应按照第 67 条确定两个污染企业各自应对受害人承担的赔偿责任。

不当得利案件中的数人受偿

问题 8:我想请教一个关于不当得利返还的实务中的问题。原告公司错误地将一笔9万元转到了被告的银行账户上,但是被告在此之前,因为另一个民事诉讼,被法院判决赔偿另案原告50万元,然后他因为无力偿还这50万元,导致他的银行账户已经被法院冻结。现在问题是,这个原告起诉了被告之后,如果说本案原告胜诉了,那么在执行的时候,针对这账户上的9万元,是原告单独完全受偿,还是跟另案原告按照债权比例来分别受偿。

梁慧星: 前面说到原告因错误将9万元汇入被告账户,民法理论上叫"非债清偿"。我本不欠你的钱,是我搞错了,误将一笔钱汇入你的账户,这就是民法教科书上说的非债清偿,非债清偿当然构成不当得利。不当得利规定在《民法通则》第92条,按照《民法通则》第92条规定,不当得利人即被告,应当将没有合法根据取得的不当利益,即9万元,返还给受损失的人。原告就是受损失的人,他肯定要依据《民法通则》第92条向法院起诉,要求拿回这笔钱,这一点,我想法庭将判决被告返还这9万元,不会有什么问题。

但这个被告因为还欠别人的钱,他的账户已经被查封了,这就产生一个如何执行的问题。现在被告欠两个债权人的债,不当得利受损失人的债权9万元,另一个债权人的债权是50万元,被告账户已经被冻结,账户中的金额肯定不足以清偿全部债务。这个同学说账户中仅有9万多元,而这9万元是原告错误汇入的,问题是错误汇入9万元的原告依据不当得利制度被判决胜诉之后,是从被告账户取回这9万元呢,还是应当与享有50万元债权的原告,按照各自债权额的比例,分配被告账户中的这9万元?换言之,不当得利返还请求权,能不能获得优先保护?

回答这个问题,涉及不当得利制度的两个方面,一个是不当得利返还请求权的权利性质,另一个是金钱的特殊性。按照民法理论,金钱(货币)属于一种特殊动产,其特殊性在于,金钱的所有权与占有不能分离,这与一般动产的所有权与占有可能分离是不同的。张三的手机借给李四,发生手机的所有权与占有的分离,但张三的金钱借给李四,一旦这笔钱汇入李四账户,就属于李四,张三的权利变成了同数额的债权。因此,不当得利返还请求权性质上属于债权,这从不当得利制度规定在《民法通则》民事权利(第五章)第二节债权也可以看出来。民法上有一项原则,叫"债权平等"。如果一个债务人欠了两个债权人的债,不考虑两个债权成立的时间先后,两个债权人的地位是平等的。因此,如果被告账户上的钱和其他财产不能够全额清偿债务,法庭将按照债权平等原则,判决两个原告按照债权额的比例,从被告获得清偿。

农村土地所有权人的界定

问题9:在《民法通则》和《物权法》中都使用了农村集体经济组织这样一个概念,它拥有农村土地的所有权。我原来一直以为这个组织就是村民委员会,但是后来我发现它只是一个基层的自治组织,不具有农村集体经济组织的属性。所以我想问一下,在当前的背景下,在《物权法》上如何对这样一个权利主体进行界定。

梁慧星:在制定《物权法》的时候,就涉及农村土地的所有权主体是谁的问题。有许多研究财产法的教授,特别是研究农村土地问题的教授,主张一定要搞清楚究竟农村土地的所有者是谁,然后在法律上规定清楚。我认为,谁是我国农村土地的所有权人这个问题是搞不清楚的,因为现实就是如此。

我们制定《物权法》时所提出的指导思想,是以家庭联产承包责任制为基础,实现土地承包经营权的物权化。此前农户基于联产承包合同取得的土地使用权,性质上属于债权,通过《物权法》的规定转变成一种用益物权,当初建议的名称是农地使用权,后来决定仍然沿用原来的名称。虽然名称没有变,但权利性质变了,按照《物权法》的规定,土地承包经营权和宅基地使用权,均属于用益物权。当初建议土地承包经营权的期限是50年,50年期满自动延长。正式通过的《物权法》针对土地用途属于耕地、草地或者林地,分别规定不同的期限,并且规定期满继续承包。继续承包,也就是自动延长的意思。

农民对土地的权利,《物权法》规定为用益物权,具有对抗一切人包括其所有权人的效力,再加上期满自动延长,与所有权的差别就很小了。当时讨论的时候我就说,一代人30年,50年差不多一代半,延长一次就是100年,是三代、四代人,而且100年之后还可以自动延长,这样的权利与所有权有多大差别呢?土地的所有权人还有多大的意义呢?这种情形下,农村土地的所有权人是谁这个问题还有什么意义呢?我认为没有什么意义。

我的这个思路在当时是一个折中路线。另一个思路是彻底私有化,干脆承认土地为农民所有,法律上直接确认农民对土地的所有权。当然还有比较正统的思路,主张农村土地集体所有制不能动摇、不能削弱。我的这个思路是折中的,既不赞成土地私有化,也不是固守原来的集体所有制。我们通过法律设计,将农户对所承包土地的权利规定为用益物权,加上期满自动续期这样的机制,使农民对土地的这种权利,可以对抗土地的所有权人。实际是将农村土地的所有权人架空了、虚化了。谁是土地的所有权主体已经不重要了。

我们知道,英国的土地全部属于女王所有,但丝毫不影响特定土地的所有者占有和处分自己的土地,理论上叫双重所有权。现在我国农村土地制度,就有点类似这种双重所有权。我们农村集体土地的所有权人究竟是谁?现实中分为几种情况,多数地方改革开放初期以大队、村委会名义与农户订立联产承包合同,或者以小队、村民小组名义与农户订立联产承包合同,则这些地方的农村集体土地的所有权主体,就是村委会或者村民小组;有个别地方没有实行家庭联产承包制,农村土地仍然归乡镇统一经营管理,这样的农村土地的所有权主体就是乡镇集体经济组织。

现实中是多种情况、多种形式并存,立法不去改变现实,而是尊重这个现实。《物权法》立法基本上就是这样的,你看《物权法》上关于集体土地的所有权主体,同时规定了集体经济组织、村民委员会、村民小组三种。你说弄不清楚,因为现实本来就不清楚,而且经过若干年以后这些统统不重要了。现在讲农村土地流转,土地经过几次流转,集中到种田大户手里,其他农户的用益物权则变成股权或者债权。《物权法》上那个农村集体经济组织究竟是谁的问题,就将完全失去意义。我们的社会还在发展变化中,将来是不是这样那也很难说。

乌木所有权的归属

问题 10:村民在自己的承包地里发现了乌木,一种观点认为,乌木是自然孳息,它是用益物权,应该归村民所有,政府那边主张是隐藏物、埋藏物,应该归国家所有,现在对乌木的性质存在各种争议,想请问一下您的看法。

梁慧星:按照我们现在的法律,这个村民所发现的乌木既不是矿藏也不是埋藏物。为什么不是埋藏物?因为它不是人为埋下去的。为什么不是矿藏?因为我们的《矿产资源法》上没有它,它也当然不是文物。那是不是无主物呢?我们的法律上没有规定无主物制度,至于乌木是不是无主物,也存在争论。

我先说为什么我们四川出现乌木案,这是四川的地理环境决定的。在若干亿年以前,四川曾经是陆地,森林特别茂密,后来经过地壳运动,它一下子变成了海洋,这些树木也就下沉到海底了。树木埋到地下什么情况下变成煤,什么情况下变成乌木?如果是在地层当中会变成煤;如果是在水里则会变成乌木。后来,四川的地壳又发生了变化,沧海又变成了桑田,这些树木原来在水底变成了乌木,现在海水没有了乌木就埋在地层当中了。四川有几条大河,河水冲刷就把地层当中的乌木冲刷出来了,四川的几乎每条河流都发现过乌木。开始好多人不知道乌木有什么价值,后来才知道乌木是价值连城。

我们的同学看这些案件的时候,不要仅仅看媒体上的报道,如果你要研究、要讨论这个案件,就一定要看法院判决书,以判决书所认定的事实为准。该案的乌木究竟是在承包地发现的,还是在河床上发现的呢?这是决定案件判决的关键事实,由于当事人双方意见不一,法庭组织了实地勘察,最后确定发现地点是在河道。为什么在河道发现就归国家所有,这里适用了什么法律规则呢?前面谈到乌木既不是文物,也不是矿藏,更不是埋藏物,也不是无主物,法庭适用的是《物权法》第 116 条关于天然孳息的规则。我在接受商报记者采访的时候表述了我的意见,类推适用《物权法》第 116 条关于天然孳息归属的规则。

乌木并不是天然孳息,因为现行法上没有规定乌木的归属,考虑到它与天然孳息类似,因此适用关于天然孳息的规则解决该案乌木的归属。这个规则是,天然孳息由原物所有权人取得,既有所有权人又有用益物权人的,由用益物权人取得。因此,根据这一规则,如果乌木真的是在原告的承包地发现的,那就应该归承包人所有。按照现实来说,乌木不大可能在承包地被发现,当然也不能太绝对,因为社会生活很复杂。应当肯定,我们四川许多地方的地下可能有乌木,但是法律不允许农民在承包地的地层中挖乌木,因为承包地的用益物权有目的限制,限于地表种植农作物。如果是建设用地,建房挖地基的时候是有可能发现乌木的。因此,建设用地使用权人有可能在挖掘地基时发现乌木,承包地权利人耕种土地不太可能发现乌木。

该案再审的时候专门就乌木的发现地点、位置进行了勘察。如果真的是在承包地发现的,那就应当归这个承包地的用益物权人所有,等于这个承包人得了一笔意外之财。但这样的可能性较小,最大可能是在河床上发现的。因为《物权法》规定河流归国家所谓,河流是指河道、河床、河岸,而不是指河水。最终勘查确定是在河道发现的,因此按照《物权法》第 116 条天然孳息的归属规则,法庭判决乌木归国家所有。当然,国家应当给发现人相应的金钱奖励,这不用说。

最后再重复一下,同学们如果对媒体报道的案子有兴趣,不要仅仅依据媒体的报道,讨论任何案件都首先要弄清楚案件事实,一定要看法院对案件事实的认定。如果没有充分证据证明法庭认定事实错误的话,应当以法庭认定的案件事实为根据。

十一、民法理论与实务的若干问题[*]

公共利益与商业利益

问题1：在城市房屋拆迁和土地征收中，如何区分公共利益和商业利益。

梁慧星：房屋拆迁和土地征收，都归结到我们《物权法》上的土地征收制度、不动产征收制度，征收制度的原则在《物权法》上、在《宪法》上都作了规定，就是基于公共利益目的，按照法定程序和权限，给予公正补偿。《物权法》颁布以后，关于房屋拆迁，我们看到社会上反复博弈。在北京那些"钉子户"拿着《物权法》对抗地方政府、对抗开发商，经过若干年的博弈、斗争，最后政府废止了《城市房屋拆迁管理条例》，另外制定了《国有土地上房屋征收与补偿条例》，在解决城镇范围的房屋拆迁问题，已经大大的向前跨了一步。但是农村土地的征收问题，《物权法》的思想还没有得到实现。对农民的承包地、农村的土地，同样是基于公共利益目的才能够征收。所谓公共利益，一定是整个社会的利益，就像建设高速路、高铁、医院、学校等。社会一般人能够享受的利益，才是法律上所谓公共利益。地方政府把土地征收过来再出让给开发商建商品房、写字楼，不是公共利益，不叫公益用地，而叫商业用地。《物权法》所确定的思路是，公益用地适用征收方式，非公益用地、商业用地不能采用征收方式。

---

[*] 2014年4月28日于民法师资研讨班。

商业用地的取得,政府只是一个许可的问题。对农村土地来说,政府有权决定一片农地转化为建设用地,这是它的权力。然后它可以许可具有一定资格的开发商,在这个区域内购买已经转为建设用地的土地,取得建设用地使用权。政府的权限仅此而已。假设某一个开发商,得到了许可,例如,政府许可他取得500亩地的建设用地使用权,但这只是一个资格,要实际得到土地,他必须与土地所有权人(农村集体组织)和承包经营权人(农户),按照《合同法》进行订约谈判,订立土地使用权出让协议(合同),如果谈判达成出让协议,他就取得了土地,达不成协议就得不到土地。在这个谈判签约过程中,地方政府原则上不能干预。这就彻底纠正过去政府自己征地、政府设立拆迁办去拆房子这些违法行为。政府只管农地转为建设用地和许可开发商用地资格、用地规模。这就是《物权法》解决农地征收的思路。

在《物权法》制定中反复斟酌,这个思路符合《宪法》规定,符合广大农民的利益,符合国家的全局利益和长远利益。但是《物权法》这个思路的实现,遇到的最强大的障碍就是地方政府的土地财政。东部经济发达地区的地方政府已经不在乎了,它们有地方财政税收的支撑;但在经济尚不发达的中西部地区,如果当地没有什么旅游资源、没有大的工业企业,地方政府就主要靠卖地,即靠所谓土地财政。这确实是一个现实问题。所以说,《物权法》颁布以后,我有这样的想法,作为一个民法学者,已经尽了职责,《物权法》明文规定了公益用地才能征收,商业用地不能征收,这符合国家整体的利益、人民的利益,但和地方政府的局部利益有冲突。怎么办,要看人民的利益、国家长远利益与地方政府局部利益的博弈。就像城市拆迁那样,经过多少年的博弈,最终取得进步。在农村土地征收问题上会不会取得同样的进步呢?

那么什么叫公共利益?什么叫商业利益?在法律上,公共利益和商业利益有明确的界限。所谓公共利益,是指社会一般人,包括当地社区、人民群众,可以直接享受的利益。前面谈到,高铁、高速公路、学校、医院、公共设施等,属于公共利益。所谓商业利益,它的直接享有者是商人、企业,开发商建商品房、商场、写字楼,就属于商业利益。有些人说,商业开发以后,不仅企业交了税,政府也收入土地出让金,政府可以拿这些钱来改善地方环境,进行地方基础建设,甚至直接拿出一部分钱来救济贫困的老百姓,改善他们的生活,难道不是公共利益吗？不是。因为老百姓只是间接享受到利益,而直接享受利益的是企业。企业要尽义务,交税和支付出让金,是企业的法定义务和合同义务。地方政府用这些收入改善环境、改善人民的生活,使人民群众也间接地享受一些利益,但毕竟不是公共利益。这是一个很大的问题,是中国社会遇到的最大的问题,私权与公权的较量永远是一个大的主题,就在公权与私权的较量中,中国社会才能进步,法治才能一步步向前推进。这是对第一个问题的简单回答。

对物权的保护

问题 2：如何有效保护私权？

梁慧星：《侵权责任法》保护的客体包括民事权益,在司法实践中,对于民事权益的认定标准如何把握？根据《侵权责任法》第 2 条规定,该法保护的客体是民事权益,分为民事权利和民事利益。判断哪些属于民事权利,是不是民事权利,是以法律规定为判断标准。这比较明确。某个利益,现行法规定它是权利,它就是权利,现行法没有规定它是权利,它就不是权利。现行法没有规定它是权利,它就只能是民事利益,不构成权利的民事利益。不构成民事权利的民事利益,可以再分为人身利益和财产利益。甚至还有两种利益的交叉,兼有人身利益和财产利益的性质。我在讲课的时候讲到那个冒名顶替上学的案件,你说这个冒名顶替的人给齐玉苓造成的损失仅仅是财产利益吗？有没有人身利益的性质？应当认为,不仅仅是人身性质的利益,也有财产利益的性质,是交叉的、综合的利益。这是我们需要注意的。

判断是不是利益,要按照社会生活经验,如果能够增加他的财产收益,当然是财产利益；如果有益于他的人身,有益于他的身体、生命、健康,使他身心愉快,这就是人身利益。首先,按照社会生活经验判断是不是利益。其次,还要判断这个利益合法与否。判断一个利益合法与否,判断标准是现行的法律体系,包括法律的明文规定、法律的基本原则,以及法律的基本精神。民法的基本精神,可以作为判断利益合法与否的标准。我们通常说,在民事领域,法律不禁止即为合法,这就是民法基本精神。最后,经过判断认为这个利益是合法的,是不是就一定要用侵权法来保护?这一点非常重要。回答是"不一定"。因为社会生活的复杂性,如果凡是属于合法利益都要用侵权法保护的话,将导致《侵权责任法》适用范围的无限扩大,并且会导致法律体系、法律秩序的极大混乱。因此我们看到,好多利益虽然合法却没有得到侵权法的保护,从新闻媒体上可以看到,诸如保护所谓配偶权、生育权、"性福"权、亲吻权等请求,均被法庭驳回,都没有得到保护。并不是因为这些利益不合法,而是因为不宜用侵权法保护。

所谓亲吻权,是四川的一个案子,丈夫出了车祸,面部受伤,牙齿掉了,面部缝了好多针,妻子向法院起诉请求保护亲吻权,因为丈夫面部严重伤害,使自己作为一个女人,享受不了亲吻的利益。你说是不是一种利益呢?当然是利益,并且是合法利益,夫妻之间的亲吻完全是合法的,那为什么法院不保护它呢?因为原告的丈夫遭受人身伤害已经得到了赔偿,如果再判一笔所谓侵害亲吻权的损害赔偿金,就会导致重复赔偿。原告所谓的亲吻权也不是原告个人的事,依附于她的丈夫,而她的丈夫已经得到了赔偿,如果再判一笔亲吻权损害赔偿金的话,将来凡是夫妻一方遭受人身损害获得赔偿之后,另一方均可以亲吻权或者类似理由另案起诉要求赔偿,就不仅会导致重复诉讼、重复赔偿,而且将导致法律秩序的混乱。再如所谓侵害配偶权、"性福"权、生育权的案件,法院也没有保护。法院判决夫妻离婚之后,没有过错的一方另案起诉第三者,要求保护的所谓配偶权、"性福"权,是不是利益?当然也是一种利益,而且是合法利益。法院为什么不保护,理由是不宜用侵权法保护。我们的《婚姻法》已经给予保护,夫妻婚姻关系破裂,《婚姻法》规定可以离婚,在离婚财产分割上照顾无过错一方,还规定了过错损害赔偿金,已经足以保护无过错一方。而且导致婚姻关系破裂的原因很复杂,即使一方有第三者,第三者的原因占多大比重,离婚配偶与第三者是构成连带责任还是按份责任,各自应承担多大比例,这些问题如何解决?

但给予保护的也有不少。网络上的虚拟财产受侵害,已经有好多法院给予保护了,或者用侵权责任保护,或者用违约责任保护。四川有这样一个侵害悼念权的案件,父亲去世了,哥哥背着妹妹把父亲遗体烧了、掩埋了,没有告诉妹妹,嫁到外地的妹妹知道后向法院起诉,诉由是侵害了她的悼念权。父亲去世,难道我回去悼念一下父亲的权利都没有吗?这当然是一种合法的人身利益。兄妹关系无论如何不好,父亲去世你一定要通知她,你不通知她,就侵害了她悼念父亲这样一种合法利益,法院支持了原告的诉求,判决被告支付一笔精神损害赔偿金。还有其他的一些利益受保护的案件,例如怀孕以后去检查,医院检查失误导致生出残疾的孩子,法院也给予了保护。这样的案件侵害了母亲的什么权利呢?侵害了她选择生一个健康孩子的选择权,这样的选择法律上未规定为权利,因此属于一种人身利益,法院支持了这位母亲的请求。

判断是否适宜侵权法保护,没有一个明确具体的标准,而是由审判法庭,结合本案事实,根据社会生活经验,进行综合判断,判断用侵权法保护,是否对社会有利,会不会导致法律秩序的混乱,会不会导致重复赔偿,等等。最后归纳一下,法院对于民事利益的保护,第一步判断是不是利益,第二步判断是不是合法的利益,第三步判断是否适宜用侵权法保护。其中第三步判断适不适宜用侵权法保护,没有明确标准,是按照社会生活经验,针对个案进行综合判断。

请求权基础

问题3:法律关系的分析方法和请求权基础的方法,在裁判案件当中适用哪一个方法好?

梁慧星:我国民法理论和实务,传统上采用法律关系的分析方法,现在采用请求权基础的分析方法,是王泽鉴先生的著作在大陆传播的结果。王泽鉴先生提倡的请求权基础的分析方法,也是从德国学来的,这套方法非常符合诉讼实际。假定你是原告的代理人,你主张损害赔偿,在法律上可能有若干个法律条文都可以作为你的请求权的根据,你要预先进行评估,看选择哪一个条文作为本案请求权的根据最为有利。究竟哪一个请求权基础最有利呢?你要考虑。假如你选择某个条文作为请求权基础,对方可能从哪些方面进行抗辩,选择另一个条文,对方又会以什么理由主张抗辩?然后选择一个被告难以抗辩的条文作为本案的法律根据,亦即本案的请求权基础。这就是请求权基础与抗辩的分析方法。

这套方法也方便了法官。我们过去说法官裁判案件,在查清案件事实以后,要自己去寻找案件应当适用的法律条文。法学方法论把法官的这种工作叫"找法"。实际情形并非如此。特别是在有律师代理的案件当中,原告的起诉状中已经选择了一个法律条文,作为原告请求权的基础,法官已经没有必要自己去翻法律汇编、寻找本案应当适用的法律条文,这项工作已经由原告律师"代劳"了。法官的职责,只是判断原告起诉状中选择的法律条文是否适当,判断原告的请求权基础是否适当。法官怎么判断?主要是看被告是否主张抗辩,如果被告主张抗辩,则审查被告的抗辩理由是否成立。如果经审查认为被告的抗辩理由成立,法庭将认可其抗辩,并判决驳回原告的请求。如果经审查认为被告的抗辩理由不能成立,法庭将驳回其抗辩,并作出认可原告请求的判决。所以说,请求权基础与抗辩的分析方法,方便法庭裁判案件,相对于旧的分析方法,具有很大优点。但是,采用这套分析方法,首先要原被告双方都聘请了律师,并且是高水平的律师,其不仅掌握分析方法,而且对现行法非常熟悉。如果没有律师代理,老百姓不可能掌握、运用这套方法。所以说,要对两种分析方法作出评价,从实用方面来说,倾向于采用请求权基础与抗辩分析方法,对律师、对法官都更方便。

但是,绝不能说法律关系分析方法就没有用武之地了,并且应当说,请求权基础分析方法与传统的法律关系分析方法,是相互为用的,请求权基础分析方法的运用,还是离不开对法律关系的分析。例如,你选择了违约责任作为请求权基础,前提是原被告之间有合同关系。要检讨双方什么时候开始缔约谈判,合同关系什么时候成立、什么时候生效,合同条款如何约定,当事人怎么履行,是否构成违约及违约的形态,这些都离不开法律关系的分析方法。如果当事人选择了侵权责任,就要按照侵权责任关系的构成来分析,加害行为是什么,什么时候,什么时间,什么地点,什么人,造成什么样的伤害,符合不符合《侵权责任法》规定的构成要件。所以说这两种分析方法也不是截然排斥的。

请求权竞合

问题4:请求权竞合在侵权案件中,有哪些难题?

梁慧星:所谓请求权竞合,要说准确一点,是指违约责任请求权与侵权责任请求权的竞合,规定在《合同法》第122条。要再仔细分析的话,请求权竞合,不限于《合同法》第122条规定的违约责任请求权与侵权责任请求权的竞合。侵权责任可不可以与别的责任竞合?可不可以与不当得利的返还请求权、无因管理的补偿请求权、相邻关系的请求权、物权法上的物权请求权发生竞合?例如租赁合同关系结束,不续签了,但是承租人不搬家,这种情形,出租人有哪些请求权呢?根据租赁合同要求他搬家,根据《合同法》上的违约责任,租赁合同终止承租人不搬家(返还租赁物),违反合同约定,构成违约责任。可不可以根据对房屋的所有权呢?直接根据所有权的话,就是根据《物权法》第34条规定的占有恢复请求权,是违约责任请求权与物权请求权发生竞合。

可见,请求权竞合这个制度,在法律上明文规定的是侵权责任和违约责任的竞合,我们仔细分析将发现,还有别的请求权竞合。《合同法》上讲缔约过失,缔约过失责任请求权会不会与别的请求权,例如侵权责任请求权,发生竞合呢?这个问题,我们的学术界没有深入研究。研究这个问题不能光翻法律条文,还要进行深入的社会调查,调查法院案例。所以回到提问,请求权竞合有什么难题?我认为没有什么难题。如果有难题,就是选择什么样的请求权更有利这个难题,法律已经交给当事人自己去处理了。他选择了违约责任请求权,法庭就按照违约责任纠纷案件审理,构成违约责任就给予保护。他选择了侵权责任请求权,法庭就按照侵权责任纠纷案件裁判,符合侵权责任构成要件就给予保护。对法官来讲没有难题,难题是当事人如何选择,选择哪一个请求权对他有利。

在这一点上,不好抽象地说,要结合具体的案件来分析。例如,患者在治疗过程中受到的损害,可以选择侵权责任,这是不用说的。《侵权责任法》第七章规定医疗侵权损害赔偿责任,虽然规定的是过错责任,但是采取了过错客观化判断,对受害人来说是有利的。而选择侵权责任最大的有利之处,是医疗侵权导致患者死亡的情形,可以主张死亡赔偿金,导致患者残疾的情形,可以要求残疾赔偿金。死亡赔偿金、残疾赔偿金,既有精神损害赔偿的性质,也有逸失利益赔偿的含义,具有双重性质和双重作用。如果患者选择了违约责任,则违约责任不判精神损害赔偿。但是违约责任可以判可得利益,而侵权法不保护可得利益。在致人死亡的情形,侵权法上的逸失利益赔偿,类似于《合同法》上的可得利益赔偿。两种责任的选择不能抽象地讲,要结合具体案件。如果造成受害人死亡,选择侵权责任更有利,至少可以得到七八十万元的死亡损害赔偿金。例如温州动车事故受害人每人赔90多万元。有的造成严重残疾的人身伤害案件,判决残疾赔偿金100万元、200万元的都有。虽然是医患之间的关系,如果导致的损害轻微,选择侵权责任就没有必要,选择违约责任要求赔医药费、住院费,就很方便。对当事人来说,选择哪一个请求权对他有利,要根据案件的具体情况具体分析。

企业间的借贷

问题5:最高人民法院出台了一个司法解释,将允许企业之间进行资金拆借行为,请问在司法解释出台之前,现阶段企业之间的借贷行为,如何维护债权人的利益?

梁慧星:我们国家自改革开放以来,就存在非法拆借问题。国家实行金融管制,金融企业需要特别许可,银行专门放贷,银行之外的金融机构如典当行(当铺)经营动产担保的小额放贷业务。实际上,保险公司有没有这些职能呢？现实中对金融行业实行管制制度，不允许企业把自己的钱借给别人去生利。因此在这种体制之下就必然会出现非法借贷、非法拆借，即企业把自己的钱借给别的企业使用（当然要收取利息），合同期满如果借款企业还不起本金利息，就发生违约纠纷，起诉到法院，称为非法借贷、非法拆借纠纷。这种情况通常出现在经济不景气的时候。21世纪初期，发生过证券市场崩盘，导致好多非法拆借纠纷。2008年受国际金融危机的影响，又出现了很多非法拆借纠纷。当事人自己肯定不叫非法拆借，称为借款合同，或者委托理财合同，可能是不同名目，但实质相同，即企业将自己一定数额的资金交给另一企业使用，合同期满，另一企业归还本金并支付付息。

根据当时的金融管制制度，企业之间的借贷属于违法行为，当事人的诉由是追究违约责任，但法院依职权适用《合同法》第52条的规定，确认合同无效。在确认非法拆借合同无效的前提下，如何保护出借人（债权人）一方的利益呢？裁判实践是这样的：合同被认定为无效以后，出借人不可能获得合同约定的利息，但是借款本金还是要还给出借人，这不用说。利息怎么办呢？利息如果不付，岂不是使对方因为违法行为占了便宜。因此，法庭在认定合同约定的利息无效之后，再比照银行同期借款利息计算出的金额，作为出借方所受到的损失，判决借款方给予补偿。我了解法院裁判实践大概是这样做的。确认合同违法无效，判决借款方返还本金，再比照银行的同期利率支付利息作为损失补偿给出借方。在一些案件裁判中，法庭认为双方对于合同违法无效都有过错，还可能按照双方过错程度，判决双方分担损失。裁判实践中这样处理非法拆借合同纠纷案件的法律根据是《合同法》第52条和第58条。

这里要特别讲一下，《合同法》颁布以后，我们的法官、律师在适用时，将第52条和第58条分别作为两个独立的法律规范，甚至我们民法学者也没有注意到这一点。后来发现法院审理无效合同纠纷案件，有的依据《合同法》第52条判决合同无效就完了，不处理当事人已经支付的货款、交付的货物的返还问题，如果是非法拆借就判决合同无效，不处理本金归还和损失分担问题。当事人提出返还请求,有的法庭告诉当事人依据《合同法》第 58 条另案起诉。还有的法院,在审理案件当中认为合同无效,例如原告起诉追究被告的违约责任,法庭审理认为本案合同属于无效合同,就利用所谓释明权告知原告变更诉讼请求,变更为根据《合同法》第 58 条要求返还财产及损失分担。原告不得已变更诉由,改成依据《合同法》第 58 条要求返还财产之诉,于是法庭作出返还财产判决。这样的案件,如果上诉到二审,二审法院审查发现,原来的合同并不违法,属于合法有效的合同,本应依法判决被告承担违约责任,但是,这个时候二审法院遇到了难题:一审是责令返还财产的判决,二审认为原合同合法有效,没有办法改判为责令被告承担违约责任,向原告支付违约金或损害赔偿金。同志们会说,二审可以撤销原判发回重审。但新修改后的《民事诉讼法》规定,发回重审只能有一次,二审第一次裁定撤销原判决发回重审,如果一审法院重审仍然不改,第二次上诉,二审法院不能再发回重审,必须改判。这就是二审法院面临的难题,即一审判决返还财产,二审没法改判为承担违约责任,要改判为承担违约责任就构成法院违法。

这就引起我们反思,我们法律上的法律规范有多种形态,多数情形是 1 个条文构成一个规范,也有好多情形是 2 个条文、甚至 3 个条文构成一个规范。我们过去没有注意到这一点,误将《合同法》第 52 条和第 58 条分别当做两个独立的法律规范。正确看法应该是,《合同法》第 52 条加上第 58 条才构成一个完整的法律规范,第 52 条规定合同无效的要件(原因),第 58 条规定合同无效的法律效果。这涉及关于法律行为无效的基本原理。民法教科书上讲到无效法律行为的时候,通常这样讲:法律行为的无效,是指不发生当事人所希望的法律效果。但是后面还有一句话,虽然不发生当事人所希望的法律效果,但一定要发生法律规定的法律效果。合同无效的法律效果规定在《合同法》第 58 条,已经履行的,恢复原状,即返还已经交付的财产,不能返还的折价赔偿,有损失的,由过错方赔偿损失,双方都有过错的,按照过错比例分担。回过头来说,一些法院依据《合同法》第 52 条判决确认合同无效就不管了,而无效不是法律效果,是一个状态。因此,法庭在依据《合同法》第 52 条认定合同无效之后,应当依职权适用《合同法》第 58 条关于合同无效法律效果的规定。让当事人另案起诉,徒增讼累,要求当事人变更诉讼,则使法院遭遇难题,两种处理均违背法律的逻辑。

顺便谈谈,《合同法》第 51 条、第 58 条与《物权法》第 106 条之间的逻辑关系。《合同法》第 51 条规定,无处分权人处分他人财产的合同,权利人不予追认,处分人事后也未得到处分权的,合同无效。难道认定合同无效就完了?不是。法庭认定合同无效,如果买受人属于善意,并且想要得到这套房屋,他会根据《物权法》第 106 条主张善意取得。我们看《物权法》第 106 条的规定,没有处分权的人处分他人的财产,如果买受人是善意的,符合本条规定的条件,将发生善意取得。可见善意取得是法律强制性规定,只要符合善意取得的条件,就发生买受人善意取得的法律效果。如果买受人信任了产权登记簿或者产权证上的记载,相信出卖人是房屋所有权人,与之订立买卖合同,买受人支付了房款,得到了房屋,然后办理了产权过户,过户到买受人名下,就符合《物权法》第 106 条善意取得的条件。只要买受人主张善意取得,法庭根据《合同法》第 51 条认定合同无效之后,就必须依据《物权法》第 106 条进行审查,经审查符合善意取得的条件,法庭就应当判决买受人已经善意取得房屋所有权。如果这个买受人不主张善意取得,假设房价下跌得很厉害,买受人本来就不想要了,他当然可以不主张善意取得。《物权法》第 106 条实际是赋予善意买受人的一种权利,买受人完全可以主张此项权利,也可以不主张即放弃此项权利。如果房价下跌得很厉害,买受人正好要退房,他当然不主张善意取得,而买受人不主张善意取得,法庭不得依职权适用《物权法》第 106 条善意取得制度。如果买受人不主张善意取得,或者买受人虽然主张了善意取得,法院经过审查认为不符合《物权法》第 106 条规定的善意取得要件,这两种情形,法庭在根据《合同法》第 51 条认定合同无效之后,还要依职权适用《合同法》第 58 条,判决恢复原状,双方退房退款。可见,《合同法》第 51 条、第 58 条和《物权法》第 106 条之间有密切的逻辑关系。《物权法》

第 106 条的适用,必须是在买受人主张善意取得的情况下,法庭不能依职权适用《物权法》第 106 条。《合同法》第 58 条是法律强制性规定的效果,无须任何人主张,法庭应当依职权适用《合同法》第 58 条。

国 家 利 益

问题 6:《合同法》第 52 条中的"国家利益"在司法实践中如何定义,骗取贷款犯罪中的借款合同是否一定无效?

梁慧星:我觉得这个问题还是比较明确的,如果认定是诈骗犯罪的话,合同肯定是无效的,如果认定合同有效就肯定不构成犯罪。这在法律上有非常明确的界限,虽然不一定有明确的条文,这是刑法和民法的分工,是必然的。如果合同有效,你就不能对当事人追究诈骗罪;要追究诈骗罪,其前提是合同必定无效。

"国家利益"在实践中怎么掌握?"国家利益"和"社会公共利益",都是比较抽象的概念,不好一般说,应结合具体案例来看。什么叫"国家利益"? 首先是法律规定的国家利益,现行法律体系就是国家利益,国家经济政策也是国家利益。当然还有经济管制措施,在还没有废止之前也是国家利益,现在讨论的国家垄断,例如,盐业专营就是国家利益。现在讨论要改变盐业专营,在改变之前,谁没有得到许可经营食盐就叫违反国家利益,有可能构成犯罪。

这里顺便讲到刑法上的诈骗罪与民法上的欺诈行为的区别。民法上叫做"欺诈"(行为),刑法上叫"诈骗"(犯罪),这两个概念、两个制度,一个是民法上的,一个是刑法上的,两者之间的界限不够清晰,因为学术界研究不够。民法学者讲欺诈行为的时候,没有花工夫去讲它和刑法上的诈骗罪的区别;同样刑法学者讲诈骗犯罪的时候,也没有花工夫去讲它和民法上的欺诈行为的区别。这就导致现实生活中两者的混淆。前面说道,遇到经济不景气的时候,好多合同不能履行,有的当事人就去公安机关报案,说对方诈骗,要公安机关把对方抓起来。现实生活中,当事人以诈骗罪向公安机关检举报案的,甚至由检察机关提起刑事诉讼的,仔细分析,其中有一部分是有效合同未能按期履行(违约),

有一部分属于欺诈行为订立的合同,这两类案件都与刑法上的诈骗罪无关。

有效合同不能履行构成违约,可以根据《合同法》追究对方的违约责任,为什么要到公安机关报案说对方诈骗呢?这是当事人的私心,想利用国家公权把对方抓起来,如果对方归还了欠款就把案子撤了。实质是滥用国家公权力以实现自己在合同上的利益。经济不景气的时候这样的案件特别多。2008年下半年好多地方都发生这种情况,明明是有效合同,因经济环境恶化导致违约,当事人到公安机关报案,有的以诈骗罪抓了人。例如按揭购房、购车,因为经济形势恶化不能够按期还贷款,发生所谓"断供",本来就是合同违约,按照按揭贷款合同的约定,银行可以"收房""收车",但是银行考虑把房子、车子收来不好处理,所以想借助国家公权力以诈骗罪把对方抓起来,迫使对方还贷。这实际是有效合同的违约责任问题。

另外一部分是民法上的欺诈行为。最高人民法院的司法解释文件,对什么叫欺诈行为作了解释,当事人隐瞒了某种真实的事实,或者捏造了某种虚假的事实,使对方陷于错误判断而与其订立合同,构成欺诈行为。因此,从欺诈行为的定义看,如果是欺诈行为,当事人订立的合同是真的。当事人捏造某些事实或者隐瞒某些真实情况,目的是要与受欺诈一方订立合同,然后通过履行合同,以获得额外的利益。这种利益当然有不正当性,但毕竟要为此付出代价,即履行合同约定的义务才能实现他的利益,而与刑法上的诈骗犯罪不同。刑法上的诈骗罪,是无偿侵夺别人的财产。所谓合同诈骗,虽然也订立合同,但合同是假的、是犯罪手段,目的是诈骗预付款、定金,拿到对方的预付款、定金或者货物就玩失踪,你就找不着他了。他的目的是骗取别人的财物(预付款、定金、货物),不是要履行合同,这是刑法上的诈骗犯罪。诈骗犯罪肯定要隐瞒某种真相、虚构某种假象,与欺诈行为有类似之处,因此易于混淆。有的刑法老师甚至认为,凡是有虚假就是诈骗。

我参加过公安机关的讨论会,刑法教授和民法教授在一起讨论几个案子。其中一个案件是,开发商超出规划建房,经批准的规划中底层不是商铺,开发商擅自把底层建成 10 多套商铺,并且预售了,开发商的想法是去城市规划机关请求变更规划,但是后来规划部门坚持原来的规划,不同意变更。这个时候恰好发生房价下跌,大家回忆 2008 年下半年深圳房价下跌很厉害,这些商铺的购买人就到公安机关去报案,说开发商诈骗。就是这样一个简单的案件,开发商隐瞒了违反规划这个重要事实,捏造了虚假的事实(告诉买房人说已经得到许可),符合民法上欺诈行为的要件。按照《合同法》第 54 条的规定,买房人可以撤销购房合同,要求退回房款。应当肯定,本案与诈骗罪毫无关系。但仍然有刑法教授认定构成诈骗罪,认为只要捏造虚假事实,就是诈骗罪。会上陈兴良教授与我的意见是一致的,他表态说,本案不是刑法上的问题,绝对不构成诈骗犯罪。讲到这里,我建议老师们在课堂上讲课,在自己的研究中,讲到民法欺诈行为的时候,不仅要讲欺诈行为的构成要件和法律效果,还应当把它和刑法上的诈骗罪进行对比,讲解民法上的欺诈行为与刑法上的诈骗犯罪的区别,使我们法学院的学生将来当律师、当法官时不至于混淆。

第三人执行异议

问题 7:某个老师在昨天讲课的时候提到,说最高人民法院邀请您,还有王利明老师,参加过一个案例研讨会。研讨的案例是,在执行程序中第三人提出执行异议,异议的依据是另一个法院的返还原物判决,执行法院说,返还原物判决属于给付请求权,不能对抗物权,因此裁定其异议不成立。后来该第三人又找法院作了个确权判决,并根据确权判决主张自己对房屋的所有权,再次到执行法院提出异议。于是就发生这样的问题,标的物(房屋)现在登记的所有权人(被执行人)与持有法院确权判决书的异议人,对同一个标的物,有两个所有权人。对此,我觉得有些疑义,这个确权判决究竟是怎么出来的?如果这个确权判决有法律依据的话,这个案子是不是就没有疑难可言?

梁慧星:最高人民法院多年不召开专家讨论会了,最高人民法院 20 世纪八九十年代经常召开专家讨论会,到了新世纪之后很少开或者基本上不开了。这是最近开的一次重要的研讨会。我把案情概括一下：2004年9月21日，一中院判决债务人B公司偿还债权人A公司一笔欠款，判决生效后，A公司向一中院申请执行。执行中，一中院于同年11月5日查封了债务人B公司名下一处房产（及土地使用权），拍卖公告期间，案外人C公司提出异议，对该房产主张权利，根据是同年11月25日二中院的判决：判令B公司将同一房产返还给C公司。执行法院（一中院）认为，二中院判决确认的是C公司对B公司的返还财产请求权，不能作为确认物权归属的依据，于是裁定驳回案外人C公司的执行异议。此后，案外人C公司向执行法院（一中院）提起异议之诉，一中院于2011年6月17日作出判决，确认登记在B公司名下的该房屋所有权归属于C公司。

主要讨论的问题：(1)执行法院一中院以二中院的判决仅确认C公司对B公司的返还财产请求权，不能作为确认标的物权属的依据为由，裁定驳回案外人C公司的执行异议，理由是否适当、充分？(2)一中院在裁定驳回C公司执行异议之后，却又受理C公司的案外人异议之诉，并作出确权判决，确认执行标的（B名下的该房产）的所有权属于案外人C公司，在程序和实体上是否适当？

这里先谈什么权利可以抗拒法院的强制执行。讨论什么权利可以抗拒法院的强制执行，首先要弄清楚法院强制执行的对象是什么？法院强制执行的是债务人的物权，包括所有权和用益物权。如果在执行的时候第三人提出异议，主张这个财产不是被执行人的，是自己的财产，提出异议要求取回该属于自己的财产，什么情况下第三人的异议可以成立呢？第三人如果证明了财产所有权属于自己，被查封、扣押的财产虽在被执行人占有之下，但被执行人不享有所有权，第三人基于所有权，有权要求取回自己的财产。《物权法》第34条规定所有权人的返还请求权，自己是所有权人，有权从无权占有人处取回自己的财产，属于物权请求权。此物权性返还请求权，根据是所有权，当然可以对抗法院的强制执行。

讨论案例中，二中院的判决，确认第三人C公司对该套房屋有返还请求权,属于债权性权利,判决所依据的是《合同法》第58条。《合同法》第58条规定合同无效、撤销之后,已经履行的一方享有返还请求权,《合同法》第97条还规定合同解除后的返还请求权,还有《民法通则》第92条规定的不当得利返还请求权。这些返还请求权,都属于债权性权利,属于相对权,只在当事人之间有效,不具有对抗第三人的效力,当然不能对抗法院的强制执行。民法教科书关于权利的分类,以权利的效力强弱为标准,分为相对权与绝对权,债权(包括一切债权请求权)属于相对权,只在当事人之间有效,且效力较弱,权利标的物一旦被查封、扣押,成为法院强制执行对象,就毫无办法。而《物权法》第34条规定的权利,虽然也叫返还财产请求权,但属于物权请求权,教科书说,物权效力强大,具有排他性(对抗效力)和追及效力,具有对抗第三人的效力,当然可以对抗法院强制执行。

这里存在一个问题,如果两个权利性质相同,都属于债权性返还请求权,则法院应当如何保护呢?民法教科书上有所谓债权平等原则,即两个或数个债权(包括债权性请求权),不分成立的时间先后,法律(法院)给予平等保护,特别表现在破产程序和清产还债程序中。在破产程序和清产还债程序之外,两个或者多个债权性返还请求权虽然是平等的(不考虑成立的先后),但权利人申请强制执行、进入强制执行程序的债权请求权,因获得国家公权力的支持,具有了强制执行力,足以对抗其他债权性返还请求权。讨论的案例中,执行申请人A公司的权利和执行异议人C公司的权利,均属于债权性权利,但执行申请人A公司的权利因进入强制执行程序,标的物已经被执行法院查封扣押,因此足以排斥、对抗异议申请人C公司的债权性返还请求权。这就是执行法院(一中院)第一次裁定驳回该案外人C公司的执行异议的理论根据。

对于第一个问题,执行法院(一中院)以二中院的判决仅确认案外人C公司对B公司的返还财产请求权,不能作为确认标的物权属的依据为由,裁定驳回案外人C公司的执行异议,理由是否适当、充分?参加会议的民法学者,包括尹田教授、王利明教授,以及教程序法的几位老师，一致认为一中院裁定驳回案外人 C 公司的执行异议是完全正确的。理由是，债权性的返还请求权不能对抗法院的强制执行。

这里顺便谈到有关的一个问题是，买受人根据有效的买卖合同支付了房款，因出卖人交房，已经占有了房屋，只是没有办理产权过户，这样的买受人的权利可否对抗法院的强制执行？答案是肯定的，买受人的权利可以对抗法院的强制执行。根据是 2004 年最高人民法院《关于人民法院民事执行中查封、扣押、冻结财产的规定》第 17 条第二句："第三人已经支付全部价款并实际占有，但未办理过户登记手续的，如果第三人对此没有过错，人民法院不得查封、扣押、冻结。"如果债务人（被执行人）已经出卖房屋，买受人支付了房款，并且取得对房屋的占有，只是没有办理产权过户，如果买受人没有过错的话，该买受人对房屋的占有，可以对抗人民法院的强制执行。这是最高人民法院创立的一项司法解释规则。应当肯定，此项司法解释规则在《物权法》颁布之后仍然有效。

现实社会生活中，一定会出现买受人根据有效合同占有了房屋，却没有办理产权过户登记的权利状态。这是《物权法》采取登记生效主义立法模式的必然结果。根据社会生活经验，房屋买卖，一定是移转占有在前，办理产权过户登记在后。现实生活中，没有办理产权过户登记的情形不少，有的已经占有、居住了十多年，因各种原因办不了产权过户登记。这样的买受人对于所购买房屋的权利状态，按照《物权法》第 14 条关于登记生效主义的规定，他还没有得到房屋所有权。房屋所有权没有发生移转，还在出卖人名下。但是，一定要注意，所有权在出卖人名下，这只是不动产登记簿上的记载，出卖人只是名义上的所有权人，不是真正的所有权人。他已经不享有包括占有、使用、收益、处分在内的任何权利，并且负有办理产权过户登记将该房屋所有权移转与买受人的义务。按照社会生活经验，买受人花钱买了那套房屋，并且已经占有该房屋，他才是真正的房屋所有权人，仅仅因为还没有到登记机构办理过户登记，因此还没有获得所有权人的名义。

按照《物权法》的规定，这样的买受人对该房屋的权利状态叫"占有",属于合法有权占有。有的立法例把占有规定为一种物权,叫占有权(如日本)。现行《物权法》与多数立法例一致,占有不是权利,是一种事实支配状态。占有是《物权法》上的制度,受《物权法》的保护,教科书上叫占有保护请求权。占有,属于《物权法》规定的一种物权性财产利益,受《物权法》占有保护请求权的保护。占有作为一种物权性财产利益,还受《侵权责任法》保护,侵害他人占有构成侵权责任。占有作为一种物权性财产利益,还受《刑法》保护,侵害他人占有构成侵犯财产犯罪。此外,根据《合同法》第 110 条规定,已经占有房屋的买受人,有权向法院起诉,请求法院强制出卖人办理产权过户登记。可见,买房人对房屋的合法有权占有,受包括《物权法》《侵权责任法》《刑法》《合同法》在内的现行法律体系的保护,因此可以对抗法院的强制执行。前面说到法院强制执行的标的,是被执行人(债务人)自己的权利,出卖人对于已经出卖并交付(移转占有)的房子,已经毫无权利可言,因此,买受人对该房屋的合法有权占有,足以对抗法院的强制执行。这就是前述 2004 年最高人民法院《关于人民法院民事执行中查封、扣押、冻结财产的规定》第 17 条第二句司法解释规则的法理依据。

这里补充一下,登记公示原则的适用范围(对象)是什么?登记公示原则的适用范围(对象),是打算购买房屋的第三人。第三人这个概念在民法上频繁使用,程序法上也频繁使用,但是我们很少具体加以鉴别。刚才讨论的案件中,提起执行异议的案外人 C 公司,属于被执行人 A 公司的债权人,当然也可以称为第三人。但不属于登记公示原则所要保护的第三人,即打算要购买这个房屋的第三人。这样的当事人,打算购买这个房屋,需要查阅不动产登记簿,据以判断出卖人是否真正的所有权人,这样的第三人才是登记公示原则所适用的对象。第三人查阅了登记簿,相信了登记簿的记载,并从登记簿记载的所有人手中购买了该房屋,就属于善意第三人。这样的善意第三人,也就是《物权法》第 106 条所谓善意买受人。这样的第三人就是物权公示原则的适用范围、适用对象。对被执行标的物享有债权请求权的 C 公司,属于执行异议申请人,他不属于登记公示原则适用的对象。

买卖合同双方当事人，不在登记公示原则的适用范围。合同当事人必须严格执行合同。《法国民法典》有一个条文规定，契约（合同）是当事人双方自己制定的法律（第 1134 条）。当事人订立合同，就是为自己制定的法律，必须严格执行合同约定。英美法有一项原则，即合同必须严守。我国《合同法》第 60 条第 1 款规定："当事人应当按照约定全面履行自己的义务。"以上都是同一法律原则的不同表述。出卖人与买受人均应严格遵守和履行合同约定。出卖人应当交付房屋并移转所有权与买受人，买受人应当支付房款与出卖人。你交了房、移转了占有，还没有办理产权过户，买受人有权向法院起诉，要求法院判决强制出卖人办理产权过户。如果出卖人的债权人向法院申请执行出卖人的财产，所强制执行的是出卖人的权利，而出卖人收取了全部房款，把房子交付给买受人占有、使用、收益，他已经没有任何权利可言，只有办理产权过户的义务。因此法院不能强制执行买受人合法有权占有的房屋。

现在回过头来讨论第二个问题，先看《民事诉讼法》的规定。

《民事诉讼法》第 227 条规定："执行过程中，案外人对执行标的提出书面异议的，人民法院应当自收到书面异议之日起十五日内审查，理由成立的，裁定中止对该标的的执行；理由不成立的，裁定驳回。案外人、当事人对裁定不服，认为原判决、裁定错误的，依照审判监督程序办理；与原判决、裁定无关的，可以自裁定送达之日起十五日内向人民法院提起诉讼。"按照这一规定，一中院裁定驳回案外人 C 公司的执行异议之后，如果 C 公司对裁定不服，应当依照审判监督程序办理。而审判监督程序，规定在《民事诉讼法》第 199 条，该条规定："当事人对已经发生法律效力的判决、裁定，认为有错误的，可以向上一级人民法院申请再审；当事人一方人数众多或者当事人双方为公民的案件，也可以向原审人民法院申请再审。当事人申请再审的，不停止判决、裁定的执行。"

按照《民事诉讼法》第 127 条、第 199 条的规定，案外人 C 公司对执行法院一中院驳回执行异议的裁定不服，只能依审判监督程序，向上一级法院申请再审，而不能向作出裁定的原审法院提起所谓异议之诉。换言之，案外人 C 公司不服裁定的救济程序是申请再审，且受理再审申请的法院只能是上级法院。由此可见,一中院受理案外人 C 公司异议之诉,于法无据。

法律明文规定的救济程序是申请再审,即由再审法院重新审理案外人 C 公司的执行异议。如果再审法院经审理认为,案外人 C 公司的执行异议理由能够成立,例如,查明 C 公司对执行财产享有所有权或者物权性返还请求权,则应当裁定终止对该项财产的强制执行(当然要解除对该项财产的查封)。这种情形,案外人 C 公司有权取回该项财产,或者向法院提起返还财产之诉。如果再审法院经审理认为,案外人 C 公司的执行异议理由不能成立,则应当作出驳回异议的裁定。按照本案事实,案外人 C 公司提出执行异议的根据是,其对于该项财产的债权性返还请求权,可以预见,如果向一中院的上级法院申请再审,再审法院仍然会作出驳回其执行异议的裁定。我们有理由认为,案外人 C 公司不依法向上级法院申请再审,而是向原裁定法院一中院提起所谓异议之诉,属于有意规避程序法的行为。

退一步言之,假设《民事诉讼法》规定,案外人的执行异议被裁定驳回之后,对裁定不服的案外人还可以向原裁定法院提起所谓异议之诉,则原裁定法院只能审查案外人的执行异议是否合法正当,最终作出肯定(支持)其异议或者否定(驳回)其异议的判决。无论如何,不能设想原裁定法院居然作出确认财产归属的确权判决。讨论的案件事实的确如此,作出驳回案外人 C 公司执行异议裁定的一中院,居然受理案外人 C 公司就此驳回裁定提起的所谓异议之诉,并且作出确认被执行财产的所有权归属于案外人 C 公司的确权判决。显而易见,一中院此项所谓确权判决,不仅属于滥用程序法,而且滥用了实体法。

法院作出确权判决的根据,是《物权法》第 33 条确认权利请求权,该条规定:"因物权的归属、内容发生争议的,利害关系人可以请求确认权利。"假设案外人 C 公司认为执行中的该项财产属于自己的所有权,当然可以依据《物权法》第 33 条向法院提起请求确认权利之诉。但是,本案事实是,案外人 C 公司对于该项财产的权利,依据已经生效的二中院判决,属于债权性返还请求权。即使案外人 C 公司真的依据

《物权法》第33条向法院提起确认权利之诉,基于二中院生效判决的既判力,审理法院无论如何不可能支持其请求,只能判决驳回其请求。

因此,一中院违反程序法受理此所谓异议之诉,违反实体法作出此所谓确权判决,令人震惊。

问题8:这样的案件我遇到过,法院也没有作出确权判决,它是鼓励当事人进行调解,异议人作为买受人,被执行人作为出卖人,双方经过调解之后法院承认了这个结果,在这个基础上买受人也就是异议人有所有权。这样做的一个后果是,把执行案件申请人最终申诉的渠道堵死了。如果作出判决,还可以通过上诉途径解决,一旦是调解的结果,连高级人民法院都没有权力进行再审了。请问这种情况该如何对待呢?还有一个问题,往往在执行之前申请人已经申请了诉讼保全,法院认为这套房子是被告的所以才采取保全措施,如果在这个过程中同一法院或者另一法院作出了确权判决的话,法院自己有没有责任?

梁慧星:这位老师提到一个问题,现在法院常用调解代替判决所导致的后果。我完全同意你的意见,法院通过调解结束案件就会使当事人一方失去救济的机会。不仅如此,前一段时间,我们夸大了调解的作用,以致迷信调解、滥用调解,这种现象非常严重。调解作为解决纠纷的一种手段,其适用前提必须是双方当事人真正自愿。而有些案件的性质不适宜调解。应当通过最高人民法院司法解释,或者通过立法,明确规定哪些案型不适用调解,哪些案件必须调解。例如离婚案件必须调解,抚养纠纷案件必须调解,继承案件必须调解,还有一些案件是适于调解的,应该由法律规定或者由最高人民法院作出解释,将调解作为这些案件的前置程序。这应当是专门讨论的一项重要课题。

这里特别要谈到《民事诉讼法》新创的调解协议司法确认制度(第194条、第195条)。按照此确认制度,达成调解协议的双方当事人,可以共同向调解组织所在地基层法院申请对调解协议进行司法确认。法院受理申请后,经审查认为符合法律规定的,裁定确认调解协议有效。经法院裁定确认的调解协议,具有强制执行效力。此项制度的问题在于,剥夺了调解协议当事人反悔的可能性和请求法院解决争议的诉权。

我认为民诉法创设此项制度,至少是太轻率了,未经深入研究,违背了调解制度的本质,在我国当前国情之下,很难避免被滥用,很难保证当事人之间的公正。调解这种解决纠纷的手段,有其固有的缺点,尤其在我国现阶段,其结果往往是老实人吃亏,诚实守信的人吃亏,社会生活中的弱者吃亏。我认为,调解这种解决纠纷的手段是应该存在的,但绝对不能夸大调解的作用,不能忽视调解可能掩盖违法和不公正的缺点,要纠正一段时间以来迷信调解、滥用调解,甚至以调解代替裁判的错误倾向。如果调解真的如此之好,真的什么纠纷都可以调解,法院和法官也就失去了存在的价值,我们只要搞调解委员会就行了。调解协议司法确认制度能不能缓行?至少应当是慎行。

物权行为理论

问题 9: 这两天困扰我的一个问题是,孙宪忠老师一直主张负担行为和处分行为的区分,也就是主张物权行为理论,而昨天下午讲课的王轶老师说,根本就没有必要区分。我很想听听您对这个问题的看法。另外,我举一个简单的例子,想请您帮我分析一下。甲和乙买卖一幅名画,他们订立了买卖合同。到了合同该履行的时候,出卖人甲就是不履行,这时买受人乙就说:"你再不把画交给我,我就要放火烧你的房子。"于是甲在乙的威胁之下就把画交给了乙。但他不甘心,就向法院起诉,诉称我是受到威胁才把画交付给乙的。针对这种情况,法院对这个交付行为应该怎么认定?要不要对它作效力判断?如果作效力判断的话,这个交付行为的法律性质到底是什么?麻烦您给我解答一下这个疑惑,一直以来我不知道怎么给学生解释这个问题,到底所谓的物权行为是不是存在?

梁慧星: 按照买卖合同,出卖人应当履行向买受人交付该幅画,并移转该画的所有权的义务。交付标的物、移转标的物所有权,称为履行(给付)行为。按照民法原理,履行(给付)行为,属于法律事实中的事实行为。所谓事实行为,是指基于某种事实而发生法律特别规定的效力之行为。除交货、付款等给付行为外,还有(无主物)先占、抛弃(所有物)、加工(他人之物)、拾得遗失物、发现埋藏物、无因管理、建造房屋、造船、造飞机、创作艺术品等,均属于事实行为。事实行为,不仅是事实,还有行为人的意思在内,因此区别于自然事实,如(人的)出生、死亡、下落不明、精神失常、继承开始、自然灾害发生、战争爆发等。自然事实与人的意思无关。

事实行为,由某种事实(发生或者状态)和行为人的某种意思两个要素构成。例如,由移转标的物占有的事实,加上出卖人履行合同约定义务的意思,构成交付行为;由占有无主物的事实,加上为自己取得所有权的意思,构成先占;由丢弃所有物的事实,加上放弃所有权的意思,构成抛弃;由管理他人事务的事实,加上为他人管理的意思,构成无因管理。构成事实行为要素的行为人意思,无须公开表示出来,因此事实行为,不同于法律行为及准法律行为。法律行为是以意思表示为要素的行为。意思表示是一个很复杂的制度,在讲课的时候要讲清楚不太容易。准法律行为,是指各种通知,如解除权行使通知、不可抗力通知、瑕疵通知、债权让与通知、承诺迟到通知,都与法律行为类似。准法律行为与法律行为的区别在于,准法律行为中的意思,不采取意思表示的形式,其法律效果直接依法律规定发生。准法律行为,在发生法律特别规定的法律效果这一点上,与事实行为相同。二者的区别在于,准法律行为的意思,必须公开表示,而事实行为的意思,无须公开表示。

如上所述,事实行为由某种事实与行为人某种意思构成。此构成事实行为的意思,虽不要求公开表示、不采取意思表示的形式,毕竟是人的意思。既然是人的意思,就一定有是否真实意思(真意)的问题。而唯有真实意思(真意),才能发生法律效果,不仅法律行为是如此,准法律行为是如此,事实行为也是如此。在现行法未就事实行为的生效设置具体规则的情况下,可以类推适用法律行为生效的规则。《民法通则》第55条规定法律行为生效的三项要件:(1)行为人具有相应的民事行为能力;(2)意思表示真实;(3)不违反法律或者社会公共利益。因事实行为的法律效果是由法律特别规定,因此不要求行为人必须有行为能力,故第(1)项"行为人具有相应的民事行为能力"要件,对事实行为不适用。第(2)项要件、第(3)项要件,均应适用于事实行为。第(2)项"意思表示真实",对事实行为而言,即是"意思真实"。至此,根据《民法通则》第55条,类推得出事实行为的生效要件:(1)行为人的意思必须真实;(2)不违反法律和社会公共利益。

现在回到该案,出卖人交付该名画的行为,不仅指移转该幅画的占有与买受人这一事实,还须有出卖人按照合同约定履行义务的意思。即由移转该画占有的事实,和出卖人履行合同义务的意思,两个要素构成交付(给付)行为。出卖人的这个意思,必须是真实意思(真意)。我把这幅画交给你,我是自愿履行合同约定义务,这才构成交付,也才发生这幅画的所有权移转的法律效果。你把我抓起来,用刀逼着我把画交给你,我是为了保命,不是自愿履行合同约定义务,不是真实的意思。这位老师讲的案子中,出卖人反悔不愿意履行合同约定义务,买受人有权依据《合同法》第110条的规定请求法院强制出卖人履行给付义务,或者依据《合同法》第107条的规定追究出卖人的违约责任,而不能采取威胁手段,迫使出卖人交画。据介绍的案情,买受人采用了威胁手段,他说:"你不把画交给我,我就要放火烧你的房子。"出卖人受到胁迫,不得已把那幅画交给买受人,不具有自愿履行合同义务的真实意思。不符合事实行为的生效要件。因此,我们可以说,出卖人把那幅画交给买受人的行为,不具有交付行为的效力。当然,要认定对方用了威胁手段这个事实,要靠证据,而不能单凭出卖人自己说。

这位老师讲到,有的老师主张把买卖合同与交付行为区分开来,将交付行为视为独立于买卖合同之外的物权行为,买卖合同仅使当事人负担交货、付款的债权债务,物权行为才发生物权变动的效果。这是德国民法的物权行为理论。按照这一理论,像买卖一幅画这样的交易,被设计为三个法律行为:双方订立的买卖合同是债权行为,使双方负担交付标的物和付款的债权债务;双方还须就这幅画的所有权移转订立一个物权合同,据以发生该画所有权变动;双方还须就那笔价款(货币)所有权的移转也订立一个物权合同,据以发生该价款所有权变动。在买卖合同之外,存在两个物权合同,称为物权行为的独立性,且物权行为的效力，不受买卖合同无效的影响，称为物权行为的无因性。这套理论的全称叫物权行为独立性和无因性理论。要在民法课堂上讲清楚，让学生理解，颇不容易。

物权行为独立性和无因性理论，是萨维尼发明的，为《德国民法典》所采用，据说有好多优点。但是，世界上仅《德国民法典》和我国台湾地区"民法"采用此项理论。德国民法学者起主导作用的《欧洲民法典草案》及《欧洲合同法通则》均不采用此项理论。学者王泽鉴先生有一篇研究物权行为独立性和无因性理论的长篇论文，详细介绍了物权行为理论的来龙去脉、理论依据、优点、现状和问题，然后进行批驳。特别要注意，王泽鉴先生是德国慕尼黑大学的博士，导师是德国民法权威拉伦茨教授。王泽鉴先生把德国民法的很多制度、理论、学说、判例和方法，介绍到我国台湾地区，最后传播到大陆，但他唯独不赞成物权行为独立性和无因性理论，认为这套理论违背社会生活经验，不宜照搬。王泽鉴先生否定物权行为独立性和无因性理论的主张，对中国大陆民事立法产生了重大影响。

这里顺便讲到，王泽鉴先生的民法思想对我国民法立法、理论影响最大的，是两篇论文：一篇题为《债之关系的结构分析》的长篇论文，研究合同债务的扩张，我国《合同法》第42条、第43条规定缔约过失责任，即先契约义务；《合同法》第60条第2款规定附随义务，第92条规定后契约义务，可以说完全接受了王泽鉴先生在该文中所表述的思想和观点。另一篇是关于物权行为独立性和无因性的长篇论文。

话说回来，物权行为独立性和无因性理论难道一点道理都没有？德国人搞了100多年，难道这个理论就没有一点优点？我们一些有名的教授极力主张，肯定也有他的道理。但法律生活中的道理，没有绝对真理可言，往往是公说公有理，婆说婆有理。解决社会生活中的同一问题，往往有不同的方案，各个方案有各自的优点，也可能有各自的缺点。不同国家、不同民族、不同时代的立法，采纳不同的立法理论和立法方案，是由各自的国情、民族性、法律传统和历史条件等因素决定的。

现行《物权法》关于物权变动，采纳债权合同加登记（交付）的立法模式,不采纳德国的物权行为独立性和无因性理论模式,是在什么时候决定的呢?不是在《物权法》制定的时候,而是在《合同法》制定的时候。先说买卖合同定义,如果采纳德国模式,应该这样规定:买卖合同是一方交货、对方付款的债权债务的协议,而绝对不能涉及标的物所有权移转问题。请看现行《合同法》第130条的规定:"买卖合同是出卖人转移标的物的所有权于买受人,买受人支付价款的合同。"依此定义,买卖合同直接发生物权变动(所有权移转)。这是我国民法不采纳德国物权行为理论的关键性标志。再看《合同法》第135条的规定,出卖人应当履行"向买受人交付标的物"、"并转移标的物所有权的义务"。再看《合同法》第133条的规定,"标的物的所有权自交付时起转移,但法律另有规定或者当事人另有约定除外"。所谓"法律另有规定",是指房屋所有权必须办理所有权过户登记;所谓"当事人另有约定",是指所有权保留约款。最后看《合同法》第132条的规定,出卖人应当有所有权或者处分权。上述条文,都是严格按照债权合同加登记(交付)的物权变动立法模式设计和制定的。

按照债权合同加登记(交付)的物权变动立法模式,《合同法》第51条规定,无权处分他人财产合同,如权利人不追认、处分人事后也没有取得处分权的,"该合同无效"。有的人总想解释为"合同有效、处分行为无效",但无法绕过法律条文的文义。《合同法》设计人、起草人,为准确体现立法意旨,避免发生解释歧义,经仔细斟酌后明确规定:如经权利人追认,则"该合同有效";如权利人不予追认,则"该合同无效"。不给所谓"买卖合同有效、仅处分行为无效"的主张留下任何解释余地。为什么《合同法》不采纳德国物权行为理论模式?归根到底,是因为当时设计立法方案的六位教授、两位法官,受王泽鉴先生那篇研究物权行为独立性和无因性理论的长篇论文的影响,都不赞成德国物权行为理论模式。

1998年1月第八届全国人大常委会副委员长王汉斌委托九位学者专家成立民法起草工作小组,负责起草《物权法草案》和《民法草案》。同年3月,民法起草工作小组召开第一次会议,讨论我预先起草的《物权法立法方案》。该立法方案，关于物权变动，建议不采德国物权行为模式，而采取债权合同加登记（交付）的立法模式。讨论中没有任何人对此表示不赞成。会议最后决定，委托我按照该立法方案起草《物权法草案》。我主持的物权法立法研究课题组原有八位成员，全都不赞成德国物权行为理论立法模式。《物权法立法方案》是在课题组八位成员充分讨论的基础上由我执笔完成的。后孙宪忠教授从德国留学归来，我邀请他加入课题组、共同起草《物权法草案》。孙宪忠教授考虑到他的思想和课题组不一致，当时表示不参加，约半个月后，他改变了初衷，主动向我表示愿意加入课题组，参加物权法起草工作，并且明确表示严格按照民法起草工作小组同意的立法方案起草，不坚持自己关于物权行为的主张。于是，我委托他起草物权法总则部分条文。应当肯定，孙宪忠教授遵守了自己的承诺。他总共起草了60多个条文。经课题组集体讨论，由我修改定稿，正式提交立法机关的《物权法草案》总则部分是49个条文。立法机关最终通过的物权法总则部分是38个条文。大约有30个条文是直接采用孙宪忠教授的条文草案或者以孙宪忠教授起草的条文草案为基础的。不用说，无论是提交立法机关的《物权法草案》，还是经立法机关最终通过的《物权法》，均严格贯彻了立法方案所确定的物权变动模式，未给所谓物权行为留下任何解释余地。

《物权法》通过之后，孙宪忠教授与课题组其他同志一样，为自己能够参加《物权法》立法、为《物权法》中有自己的一份贡献而感到自豪。但孙宪忠教授同时也为《物权法》没有采纳德国物权行为立法模式感到遗憾，并曾在宣讲《物权法》的课堂上据此批评《物权法》。说到底，立法总面临不同方案的选择，只能少数服从多数，没有别的办法。不同的立法方案，往往各有其理由，没有绝对的正确与错误之分。我国没有采纳德国物权行为理论，应当说有某种历史偶然性，刚好《合同法立法方案》的设计人、《物权法立法方案》的设计人及民法起草工作小组成员，都不赞成物权行为独立性和无因性理论，都认为此项理论、立法模式不适合中国国情。假设《合同法立法方案》及其设计人，甚至民法起草工作小组全体成员,都曾留学德国,都对德国民法顶礼膜拜,都将物权行为理论奉为圭臬,中国的《合同法》和《物权法》就会是另外的模样。

在我们的民法老师当中,有些老师习惯于以外国法律作为评价标准,我们的法律与外国法律相同就是好的,与外国法律不同就是错的。留学德国的就说德国的好,留学法国的就说法国的好。留学某一个国家,懂某一国家的语言,经常看某个国家的资料,往往受这个国家的影响和局限,这不奇怪。但要保持头脑清醒,坚持独立学术立场和民族立场。世界上有各种各样的法律制度、立法方案、理论学说,不应该简单化地以自己熟悉的那个国家的法律作为评判标准。任何法律制度、立法模式、理论学说都有其所以存在的特定社会环境和历史条件,不存在放之四海而皆准的绝对真理。改革开放以来的民事立法,坚持从中国国情出发,广泛参考借鉴发达国家和地区成功的立法经验和理论学说,并以符合我国国情和需要为唯一选择标准,绝不是简单照抄某一个国家的。因此我们要自觉挣脱各种局限。我真诚地希望老师们充分尊重我们自己的法律。首先要尊重我们自己的法律,然后才能够向学生讲授我们自己的法律。这是我们每一个民法老师的职责。我特别不赞成在课堂上任意批评现行法,即便我们对某个条文有不同意见,也要严格按照法律条文讲解。你的批评意见应当写进学术研究论文当中去,或者直接向立法机关提立法建议。

乘人之危与显失公平

问题 10:传统民法上的暴利行为,它的构成要件是两个:一是乘对方的轻率、急迫和无经验而为财产上给付或为财产上给付之约定。二是显失公平,即按照当时的情形显失公平。我们的《民法通则》,包括《合同法》,把这两个要件,分成两个部分了。第一个是乘人之危的行为,第二个是显失公平的行为。这样一来,就把一个法条区分成了两个,这样做是不是有一定的道理?立法的时候是怎么考虑的?另外,这样的区分会不会产生一些弊端,比如显失公平这个条款会不会被滥用?

因为显失公平可能过于抽象,法院在适用中会不会滥用这个条款?

梁慧星:这位老师讲到暴利行为,什么叫暴利行为呢?在传统民法上,暴利行为的构成要件是:(1)须给付与对待给付之间显失均衡。学说上称为客观要件。(2)须一方利用了对方处于急迫、没有经验或者轻率等不利情势。学说上称为主观要件。《民法通则》制定时,可能是参考了当时《匈牙利民法典》和《南斯拉夫债法》的立法经验,将传统民法上的暴利行为一分为二,一称乘人之危,一称显失公平。《合同法》制定时沿用了《民法通则》的规定。所谓乘人之危,是指一方当事人乘对方处于危难之机,为牟取不正当利益,迫使对方作出不真实的意思表示的法律行为。乘人之危的法律效果为无效。所谓显失公平,并不要求有主观要件,凡合同双方给付显失均衡,致一方遭受重大损害的,均可构成显失公平。显失公平的法律效果是受损害一方有权请求法院予以变更或撤销。

《民法通则》第 59 条规定,显失公平的行为可以变更或者撤销。《合同法》第 54 条增加了时间限制,"订立合同时显失公平"的,当事人一方可以请求变更或者撤销。排除了合同订立之后在履行过程中发生显失公平的情形。因为有另一条文规定情势变更规则,即订立合同的时候是公平的,合同订立以后在合同履行完毕之前因社会环境、经济条件发生异常变动,导致合同原来的约定显失公平。但情势变更原则,在《合同法》通过的时候被删掉了。《合同法》实施 10 年之后,最高人民法院在《合同法司法解释(二)》中,创设了情事变更规则。我觉得最高人民法院通过司法解释创设情事变更原则是正确的。

我国现行法上的乘人之危与显失公平两个制度,共同本质在于双方当事人的权利义务显失均衡,二者的差别仅在于,所谓乘人之危,强调一方利用对方处于危急等不利情势,即主观方面,而显失公平不强调主观方面,着重于双方权利义务的失衡。且在法律效果上,乘人之危的法律效果属于无效,显失公平的法律效果属于可撤销。从理论上说,这样的区别规定,并非没有道理。但在裁判实务上,往往乘人之危的适用条件过严,而显失公平的适用条件过宽。如乘人之危案件的受害人不主张合同无效,法院和仲裁庭不可能认定其无效,且受害人不依关于乘人之危的规定主张合同无效,转而依关于显失公平的规定主张撤销合同,也可能达到法律保护受害人利益、维护市场交易公正性之目的。这位提问的老师说,显失公平含义过宽,担心实践中被滥用。应当肯定,这种危险是存在的。我们看到,最高人民法院在解释《民法通则》规定的"显失公平"概念时,仍然添加了"一方当事人利用优势或者利用对方没有经验"这样的主观要件,目的显然是要避免滥用。《民法通则》将传统民法暴利行为区分为乘人之危和显失公平两个制度,《合同法》沿用了这样的制度设计,通过近30年的实践,我们可以发现,法院按显失公平处理的案件相对较多,而按乘人之危处理的案件很少。而且,法院在认定是否构成显失公平时,也不可能完全不考虑主观方面。似已表明这样的立法设计不是很成功。将来制定民法典时,似有必要考虑将乘人之危与显失公平两个制度合二为一。

刑法犯罪客体与民事权利客体

问题11:我向您请教两个问题。第一个问题是刑法犯罪客体和民事权利客体的区别,因为刑法中讲到犯罪的对象和犯罪的客体,您刚才说要打破民法和刑法的界限,这个问题好像在民法中不太好区分。第二个问题就是刑事附带民事诉讼中,如果侵犯人身权的话,往往只赔偿直接的财产损失。例如某大学发生的一个案件,一个大学生杀害了两个卖淫女,受害人的家属要求赔700多万元,最后只赔了8万元左右。从民法的角度不太好认识。侵犯人身权,有一系列的赔偿费用,为什么在刑事附带民事诉讼中却只赔偿直接经济损失。

梁慧星:民法上说民事权利客体,是很抽象的概念。客体、对象、标的等概念,都是同样的意思,即某种权利存在于什么东西之上。债权是对人权,是请求债务人为某种行为的权利,债务人的行为,就是债权的客体、债权的标的。物权是支配物(有体物)的权利,因此物(有体物)就是物权的客体。知识产权的客体,就是知识财产(专利技术、商标、作品)。人身权的客体,就是自然人的生命、身体、姓名、肖像等人身利益。这样具体地说好说,抽象地说不好说。民法上,所谓权利客体,也可以称为权利对象、权利标的。民事权利赖以存在的客观事物,叫权利标的,也叫权利客体、权利对象,没有什么差别。刑法讲犯罪的客体,即犯罪行为所侵害的客观事物。盗窃犯罪的客体,是公私财物。杀人犯罪的客体,不用说就是自然人的生命,伤害罪的客体就是自然人的身体。危害公共安全罪的客体,就是社会安全秩序。刑法上各种犯罪的客体,也就是刑法的保护对象。民法也讲侵权法保护的客体(对象),也就是侵权行为所侵害的客体(对象)。侵权法保护的客体,规定在《侵权责任法》第2条第2款,是包括物权、人身权、知识产权等所谓绝对权。债权属于相对权,不是《侵权责任法》保护的客体。债权属于债权法保护的客体。《物权法》第2条第2款用了物权"客体"概念,但别的法律并没有使用这样的概念。

  这位老师问的第二个问题,刑事附带民事诉讼不赔偿精神损害,只赔直接经济损失,因为最高人民法院刑庭有个解释文件这样规定的。在发达国家和地区,例如,在日本或者我国台湾地区,法院审理致人死亡的侵权案件,要判两个赔偿项目,一是逸失利益赔偿,二是精神损害赔偿(慰谢金、抚慰金)。逸失利益赔偿,按照法律规定的或者法院规定的计算方法(标准)计算得出赔偿金额;精神损害赔偿(慰谢金、抚慰金),没有计算方法(标准),由法官结合具体案情自由裁量确定金额。而我国《侵权责任法》规定的死亡赔偿金、残疾赔偿金,虽然定性为精神损害赔偿,同时却又采用了发达国家和地区计算逸失利益赔偿的方法,实际上是把精神损害赔偿和逸失利益赔偿合并在一个赔偿项目中了。因此,我国法律上的死亡赔偿金和残疾赔偿金,并不仅仅是精神损害赔偿,而是兼有精神损害赔偿和逸失利益赔偿的两种性质。如果仅仅是精神损害赔偿,怎么可能赔六七十万元,甚至更多呢?据媒体报道,温州动车事故受害人每人赔90多万元。在我国台湾地区,致人死亡侵权案件,是两个赔偿项目,一是逸失利益赔偿,按照死者生前的收入标准、死亡时的年龄、可能的生存年龄等因素计算。得出死者如果仍然活着可能获得的全部收入,扣除必要生活费用和应缴税金之后,作为死亡所失去的利益赔偿给死者遗属,这是一笔金额很大的赔偿金;另外再判一笔抚慰金,用来抚慰死者遗属(父母、配偶、子女),通常是几万元、十几万元新台币,大约相当于人民币几千元至两三万元。

我们的《侵权责任法》及其裁判实践,把人家的精神损害赔偿和逸失利益赔偿合二为一,叫死亡赔偿金和残疾赔偿金。我们的一个制度(赔偿项目)相当于别人的两个制度(赔偿项目),这是历史原因造成的。1986 年的《民法通则》只对侵害姓名、肖像、名誉规定了精神损害赔偿(第 120 条),而对侵害自然人的生命、身体、健康的侵权行为,却没有规定精神损害赔偿。1993 年的《消费者权益保护法》对侵害消费者人身权的行为,规定了死亡赔偿金和残疾赔偿金。但此死亡赔偿金、残疾赔偿金究竟属于什么性质,究竟是经济损失赔偿,还是精神损害赔偿,并不清楚。直到 2001 年,最高人民法院发布关于精神损害赔偿的司法解释文件,其中第 9 条,将残疾赔偿金、死亡赔偿金定性为精神损害赔偿。值得注意的是,2003 年最高人民法院关于人身损害赔偿的司法解释文件,又为死亡赔偿金和残疾赔偿金规定了计算方法(标准)。而 2003 年最高人民法院人身损害赔偿的司法解释文件,为死亡赔偿金和残疾赔偿金规定的计算方法,正是发达国家和地区的法院计算逸失利益赔偿的计算方法。2003 年的人身损害赔偿司法解释公布后,就有人提出疑问,死亡赔偿金还是精神损害赔偿吗?因为从理论上说,自然人的人格、身体、健康、精神都是无价的、不可计量的,因此精神损害赔偿没有计算方法(标准)。

其实这两个司法解释文件,是由最高人民法院民一庭同时起草,并由同一个专家讨论会讨论,预定经审委会通过后同时发布。因某种原因,审委会决定先发布精神损害赔偿司法解释文件,致两个文件发布时间拉开了距离。应当肯定,两个司法解释并不冲突,是将精神损害赔偿和逸失利益赔偿合并在一个赔偿项目中了。特别要注意,2009 年制定《侵权责任法》,肯定了最高人民法院上述司法解释意见,该法第 16 条规定死亡赔偿金和残疾赔偿金,同时删去"被扶养人生活费"。第十一届全国人大法律委员会审议侵权责任法草案的会上,当时的法工委副主任王胜明建议删除"被扶养人生活费",因为我国的死亡赔偿金、残疾赔偿金,兼有逸失利益赔偿和精神损害赔偿两种性质,绝不仅是精神损害赔偿,赔偿金数额通常是六七十万元甚至更多,应当用于抚养他的未成年子女,赡养其年迈的父母。法律委员会采纳了王胜明的建议,从第 16 条删去"被扶养人生活费"。

现在回过头来谈刑事附带民事诉讼为什么不判精神损害赔偿。20 世纪 80 年代末 90 年代初,民法学者研究侵权损害赔偿制度的时候,都是参考日本、德国和我国台湾地区的经验。在他们的法律和裁判实践中,致人残疾、死亡的民事诉讼,判决两项赔偿,一是精神损害赔偿(慰谢金、抚慰金),金额很小,用于安慰残疾受害人、死者遗属;另一赔偿项目是逸失利益赔偿,赔偿金按照受害人的收入标准、年龄、可能生存年限等因素计算,通常数额巨大。但在刑事附带民事诉讼中,只判逸失利益赔偿,不判精神损害赔偿(慰谢金、抚慰金),理由是对加害人科处刑事惩罚,足以达到安慰受害人或者其遗属的目的。民法学者将发达国家和地区的裁判经验介绍进来,认为刑事附带民事诉讼可以不判精神损害赔偿。最高人民法院刑庭解释刑事附带民事可以不判精神损害赔偿,是参考民法学者的意见,民法学者又是参考发达国家和地区的经验。问题的关键是,2003 年的人身损害赔偿司法解释公布之后,我国裁判实践中,致人死亡、残疾的侵权案件,死亡赔偿金、残疾赔偿金,兼有精神损害赔偿和逸失利益赔偿的功能,不能简单地视为精神损害赔偿,实际是合并了人家的两项制度,相当于人家两个赔偿项目。在这种法律背景、制度前提之下,我们的刑事附带民事诉讼,就不能再拘泥于日本或者我国台湾地区的裁判经验,应当执行《侵权责任法》和最高人民法院关于人身损害赔偿的司法解释,判赔死亡赔偿金、残疾赔偿金,而不能只判医药费、护理费、丧葬费、住院费等所谓直接经济损失。说到底,是法律背景变了,裁判实践要跟进,理论也要修正。问题是,在最高人民法院 2003 年的人身损害赔偿司法解释公布,特别是 2009 年《侵权责任法》实施之后,最高人民法院没有及时修正关于刑事附带民事诉讼的司法解释意见,造成立法与实践的脱节。

这里顺便讲到,刑事附带民事诉讼制度是一个过时的、落后的制度。按照刑法理论,刑法的目的是保护国家利益和社会公益,并没有把保护受害人作为刑法的目的,至少是没有作为主要目的。导致民事诉讼保护民事权益,刑事诉讼保护国家利益和社会公益。在这种严格区分民事和刑事的体制之下,既然刑事审判庭已经查明犯罪事实,据以判处刑事制裁,附带解决民事损害赔偿问题,对受害人而言可以减少金钱开支和时间,对法院而言可以减少诉讼成本。考虑到受害人已经得到最重要的逸失利益赔偿,那几千元钱的抚慰金、慰谢金就没有必要了,因为对犯罪人的刑事制裁(剥夺人身自由、甚至生命)足以安慰受害人及其遗属。应当肯定,刑事附带民事也有其合理性。但是,现在法律发展的趋势是废除刑事附带民事这种诉讼形式,而把刑事案件受害人的赔偿问题,直接纳入刑事实体法和刑事程序法。对受害人的保护、救济,被作为刑法和刑事诉讼法的目的。刑法和刑事诉讼法的功能,不仅仅是惩罚犯罪,同时要保护受害人,且受害人的赔偿应置于优先地位。

法院审理刑事案件,在案情查清后,由法庭发布刑事赔偿支付令,先解决受害人的赔偿问题。法庭在对被告判处刑事制裁(量刑)时,要考虑刑事赔偿支付令的执行情况。如果被告或其家属积极执行刑事赔偿支付令,法庭将相应减轻对被告的刑事惩罚。解决受害人的赔偿问题,被纳入刑事实体法和程序法,同一刑事审判庭,同一刑事诉讼程序,既解决受害人的保护、救济问题,也解决惩罚犯罪问题,这是现在法律发展的趋势。刑事附带民事这种诉讼形式,就不必要了、被淘汰了。近年来一些地方法院裁判刑事案件,考虑被告对受害人赔偿的程度适当从轻量刑,引起各方面的讨论,不知道是否会导致我们的刑法指导思想和刑事立法目的的修正?借回答这位老师提问的机会,顺便介绍一下这方面的发展情况。

监护人擅自处分被监护人财产行为的效力

问题 12:监护人擅自处分被监护人的财产和所订立的合同的效力是怎么样的?

梁慧星：监护人擅自处分被监护人的财产这类问题,在立法时并没有考虑得那么细。监护人的权利,虽然叫监护权,并不是真正的权利,或者说监护权的主要内容不是权利。但也不能将监护权视为纯粹的义务或者职责,一点权利的性质都没有。记得我读研究生时与导师谢怀栻先生讨论到监护权的性质,谢先生说,如果监护权纯粹是义务、不是权利,监护人凭什么向法院起诉从被告(人贩子)手中讨回自己监护的孩子？应当认为,监护权是一种特殊的权利。民法教科书在解释监护制度的时候,强调监护人不得通过行使监护权获取个人利益。如果监护人通过监护行为获取个人利益,就构成权利滥用,即滥用监护权,这样的行为是法律所不允许的。法律不允许监护人滥用监护权,通过处分被监护人的财产来为自己谋取利益。因此,监护人为自己的利益处分被监护人的财产的合同,应当依据《合同法》第52条认定为无效。

但存在的问题是,我们的法律没有规定谁来监督监护人,谁向法院起诉请求认定这样的合同无效。因为被监护人是未成年人或者精神病人,他自己不能提起诉讼,应当由他的法定代理人提起诉讼,而他的法定代理人正是他的监护人。他的监护人会向法院起诉请求确认自己处分被监护人财产的合同无效吗？我们的法律没有规定这种情形由谁提起诉讼,由谁来保护被监护人的利益。要解决这个问题,需要创设监督监护人行使监护权的制度。有权对监护人进行监督的人,叫做监护监督人。应当通过修改《继承法》,或者制定民法典,规定监护监督人制度。监护监督人,可以由监护人之外的亲属担任,如果没有这样的亲属,就由地方政府社保机构担任监护监督人。实际是由地方政府社保机构指派自己的公务员,对监护人进行监督。一旦发现监护人滥用监护权,处分被监护人财产以谋取个人利益,监护监督人就应该及时予以制止。监护监督人应当向法院起诉,要求法院确认监护人处分被监护人财产的合同无效,并且建议法院剥夺监护人的监护权,另行指定别的亲属担任监护人。如果没有别的亲属,则由社保机构担任监护人。

现行《继承法》是1985年制定的,当时还是计划经济体制、单一公有制,个人和家庭没有什么财产。所以《继承法》的规定非常简单。当时的想法,父母是未成年子女的监护人,父母还会通过行使监护权侵害自己孩子的利益吗?再说那个时代孩子也不可能有什么财产。当时刚刚开始实行改革开放,整个社会都很贫穷。不可能预见到我们的社会一下子富裕起来了,一些未成年人有自己的财产,甚至房产、股权,等等。还有精神病人,精神病人的家庭财产属于夫妻共有,精神病人的配偶既是其监护人,又是家庭财产的共有人,集监护人的监护权和共有人的处分权于一身。当时没有想到精神病人的配偶通过行使监护权侵害精神病人的利益的情况。如果出现这样的情况,由谁向法院起诉、确认其配偶订立的合同无效?甚至精神病人的配偶起诉离婚,应当由谁来担任精神病人的诉讼代理人?解决这些问题,均有待于修改《继承法》或者制定民法典,创设监护监督人制度。

更重要的是,当时没有预见到我们的社会老龄化进程如此之快。实行独生子女政策加速了老龄化进程。早上我们随便进北京哪个公园,放眼看去几乎全是老年人,一片"银色浪潮"。按照自然规律,人都会变老,老了就会糊涂甚至痴呆。这个问题过去没有想到,因此《民法通则》只对精神病人设置了监护人。为精神病人设置监护人,是民法古老的制度,称为禁治产制度。有的学者建议不仅对精神病人,对痴呆人也设置监护人。但仍然不能包括精神智力逐渐衰弱中的老年人。这样的老年人是大多数,他们既不是精神病人,也不是痴呆人,但难以照管自己的财产,难以处理自己是否住院治疗、是否接受手术及选择治疗方案、手术方案这些问题。我主持的民法典草案建议稿,参考发达国家和地区的经验,废止精神病人监护制度,创设成年照顾制度。适用于因精神、智力、身体障碍而不能处理自己事务的成年人。被照顾人实施重要的法律行为,须经照顾人同意或者由照顾人代理。老年人在智力、精神还健全的时候,就可以签署一份协议,指定他最信任的人担任其照顾人,待自己意思能力衰退、不能处理自己事务时,由该照顾人处理其财产和生活事务。照顾人,不仅照顾他的财产,还要照顾他的人身,例如是否进行疗养,是否住院治疗,采取保守治疗好,还是动手术好,以及选择手术方案。我们社会上不是有所谓"被精神病"吗?怎么无缘无故被强制送进精神病院去了呢？我们的社会现实要求创设成年照顾制度。照顾人滥用权利怎么办呢？也要设置照顾监督人，由别的亲戚朋友担任，或者由社保机构担任。将来我们的社保机构就有一批这样的公务员，他们行使监护监督人、照顾监督人的职责，甚至直接担任监护人，担任照顾人。

回到这位老师的问题，监护人侵害被监护人权益时，应当由监护监督人保护被监护人利益，起诉要求确认监护人处分被监护人财产的合同无效。照顾人侵害被照顾人的权益，应当由照顾监督人保护被照顾人的利益，起诉要求法院确认照顾人处分被照顾人财产的合同无效。现在还没有这样的制度，怎么办？例如，精神病人涉及诉讼的时候，有的地方法院为其指定一个代理人。但如果是监护人滥用监护权侵害被监护人财产，应当由社保机构起诉，或者为其指定诉讼代理人。

无行为能力人的离婚

问题13：我想提两个问题。第一个也是与无民事行为能力有关的，就是无民事行为能力人的父母或者是成年子女能不能代理无民事行为能力人以原告的身份向法院提起离婚诉讼？第二个问题就是现实当中存在无民事行为能力的配偶通过各种诱导方式导致无民事行为能力人"被协议离婚"，在这种情况下，无民事行为能力人的父母往往要向法院起诉要求撤销或是宣告协议无效。"被协议离婚"在法律上应该怎么处理？

梁慧星：精神病人想要离婚怎么办？谁来做他的代理人？回答前面的问题时，已经涉及这个问题。如果诉讼当事人一方是无民事行为能力人，应该由他的法定代理人代理诉讼。如果没有法定代理人，或者法定代理人是诉讼另一方当事人，就应该为他指定诉讼代理人。精神病人监护制度，现实中不完善，缺乏监护监督人。精神病人的配偶是其监护人、法定代理人。如果是与其他人之间的诉讼，当然由他的法定代理人（配偶）代理；如果是与其配偶之间的诉讼，例如精神病人自己要求离婚，或者其配偶要求离婚，应该为其指定诉讼代理人。当然可以指定其父、母或者其成年子女为诉讼代理人。

　　顺便讲一个问题,就是《民法通则》把民事行为能力分为完全行为能力、限制行为能力和无行为能力,称为"三分法"。我负责起草的民法典草案建议稿,改成"二分法",即分为完全民事行为能力和限制民事行为能力,取消无民事行为能力。很难说6岁的孩子一点行为能力都没有。从6岁上小学,一直到12岁上中学,规定为一点行为能力都没有,不合适。《民法通则》规定,满10周岁有限制行为能力,10周岁以下为无行为能力。现在改为成年人有完全行为能力,未成年人有限制行为能力。一个小学生、初中生,买文具、衣服、书包、零食、乘公交、打出租,通通有效,但他把家里的摩托车、汽车拿去卖就不行,就非由他的法定代理人(监护人)出面不可,这样就灵活了。精神病人也是限制行为能力人。刚才讲到成年照顾制度,不再使用精神病人、痴呆人这样的概念,叫成年障碍者,属于限制行为能力人。老年人智力精神衰弱,为其设置照顾人,买卖房屋、出租房屋、住院治疗、疗养等须照顾人代理或者经照顾人同意,但购买生活用品这类行为就完全有效。

　　第二个问题,所谓"被协议离婚"如何处理？无行为能力人(精神病人),没有民事行为能力,按照《民法通则》第58条的规定,无民事行为能力人签订的离婚协议是无效的。无民事行为能力人的父母向法院起诉要求宣告该离婚协议无效,人民法院应当受理,并依据《民法通则》第58条,确认(宣告)该"被离婚协议"无效。在该"被离婚协议"被确认(宣告)无效之后,无民事行为能力人的配偶仍然要求离婚的,有权向法院提起离婚诉讼,这种情形,前面已经谈到,法院应当为无民事行为能力人指定诉讼代理人,可以指定无民事行为能力人的父、母或者成年子女为诉讼代理人。

买卖合同中代办托运情况下的所有权转移

问题14：买卖合同中代办托运时,所有权转移如何认定？

梁慧星：买卖合同的交货方式,包括自提、送货和代办托运。自提,就是需方(买受人)自己到供方(出卖人)库房提货,在供方库房,供将货物交付给需方,经需方清点接收,货物所有权于此时转移于需方。送货,是供方将货物运送到需方库房或者需方指定的地点,由需方清点接收,货物所有权于此时转移于需方。代办托运,是按照合同约定,由供方代理需方办理托运手续,亦即供方作为需方的代理人与承运人订立运输合同,由承运人将货物运交需方。承运人基于与需方之间的运输合同,代理需方接收货物。因此,供方将货物交付给承运人,于承运人接收货物之时,货物所有权移转于需方。

显而易见,代办托运与送货方式是不一样的。送货方式,是供方用自己的运输工具或者自己委托的承运人,把货物运到需方指定的交货地点,由需方清点接收后,货物所有权移转于需方。但是,采用自提方式,需方既可以用自己的运输工具到供方提货,也可以委托承运人到供方提货。如果需方委托承运人到供方提货,则供方将货物交给该承运人清点接收后,货物所有权即转移于需方。这样看来,代办托运方式与需方自己委托承运人到供方提货方式是一样的,货物所有权均于供方将货物交给承运人接收之时转移于需方。

采用代办托运方式,必须由供需双方当事人在合同当中约定,通常是在合同书中"交货方式"一栏,写明采用代办托运方式。此项约定,包含一项委托授权,即需方授权供方作为自己的代理人,为自己选择承运人,并以需方的名义与该承运人订立运输合同,运输合同成立生效,该承运人即有权代理需方接收货物。因此,供方将货物交给该承运人,即等于交给需方,故货物所有权于交付承运人之时转移于需方。顺便谈到,合同约定代办托运方式时,需方可能提出承运人应具备的条件,如果需方没有提出承运人的条件,则供方在选择承运人的时候,应尽符合交易习惯的注意义务,选择可靠的运输公司。

保证方式与保证形式

问题 15:在《担保法》实施过程当中,后期的司法解释和前面的《担保法》有一些冲突。我想问两个问题:第一,对于同时设立的一个保证合同和保证人单方面出具的一个担保函,在效力上有没有什么区别?

第二,对于保证合同中的一般保证责任和连带保证责任,一般保证责任是以债务人的不能清偿为前提,那么这个不能清偿的前提如何确立?

梁慧星:我们国家立法当中,有些问题模糊不清,例如,《物权法》制定的时候,是把担保物权全部规定到《物权法》上来。因此,《物权法》一经生效,《担保法》上的担保物权部分就被废止了,就只剩下关于保证合同的规定。但《物权法》对此没有明确表示,只说《担保法》"与本法抵触的无效"。能不能说,与《物权法》不抵触的就有效?判决书是否可以同时引用《物权法》关于抵押权的规定和《担保法》关于抵押的规定呢?或者置《物权法》关于抵押权的规定于不顾,只引用《担保法》关于抵押的规定,行不行?应该说,是不行的。应当肯定,《担保法》关于担保物权的规定,无论与《物权法》是否抵触,均因《物权法》的生效而被废止了。我们的民法立法有缺陷,由于有的应该明确的没有进行明确,导致实务中出现了混乱。

保证合同,分为一般保证和连带责任保证,在民法上非常重要。如果属于连带责任保证,保证人与债务人承担连带责任,亦即保证人与债务人成为连带债务人,对债权人承担连带责任。主合同(借款合同)到期,债务人构成违约,债权人可以把保证人和债务人作为共同被告起诉,他也可以不告债务人,只起诉保证人。保证人是根据保证合同承担责任,债务人是基于借款合同承担责任,保证人对债权人承担责任之后,有权向债务人追偿。如果属于一般保证,债务人违约,债权人必须先起诉债务人,不能先起诉保证人。如果先起诉保证人,保证人可以主张"先诉抗辩权"。连带责任保证与一般保证的区别,就是一般保证人享有先诉抗辩权,连带责任保证人没有先诉抗辩权。此先诉抗辩权,规定在《担保法》第17条第2款。债权人先起诉一般保证人,一般保证人主张先诉抗辩权的,法庭应当判决予以驳回。质言之,连带责任保证人承担连带责任,一般保证人承担补充责任。

一般保证责任是以债务人的不能清偿为前提,这个不能清偿的前提如何来确立?我认为,《担保法》规定得很明确,第17条第2款规定,"一般保证的保证人在主合同纠纷未经审判或者仲裁,并就债务人财产依法强制执行仍不能履行债务前,对债权人可以拒绝承担保证责任"。对此项规定作反对解释,如果债权人已经对债务人起诉(或提起仲裁),法院作出判决(仲裁庭作出裁决),申请法院强制执行判决(或裁决)后,债务人的财产不足以清偿判决(裁决)确定的债务,则债权人有权请求一般保证人承担该不足清偿部分债务。因此,如债权人起诉一般保证人,要求其承担债务人不能清偿部分债务,应当提交执行法院对债务人强制执行结果的文件(可能是终结执行裁定书),以证明已经对债务人强制执行及经强制执行仍未清偿的债务金额。值得注意的是,按照最高人民法院《关于适用〈中华人民共和国担保法〉若干问题的解释》(以下简称《担保法司法解释》)第24条,一般保证人还可以在主债履行期间届满后,向债权人提供债务人有哪些可供执行财产的情况,如果提供了这样的情况后,因债权人的原因致该财产不能被执行(如合法转让给他人了),一般保证人还可以请求法院在其提供可供执行财产的实际价值范围内免除保证责任。

这位老师的第二个问题,"对于同时设立的一个保证合同和保证人单方面出具的一个担保函",在效力上有没有什么区别?其中所谓"担保函",是一个不清楚的概念,如果是保证人对债权人出具的一个表示愿意承担保证责任的书面文件,其实就是保证合同。《担保法司法解释》第22条规定:"第三人单方以书面形式向债权人出具担保书,债权人接受且未提出异议的,保证合同成立。"这种情形,属于两个保证人担保同一债务,应当适用《担保法》第12条的规定,即如果保证合同中约定了保证份额,则各自应按照保证合同约定的保证份额承担保证责任。如果保证合同没有约定保证份额,则各保证人承担连带责任,债权人可以要求任一保证人承担全部保证责任,已承担保证责任的保证人,有权向债务人追偿或者要求另一保证人清偿其应当承担的份额。

提问中所说"担保函",如果是银行等金融机构出具的,就不是(传统意义上的)保证合同,而属于一种特别担保形式,被称为独立保证。所谓独立保证,是保证人与债权人(受益人)订立的,不受基础合同(主合同)效力影响并在符合约定条件时立即履行保证责任的合同。独立保证的保证人,只应是银行等金融机构,独立保证合同书,通常被称为"保函""银行保函""见索给付保函"。现今我国尚未制定规范独立保证的法律、法规。我国金融机构不仅在涉外经济贸易活动中广泛使用独立保证合同,而且在国内民事活动中也应客户的要求使用独立保证合同。在世界范围内,规范独立保证合同的规则,主要是国际公约和国际惯例,即国际商会1992年《见索即付保函统一规则》、1999年《国际备用信用证惯例》和联合国1996年《独立保证与备用信用证公约》(我国尚未加入)。各主要国家及地区有关独立保证合同的国内法主要是判例法,仅少数国家如俄罗斯等有关于独立保证合同的成文法。

独立保证的基本特征如下:(1)独立性。独立保证合同虽然和传统保证合同一样,目的是担保主合同(基础合同)债权人债权之实现,但独立保证合同的效力不受主合同(基础合同)的影响。因此,独立保证合同不具有传统保证合同对于主合同的附从性。(2)确定性。只要债权人提出的索赔符合独立保证合同中明确规定的条件(通常是提交有关单据等形式要求),保证人就必须履行保证责任,支付保证金额。(3)快捷性。只要符合独立保证合同中规定的索赔要求,保证人应立即履行保证责任。实践中一般不超出7个工作日。

这种独立保证,究竟是人的担保或是物的担保,在理论上不明确。人的担保,是保证人以自己的全部财产为债务人提供担保,于债务人违约时,由保证人向债权人履行债务或者承担违约责任,而独立保证合同中预先确定了一个保证金额,于债权人提出请求(附上约定的有关单据)时,保证人无条件地立即支付该保证金额。因此独立保证与人的担保(传统保证合同)有区别。物的担保,是以特定财产(不动产、动产、权利)的交换价值提供担保,于执行担保时,用拍卖(变价)担保物的价金清偿担保债权,而独立保证是直接以一定数额的金钱作为担保,只要债权人提出请求,立即就可以把这笔钱划走。所以,独立保证既不是严格意义上的人的担保,也不是严格意义上的物的担保,它是介于二者之间的一种特别担保形式。这种担保形式,我国现行法上没有规定,《担保法》上没有规定,《物权法》上也没有规定,《合同法》上也没有规定。我主持起草的《中国民法典草案建议稿》，规定了这种特别担保形式，被称为独立保证合同。

国内招标投标中的投标保函，建筑工程承包合同当中的履约保函、维修金保函，即是这种独立保证(保函)。建设工程竣工交付后，建设单位有权扣留承包费(工程款)的5%，作为维修保证金。承包费的5%，至少好几十万元、好几百万元，因此建筑公司就提交一个维修金保函，从建设单位获得全部承包费(工程款)。到时建设工程出了质量问题需要维修，如果建筑公司不予维修，建设单位就找保证人银行支付维修金保函上的金额，找别的施工队进行维修。可见，独立保证(保函)在我国经济生活中已经是一种现实存在。虽然现行法缺乏相应的规则，现实中遵循的是交易习惯(惯例)。

回到这位老师的第一个问题，如果提问所说的"担保函"是银行等金融机构出具的，就应当属于独立保证(保函)。这样一来，对同一债务，存在一个传统意义上的保证合同和一个属于特殊担保形式的保函(独立保证)。于债务人违约时，债权人肯定会先执行保函(独立保证)，非常方便地从出具保函的银行(独立保证人)获得保函上的金额(保证金)。如果保函确定的金额不能清偿全部债权，则债权人还可以请求传统保证合同的保证人就不足清偿部分债务承担保证责任。如果获得保函上的金额已经清偿全部债权，则传统保证合同保证人将免除责任。债权人执行保函，获得保函确定的保证金之后，出具保函的银行(独立保证人)当然可以代位向债务人追偿。实际情形是，银行出具保函，是以债务人在该行存入同一数额资金或者提供反担保为前提。这里有一个问题，债权人执行保函，获得保函确定的金额之后，出具保函的银行(独立保证人)可否依据《担保法》第12条规定，向另一保证人(传统保证合同保证人)要求清偿其应当承担的份额？回答是：不可以。理由是，《担保法》第12条规定不适用于独立保证(保函)，独立保证的保证人与传统保证的保证人，不构成共同连带保证关系。刚才提问的老师如果有兴趣，可以自己或者指导研究生研究我国现实生活中的各种保函(独立保证合同)。

十二、法律通信：回答法官的问题[*]

仓单是物权凭证还是债权凭证？

提问：仓单是物权凭证还是债权凭证？

梁慧星：仓单是物权凭证，法律依据是《合同法》第387条。

提问：想进一步请教老师，物权凭证与债权凭证最大的区别是什么？

梁慧星：债权凭证与物权凭证的区别，归根到底，是债权与物权的区别，即相对权（对人权）与绝对权（对物权）。先说债权凭证，是表彰（表示）债权的凭证，凭证表示债权请求权，如通常托运货物的提货单、保管物品的取物单、洗衣店的取衣单等。区别于表示单纯事实的凭证，如邮局发挂号信、电报凭证、银行转、汇款凭证，后者不表示权利，只表示某项事实，只具有证据效力。债权凭证表彰债权请求权，债权人依据债权凭证请求债务人履行债务。

现在归纳债权凭证的效力：(1) 及于债务人而不及于物，债务人不履行债务，转化为违约责任。物为第三人取得时，债权人不能追及、取回。(2) 债权凭证附属于合同关系，不能脱离合同关系而单独转让。其所表彰债权的转让，须依《合同法》合同债权转让规则（第79条至第83条）。这个规则的要点是，须债权人与受让人订立债权转让协议（合同），将债权凭证交付受让人，是债权转让协议生效的结果。(3) 虽有

---

[*] 根据手机短信息整理，2014年6月21日。

债权凭证,债权人仍可通过与受让人订立债权转让协议转让债权,无须交付债权凭证,而直接通知债务人向受让人履行债务。(4)不依赖债权凭证,债权人仍能够行使权利,当然要证明债权债务关系之存在。例如,取衣单遗失可凭身份证取衣服,包裹单遗失可凭单位证明信领取包裹。反之,不存在债权债务关系,仅凭债权凭证不能行使权利,如捡拾的包裹单、取衣单,债务人将拒绝交付物品。

现在说物权凭证,是表彰(表示)动产物权请求权的凭证,即请求动产占有人返还动产的权利。按照现行法,物权凭证包括海运提单和仓单。区别于表示(记载)物权归属的凭证,如房屋所有权证、土地使用权证、抵押权证等。后者只是表示(记载)物权归属的事实,只具有证据效力。物权凭证,表彰(表示)物权请求权,权利人据以行使物权请求权,要求货物(动产)占有人返还(交付)货物。

归纳物权凭证的效力如下:(1)及于物,使物之占有人负返还义务。物为第三人取得时,可追及于物之所在而取回之,实质是所有物取回权。(2)所表彰动产物权之转让,不采取权利人与受让人订立转让协议(买卖合同)方式,而是采取"背书转让"方式,即在凭证上"背书"并交付受让人,且因物权凭证之背书交付,受让人不仅取得该物权请求权,而且取得该货物所有权。(3)一经签发物权凭证,该货物的所有权人不得再依与受让人订立转让协议(买卖合同)方式处分(转让)该货物。(4)物权凭证所表彰的权利(物权请求权)之权利人,必须向义务人(货物占有人)提出(出示)该物权凭证,才能够行使其权利。换言之,权利人必须交付物权凭证与义务人,才能从义务人处取回货物(动产)。

提问:遇到的案情是,甲凭仓单向银行质押贷款之后,甲又将仓单项下货物与乙订立购销合同。现在的问题是,法院应当保护持有仓单的银行(质权人),还是应当保护购买人乙?

梁慧星:仓单为物权凭证,法律根据是《合同法》第387条,该条明文规定,权利人必须采取仓单背书交付方式处分货物。另外,仓单立法,有一单主义与两单主义。两单主义立法,同时签发两单,一单用于质押,一单用于处分。一单主义立法,仅有一单,无论质押或者处分,均用此单,或者质押,或者处分,仅取其一。换言之,一单主义,仅此一单,一经质押,就不能处分。我国采取一单主义,一经质押,即不能处分。因此,权利人以仓单向银行质押借款后,该仓单上有银行质权,且仓单为银行占有,权利人已经不能处分(出卖)仓单项下货物,其与买受人乙订立的买卖合同是违法的、无效的。法庭应当依据《合同法》第52条第(5)项违反法律强制性规定,认定购销合同无效。仓单项下货物非采背书方式不能处分,为法律强制性规定。如该货物已无法追回,质押银行可以提起刑事诉讼,追究质押人和买受人的刑事责任。

提问:如果受让人不知仓单设质,构成善意吗?

梁慧星:商人不得以不知法律规定为由主张善意。仓单项下货物不能依协议(合同)处分,此与抵押人处分抵押物不同。抵押人处分抵押物为法律所不禁止,故抵押人出卖抵押物的合同,依《买卖合同司法解释》第3条,应为有效。仓单质押后,仓单项下货物禁止处分,故该买卖合同,既不属于《买卖合同司法解释》第3条的适用范围,也不属于《合同法》第51条规定的无权处分他人财产合同,而属于第52条规定的违法合同。从法律政策判断,以仓单质押后再订立买卖合同出卖仓单项下货物,无异于诈骗银行(质权人),为保护银行合法权益,必须禁止对处于银行质权之下的货物的处分,必须使这类买卖合同无效。如买受人因此遭受损失,仅能依《合同法》第58条规定按照双方过错分担。

补充一点,如果买受人真的不知道仓单项下货物不能协议处分,亦仅构成一般意义上的善意,即等于无过错,不构成《物权法》第106条善意取得制度之所谓善意。《物权法》第106条善意取得的适用范围,是《合同法》第51条无权处分他人之物的合同,因权利人不追认而致无效,绝对不包括违反《合同法》第52条的违法无效。

提问:本案仓储物是食用油。乙委托甲收购菜籽并加工,甲将质押银行的仓单项下的食用油交付给乙,善意取得适用于委托合同吗?

梁慧星:法律上的处分是指出卖和赠与。委托合同的受托人是委托人的代理人。甲将自己质押之物交付给乙,甲是出卖人;甲将他人质押之物交付给乙,甲是乙的代理人,他人是出卖人。

提问:看来本案的关键在于仓单的性质。有观点认为,仓单是债权凭证,怎样驳斥此观点?

梁慧星:是物权凭证就不是债权凭证。

提问:持债权凭证、物权凭证双重性质说观点的人,引用的是谢怀栻先生《票据法概论》的观点。

梁慧星:谢先生的《票据法概论》是20世纪80年代后期写的,1990年出版。该书论述票据法基本理论,只是顺带谈及"仓单"。《合同法》于1993年开始起草,1999年通过。谢先生应邀出席了立法机关主持的历次合同法草案专家讨论会。立法机关和与会民法学者,均非常尊敬谢先生,高度重视谢先生的每一项意见和建议。可以肯定,《合同法》第387条的规定,谢先生是完全赞同的。谢先生2003年去世,去世前几年已不能进行研究和写作,致未能对《票据法概论》一书进行修订,留下遗憾。我们理解仓单的性质,应当依据《合同法》第387条规定。

提问:仓单质押属权利质押,与动产质押的法律后果有区别吗?

梁慧星:动产质押,以质权人占有质物为质权成立要件。并且,质权人一旦丧失对质物的占有,质权将因而消灭。因此,出质人处分质物的合同,依《买卖合同司法解释》第3条的规定,应当有效,但因标的物在质权人占有之下,而致该合同履行不能。

重新整理关于仓单性质及案件分析思路要点如下。

1. 什么是凭证?凭证是证据、根据的意思。当然是书面证据。依凭证的法律效力区分:据以认定事实的凭证,如各种发票、收据;据以认定身份的凭证,如身份证、护照;据以认定权利归属的凭证,如房屋所有权证、抵押权证、土地使用权证;据以行使权利的凭证,包括各种债权凭证、物权凭证。据以行使权利的凭证,以所行使权利性质区分为:债权凭证、物权凭证。须注意,债权凭证与物权凭证,是学理上的概念,属于债权凭证的凭证种类繁多,属于物权凭证的也不止一种。现今人民法院执行中止发给执行申请人的所谓"债权凭证",是继续申请执行生效判决确定债权的凭证,称为"债权凭证"并不准确,其性质属于债权凭证之一种。如保管单、提货单、包裹单、欠条、记名海运提单、空运单及公路、水路、铁路货运单,等等,均属于债权凭证。

2. 如何区分债权凭证和物权凭证?债权凭证与物权凭证的不同,源于债权与物权的不同,最主要的差别有三点:

其一,凭证所表彰的权利是对人权(相对权)或者对物权(绝对权)?债权凭证,是据以行使债权的凭证,凭证所表彰(记载)的是债权请求权,债权人据以请求相对人履行某种债务(支付一笔款项、交付某物),其效力及于相对人(债务人),而不及于物。债务人不履行债务,转化为违约责任。如标的物已为第三人取得,债权人不能追及、取回(债权无追及力、取回权);物权凭证,是据以行使物权的凭证,凭证所表彰(记载)的是动产物权取回权(物权请求权),权利人据以从相对人处取回(提取)特定动产,其效力及于该特定动产,而不是及于相对人(相对人负有保证其取回的义务)。该动产为第三人取得时,权利人可以追及于该动产之处所而取回之(有追及力、取回权)。

其二,是否附属于基础合同关系?债权凭证附属于基础合同关系,既不能脱离基础合同关系而单独行使权利,也不能脱离基础合同关系而单独处分(转让)权利。债权凭证遗失,债权人可依据基础合同关系行使债权。如包裹单遗失,凭单位证明领取包裹;取衣单遗失,凭身份证明取衣服。债权人转让债权凭证所表彰(记载)的权利,须按照《合同法》第79条至第83条关于债权转让的规定,采取与受让人订立债权转让协议(合同)的方式,转让协议生效后,出让人将债权凭证交付受让人,属于履行附随义务。物权凭证独立于基础合同关系,可以脱离基础合同关系而单独行使权利、处分(转让)权利。权利人仅凭物权凭证,即可行使权利,从相对人处提取凭证项下货物;不采取与受让人订立转让协议(合同)的方式,仅将物权凭证交付(背书交付)受让人,即可处分(转让)凭证权利。

其三,法律是否规定凭证的名称、形式和内容?债权凭证,因其不能脱离基础合同关系而行使权利和转让(处分)权利,仅在基础合同关系的当事人之间有效,且债权凭证的种类繁多,法律无须一一规定其名称、形式和内容;物权凭证,因其脱离基础合同关系而行使权利和处分(转让)权利,实际是一种证券,与市场交易的安全和秩序关系甚大,必须由法律明确规定其名称、形式和内容。

3. 海运提单(Bill of Lading),其中,仅可转让的提单(指示提单和不记名提单),属于物权凭证;不可转让的提单(记名提单),不属于物权凭证。法律根据是《海商法》第79条。仓单(Warehouse Receipt)是物权凭证,法律根据是《合同法》第387条。

4. 货主将货物存入仓库取得仓单,用仓单向银行质押贷款后,再与买受人订立买卖合同将仓单项下货物出卖给第三人,质权人银行诉请人民法院确认货主与第三人的买卖合同无效,人民法院应予支持。理由是《合同法》第387条第二句:"存货人或者仓单持有人在仓单上背书并经保管人签字或者盖章的,可以转让提取仓储物的权利。"反对解释,即非依"在仓单上背书并经保管人签字或者盖章"方式,不得"转让提取仓储物的权利"。可参考借鉴我国台湾地区"民法"第618条:"仓单所载之货物,非由寄托人或仓单持有人于仓单背书,并经仓库营业人签名,不生所有权移转之效力。"因此,本案买卖合同,属于《合同法》第52条第(5)项"违反法律、行政法规的强制性规定"的合同。再一个理由是采社会学解释方法,如果认定本案合同有效,将鼓励、纵容不法商人,将货物存入仓库取得仓单,以仓单向银行质押贷款后,再将货物出售给他人收取货款,然后玩失踪。这样做,无异于为不法之徒创设一种"合法"诈骗犯罪手段。本案中的合同不属于《合同法》第51条规定的恶意处分他人财产的合同,因此不属于《物权法》第106条善意取得制度的适用范围,即使买受人真的不知标的物处于银行质权之下,也绝无善意取得之可能。可作为法庭依据《合同法》第58条关于合同无效后果的规定决定损失分担时考虑双方过错比例的一个因素,自不待言。

流质(押)约款与抵债协议

提问:《合同法》第286条法定抵押权与流质条款是否冲突?

梁慧星:流质约款是质押合同约定,出质人到期不归还借款,质物所有权即归质权人。流抵押约款与之相同。法定抵押权依照法律规定产生,不存在抵押合同,不可能有流抵押约款。流质、流抵押,意图规避拍卖(清算),法定抵押权不会发生此问题。

提问:工程款纠纷,双方约定如不支付工程款,就将土地及建筑物抵债。其间,没有折价过程,没有对土地价款进行评估,没有对欠款与土地建立对价关系,我觉得更像流抵押。

梁慧星:这就不是法定抵押权,是合同当事人关于用建设工程抵债的约定(合同),也不是抵押合同。此种约定意图规避法定抵押权行使的拍卖清算,类似于流抵押,应当认定无效。可能是双方串通损害在该工程上享有权利和利益的第三人,如抵押权人银行及建设方的其他债权人。建议根据《合同法》第52条第(5)项"违反法律、行政法规强制性规定",认定无效。法定抵押权制度及必须清算(拍卖)制度为强制性规定无疑。

提问:《合同法》第286条"协商折价"如何理解?是任意约定,还是要评估作价?

梁慧星:法定抵押权的发生条件为工程完工加拖欠工程款。不允许事先约定,也不允许事先放弃。法定抵押权发生后,双方协商折价达成的协议,实质上是一个合同,也须遵循《合同法》第5条公平原则和第6条诚信原则,不允许滥用合同自由损害他人合法权益。当然不能任意约定。当事人订立的一切合同、条款、协议、约定,均须由法庭依法进行合法性审查和公平性审查。

《合同法》第286条制定时的政策判断是,承包费、工程款至多占建设工程价值的20%,还有80%可以保障贷款银行(一般抵押权人)的利益。因此,最高人民法院2002年批复说:承包费、工程款优先于该工程上的银行抵押权。本案无论是事先约定,还是事后约定,用全部工程抵偿工程款,很可能是双方恶意串通损害第三人利益。

提问:执行程序中以物抵债,法院裁定确认。该裁定是否发生《物权法》第28条规定的物权变动效果?

梁慧星：同判决一样，发生物权变动效果。前面讨论的以全部工程抵偿工程款，是工程完工前的约定，还是完工后的约定？

提问：是施工过程中，未完工。

梁慧星：谁起诉（请求）？欠多少工程款？估计全部工程价值是多少？

提问：是在建工程，未完工，欠 300 万元进度款。因未按约定期限支付，遂按约定将该工程包括土地全部抵债。

梁慧星：原告是谁？告什么？

提问：建设单位起诉施工单位，认为抵债协议无效，属流质约款。

梁慧星：属于合同成立时显失公平。可依《合同法》第 54 条第（2）项予以撤销。难谓流抵押，属于抵偿协议，不构成抵押合同。法定抵押权不能约定，依法定条件产生。工程竣工加拖欠工程款，发生法定抵押权。法定抵押权发生后，其实行方法，包括双方协商折价。工程未完工，不发生法定抵押权，谈不上实行。只应属于抵偿欠债的协议（无名合同）。原告认为流质（流抵押）属于对法律关系认识不清，法庭可予以释明。

提问：我也认为，从双方约定内容看，实质上更接近流押，即建设方届期不支付 300 万元，工程即归施工方所有。

梁慧星：类似流押，但不是流押。本属于法定抵押的范围，而法定抵押权未发生。退而言之，即使可约定抵押，但抵押权须登记成立，未登记即无抵押权。依据《物权法》第 15 条，抵押合同有效。因无抵押权，该约定也就不是流押条款，而属于普通合同条款（以物抵债协议）。关键在于，现时该工程及土地价值是否大于欠债？如果相差甚大，构成显失公平；相差不大，不构成显失公平。20 世纪 90 年代各地因房市崩盘出现很多烂尾楼，建设方以烂尾楼抵债，包括抵偿工程款的协议，很常见，且被法院认可。

提问：该案发生在 2009 年。目前正在查事实，评估工程价值。

梁慧星：是否因建设中途资金链断裂致停建时订立抵偿协议？起诉时竣工否？

提问：前面讨论的工程抵债，原因是资金链断裂。

夫妻离婚协议中的共同赠与约定

提问：老师，夫妻在离婚协议中约定，将共同所有的房产10年后过户给儿子，之后在民政部门登记离婚。协议属什么性质？能否允许反悔？

梁慧星：我看是共同赠与合同。共有人将共有财产赠与他人的合同。按照《合同法》第186条，在财产权利转移之前，赠与人可以撤销赠与，即允许反悔。当然离婚协议应依法妥善处理孩子抚养问题，自不待言。

提问：共同赠与是双方合意，一方反悔允许吗？部分允许？

梁慧星：实际是按份共有，各占一半。一方撤销，另一方不撤销，撤销一半，留下一半。

提问：有人认为，这是关于人身关系、财产关系的"一揽子"协议，也是另一方同意离婚的前提，所以不允许撤销。

梁慧星：是两共有人为一方，受赠人为另一方的赠与合同。认为是"一揽子"离婚协议，不是不可以，但这种协议，以夫妻一方放弃共有财产为前提，很难说合法。违反婚姻家庭财产共同制，且违反离婚自由，应依《民法通则》第55条第（2）项违反强制性规定，而确认为无效。只要夫妻此前未约定分别财产制，就必须实行共同制，是强制性的。

另一种是以一方放弃监护权为前提的离婚协议，与之类似。

提问：对，都不是真实意思，违反意思自由。还有人说这是为第三人利益合同，孩子是第三方受益人。

梁慧星：与为第三方利益合同无关。夫妻离婚不影响孩子利益，离婚后仍是孩子的父、母，抚养义务并不解除。实质上是利益与孩子生活的一方。

利益第三人合同与附保护第三人利益合同

梁慧星：所谓"第三人利益合同"，是指合同约定由债务人向合同当事人之外的第三人履行债务的合同。属于经济生活中的特殊关系，如保险合同、运输合同，接受履行的第三人不是合同当事人。是合同相对性原则之例外。《德国民法典》称为"有利于第三人的合同"（第328条），《日本民法典》称为"为第三人订立的契约"（第537条）。我国称为"向第三人履行的合同"，规定在《合同法》第64条。

《合同法》第64条规定"向第三人履行合同"，着重解决债务人不履行时应向谁承担违约责任的问题。换言之，债务人违约时，应当由谁行使违约责任请求权？明确规定，债务人违约时，应当向债权人而不是第三人承担违约责任，亦即由债权人（而不是第三人）行使追究债务人违约责任之诉权。之所以这样规定，是为了方便法院受理和裁判案件，并且符合利益第三人合同的民法原理，即第三人非合同当事人。因此，债务人违约情形，该第三人不能作为原告向法院起诉请求追究债务人的违约责任。但是，该第三人可不可以作为被告？或者在债权人作为原告起诉债务人的诉讼中，该第三人可否作为有独立请求权的第三人？对此，最高人民法院《合同法司法解释（二）》解释说：人民法院审理向第三人履行的合同案件，可以根据具体案情，将合同约定的第三人列为无独立请求权的第三人，但不得依职权将其列为该合同诉讼案件的被告或者有独立请求权的第三人。

特别应注意，德国民法学说判例有所谓"附保护第三人效力（利益）合同"理论，易于与"利益第三人合同"发生混淆。二者的区别在于，"利益第三人合同"之所谓"第三人"，是合同双方当事人在合同中约定（指明）的特定人，如人寿保险合同中的受益人、货物运输合同的收货人；"附保护第三人效力合同"之所谓"第三人"，不是合同中约定（指明）的人，而是指与债权人（如买受人）有某种关系的不特定的人，如买受人的家人、亲戚、朋友、房客等。

为什么德国学说判例要发明"附保护第三人效力合同"理论，是因为当时侵权法落后于时代，如坚持过失责任原则、短期时效等，难以公正处理科学技术和社会经济高速发展所产生的侵权案型，例如，产品缺陷致人损害。因产品缺陷造成买受人之外的人（其家人、亲友、访客、雇员、房客)受害的情形,受害人难以获得侵权法保护,往往转而寻求《合同法》保护。《合同法》虽然实行过失责任原则,但裁判实践中采过失推定,不要求受害人就加害人的过失举证。且违约责任适用长期时效。为了规避合同相对性原理,发明"附保护第三人效力合同"理论,使买受人之外的受害人,均可依违约责任获得救济。但需注意,在20世纪90年代,《德国侵权法》按照欧共体产品责任指令,规定无过失产品责任之后,所谓"附保护第三人效力合同"理论,已经丧失其实际意义。

"附保护第三人效力合同"理论,是特殊法律背景之下产生的法律理论。我们在借鉴外国立法和理论时,一定要弄清楚该项制度或者理论产生的社会经济条件(问题)和法律背景,再弄清楚我国现实是否存在同样的社会经济条件(问题)和法律背景。前述产品缺陷造成买受人之外的人受害的案件,如果发生在我国,无论是依据《侵权责任法》还是依据《合同法》,受害人均可获得救济,而无须借助于所谓"附保护第三人效力合同"理论。因为法律背景不同,我国《侵权责任法》规定产品责任和使用人责任均为无过错责任,人身伤害案件的受害人可以请求精神损害赔偿(残疾赔偿金、死亡赔偿金),受害人完全没有必要选择违约责任。退一步说,即使选择违约责任,裁判实践中,买受人本人之外的人(其家人、访客、房客)所受伤害,均可计入买受人所受损害而获得赔偿。个别学者建议我国《合同法》引入"附保护第三人效力合同"理论,难令人赞同。

关于合同解除

提问:合同解除是属于变更吗?

梁慧星:合同变更是双方改变合同的内容,实质上是以一个新合同取代旧合同。合同解除,是消灭原本有效的合同。变更的效果是当事人之间仍存在合同关系,解除的效果是当事人之间不再有合同关系。

合同的变更与转让规定在《合同法》第五章,变更是主体不变内容变,转让是内容不变主体(一方)变。合同解除规定在第六章合同关系终止(消灭),解除是消灭合同关系的方法之一种。理解法律概念,不能背离法律本身的逻辑。

关于强制执行公证债权文书的效力范围

提问:赋予强制执行力的公证债权文书的适用范围,能否包括主合同的从合同(保证合同)?

梁慧星:从法理上说,应限于强制执行公证债权文书所指明的债权。如是合同债权,限于公证文书指明的合同。保证合同是另一个合同,并非公证文书所确定的强制执行标的。债权人请求强制保证人履行保证合同,应当向法院起诉。

《公司法》第16条是效力性强制规定吗?

提问:《公司法》第16条是效力性强制规定吗?我看了有关文章,观点完全相反,一种观点认为,是管理性规范,不导致合同无效;另外一种观点认为,是效力性规范,目的在于遏制无序、恶意担保。

梁慧星:《公司法》第16条不应简单地认定为效力性规范或者管理性规范。该条关于公司为股东、控制人担保,须经股东会决议的规定,必须与《合同法》第50条关于越权代表的规定相联系,才能判断担保(保证)合同的效力。担保合同相对人明知被担保人(债务人)是担保人公司的股东、控制人的,有要求担保人提供股东会决议的形式审查义务,并以是否履行此项审查义务作为判断相对人是否"知道或者应当知道其超越权限"的根据。如法庭据案件事实,认为相对人(债权人银行)不知债务人为担保人公司股东、控制人,或者虽知道但已履行形式审查义务(如担保人提供不真实的股东会决议),则应当依据《合同法》第50条,判决该担保合同有效。

关于未经批准转让划拨土地上房屋

提问:最近《人民法院报》上的文章《划拨土地上房屋买卖合同效力的认定》,认为未经审批转让划拨土地上房屋合法有效,您同意吗?

梁慧星：我同意。此与《买卖合同司法解释》第 3 条规定的精神一致，即处分权受到限制，不影响转让（买卖）合同效力。

返还租赁物请求权是否适用诉讼时效

提问：返还租赁物请求权适用诉讼时效吗？案件讨论形成两种观点：一种观点是未经登记的物权适用诉讼时效，已登记的不适用；另一种观点是物权请求权不适用诉讼时效。

梁慧星：按照民法原理，诉讼时效适用于债权请求权，对物权请求权不适用。起草《物权法》时，曾建议规定，返还占有物请求权属于须登记权利的标的物的，不适用诉讼时效，其他适用诉讼时效。但《物权法》未规定诉讼时效。考虑到现行诉讼时效期间过短，且最高人民法院关于诉讼时效的司法解释未涉及物权请求权，故以物权请求权不适用诉讼时效为宜。

如何看待最高人民法院《关于人民法院民事执行中查封、扣押、冻结财产的规定》第 17 条

提问：想求教您涉及物权登记效力的问题。该案简要事实：开发商将房屋卖给张三，张三按约付款后，开发商不交付房屋，法院判决交付给张三，在执行过程中，查封开发商名下的房屋，李四提出异议，该查封房子已付款且交付，只是未办登记。我的疑问是，依法应优先保护谁？我认为，张三、李四都享有债权请求权，所不同的是，张三起诉在先，李四交付在先。本来我想挑战一下最高人民法院的司法解释①，但那是《物权法》之前的，与物权公示原则似乎有冲突。

梁慧星：物权公示是针对交易双方当事人之外的善意第三人的，旨在便于善意第三人据以判断自己所欲购买的标的物是否真的属于出卖人所有。交易双方当事人之间，以双方订立的合同（双方真实意思）为

---

① 指最高人民法院《关于人民法院民事执行中查封、扣押、冻结财产的规定》（法释〔2004〕15 号）第 17 条后半段："第三人已经支付全部价款并实际占有，但未办理过户登记手续的，如果第三人对此没有过错，人民法院不得查封、扣押、冻结。"

准，这就是意思自治（私法自治）。当事人之间依法成立的合同（契约），相当于双方自己制定的法律。且买受人已取得合法有权占有，此占有属合法民事权益，受法律保护，任何人（包括公权机关）不得侵犯。我在成都市中级人民法院的讨论中特别指明，法院强制执行的对象，限于被执行人享有所有权及返还请求权的财产。该项司法解释，与公示原则并不冲突，是最高人民法院的一贯立场。

关于承租人停产停业损失的计算

提问：因出租人原因造成承租人停产停业，赔偿损失的计算方法，一种观点是，赔偿租金加利润；另一种观点是，租金是正常经营的对价，拿利润就必须付对价，赔偿利润后，就等同于没有妨碍的情况，当然要付租金，租金不能免。

梁慧星：《合同法》第113条规定违约赔偿实际损失包括可得利益。可得利益是指利润损失，其他实际损失是指雇员工资等。请注意，民法理论计算违约赔偿有损益相抵规则，《买卖合同司法解释》第31条已规定，不限于买卖，其他合同也有适用。未支付房屋租金，即所得利益。因此，应从计算出来的损失额中减去租金，即是违约方出租人应赔偿的金额。假如该金额依社会生活经验认为太高，则可适用第113条第1款末句不可预见规则，减少至法庭认为比较适当的数额。

关于抵押登记的留用

提问：原告出借给被告100万元，被告提供自有房屋设定抵押，并办理他项权证，1个月后被告还清全部借款，但双方未办理抵押注销。6个月后，被告又向原告借100万元，因房屋抵押未注销，故双方仍约定该房屋抵押给原告，但未至登记部门办理新的抵押手续。现原告起诉，要求还款并实现抵押权。问题是，抵押权是否有效成立？一种意见认为，应当坚持抵押权的从属性，无债权则无抵押权。所以，本案中的抵押是针对第一笔借款的，借款还清后抵押权即消灭，不能因为他项权证还在而当然认为第二笔借款的抵押权有效。另一种意见认为，抵押有效,有约定从约定。

梁慧星:有效。这叫抵押登记的留用。

提问:抵押留用是怎样的制度?目前能找到的规则依据是《物权法》第192条,抵押权不得与债权分离而单独转让或者作为其他债权的担保。债权转让的,担保债权的抵押权一并转让,但法律另有规定或者当事人另有约定的除外。

梁慧星:本案与《物权法》第192条无关,不是转让问题。解决本案的关键在于抵押权消灭。按照民法理论,所担保债权消灭(全部履行)将导致抵押权消灭。但此所谓抵押权消灭,并非与债权消灭同时发生。须一方或者双方到登记机构申请办理涂销登记并缴销抵押权证,于登记机构在登记簿上涂销抵押登记之时,抵押权才消灭。按照《物权法》第14条的规定,不动产抵押权的消灭,自记载于不动产登记簿之时发生效力。本案情形,所担保债权因履行而消灭之后,双方或者一方并没有到登记机构申请办理抵押权涂销登记,因此,根据《物权法》第14条,应当认定该抵押权并未消灭。该抵押权虽未消灭,但因所担保债权消灭,致该抵押权丧失执行效力,仅具有抵押权的形式。在此种情形下,抵押人又向原债权人借了同数额新债,并且再订立抵押合同,将同一标的物设立抵押权,以担保新债。此新设抵押权,与原抵押权完全相同,即抵押人、抵押权人、抵押物、担保债权数额均相同。按照法律规定,双方本应到登记机构,先申请办理涂销原抵押权的登记(缴销抵押权证),然后再申请办理抵押登记,在刚涂销抵押登记的该房产(抵押物)上新设立抵押权(领取抵押权证)。但本案当事人采取了变通办法,于订立新抵押合同之后,并不到登记机构申请涂销原抵押登记、再申请办理新抵押登记,而是直接将抵押权证交付给债权人,以资代替。

如果死抠条文,应当采纳第一种意见,认定抵押权未生效(而不是抵押无效)。按照《物权法》第15条规定,抵押权设立未生效,不影响抵押合同的效力,因此债权人有权依据《合同法》第110条关于强制实际履行的规定,请求法院责令抵押人(债务人)补办抵押登记手续,而使抵押权生效,并且于补办抵押登记致抵押权设立生效后,请求法院执行抵押权,拍卖抵押物优先受清偿。

第二种意见是,抵押(权设立)有效。既然原抵押权因未涂销仍然有效,且新订立抵押合同(当事人、抵押物、担保债权额完全相同),即认可该抵押权恢复执行效力,而按照抵押权人的请求执行抵押权。所谓"留用",实际是留用了原抵押登记和抵押权证。

此解释意见与《物权法》并不冲突。因为,《物权法》第 14 条只规定,抵押权设立,于记载于登记簿时生效,并不要求必须先订立抵押合同,然后再办理抵押登记。本案可以认为,实际是当事人先办理抵押登记,然后补订抵押合同。先办理抵押登记,抵押权虽然生效,因为没有订立抵押合同,所担保债权尚未确定,该已经生效的抵押权仍旧不能执行,须待所担保债权确定之后才能发生执行效力。质言之,先登记抵押权,后订立抵押合同,是合法的。实践中,精明的当事人常这样做,且按照《物权法》第 203 条关于最高额抵押权的规定,也是抵押权设立在先,所担保债权发生在后。第二种意见的实质是,将本案视为当事人先登记抵押权后订立抵押合同(确定所担保债权)。

关于验资的规定

提问: 甲公司验资后股东抽逃出资,为免除出资不实的责任,提出其在公司有等额投资款。那么在公司资不抵债的情况下,能否将股东的投资款视为出资?如果允许把投资转为出资,实际上是将股东的列后债权转化为优先债权,会侵犯外部债权人利益,对吗?

梁慧星: 从《公司法》第 29 条"必须"验资的表述,可以认为我国《公司法》设立有强制验资制度,是申请设立公司的必要条件和程序。但须注意,此"验资"仍属于一种证明出资事实的证明方法,与确定实体权利发生、消灭的强制性制度如产权登记不同。后者不能用法庭"事实认定"取代,不能用法庭判决代替产权过户登记、抵押权设立登记。法庭依据《物权法》第 106 条认定买受人善意取得所有权,前提之一是所有权已经登记在善意买受人名下;即使法庭确权判决,确认权利归属之后,仍然必须到登记机构进行变更登记。验资与此不同,只是对出资事实的证明,故可由法庭采用其他证据认定出资事实。抽逃资金后是否补充、补足的事实,当然可由法庭认定,而无须再验资。

出资是公司设立前的资本金,投资是对已设立公司投入的资本金,均使出资人取得对公司的股东权(股权)。股权只可分红,并于公司清算后分配剩余财产,与债权不同。公司资不抵债情形,无论清产还债或者破产,均须在清偿完全部债务之后,如有剩余财产,才由股东按股权份额分配。因此,投资与出资没有区别,允许以投资(金额)充抵抽逃的出资额,不会损害债权人利益。

未生效合同可否解除

提问:合同成立未生效,当事人能否请求解除合同?

梁慧星:不能解除。解除的对象是已生效合同,解除即使合同效力归于消灭。未生效合同,如已经履行,可请求返还。依据是不当得利(《民法通则》第92条)。如有损失,由对于合同未生效有过错方赔偿,依据是缔约过失责任(《合同法》第42条)。

以股权转让规避关于土地使用权转让的法律

提问:以股权转让规避法律转让土地,此类案件该如何权衡价值?第一,它规避了土地监管,助长"炒地皮"行为,使不符合转让条件、未完成25%投资开发的土地成功转让;第二,它规避税收。

梁慧星:还有以股权转让附解除条件规避非法放贷。这类规避行为,应依《合同法》第52条第(3)项"以合法形式掩盖非法目的",认定为无效。

赠与房屋未过户可否撤销

提问:房屋赠与已交付使用5年,未过户是否允许撤销?

梁慧星:按照《合同法》第186条,权利转让之前,可以撤销。

《合同法》第52条第(3)项与第(4)项的适用关系

提问:以股权转让规避法律转让土地,这类规避行为应依《合同法》第52条认定无效。是适用第52条第(3)项还是第(4)项?

梁慧星:我认为第(3)项很恰当。

提问:"炒地皮"行为是否涉及社会公共利益?

梁慧星:凡认定为无效,均属于损害社会公共利益。许多损害公共利益案型都类型化了,如《合同法》第52条第(1)项"欺诈";第(2)项"恶意串通";第(3)项"以合法形式掩盖非法目的"。因此,第(4)项不是一般损害公共利益,而是指不属于前面已具体规定为特定类型的"损害公共利益"。按照本条逻辑,凡能够纳入前面三项的案件,均应适用相应规定,仅对不能纳入前三项的案件适用第(4)项。换言之,第(4)项是一般规定,前三项是特别规定,仍然适用特别法优先原则。

十三、民事裁判若干问题[*]

今天和大家讨论的是教科书上没有,或者教科书上虽然提到但语焉不详的话题——法庭的审查权。法庭审查权在教学上没有讲过。我先讲什么是法庭审查权。法庭审查权,是指法庭依职权或者当事人的请求,对诉讼请求之外的、诉讼请求所依据的基础法律关系所进行的审查。法庭审查权不是诉讼请求本身,而是基础法律关系,经常发生在合同纠纷案件、违约之诉中,所以也叫做合同关系审查权。法庭的裁判权,实质是对当事人的诉讼请求进行审查,并作出支持或者不支持的判决,针对的是诉讼请求。如果是违约责任案件,法庭审查的是这个违约责任是否构成,而不是审查这个违约之诉的基础法律关系,即合同关系。因此法庭审查权和法庭裁判权不一样。

有的人会说,法庭行使裁判权审查当事人诉讼请求时,被告以基础法律关系、合同不成立、不生效作为抗辩,难道不审查吗?当然要审查,而且这和法庭审查权的区别在于,即使未经当事人的请求也可审查;即使当事人对于合同关系没有争议,法庭也要依职权进行审查。审查的对象是违约之诉、合同案件的基础法律关系。它和诉讼请求的权利来源不一致,审查权来源于法律,而不是来源于当事人的主张,这体现在《民法典》总则编第146、153、154条。这三个条文直接体现的是对国家利益、社会公共市场经济秩序、法律秩序的维护,并授权法院法庭来

---

[*] 本文根据作者于2021年7月8日在贵阳举办的第四届"大成杯"争议解决诉辩大赛开幕式暨赛前培训活动上的发言整理。

维护、执行这三个条文。别的条文没有授权吗？第144条也是强制性规定，无民事行为能力人实施的民事法律行为无效，并把这个确认权限授予当事人。

如果当事人以基础法律关系作为抗辩理由要求法庭进行审查，法庭也可依当事人的申请进行审查，但是当事人的辩论只是法庭审查权行使的机会，并不是来源。法庭审查权审查的是基础合同关系、基础法律关系，向下可以再分为合同关系的真实性和有效性，合同关系的内容和条文直接影响合同的公正性和有效性。因此，法庭审查的是基础法律关系，无论当事人是否主张都要进行审查，审查结果都是绝对有效或者无效，而法庭裁判权是对诉讼请求作出支持或不支持的判决。

法院审查首先审查合同的真实性和有效性。《民法典》总则编的上述三个条文是行使审查权、认定合同真实性和有效性的来源和依据，再据此作出合同是否有效的认定。市场上总是有些人通过订立虚假合同等方式来规避法律法规、行政管理，这在市场经济条件下不可避免。当事人对虚假合同发生争议的，无论当事人是否主张，法庭都要审查当事人是否有虚伪表示、规避行为。

一、融资交易

(一)没有真实交易的融资

根据国资委2017年98号函，个别央企和其他企业订立融资性合同频发，造成国有资产流失，为进一步解决融资性贸易案件，国资委以举例的方式作出如下提示。A、B、C、D四家企业，订立四份买卖合同，且标的物为同一化工产品，但4份买卖合同中标的物并不存在，实质是融资。具体操作模式如下：A和B订立买卖合同，货款支付给B；B扣除手续费后支付给C，C是用资人；C使用资金2个月后，加上利息支付给D；D扣除手续费后支付给A，A收回资金全部成本和利息。同约定货物在某处，但实际并不存在。上述交易中各方真实法律关系其实是：A是资金提供方，享受资金收益利息；C是资金使用方并提供利息；B和D作为过道的中间环节，作用是帮助完成融资。其实上述的交易定义为"融资性贸易",实践中需要正确认识上述行为的法律关系,即以买卖为名,实质是融资。提供资金的是 A,使用资金的真实用款人是 C。

国资委对此提出的方案是将真正的用资方 C 和参与交易的其他企业一并拉入诉讼。4 家企业订立的合同有限期限是 2012 年 6 月至 2013 年,资金高达 10 亿元,但并非一次性支付货款,而是不断地提供款项从而不断地用款。最后 C 资金断裂,A 尚有 2 亿元未收回,遂提起仲裁。A 在仲裁时将 B 作为被申请人,并基于 A、B 之间的买卖合同,请求解除 4 份买卖合同并要求 B 返还货款 2 亿元加 3000 万元利息。该方案的关键点在于突破表面合同关系,即贸易买卖是假,融资是真,要突破表面买卖合同关系,把用资方以及参与交易安排的其他各方都作为当事人,查清各个当事人在交易中的地位、作用。

这样的规避行为在 2010—2020 年期间频发,以下介绍法院对此的裁判方式。

第一,在最高人民法院 2018 年民再 318 号裁定中,每个当事人都兼有出卖人和买受人的双重身份且形成了循环,最高人民法院称之为闭合式循环。该类循环的特点为:①没有真实货物;②合同金额高价买进、低价卖出或者大致平价卖出,违背商业逻辑;③占有或者取得标的物的意思,即明知交易是假。因此,定性为闭合式循环买卖掩盖的企业融资,没有真实的货物买卖。法院和国资委的观点一致,认为该交易的表面为买卖关系实质是融资,需要将实际用资人和参与交易各方均拉入诉讼,查明各方地位、作用。

第二,在最高人民法院 2018 民终 786 号判决中,货物实际上不存在,构成闭合式循环,这是很重要的认定,高买低卖不符合商业逻辑。构成虚伪表示,隐藏的是企业的融资借款,买卖合同无效、借款合同有效。

第三,在最高人民法院 2018 民终 888 号判决中,双方(A 和 B)均认可无实际交货事实,法院认定涉案循环贸易是融资法律关系,即表面为合同关系,实质是融资借款。本案中 A 起诉 B,是虚伪表示的买卖合同关系隐藏企业融资关系,其所掩盖的 A 与 C 之间的借款合同关系有效。

第四,在北京市第一中级人民法院 2017 年终 4882 号判决中,各方当事人之间只有资金循环、不存在货物交易,参与各方均没有真实买卖意图,各方之间的交易也不符合买卖合同的基本特征和交易习惯。《民法典》第 595 条将买卖合同定义为出卖人移转标的物所有权,买受人支付价款取得标的物所有权的行为。买卖是货物所有权与价款的交换,本案没有真实货物、只有资金循环,当然不符合买卖合同的基本特征,也不符合交易习惯。交易习惯是低价买入、高价卖出,融资循环是相反的,低价或者平价卖出。真实意思是融资而非买卖,是基于循环买卖合同而形成的企业间的融资借款关系。这个定性非常正确,和国资委的提示函完全一致。

以上阐述中,国资委表述是融资性贸易;最高人民法院强调为闭合式循环;北京市第一中级人民法院没有说闭合只说了循环,但是闭合和循环是一致的。没有真实的货物,是指在合同中明确约定的是某地某仓储公司某个库房某个货架货位具有某货物,但是去查后发现根本就没有这个货物或者没有真实的货物。这类交易需要依靠法庭依职权审查规避行为、循环性买卖掩盖融资行为等是否有效。

在我看来,国资委的表述不太科学。融资性贸易,性质主要是融资,贸易是其表现性质。融资性贸易是否一定是规避行为呢? 也不一定。法院表述的循环贸易就比较准确准确。什么是规避呢? 首先是循环贸易,其次关键在于无真实的货物,符合这两个特点就是规避,也是掩盖融资。其他的特点,高买低卖不符合商业逻辑,但也不一定是规避。当事人没有取得货物的意思表示,是当事人的内心行为,对该意思表示的认定需要关注外观行为。循环贸易,是指每个当事人既是买方又是卖方。这种规避行为是虚伪表示,法院可以依据《民法典》第 146 条虚伪表示无效来认定。虚伪以通谋为要件。实践中体现为多方通谋、串通安排,来共同掩盖真实的借款关系,因而通谋虚伪表示是多方参与的整体行为。

综上所述，法庭审查中，不能只是根据当事人的起诉只审查中间的部分环节。买卖合同只是其中一个环节，是多方通谋虚伪表示行为的一个环节，当然不能只拘泥于这个环节，国资委明确表述了要突破表面合同关系。有的法官和仲裁员、学者反对将其他主体拉入诉讼与仲裁，他们认为如果将其他主体全部加入则突破合同相对性。但我认为，如果通谋虚伪整体无效，则部分当然无效，不发生相对性的问题。相对性的前提是，依法成立的合同对双方当事人产生约束力，但是这类案件的核心合同本身是假的，根本就不存在相对性问题。国资委表述要突破合同表面关系是比较科学的，即也要审查出资人、用资人、参与交易安排的各方，以便全面查清整个事实。

前面法院认为隐藏行为需要按照法律关系来认定融资借款是否有效，但是需要关注裁判背景。例如20世纪90年代资金短缺、禁止企业拆借，表面买卖合同无效，隐藏的融资行为也无效。但现在金融管制方面松动，最高人民法院民间借贷的司法解释也有认定融资关系有效。

另外融资性贸易各方的责任应如何承担？实际用款人当然需要承担还本付息的责任，那其他参与交易的各方是否应承担责任？答案是肯定的。考虑对于完成整个过程的作用程度、收取的过桥和手续费的高低等因素。需要注意的是，此时不能主张连带责任。因为连带责任必须有法律依据或者当事人约定，没有约定则根据责任大小承担按份责任。共同实施侵权行为造成人身、财产损失的，可以适用《民法典》第1168条侵权人要求承担责任。

那么仲裁庭能否依据国资委的意见将其他当事人拉入仲裁呢？答案是不能的。因为仲裁条款只存在于A和B之间，而不涉及其他参与方，对于实际用资方的其他参与方没有管辖权。仲裁条款核心是独立合同，不同于保证、定金合同（从合同），因此主合同无效，不影响仲裁条款的适用。根据《民法典》第567条的规定，合同的权利义务关系终止，不影响合同中结算和清理条款的效力。整体无效，当然部分无效，仲裁的请求要求返还货款会被驳回。但被驳回后，不影响基于原思路向法院对其他主体提起诉讼。

综上所述，法院的审查权和当事人的规避是一种矛盾。市场是一种博弈，高明的律师并不是直接否定规避，而是找出规避的合理理由。规避是绕过、迂回现行规章制度，并不是只要规避就一定无效。

(二)有真实交易的融资

第一，在最高人民法院2016民终539号案件中，A为生产企业，需要资金购买原材料，供应商为C。A资金链断裂了需要资金，应当如何解决？由于A没有可抵押物、信用评级受限，银行不予发放贷款，于是A找到B企业，B资金充足且认为银行存款利率太低，也有借款意愿。如果A和B之间直接融资违规，A和B之间如何借款？是否有规避办法？例如，A和C谈好价格和合同条款，B和C直接签订买卖合同，约定由B向C付款，但是直接给A货物。B和A以同样的条件再签订买卖合同，由A向B付款。这种情况下B既是买方也是卖方。A与B的合同约定货到后2个月付款，A给B付款为本金加2个月期息，相当于通过B得到了2个月的融资。B和C之间的买卖合同约定货到付款，A和B之间通过设定付款期限的差值实现了融资目的，那么这种交易模式如何定性，是否属于融资行为？

上述交易中，如果是闭合循环就是融资；如果不是闭合循环就是买卖。涉及A、B、C三方两个合同。B和C之间的买卖真实，B和A之间的买卖符合买卖合同的基本特征，出卖人B移转标的所有权，A支付价款，只是延长了付款期限，付款期限的延长起到了融资效果，是当事人意思自治。综上，有真实交易、没有形成闭合，因此是买卖合同，不违反法律的禁止性规定，属于合法有效。

第二，在最高人民法院2016民申2815号裁定中，如果A是商贸企业，需要融资，于是和与上游供货商C签订买卖合同的B签订合同，约定将货物卖给A，A再将货物销售给下游企业D，但现在货物在C处，通过付款期限延长实现融资，由C直接交付给D。有真实的货物交易，不构成闭合循环。即使其中一个环节有融资，A和B从终端整个交易过程来看虽然有融资的商业模式，但是B和C合同没有融资目的，只是一般性贸易，而非融资。C直接将货物交给了买受人D，B和A的环节中实际没有交付货物，B 和 C 之间的货物已经完成交付，即走单走票不走货。综上，这种上游直接针对下游完成货物标的物的交付，符合买卖合同的基本特征，是市场交易习惯，有利于市场经济发展，不能因为采用该种上游出卖人和下游直接交付的形式，就否定 A 和 B 之间合同的效力。

二、票据贴现清单业务

票据贴现是法定要素行为，必须在票据上背书并交付于贴现人。对于票据贴现清单业务，如何认定呢？

该问题可参考烟台市中级人民法院 2019 刑初 71 号的案例。被告卢某手持 36 张承兑汇票清单，汇票清单总金额为 4.8 亿元。A 农信社直接贴现，B 和 C 作为过桥行，在合同上仍然是贴现行，D 是实际付款行，D 作为转帖行。合同都是贴现合同，D 扣除 1000 多万元利息后汇款给 C，C 扣除手续费后汇款给 B，B 扣除手续费后汇款给 A，A 直接汇款给了卢某。后 B 起诉 C。这个流程实际上是倒打款。类似案例详见最高人民法院 2017 民终 96 号。

对此，2019 年《全国法院民商事审判工作会议纪要》第 104 条确定，在村镇银行、农信社等作为直贴行，农信社、农商行、城商行、股份制银行等多家金融机构共同开展以商业承兑汇票为基础的票据清单交易、封包交易引发的纠纷案件中，在商业承兑汇票的出票人等实际用资人不能归还票款的情况下，为实现纠纷的一次性解决，出资银行以实际用资人和参与交易的其他金融机构为共同被告，请求实际用资人归还本息、参与交易的其他金融机构承担与其过错相适应的赔偿责任的，人民法院依法予以支持。出资银行仅以整个交易链条的部分当事人为被告提起诉讼的，人民法院应当向其释明，其应当申请追加参与交易的其他当事人作为共同被告。出资银行拒绝追加实际用资人为被告的，人民法院应当驳回其诉讼请求；出资银行拒绝追加参与交易的其他金融机构为被告的，人民法院在确定其他金融机构的过错责任范围时，应当将未参加诉讼的当事人应当承担的相应份额作为考量因素，相应减轻本案当事人的责任。在确定参与交易的其他金融机构的过错责任范围时，可以参照其收取的"通道费""过桥费"等费用的比例以及案件的其他情况综合加以确定。

索 引

A

安全保障义务 30,58,93,147
案外人 139,316-321

B

保证合同 203,206,341-344,356
保证金 281,284-285,344
暴利行为 329-331
被扶养人生活费 21-22,24,63-65,196,290,333-334
被监护人的财产 166,335-336
表见代理 25,82,129,221-223
补充责任 30,60,149-150,155-156,158-159,168,341
不当得利 230,234,296-298,308,361
不动产物权登记 69,190
不良资产转让 290-291

C

财产损害 34-35
财产损失 35,65,97-99,160,220,331,367
残疾赔偿金 21-24,63-65,99,150,194-196,281,309,332-334
仓单 345-348,350
产品质量 138
诚信原则 40,163,205-206,351
承包合同 67-68,143,299,344
承租人优先购买权 89,108-109,258
惩罚性赔偿 219,285-288
重审 45,311

D

代办托运 142,339-340
低价中标 29

抵押登记 182－183,202,206,
    208,358
抵押登记的留用 358－359
第三人利益 78,125,351,353
第三人利益合同 353
第三人履行 228－229,354
第三者责任保险 44
典当 206

F

返还 3－4,180,224－225,230－
    232,296－297,310－311,315－
    317,321,346,357
附保护第三人效力合同 354－
    355
附随义务 94,148－149,198,
    326,349

G

公共利益 84－85,302,324－
    325,362
共同实施 51,83,147,367
共同赠与约定 353
共享空间 85
国际商事合同通则 254－255,269
国际私法 270
国家利益 209－210,313,335
过失相抵 36,66,100,127－
    128,148,158

H

合伙协议 3－4,6,81－82
合同的形式 5,242
合同相对性 18,29,355,367
合同效力 29,40,107,111,124,
    129,254,357,361
环境侵权 294
婚姻法 79,82－85,129,247,
    264,266－267,305

J

机动车交通事故责任 43,167
加速到期条款 204
监护人责任 157－158,166
建设工程 67－68,134,143,
    344,351
建筑面积差异 134
将来财产 10,110,112,255
阶段性担保 206
解除 9－10,117－125,132,
    144,194,204－206,230－235,
    262－263,285,355,361
金融债权转让 208－209
经常居住地 137
举证责任 41,54,140－142,
    169－170,183,295

K

可预见性规则 218

矿藏 39－40,300

L

劳务关系 101,160
离婚财产分割 41,305
离婚协议 24,265,339,353
连带责任人 50,95－96
流质 350－352

M

买受人的保护 14,78,237
民法典的制定 243,250,270
民事行为能力 156,165,324,339
民事权利客体 331
民事责任优先 33

P

破产程序 96,317

Q

侵权责任法 15,21－24,30－34,50－60,63－66,90－95,159－175,198－201,294－296,304－305,332－334,355
清算 4,142,208,246,351
请求权基础 60,148,306
请求权竞合 88,308
权利人追认 7,11,17,236－237,327
权利推定 17,189,191

R

人身伤害 60,63,94,147,280,305

S

善意取得 14－16,19－20,109,128－129,224,237－239,312,347,350
商法通则 267－269
实际履行 113,130,228,263
使用人责任 101,160,199,274－278,355
事实认定 66,88,170,174,214,360
司法拍卖 88
死亡赔偿金 21－24,63－65,90,194,281,290,309,332－334
诉讼爆炸 46,48
诉讼时效 37,53,57,150－154,184,271,357
所有权保留 145,327

T

天然孳息 38－40,300－301
调减违约金 118

土地使用权转让　122,361

土地与建筑物的关系　225

W

违约责任　8-10,75,93,98-99,105-107,118,128,147-151,183,187,198,280-281,355

违章搭建　86-87,134

伪装行为　240

未成年人致人损害　165

乌木所有权　38,300

无效合同　18,27-28,37,180,236,311

物权变动　11-14,69,122,325-328

物业服务　196-198

X

显失公平　30,41,329,352

效力性强制规定　356

校园侵权责任　155

协商折价　351

学习方法　255,258,260-261

学校管理瑕疵责任　157-158

Y

医疗纠纷　53,170

一物二卖　107,123-124

遗产分配　91-93,135

异议期　119-121,124

隐藏行为　240

优先购买权人　88

预约　103,107,186-189

约定解除权　132,204,231-233,262

Z

宅基地使用权　42,217,226,298

债权人撤销权　176,216

债权人代位权　60,176-177,216

占有　13,17,69-79,110,113,115,124,131,239,283,318-320,348,358,365

占有改定　131

诊疗义务　55-56,169,172,175

知识产权法　270

执行异议　315-321

直接请求权　44

中国民法典草案建议稿　37,250,344

追偿权　43,53,61-62,96,101-102,162-163,230,273,278-279

资金拆借　309

租赁合同　108,131,143-144,193-194,258,308